국가 공인

(사)한국정보통신자격협회 공식 인증 교재

영상정보 관리사

과목별 **핵심 정리** + **최신 기출문제** 수록

서재오, 최상균, 최윤미 지음

BM (주)도서출판 성안당

영상정보관리사

2025. 1. 8. 초 판 1쇄 인쇄
2025. 1. 15. 초 판 1쇄 발행

> 저자와의
> 협의하에
> 검인생략

지은이 | 서재오, 최상균, 최윤미
펴낸이 | 이종춘
펴낸곳 | **BM** ㈜도서출판 **성안당**

주소 | 04032 서울시 마포구 양화로 127 첨단빌딩 3층(출판기획 R&D 센터)
　　　10881 경기도 파주시 문발로 112 파주 출판 문화도시(제작 및 물류)

전화 | 02) 3142-0036
　　　031) 950-6300

팩스 | 031) 955-0510
등록 | 1973. 2. 1. 제406-2005-000046호
출판사 홈페이지 | www.cyber.co.kr
ISBN | 978-89-315-8675-6 (13000)
정가 | 29,000원

이 책을 만든 사람들
책임 | 최옥현
진행 | 최창동
본문 디자인 | 인투
표지 디자인 | 박원석
홍보 | 김계향, 임진성, 김주승, 최정민
국제부 | 이선민, 조혜란
마케팅 | 구본철, 차정욱, 오영일, 나진호, 강호묵
마케팅 지원 | 장상범
제작 | 김유석

■ **도서 A/S 안내**

성안당에서 발행하는 모든 도서는 저자와 출판사, 그리고 독자가 함께 만들어 나갑니다.
좋은 책을 펴내기 위해 많은 노력을 기울이고 있습니다. 혹시라도 내용상의 오류나 오탈자 등이
발견되면 **"좋은 책은 나라의 보배"**로서 우리 모두가 함께 만들어 간다는 마음으로 연락주시기
바랍니다. 수정 보완하여 더 나은 책이 되도록 최선을 다하겠습니다.
성안당은 늘 독자 여러분들의 소중한 의견을 기다리고 있습니다. 좋은 의견을 보내주시는 분께는
성안당 쇼핑몰의 포인트(3,000포인트)를 적립해 드립니다.

잘못 만들어진 책이나 부록 등이 파손된 경우에는 교환해 드립니다.

머리말

영상정보관리사 자격은 영상정보처리기기(CCTV, 드론영상 등)에서 수집되는 영상정보를 관리하고 보호하여 지능형 영상정보 관제시스템을 모니터링하고 운용할 수 있는 관제능력에 대한 자격입니다. 이 자격은 (사)한국정보통신자격협회에서 주관하는 시험으로 국가 공인을 받은 자격입니다.

영상정보관리사 시험은 검정기준에 따라 출제되므로 검정기준을 상세히 분석하고 시대적 흐름을 고려하여 시험에 출제될 수 있는 내용에 맞추어 교재 내용을 구성하였고, 필기와 실무 능력 평가에 대비하도록 다음과 같이 구성하였습니다.

1. 검정기준에 충실한 교재 구성

검정기준에 따른 과목별 출제 기준에 맞추어 실무에 적용할 수 있는 내용으로 구성하여 비교적 쉽게 이해할 수 있도록 하였고, 향후 관제요원(영상정보관리사) 업무에서 응용할 수 있도록 구성하였습니다.

2. 기출문제 풀이를 통한 출제 동향 제시

기출문제 풀이를 통하여 출제경향을 파악하도록 하였고, 기출문제에서 다루었던 내용은 교재에서 설명하도록 하였습니다.

3. 실무시험 대비

실무시험에 대비할 수 있도록 교재에서 실무내용을 자세하게 설명하여 실무적 이해도를 높이도록 구성하였습니다.

끝으로 본 교재가 영상정보관리사 시험을 준비하는 수험생 여러분께 최고의 시험 준비 교재가 출간되도록 물심양면으로 힘써주신 성안당 관계자 여러분에게 감사드리며, 수험생 여러분의 합격을 진심으로 기원합니다.

저자 일동

영상정보관리사란?

1 관제요원(영상정보관리사) 자격 기준 정립 필요

- 관제요원(영상정보관리사)의 경우 일반적으로 모니터링 업무 위주로 수행하며, CCTV 관련 지식이 미흡하여 시스템에 문제 발생 시 긴급 상황 대응 한계
- 체계적인 과정을 통한 교육 또는 공통적·일관성 있는 매뉴얼 없이 임의적 시행
- 개인정보·영상정보 자료관리 및 보안에 대한 인식 제고 필요
- 관제요원(영상정보관리사) 채용 기준 및 특별한 자격요건이 없으므로 관련 분야 자격증에 대한 요구 등장
- 관제요원(영상정보관리사)의 질적 개선을 위해 객관적인 능력을 평가할 수 있도록 각종 지원 및 평가제도 도입 필요

관제센터 관제사

통합관제센터, 교통안전센터, 한국도로공사 영업소관제센터, 지하철관제센터, 공항관제센터, 항만관제센터 등 공공기관

CCTV 관제실(방제실) 보안·경비원

건물, 은행, 경비실, 관리사무소, 학교, 어린이집, 유치원, 병원 등 개인·민간·공공건물

기업(업체) 엔지니어, 개발자

CCTV 설치·유지보수, 전산장비 유지보수, 지능형 솔루션 개발운영 등 CCTV 관련 기업

CCTV 상황실 장병·장교·부사관·군무원

국방부(육군/해군/공군/해병대)

CCTV 상황실 교도관

법무부(구치소/교도소/교정기관)

CCTV 활용 업무 기관 및 부서

경찰(수사과, 교통계, 범칙금, 여성청소년 등 CCTV 활용 부서)

CCTV 관제요원(영상정보관리사) 해외 자격제도 운용 사례 2

❶ 영국(United Kingdom)

사설경비업법(Private Security Industry Act 2001)에서 SIA 자격증 없이 공공장소를 감시하는 CCTV 시스템 운영 및 관제 업무를 하는 경우에는 형사범으로 처벌

❷ 미국(United States of America)

자율적이나 관제 업무를 수행하기 전 일정한 교육을 이수하도록 요구

❸ 호주(Australia)

관제요원(영상정보관리사) 관련 자격증 요구

관제요원(영상정보관리사) 필요 능력 3

전문지식을 갖춘 관제요원(영상정보관리사) 기준 설정으로 특화된 직무 분야로 확대 및 활용

영상정보처리기기, 지능형(인공지능) 솔루션

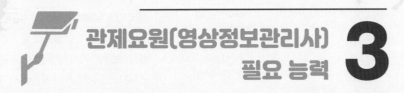

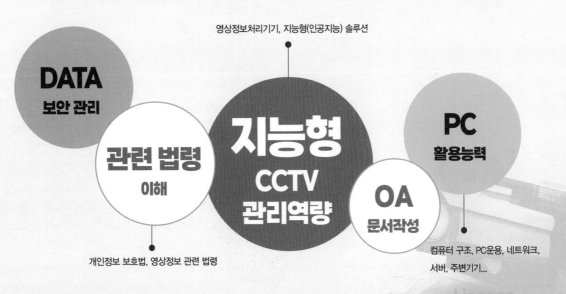

DATA 보안 관리

관련 법령 이해

지능형 CCTV 관리역량

OA 문서작성

PC 활용능력

개인정보 보호법, 영상정보 관련 법령

컴퓨터 구조, PC운용, 네트워크, 서버, 주변기기...

시험 안내

① 응시자격

제한 없음

② 검정 기준

구분	문항 수	검정 방법	제한 시간
필기	40문항	택일형	40분
실기	13문항	작업/서술/선택/분석형	40분

③ 검정 방법

- 실기(13문항/40분) → 필기(40문항/40분) 순으로 진행
- 필기/실기 통합형 검정으로 실기 후 쉬는 시간 없이 필기 진행

④ 출제 기준

검정 방법	검정 과목	주요 내용
필기/실기 (통합형)	영상정보 관리일반	관제 업무 파악하기
		관련 법령 및 규정 파악하기
		관제 보안 파악하기
		관제 역량 유지하기
	영상정보 관제시스템	IT 인프라 시스템 운영환경 및 관리하기
		영상정보처리기기 상태 확인 및 관리하기
		관제시스템 상태 확인 및 관리하기
		장애 조치하기
	영상정보 관리실무	관제시스템 기능 파악 및 설정하기
		관제 기법 적용하기
		표출정보 분석 및 활용하기
		긴급 및 특이 상황 대응하기
		모니터링 결과 보고하기
		자료 관리하기
		관계기관(부서) 업무 지원하기

※ 필기 검정과 실기 검정의 샘플 문항과 출제기준은 (사)한국정보통신자격협회(www.icqa.or.kr) 홈페이지 내 [고객지원]
→ [자료실] 참고

⑤ 합격 기준

검정 방법	합격 검정 기준	
	만점	합격 점수
필기	100점	40점 이상
실기	100점	40점 이상
합계	200점	120점 이상

※ 필기와 실기 각각 100점을 만점으로 하여 필기와 실기 각 40점 이상과 합계 평균 60점 이상을 득점한 자

차례

PART 1 · 영상정보 관리일반

PART 2 · 영상정보 관제시스템

PART 4 · 기출문제

PART 1

영상정보
관리일반

Video
Information
Advisor

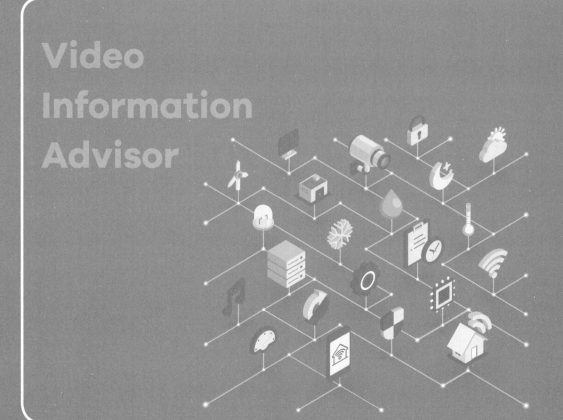

영상정보 관리일반은 영상정보 관제 업무의 기본 개념과 실무적 이해를 목표로 영상정보 관제의 목적과 역할을 깊이 숙지하고, 관련 법령과 윤리 기준을 준수하여 관제 업무의 신뢰성을 유지하는 능력을 배양한다. 특히, 영상정보처리기기와 영상정보 관제시스템을 올바르게 운용하고 관리하기 위한 규제 및 법적 요구사항을 학습하여 관제 업무의 안전과 효율성을 동시에 확보할 수 있다.

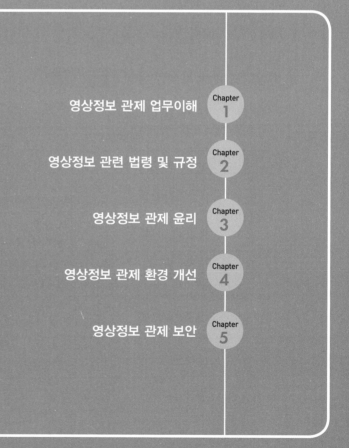

영상정보 관제 업무이해   Chapter 1

영상정보 관련 법령 및 규정   Chapter 2

영상정보 관제 윤리   Chapter 3

영상정보 관제 환경 개선   Chapter 4

영상정보 관제 보안   Chapter 5

1 영상정보 관제 업무이해

영상정보 관제의 개념과 역할을 이해하고, 이를 실시간으로 통합 모니터링하는 영상정보 관제센터의 기능을 학습한다. 또한, 국민의 생활 안전과 사회 안전을 위해 영상정보 관제센터에서 구축하고 운영하는 통합 플랫폼에 대해 이해할 수 있다.

1▶ 영상정보 관제의 이해

1) 영상정보 관제의 개념 ★중요합니다.

영상정보 관제란 영상정보처리기기가 촬영한 영상정보를 실시간의 관제업무 목적에 따라 영상정보를 이용하여 이상 상황 여부를 판별하고 상황에 따른 업무를 처리하는 것을 말한다.

2) 영상정보 관제 목적별 유형 ★중요합니다.

영상정보 관제의 목적에 따라 물리적, 관리적, 기술적으로 구분하고, 관점에 따라 여러 가지 관제 유형으로 구분한 예시이다.

구분	관제 유형	관제 목적
관리적	인적보안 관제	대상 기관 및 업무 수행자, 관리자, 허가받은 조력자 등을 포함한 사람을 대상으로 한 인적보안 관제 업무를 수행
	정보보안 관제	대상 기관의 적용 법률, 규정 등 정보보안 컴플라이언스 준수를 위한 데이터 관제 업무를 수행
물리적	출입 통제 관제	보호구역(접견구역, 제한구역, 통제구역)에 대한 출입 통제를 위한 관제 업무를 수행
	물품반출 관제	제조장비, 통신장비, 전산장치 등 유형의 물품 자산보호를 위한 물품반출 사항에 대한 관제 업무를 수행
기술적	기술자산 관제	소프트웨어, 데이터 등 무형의 자산보호를 위한 기술자산의 유동성에 대한 관제 업무를 수행
	현장사고 관제	영상정보 관제의 안전한 현장사고 관리를 위한 관제업무 수행

3) 영상정보 관제 업무의 성격과 특성

① 영상정보 관제 업무의 성격은 영상정보를 사람이 육안으로 확인하는 일반관제와 인공지능 기술을 융합한 지능형 영상정보 관제로 구분한다.

구분	순서	영상정보 관제 업무의 성격
일반 영상정보 관제	육안 관제(1번)	사람의 육안으로 외형을 중심으로 거시적인 식별
	육안 판별(2번)	사람의 육안으로 경험 기반의 특이점 또는 이상 상황을 판별
지능형 영상정보 관제	시스템 관제(1번)	인공지능 기술을 활용하기 위해 영상을 분석 서버로 미러 전송
	시스템 관제(2번)	인공지능 기술이 사례(알려진 규칙) 기반으로 이상 상황을 판별
	시스템 판별(3번)	이상 상황의 수준(level)에 따른 다음 단계로 진행
	육안 관제(4번)	이상 상황 팝업 알림 내용을 육안으로 식별하여 사고 인지
	육안 판별(5번)	외부 침입, 쓰러짐 등 이상 상황 유형을 판별 후 전파를 준비
공통	확산 전파(6번)	의료 119(구급, 재난 안전, 화재 등), 범죄 112(경찰청) 등 확산
	보고 관리(7번)	영상정보 관제센터 관제 시작부터 후속 보고까지 전 과정을 기록

Tip

미러(Mirror) 전송 방식: 영상정보를 중앙의 저장 서버로 전송할 때 같은 통신선로의 통신장비 중 스위치의 미러 포트(mirror port)를 이용하여 영상을 분석 서버로 동시 전송하는 통신 기술을 말한다.

② 영상정보 관제 업무의 특성

영상성보 관제 업무는 계절, 시간의 변화에 따른 자연환경에 따라 식별하거나 식별하지 못하기도 한다. 또한 사람의 육안으로 식별하거나 자동 식별하는 식별 방법에 따라 신속성과 효율성을 향상시킬 수 있다. 보통 융합(하이브리드) 기술을 채택하여 관제업무의 유연성을 지속적으로 개선한다.

특성	요인 / 방법	세부 설명	비고
환경성	계절 변화	겨울에 내린 눈으로 덮여 있는 번호판의 경우, 육안으로 식별하여 관제하기 어려운 상황	가능성
	시간 흐름	주간보다 야간의 경우 어둠으로 인한 환경요인으로 영향을 받음	
식별성	육안 수동	관제요원(영상정보관리사) 또는 관제 업무 수행자가 육안으로 식별	신속성 & 효율성
	인공지능 자동	인공지능 등 최신 IT 기술을 활용한 실시간 영상정보의 신속한 자동 식별	

2 영상정보 관제센터의 이해

1) 영상정보 관제센터 이해

① 영상정보 관제센터

보통의 경우 물리적으로 독립된 공간에서 영상정보처리시스템을 활용하여 영상정보를 관제 인력이 실시간 또는 특정 시간에 모니터링하는 영상정보의 전 과정을 통제하는 관리센터를 의미한다.

② 통합영상정보 관제센터

영상정보처리기기를 목적에 따라 분산하여 설치하는 경우, CCTV 전용선 및 암호기술을 적용하여 네트워크 통신으로 하나의 관제센터로 영상정보 생명주기에 대한 관리가 가능하다.

Tip

영상정보 생명주기 관리
- 영상정보를 수집, 저장, 이용, 제공, 파기 등의 관련 업무 생성에서 파기까지 전체 과정을 말한다.
- 최근 AI&데이터 기반 업무를 위하여 대용량 스토리지에 저장하고, 실시간 이상 현상을 분석한 후 즉시 조치하거나 알람을 제공할 수 있고, 특히 정보 주체의 요청 및 수사 지원 등에 비식별 처리 암호화, 재생기간 제한, 파기 등의 종합관리체계를 말한다.

③ 영상정보 관제센터 운영 목적 및 역할

공공기관의 경우 급증하는 강력 범죄로부터 국민들의 안전한 생활보호뿐만 아니라 사회 안전, 시설 안전, 행정단속 법규, 무인화 등의 다양한 목적으로 활용 범위가 증대되고 있다.

구분	운영 목적	세부 설명	비고
사회 안전	범죄예방	– 급증하는 강력 범죄로부터 국민들의 안전한 생활 보호, 24시간 상시관제로 각종 사건·사고 사전 예방 – 범죄행위 사전 예방 모니터링, 범죄 발생 시 실시간 모니터링으로 용의자 검거에 기여, 범죄사실 확인에 대한 수사기관 요청 시 영상 열람·반출 지원	국민의 생명과 재산을 보호
	비상대응	– 비상상황 발생 시 신속·정확한 사전 대응체계를 구축하여 인적·물적 피해를 최소화할 수 있는 광역 사회 안전망 구축	
시설 안전	시설관리	– 아파트, 상가 등 건축물의 시설 내·외부 관리	민간 공공
	화재예방	– 관리 시설물의 화재예방을 위한 사전상황 모니터링 지원	

구분	운영 목적	세부 설명	비고
행정 법규	주차단속 등	도로, 건물 주변 등에 주차단속 및 교통 흐름에 대한 모니터링	문제 해결
지능화	무인 주·정차	영상정보처리기기를 활용하여 주정차를 사람 없이 운영관리	무인 시스템
	무인 상점	영상정보처리기기를 활용하여 상점을 사람 없이 운영관리	

Tip

공공기록물법 제19조(기록물의 관리 등)에 따라 공공기관은 보존기간, 공개 여부, 비밀 여부 및 접근권한 등을 분류하여 관리하는데, 영상정보 관제센터 기록물도 이를 준용한다.

④ 운영 목적에 따른 영상정보 관제센터의 예시

영상정보 관제센터의 명칭은 관제센터 운영 목적에 따라 정보 주체 또는 관리 주체가 직관적으로 인식이 용이한 명칭으로 사용하고 있다.

구분	운영 목적	명칭
공공 서비스	기반 시설	통합관제센터, 도시통합관제센터, CCTV관제센터, 스마트도시통합센터, 통합안전센터, 통합운영센터, 종합상황관제센터, 도시관제센터, 스마트허브센터, 교통관제센터, 항만관제센터, 항공관제센터, 공항관제센터, 종합상황실, 지능관제센터 등
	국방시설	종합상황실, CCTV통제소, 과학화통제소, 녹화실, 상황실, CCTV상황실 등
	교정시설	교정청 CCTV상황실, 교도소 녹화실, 구치소 보안과 등
	경찰시설	교통정보센터, 교통관제센터, CCTV상황실, CCTV관제실 등
민간 서비스	생활 밀착시설	학교 경비실, 공항 관제실, 아파트 관리사무소, 주차장 녹화실, 주차장 통제실, 병원 보안실, 시설관제 상황실, 무인점포 관제실 등

2) 영상정보 관제 주요 업무 ★중요합니다.

① 영상정보 관제센터 주요 업무

㉠ 범죄행위 사전 예방 모니터링

㉡ 범죄 사실 확인에 대한 수사기관 요청 시 영상 열람·반출 지원

㉢ 범죄 발생 시 실시간 모니터링으로 용의자 검거에 기여

② 관제요원(영상정보관리사)의 주요 업무

㉠ 실시간 전송되는 영상자료 모니터링

ⓛ 방범 · 어린이 보호용 등 CCTV 모니터링

ⓒ 기타 담당 공공기관의 업무 공조에 따라 업무 수행(공문에 의한 업무 협조)

> 관제요원(영상정보관리사)은 영상정보 관제센터 및 영상정보 관제시스템을 구성하는 Server, NVR, 스토리지 장비, 영상정보처리기기 등 구성 장비의 고장을 사전 점검하나, 장애 발생 대상 장비 및 시스템에 대한 수리 업무를 수행하지 않는다.

3) 지방자치단체 영상정보처리기기 설치 및 통합관제센터 운영 조례(또는 규정) ★ 중요합니다.

지방자치단체 통합관제센터는 지방자치단체의 방범, 쓰레기 투기 방지, 주차관리, 주정차 단속, 재난화재 감시, 문화재 관리 업무 특성에 따른 문화재 감시, 유관 기관과 연계한 교통관제 및 재난관제서비스, 범죄 관련 이동 경로 확인 및 치안 업무를 수행하기 위해 영상정보처리기기 설치 및 통합관제센터를 운영하고 있다.

구분	요소	세부 내용
총칙	용어 정의	- "영상정보처리기기"란 다음 각 목의 어느 하나에 해당하는 장치로, ○○시 통합관제센터에서 통합 관리하는 기기에 한정 - "영상정보 연계"란 영상정보처리기기 통합관리 대상에 포함되지 아니하는 영상정보처리기기를 통해 수집된 영상정보를 통합관제센터와 송 · 수신
통합관제센터의 구축 · 운영	관제센터의 역할	- 영상정보처리기기의 관제 기능을 통합 · 연계하고 실시간 관제 등 영상정보처리기기 관련 업무를 효율적으로 수행 - 기관장은 범죄 및 재난 · 재해 발생 등 긴급 상황 시 유관 기관과 신속 대응 - 기관장은 통합관제센터를 업무 특성상 중단없이 운영 노력
	통합관제센터의 운영 · 관리 방침 수립	- 통합관제센터의 구축 목적 및 운영 방향 - 통합관제센터에 통합 · 연계한 각종 장비 현황 - 전담 조직 및 기능, 담당업무, 근무 체계 - 영상정보처리기기 운영(관리책임자, 운영시간, 실시간 관제의 범위 등) 및 영상정보 관리 방안 - 통합관제센터에 영상정보처리기기를 연계한 다른 기관과의 대응 체계 수립 - 통합관제센터 및 영상정보 보안(출입 통제, 접근 권한, 물리적 · 기술적 · 관리적 보안) 등에 관한 사항 - 통합관제센터 내에서 수집되는 영상정보의 이용 · 제공 등에 관한 사항 - 영상정보처리기기 유지 · 보수에 관한 사항 - 통합관제센터 운영위원회 설치 · 운영에 관한 사항

구분	요건	세부 내용
통합관제 센터의 구축 · 운영	관제의 범위	– 전담 부서의 장은 통합관제센터에 전송되는 영상정보처리기기의 영상을 24시간 동안 실시간으로 관제하여야 한다. 다만, 신속한 조치가 특별히 요구되지 않는 영상정보처리기기는 해당 부서 및 기관과 협의를 통하여 그러하지 않을 수 있다.
	인력 확보	– 통합관제센터 운영을 위하여 일반직 · 경찰직 공무원과 직무 전문성을 보유한 관제요원(영상정보관리사)을 확보하여 근무하게 한다.
	교육의무	– 관제요령 교육 등을 연 2회 이상 실시하여야 한다. – 자체적으로 시행하거나 해당 분야의 전문기관에 위탁하여 실시 가능하다.
	출입 통제	– 기관장은 통합관제센터를 운영하는 경우 이를 출입 통제(제한)구역으로 지정하고, 관계자 외의 출입을 엄격히 통제해야 한다. – 관계자 외에 통합관제센터를 방문 · 출입하고자 하는 사람은 기관장의 사전 승인을 받아야 한다. – 기관장은 근무자의 근무 교대 시 근무자 및 방문 출입자에 대한 보안검색을 실시하여 영상정보 자료가 유출되지 않도록 보안감독을 철저히 해야 한다. – 유관 기관 및 일반인이 견학 등의 목적으로 통합관제센터를 방문할 경우, 기관장은 적절한 보안조치를 취해야 한다.
	비밀유지 의무	– 직무상 알게 된 영상정보를 누설 또는 권한 없이 처리하거나 제3자에게 제공하는 등 부당한 목적을 위하여 사용하여서는 아니 되며, 위반 시 「개인정보 보호법」 제10장 벌칙을 준용한다.

4) 영상정보처리기기 보안(국가정보보안 기본지침 제89조) ★중요합니다.

구분	요건	세부 내용
영상정보처 리기기 보안	영상정보처리 기기 개념	– 업무상 목적으로 불특정 사람 또는 사물을 촬영한 영상을 유 · 무선 정보통신망으로 전송 · 저장 · 분석하는 CCTV · IP카메라 · 이동형 영상촬영장비 · 중계서버 · 관제서버 · 관리용 PC 등의 기기 · 장비(제1항)
	접근통제	– 영상정보처리기기를 설치 · 운용하고자 할 경우, 운영자의 계정 · 비밀번호 설정 등 인증대책 수립 – 특정 IP 주소에서만 접속 허용 등 비(非)인가자 접근 통제 대책을 수립 · 시행(제1항)
	출입 통제	– 영상정보처리기기를 통합 · 운용하는 시설(이하 "영상관제상황실"이라 한다)을 운영하고자 할 경우, 영상관제상황실을 「보안업무규정」 제34조 제2항에 따른 제한구역 또는 통제구역으로 지정 · 관리하고 출입 통제 장치를 운용(제2항)

구분	요건	세부 내용
영상정보처리기기 보안	통신망 분리	– 영상정보처리기기 관리자는 영상정보처리기기를 인터넷과 분리·운용하여야 한다. 다만, 부득이하게 인터넷과 연결·사용하여야 할 경우, 전송 내용을 암호화(제3항)
	보안대책 점검	– 영상정보처리기기 관리자는 제1항부터 제3항까지와 관련한 보안대책의 적절성을 수시 점검·보완 의무

③ 스마트시티 통합플랫폼의 이해

1) 스마트시티 이해 ★ 중요합니다.

① 스마트도시 개념

"스마트도시"란 도시의 경쟁력과 삶의 질 향상을 위하여 건설·정보통신기술 등을 융·복합하여 건설된 도시 기반 시설을 바탕으로 다양한 도시 서비스를 제공하는 지속 가능한 도시를 말한다.

스마트도시 조성 및 산업진흥 등에 관한 법률(약칭: 스마트도시법)의 용어 정의이다.

구분	세부 내용
스마트도시	도시의 경쟁력과 삶의 질 향상을 위하여 건설·정보통신기술 등을 융·복합하여 건설된 도시 기반 시설을 바탕으로 다양한 도시서비스를 제공하는 지속 가능한 도시
스마트도시 서비스	스마트도시 기반 시설 등을 통하여 행정·교통·복지·환경·방재 등 도시의 주요 기능별 정보를 수집한 후 그 정보 또는 이를 서로 연계하여 제공하는 서비스로서 대통령령으로 정하는 서비스
스마트도시 기반 시설	– 「국토의 계획 및 이용에 관한 법률」 제2조 제6호에 따른 기반 시설 또는 같은 조 제13호에 따른 공공시설에 건설·정보통신 융합기술을 적용하여 지능화된 시설 – 「지능정보화 기본법」 제2조 제9호에 따른 초연결지능정보통신망, 그밖에 대통령령으로 정하는 정보통신망 – 스마트도시 서비스의 제공 등을 위한 스마트도시 통합운영센터 등 스마트도시의 관리·운영에 관한 시설로서 대통령령으로 정하는 시설 – 스마트도시 서비스를 제공하기 위하여 필요한 정보의 수집, 가공 또는 제공을 위한 건설기술 또는 정보통신기술 적용 장치로서 폐쇄회로 텔레비전 등 대통령령으로 정하는 시설

② 스마트시티 통합플랫폼 개념

스마트시티 통합플랫폼은 지방자치단체가 개별적으로 지방자치단체의 스마트시티 센터에서 운영하는 방범, 방재, 교통, 시설물관리 등 분야별 정보시스템을 통합플랫폼에 연계하여 도시관리의 효율성을 높이기 위한 플랫폼을 의미한다.

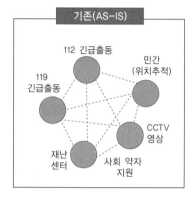 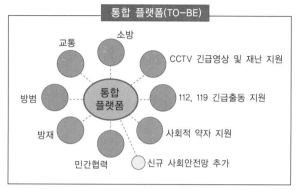

▲ 그림 1.1.1 스마트시티 통합플랫폼 개념도

구분	정의
도시 모델	도시에 ICT · 빅데이터 등 신기술을 접목해 각종 도시문제를 해결하고 지속 가능한 도시를 만들 수 있는 도시 모델
혁신 공간	다양한 혁신 기술을 도시 인프라와 결합하여 실현하고 융 · 복합할 수 있는 공간
비즈니스 인프라	도시 전체적으로 사람의 사고에 가까운 지능 수준으로 높이기 위해 물리적, 사회적, IT 인프라, 비즈니스 인프라를 연결하는 도시

2) 스마트시티 통합플랫폼 기능 및 역할 ★중요합니다.

① 스마트시티 통합플랫폼은 도시 전체를 안전하게 운영 · 관리하는 데 필요한 실시간 의사결정을 지원하는 핵심 기능을 제공한다.

② 특히 112, 119, 재난망, 그리고 사회적 약자 지원 서비스를 통합플랫폼과 연계함으로써 도시를 더욱 안전하고 편리한 생활공간으로 만들고 있으며, 지방자치단체의 방범 · 방재, 교통 등 분야별 정보시스템을 기반 소프트웨어(S/W)인 스마트시티 통합플랫폼으로 연계하여 지능화된 도시 기반을 조성하고 있다. 이를 통해 개별 운영되고 있는 지방자치 단체의 각종 스마트시티 서비스와 정보시스템, 센터 등을 연계하여 운영할 수 있도록 지원한다.

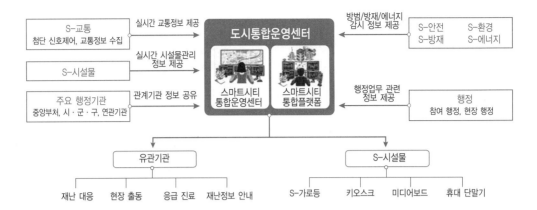

▲ **그림 1.1.2** 스마트시티 통합플랫폼 연계(출처: 국토교통부(2020.05), 스마트시티 통합플랫폼 기반 구축)

③ 스마트시티 통합플랫폼은 도시에서 발생하는 다양한 상황 이벤트를 실시간 처리 및 융·복합서비스를 단일 사용자 화면에서 처리할 수 있도록 지원한다.

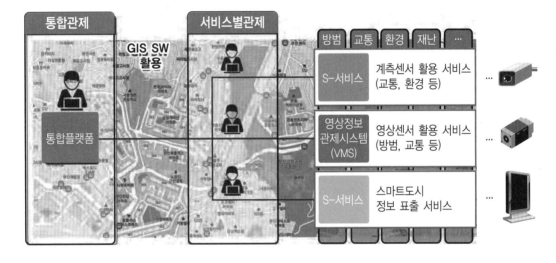

▲ **그림 1.1.3** 스마트시티 통합플랫폼 주요 기능(출처: 국토교통부(2020.05), 스마트시티 통합플랫폼 기반 구축)

④ 스마트시티 통합플랫폼 이벤트 유형

스마트시티 통합플랫폼은 CCTV 영상, 교통소통 정보, 기상정보, 시설물 정보 등의 상시 상황 모니터링과 함께 S-안전 분야 이벤트 등 전체적으로 26개 이벤트 처리를 지원하며, S-서비스 추가에 따라 도시 상황관리 분야(이벤트)가 계획 확대될 수 있다. 예로 자율주행차, 드론 등 활용 S-서비스, 양방향 이벤트 교환 등을 말한다.

유형	이벤트 정보	정보 유형
안전	비상벨, 안전사고, 112 신고, 사회적 약자 안전계도, 모의훈련	CCTV 영상
방재	119 신고, 홍수, 긴급구조 또는 구급, 화재, 태풍, 침수, 수위 경보	CCTV 영상
교통	교통사고, 사고 차량, 차량 통제, 교통 혼잡, 대중교통 이탈 또는 지체	교통수집 정보
환경	환경정보, 대기오염, 수질오염, 토양오염	환경센서 정보
에너지	빌딩 에너지 정보, 상가 에너지, 태양광 등 신재생 에너지	에너지 사용량
시설물	CCTV 상태 및 고장, 시설물 고장 또는 파손, 상수도 누수, 전기 고장	시설물 상태

※ 자료 출처: 국토교통부(2020.05), 스마트시티 통합플랫폼 기반 구축

⑤ 스마트시티 통합플랫폼 구성 모듈

ㄱ 스마트시티 통합플랫폼은 센터 · 정보시스템 연계 처리, 도시 상황정보 수집 · 표출, 관제업무 지원 및 데이터 관리를 담당하는 4개의 핵심 모듈로 구성되어 있다.

ㄴ 사물인터넷, 빅데이터, GIS 연계 등 새로운 ICT 기술환경 변화에 맞추어 스마트시티 통합플랫폼의 기능 및 성능을 개선하고, 기구축 지방자치단체의 통합플랫폼과 연계 서비스는 지속적으로 업그레이드를 지원한다.

4 ▶ 기타 관제센터 관련 지식

1) 영상정보 관제센터 운영 기대효과 ★ 중요합니다.

① 우선 기관마다 중복해서 설치 · 운영해야 하고, 따로따로 유지 · 관리해야 하는 CCTV와 관제센터를 통합적으로 설치 · 운영함으로써 예산 낭비를 줄일 수 있다.

② 분산되어 저장 · 관리되고 여러 사람이 모니터링하는 영상정보들을 통합해서 관리하고, 기술적 · 관리적 · 물리적 보호 조치를 강화함으로써 보안이 향상된다.

③ 숙련된 인력과 지능형 영상정보 관제시스템 등 첨단기술을 활용할 수 있어 CCTV 관제의 효용성과 효율성을 극대화할 수 있다.

④ 여러 개의 CCTV를 통해서 수집된 영상정보의 통합적인 분석이 가능하고, 유사시 다른 통합관제센터의 시스템과 연동 · 연계가 가능하여 영상정보의 활용 효과를 높일 수 있다.

⑤ 통합관제센터를 통해서 수집된 영상정보를 비식별화해서 활용함으로써 도시계획 수립 · 변경 등에 참고할 수 있고, 대민 서비스 향상을 위해서도 활용할 수 있다.

2) 영상정보 관제센터 시스템 구성요소

① 관제 목적에 따른 시스템의 구성요소는 기관별로 상이하나 통합관제센터를 예로 들면 통합관제센터 하드웨어, 통합관제시스템, 기반 시설, 공간구조, 운영조직 등으로 구성된다.

② 위와 같은 구성요소를 파악 후 관제요원(영상정보관리사)과 관리자는 영상정보처리기기 총괄업무(계획수립, 업무 분장, 조직 운용, 정보보안 등), 운영업무(시스템 변경관리, 장애관리, 백업관리, 시설관리, 민원대응관리 등), 관제업무 등을 수행하여야 한다.

③ 이밖에 최근 기존 통합관제센터에서 스마트도시의 개념을 적용하여 영상정보 관제에 대한 범위를 확장하고 스마트시티 통합플랫폼 등과 연계하는 추세이다.

3) 영상정보 관제센터 시스템 통신 구성도(예시)

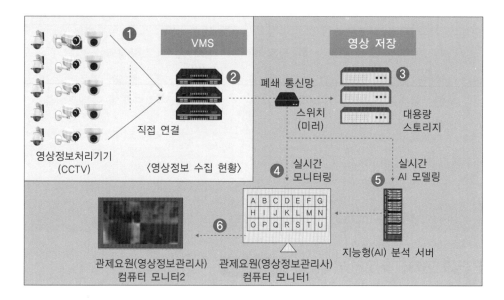

① 영상정보처리기기(CCTV)는 영상정보 관제시스템(VMS)과 직접 연결하여 독립 통신망으로 구성한다.

② 영상정보 관제시스템(VMS)에서 영상저장장치와 폐쇄 통신망으로 연결한다.

③ 중앙의 영상정보 관제센터의 대용량 스토리지에 영상정보를 저장한다.

④ 영상정보는 관제요원(영상정보관리사) "모니터1"에서 실시간으로 모니터한다.

⑤ 영상정보는 지능형(AI) 분석 서버로 실시간으로 전송되어 영상정보를 분석하고, 그 결과를 실시간으로 관제요원(영상정보관리사) "모니터2"로 전송한다.

⑥ 관제요원(영상정보관리사)은 지능분석 결과를 참고하여 영상정보를 모니터하며 영상정보 관제 업무를 수행한다.

2 영상정보 관련 법령 및 규정

영상정보 관제 업무를 이해하기 위해 영상정보보호를 포함하는 개인정보보호에 대해 이해한다. 보호 범위, 방법 등 구체적인 사항을 법률, 시행령, 시행규칙, 가이드라인, 지침 등 법령에서 정한 개인정보보호 의무 사항을 이해하고 법령의 개정 사항을 숙지하며 영상정보 관제 업무를 수행한다.

1 개인정보 보호법

1) 개인정보 보호법 ★ 중요합니다.

① 「개인정보 보호법」상 개인정보의 정의(법 제2조)

ㄱ 살아 있는 개인에 관한 정보(※ 사망자의 정보는 개인정보가 아니다.)

ㄴ 성명, 주민등록번호 및 영상 등을 통하여 개인을 알아볼 수 있는 정보

ㄷ 해당 정보만으로는 특정 개인을 알아볼 수 없더라도 다른 정보와 쉽게 결합하여 알아볼 수 있는 정보(※ 결합가능성을 고려하여 최소한의 개인정보로 업무처리 및 안전조치한다.)

ㄹ 가명 처리함으로써 원래의 상태로 복원하기 위한 추가 정보의 사용 · 결합 없이는 특정 개인을 알아볼 수 없는 정보(이하 "가명정보"라 한다.)(※ 가명정보는 개인정보의 범위에 속하므로 안전조치 의무가 있다.)

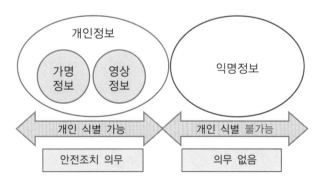

▲ 그림 1.2.1 개인정보 정의

Tip

개인정보의 결합 가능성

• 개인정보와 쉽게 결합할 수 있는지 판단을 위해 소요시간, 비용, 기술 등 다양한 측면의 요인을 고려한다. 예를 들어, 고비용의 전문가를 고용하거나 고도의 해킹 기술을 결합하는 것이 아니라, 일반인 누구나 쉽게 결합할 수 있고, 이를 통해 특정인을 식별할 수 있는 경우 해당한다.

• 가명정보 처리 가이드라인에 따라 가명 처리를 위한 개인정보 강화 기술을 총칭하여 PET(Privacy Enhancing Technology)라고 한다.

② 「개인정보 보호법」의 주요 용어

㉠ 가명 처리: 개인정보의 일부를 삭제하거나 일부 또는 전부를 대체하는 등의 방법으로 추가 정보 없이는 특정 개인을 알아볼 수 없도록 처리하는 것

㉡ 개인정보의 처리: 개인정보의 수집, 생성, 연계, 연동, 기록, 저장, 보유, 가공, 편집, 검색, 출력, 정정(訂正), 복구, 이용, 제공, 공개, 파기(破棄), 그밖에 이와 유사한 행위

㉢ 가명정보 처리: 가명 처리를 통해 생성된 가명정보를 이용 · 제공 등 처리(활용)하는 행위

㉣ 익명정보: 개인정보 보호법 제35조(개인정보의 열람)에 따라 시간 · 비용 · 기술 등을 합리적으로 고려할 때 다른 정보를 사용하여도 더 이상 개인을 알아볼 수 없는 정보

㉤ 정보 주체: 처리되는 정보에 의하여 알아볼 수 있는 사람으로서 그 정보의 주체가 되는 사람

㉥ 개인정보 파일: 개인정보를 쉽게 검색할 수 있도록 일정한 규칙에 따라 체계적으로 배열하거나 구성한 개인정보의 집합물(集合物)

㉦ 개인정보처리자: 업무를 목적으로 개인정보 파일을 운용하기 위하여 스스로 또는 다른 사람을 통하여 개인정보를 처리하는 공공기관, 법인, 단체 및 개인 등

㉧ 공공기관: 국회, 법원, 헌법재판소, 중앙선거관리위원회의 행정사무를 처리하는 기관, 중앙행정기관(대통령 소속 기관과 국무총리 소속 기관을 포함한다) 및 그 소속 기관, 지방자치단체, 그밖의 국가기관 및 공공단체 중 대통령령으로 정하는 기관

㉨ 고정형 영상정보처리기기: 일정한 공간에 설치되어 지속적 또는 주기적으로 사람 또는 사물의 영상 등을 촬영하거나 이를 유 · 무선망을 통하여 전송하는 장치로서 대통령령으로 정하는 장치로, 버스, 택시 등 영업용 차량 내부에 설치된 CCTV 장치

㉩ 이동형 영상정보처리기기: 사람이 신체에 착용 또는 휴대하거나 이동 가능한 물체에 부착 또는 거치(据置)하여 사람 또는 사물의 영상 등을 촬영하거나 이를 유 · 무선망을 통하여 전송하는 장치로서 대통령령으로 정하는 장치로, 개인이 휴대하고 있는 캠코더와 같은 기기

Tip

대통령령으로 정하는 공공기관

- 국가인권위원회, 고위공직자범죄수사처
- 공공기관, 지방공사와 지방공단
- 특별법에 따라 설립된 특수법인
- 「초·중등교육법」, 「고등교육법」, 그밖의 다른 법률에 따라 설치된 각급 학교

③ 개인정보보호 원칙(개인정보 보호법 제3조, 표준 개인정보 보호지침 제4조)

구분	원칙의 특성	세부 내용
개인정보 처리자 기본 준수	명확성	개인정보처리자는 개인정보의 명확한 처리
	최소성	그 목적에 필요한 범위에서 최소한의 개인정보만을 적법하고 정당하게 수집
	적합성	개인정보처리자는 개인정보의 처리 목적에 필요한 범위에서 적합하게 개인정보 처리
	활용 제한	목적 외의 용도로 활용 불가
	목적성	개인정보의 처리 목적에 필요한 범위에서 개인정보의 정확성, 완전성 및 최신성 보장 의무
	안전성	개인정보처리자는 개인정보의 처리 방법 및 종류 등에 따라 정보 주체의 권리가 침해받을 가능성과 그 위험 정도를 고려하여 개인정보를 안전하게 관리
	투명성	개인정보처리자는 제30조에 따른 개인정보 처리방침 등 개인정보의 처리에 관한 사항을 공개
정보 주체 보호	통제권 보장	열람청구권 등 정보 주체의 권리를 보장
	사생활 보호	개인정보처리자는 정보 주체의 사생활 침해를 최소화하는 방법으로 개인정보 처리
	익명과 가명	개인정보를 익명 또는 가명으로 처리하여도 개인정보 수집 목적을 달성할 수 있는 경우 익명처리가 가능한 경우에는 익명에 의하여, 익명처리로 목적을 달성할 수 없는 경우에는 가명에 의하여 처리
	책임과 의무	이 법 및 관계 법령에서 규정하고 있는 책임과 의무를 준수하고 실천함으로써 정보 주체의 신뢰를 얻기 위하여 노력

④ 개인정보 주체의 권리

㉠ 정보 제공 요청권: 개인정보의 처리에 관한 정보를 제공받을 권리

㉡ 정보 주체 결정권: 개인정보의 처리에 관한 동의 여부, 동의 범위 등을 선택하고 결정할 권리

Part 1 · 영상정보 관리일반

Part 2 · 영상정보 관제시스템

Part 3 · 영상정보 관리실무

Part 4 · 기출문제

ⓒ 열람 및 전송요구권: 개인정보의 처리 여부를 확인하고 개인정보에 대한 열람(사본의 발급을 포함한다.) 및 전송을 요구할 권리

ⓔ 삭제 등 요구권: 개인정보의 처리 정지, 정정·삭제 및 파기를 요구할 권리

ⓜ 피해 구제권: 개인정보의 처리로 인하여 발생한 피해를 신속하고 공정한 절차에 따라 구제받을 권리

ⓗ 자동화된 설명요구권: 완전히 자동화된 개인정보 처리에 따른 결정을 거부하거나 그에 대한 설명 등을 요구할 권리

⑤ 개인정보 수집·이용

개인정보처리자는 아래 어느 하나에 해당하는 경우에는 개인정보를 수집할 수 있으며, 그 수집 목적의 범위에서 이용할 수 있다.

ⓐ 동의서 징구: 정보 주체의 동의를 받은 경우

ⓑ 법률 준수: 법률에 특별한 규정이 있거나 법령상 의무를 준수하기 위하여 불가피한 경우

ⓒ 공공 업무 수행: 공공기관이 법령 등에서 정하는 소관 업무의 수행을 위하여 불가피한 경우

ⓓ 계약 또는 정보 주체 요청: 정보 주체와 체결한 계약을 이행하거나 계약을 체결하는 과정에서 정보 주체의 요청에 따른 조치를 이행하기 위하여 필요한 경우

ⓔ 정보 주체 또는 제3자의 이익 명백: 명백히 정보 주체 또는 제3자의 급박한 생명, 신체, 재산의 이익을 위하여 필요하다고 인정되는 경우

ⓕ 정당한 이익 달성: 개인정보처리자의 정당한 이익을 달성하기 위하여 필요한 경우로서 명백하게 정보 주체의 권리보다 우선하는 경우(개인정보처리자의 정당한 이익과 상당한 관련이 있고 합리적인 범위를 초과하지 아니하는 경우에 한한다.)

ⓖ 공공 안전: 공중위생 등 공공의 안전과 안녕을 위하여 긴급히 필요한 경우

⑥ 개인정보 수집 동의를 받을 때 정보 주체에게 고지사항

개인정보처리자는 개인정보를 수집할 때 아래의 사항을 정보 주체가 사전에 인지할 수 있도록 고지할 의무가 있다.

ⓐ 목적 명확화: 개인정보의 수집·이용 목적

ⓑ 항목 구체화: 수집하려는 개인정보의 항목

ⓒ 기간 명시: 개인정보의 보유 및 이용 기간

ⓓ 불이익의 고지: 동의를 거부할 권리가 있다는 사실 및 동의 거부에 따른 불이익이 있는 경우에는 그 불이익의 내용

⑦ 개인정보의 파기

개인정보처리자는 다음 각호의 어느 하나에 해당하는 경우에는 개인정보를 수집할 수 있으며, 그 수집 목적의 범위 내에서 이용할 수 있다.

조문	구분	세부 내용
개인정보의 파기 (법 제21조)	원칙	– 개인정보처리자는 보유기간의 경과, 개인정보의 처리 목적 달성, 가명정보의 처리 기간 경과 등 그 개인정보가 불필요하게 되었을 때는 지체 없이 그 개인정보를 파기하여야 한다. 다만, 다른 법령에 따라 보존하여야 하는 경우 제외
파기 안전조치 (법 제21조)	복구 및 재생 불가	– 개인정보처리자가 제1항에 따라 개인정보를 파기할 때는 복구 또는 재생되지 아니하도록 조치 의무
	분리 보관	– 개인정보처리자가 제1항 단서에 따라 개인정보를 파기하지 아니하고 보존하여야 하는 경우에는 해당 개인정보 또는 개인정보 파일을 다른 개인정보와 분리하여서 저장·관리
파기 방법 (영 제16조)	파기 방법 및 절차	– 전자적 파일 형태인 경우: 복원이 불가능한 방법으로 영구 삭제 – 다만, 기술적 특성으로 영구 삭제가 현저히 곤란한 경우에는 법 제58조의2(이 법은 시간·비용·기술 등을 합리적으로 고려할 때 다른 정보를 사용하여도 더 이상 개인을 알아볼 수 없는 정보에는 적용하지 아니함)에 해당하는 정보로 처리하여 복원이 불가능하도록 조치 – 위의 파기 방법 외의 기록물, 인쇄물, 서면, 그밖의 기록매체인 경우: 파쇄 또는 소각

⑧ 개인정보의 목적 외 이용·제공 제한

개인정보처리자는 개인정보를 제15조 제1항에 따른 범위를 초과하여 이용하거나 제17조 제1항 및 제28조의8 제1항에 따른 범위를 초과하여 제3자에게 제공하여서는 아니 된다(법 제18조).

구분	세부 내용
일반	– 정보 주체로부터 별도의 동의를 받은 경우 – 다른 법률에 특별한 규정이 있는 경우 – 명백히 정보 주체 또는 제3자의 급박한 생명, 신체, 재산의 이익을 위하여 필요하다고 인정되는 경우 – 통계 작성, 과학적 연구, 공익적 기록 보존 등을 위하여 필요한 경우로서 법 제28조의2 또는 제28조의3에 따라 가명 처리한 경우 – 공중위생 등 공공의 안전과 안녕을 위하여 긴급히 필요한 경우
예외 (공공기관 한정)	– 개인정보를 목적 외의 용도로 이용하거나 이를 제3자에게 제공하지 아니하면 다른 법률에서 정하는 소관 업무를 수행할 수 없는 경우로서 보호위원회의 심의·의결을 거친 경우

구분	세부 내용
예외 (공공기관 한정)	– 조약, 그밖의 국제협정의 이행을 위하여 외국 정부 또는 국제기구에 제공하기 위하여 필요한 경우 – 범죄의 수사와 공소의 제기 및 유지를 위하여 필요한 경우 – 법원의 재판업무 수행을 위하여 필요한 경우 – 형(刑) 및 감호, 보호처분의 집행을 위하여 필요한 경우

⑨ 영상정보처리기기의 범위(개인정보 보호법 시행령 제3조) ★ 중요합니다.

구분	장치명	상세 설명
고정형	폐쇄회로 텔레비전	– 일정한 공간에 설치된 카메라를 통하여 지속적 또는 주기적으로 영상 등을 촬영하거나 촬영한 영상정보를 유무선 폐쇄회로 등의 전송로를 통하여 특정 장소에 전송하는 장치 – 위의 장치를 이용하여 목적에 따라 촬영되거나 전송된 영상정보를 녹화·기록할 수 있도록 하는 장치
고정형	네트워크 카메라	– 일정한 공간에 설치된 기기를 통하여 지속적 또는 주기적으로 촬영한 영상정보를 그 기기를 설치·관리하는 자가 유무선 인터넷을 통하여 어느 곳에서나 수집·저장 등의 처리를 할 수 있도록 하는 장치
이동형	착용형 장치	– 안경 또는 시계 등 사람의 신체 또는 의복에 착용하여 영상 등을 촬영하거나 촬영한 영상정보를 수집·저장 또는 전송하는 장치
이동형	휴대형 장치	– 이동통신단말장치 또는 디지털카메라 등 사람이 휴대하면서 영상 등을 촬영하거나 촬영한 영상정보를 수집·저장 또는 전송하는 장치
이동형	부착·거치형 장치	– 차량이나 드론 등 이동 가능한 물체에 부착 또는 거치(据置)하여 영상 등을 촬영하거나 촬영한 영상정보를 수집·저장 또는 전송하는 장치

Tip

• 착용형 장치: 안경(스마트 안경), 시계(스마트 워치), 의료용 카메라, 액션 캠, 웨어러블 카메라
• 휴대형 장치: 이동통신 단말장치, 디지털카메라, 캠코더
• 부착·거치형 장치: 차량이나 드론 등 이용 가능한 물체에 부착 및 거치 장치

⑩ 고정형 영상정보처리기기의 설치·운영 제한

누구든지 다음 각호의 경우를 제외하고는 공개된 장소에 고정형 영상정보처리기기를 설치·운영하여서는 아니 된다(법 제25조).

구분	원칙과 예외	세부 내용
설치 · 운영 허용	원칙 (설치 허용) (법 제25조)	– 법령에서 구체적으로 허용하고 있는 경우
		– 범죄의 예방 및 수사를 위하여 필요한 경우(예 어두운 골목)
		– 시설의 안전 및 관리, 화재예방을 위하여 정당한 권한을 가진 자가 설치 · 운영하는 경우(예 빌딩 외부)
		– 교통단속을 위하여 정당한 권한을 가진 자가 설치 · 운영하는 경우 (예 교통사고가 자주 발생하는 교차로)
		– 교통정보의 수집 · 분석 및 제공을 위하여 정당한 권한을 가진 자가 설치 · 운영하는 경우
	예외 (법 제22조)	– 촬영된 영상정보를 저장하지 아니하는 경우로서 대통령령으로 정하는 경우 • 출입자 수, 성별, 연령대 등 통곗값 또는 통계적 특성값 산출 을 위해 촬영된 영상정보를 일시적으로 처리하는 경우 • 그밖에 제1호에 준하는 경우로서 보호위원회의 심의 · 의결을 거친 경우
설치 · 운영 불가	원칙 (설치 불가능) (법 제25조)	– 누구든지 불특정 다수가 이용하는 목욕실, 화장실, 발한실(發 汗室), 탈의실 등 개인의 사생활을 현저히 침해할 우려가 있 는 장소의 내부를 볼 수 있도록 고정형 영상정보처리기기를 설 치 · 운영 금지
	예외 (영 제22조)	– 교도소, 정신보건 시설 등 법령에 근거하여 사람을 구금하거나 보호하는 시설로서 대통령령으로 정하는 시설에 대하여는 예외 로 설치 및 운영 가능 • 대통령령으로 정하는 시설: 「형의 집행 및 수용자의 처우에 관한 법률」 제2조 제1호에 따른 교정시설, 「정신건강증진 및 정신질환자 복지서비스 지원에 관한 법률」 제3조 제5호부터 제7호까지의 규정에 따른 정신의료기관(수용시설을 갖추고 있는 것만 해당한다), 정신요양시설 및 정신재활시설

Tip

아파트 단지에 영상정보처리기기(CCTV) 설치

• 시설 안전 및 화재예방을 위하여 설치하고, 영상정보 관제 관리자를 지정하여 장비 오류, 화질, 보관
주기 등의 목적 달성 여부, 영상정보 데이터 등의 안전한 관리로 개인영상정보의 오남용이 발생하지
않도록 노력해야 한다.
• 보관 주기의 별도 산정이 없는 경우 30일로 한다.
• 특정을 단속하기 위한 목적은 개인 사생활 침해가 발생하여 설치할 수 없다.

⑪ 이동형 영상정보처리기기의 설치·운영 제한

업무를 목적으로 이동형 영상정보처리기기를 운영하려는 자는 다음 각호의 경우를 제외하고는 공개된 장소에서 이동형 영상정보처리기기로 사람 또는 그 사람과 관련된 사물의 영상(※ 개인정보에 해당하는 경우로 한정한다.)을 촬영하여서는 아니 된다.

구분	원칙과 예외	세부 내용
이동형 영상정보 처리기기	이동형 기기	– 일정한 공간에 설치된 장치이고, 지속적이고 주기적으로 카메라를 통해 사람 또는 사물의 영상을 촬영하는 장치(폐쇄회로 또는 네트워크 카메라)
설치·운영 허용	원칙 및 예외 (설치 허용 및 예외) (법 제25조 2)	– 정보 주체의 동의를 받은 경우(제15조 제1항) – 촬영 사실을 명확히 표시하여 정보 주체가 촬영 사실을 알 수 있도록 하였음에도 불구하고 촬영 거부 의사를 밝히지 아니한 경우·이 경우 정보 주체의 권리를 부당하게 침해할 우려가 없고 합리적인 범위를 초과하지 아니하는 경우로 한정 – 불빛, 소리, 안내판(문구) 등으로 촬영 사실을 표시하고 알림
설치·운영 불가	원칙 (설치 불가능) (법 제25조 2)	– 누구든지 불특정 다수가 이용하는 목욕실, 화장실, 발한실, 탈의실 등 개인의 사생활을 현저히 침해할 우려가 있는 장소의 내부를 볼 수 있는 곳에서 이동형 영상정보처리기기로 사람 또는 그 사람과 관련된 사물의 영상을 촬영 불가
	예외 (영 제27조)	– 범죄, 화재, 재난 또는 이에 준하는 상황에서 인명의 구조·구급 등을 위하여 사람 또는 그 사람과 관련된 사물의 영상(개인정보에 해당하는 경우로 한정)의 촬영이 필요한 경우

Tip

이동형 영상정보처리기기의 경우 유의사항

제27조의2(이동형 영상정보처리기기 촬영 사실 표시 등) 법 제25조의2 제1항 각호에 해당하여 이동형 영상정보처리기기로 사람 또는 그 사람과 관련된 사물의 영상을 촬영하는 경우에는 불빛, 소리, 안내판, 안내서면, 안내방송 또는 그 밖에 이에 준하는 수단이나 방법으로 정보 주체가 촬영 사실을 쉽게 알 수 있도록 표시하고 알려야 한다. 다만, 드론을 이용한 항공촬영 등 촬영 방법의 특성으로 인해 정보 주체에게 촬영 사실을 알리기 어려운 경우에는 개인정보보호위원회가 구축하는 인터넷 사이트 (https://www.privacy.go.kr)에 공지하는 방법으로 알릴 수 있다.

〈공지 예시〉

⑫ 자료 제출 요구 등 **★ 중요합니다.**

개인정보보호위원회는 아래의 목적을 위하여 개인정보처리자, 관계 중앙행정기관의 장, 지방자치단체의 장 및 관계 기관·단체 등에 자료의 제출이나 의견의 진술 등을 요구할 수 있다(법 제11조).

구분	목적	세부 내용
보호 위원회	기본계획의 효율적 수립	– 법규 준수 현황과 개인정보 관리 실태 등에 관한 자료 제출이나 의견 진술 등 • 개인정보처리자가 처리하는 개인정보 및 개인정보 파일의 관리와 고정형 영상정보처리기기 또는 이동형 영상정보처리기기의 설치·운영에 관한 사항 • 개인정보 보호책임자의 지정 여부에 관한 사항 • 개인정보의 안전성 확보를 위한 기술적·관리적·물리적 조치에 관한 사항 • 정보 주체의 열람, 개인정보의 정정·삭제·처리 정지의 요구 및 조치 현황에 관한 사항
	개인정보 보호 정책 추진, 성과 평가 등	– 개인정보관리 수준 및 실태 파악 등을 위한 조사 실시 – 개인영상정보 처리업무 총괄책임자의 업무 추진 사항
공공 기관의 장	시행계획의 효율적 수립·추진	– 법규 준수 현황과 개인정보 관리 실태 등에 관한 자료 제출이나 의견 진술 등 ※ 예시: 공공감사법 제20조(자료 제출 요구)

CHAPTER 2 영상정보 관련 법령 및 규정 | 33

⑬ 개인영상정보의 비식별화 방법

정보 주체는 개인정보처리자가 처리하는 자신의 개인정보에 대한 열람 제공 시 타인을 포함하는 경우 반드시 타인의 정보를 비식별 처리하여야 한다.

구분	주체	세부 내용
대상	사진 파일	– 사진 속에 특정 사람을 식별할 수 있는 정보의 비식별 처리
	동영상 파일	– 움직이는 영상에서 특정 사람을 식별할 수 있는 정보의 비식별 처리 – 특정 영역에 대한 객체를 영상 재생시간 동안 비식별 처리
비식별화	종류 (방법)	– 마스킹(mask), 특정 픽셀 암호화, 가명 얼굴, 얼굴 합성(k값 처리, 안면 전환) – 대체, 흐림(blur), 모자이크(mosaic), 삭제, 일반화(generalize), 무작위(randomize), 오버레이(overlay)
	보호 조치	– 비식별로 보호 조치 대상의 특성과 환경을 고려한 비식별 처리 방법 선택적 활용

2) 표준 개인정보 보호지침 ★ 중요합니다.

① 용어의 정의(표준 개인정보 보호지침 제2조)

「개인정보 보호법」 제12조 제1항에 따른 개인정보의 처리에 관한 기준, 개인정보 침해의 유형 및 예방조치 등에 관한 표준 개인정보 보호지침의 영상정보관제 업무에서 알아야 할 용어이다.

구분	용어	세부 내용
행위	처리	– 개인정보의 수집, 생성, 연계, 연동, 기록, 저장, 보유, 가공, 편집, 검색, 출력, 정정(訂正), 복구, 이용, 제공, 공개, 파기(破棄), 그밖에 이와 유사한 행위
주체	개인정보보호 책임자	– 개인정보처리자의 개인정보 처리에 관한 업무를 총괄해서 책임지는 자로서 영 제32조 제2항 또는 제3항에 해당하는 자
	개인정보취급자	– 개인정보처리자의 지휘·감독을 받아 개인정보를 처리하는 업무를 담당하는 자로서 임직원, 파견근로자, 시간제근로자 등
장치 정의	고정형 영상정보처리 기기	– 일정한 공간에 설치되어 지속적 또는 주기적으로 사람 또는 사물의 영상 등을 촬영하거나 이를 유·무선망을 통하여 전송하는 장치로서 영 제3조 제1항에 따른 폐쇄회로 텔레비전 및 네트워크 카메라
	이동형 영상정보처리기기	– 사람이 신체에 착용 또는 휴대하거나 이동 가능한 물체에 부착 또는 거치(据置)하여 사람 또는 사물의 영상 등을 촬영하거나 이를 유·무선망을 통하여 전송하는 장치로서 영 제3조 제2항에 따른 착용형, 휴대형, 부착·거치형 장치

정보	개인영상정보	− 법 제2조 제1호에 따른 개인정보 중 고정형 영상정보처리기기 또는 이동형 영상정보처리기기에 의하여 촬영·처리되는 영상 형태의 개인정보 − 영상정보처리기기에 의해 촬영·처리되는 영상정보 중 개인의 얼굴, 행동 등과 관련된 영상으로 특정 개인을 식별할 수 있는 정보
운영자	고정형 영상 정보처리기기 운영자	− 법 제25조 제1항 각호에 따라 고정형 영상정보처리기기를 설치·운영하는 자
	이동형 영상 정보처리기기 운영자	− 법 제25조의2 제1항 각호에 따라 업무를 목적으로 이동형 영상 정보처리기기를 운영하는 자
장소	공개된 장소	− 공원, 도로, 지하철, 상가 내부, 주차장 등 불특정 또는 다수가 접근하거나 통행하는 데에 제한을 받지 아니하는 장소

② 고정형/이동형 영상정보처리기기 운영관리 방침(표준 개인정보 보호지침 제39조 3)

구분	요소	세부 내용
항목 요건	필수 항목	− 고정형/이동형 영상정보처리기기의 운영 근거 및 운영 목적 − 고정형/이동형 영상정보처리기기의 운영 대수 − 관리책임자, 담당 부서 및 영상정보에 대한 접근 권한이 있는 사람 − 영상정보의 촬영 시간, 보관 기간, 보관 장소 및 처리 방법 − 고정형/이동형 영상정보처리기기운영자의 영상정보 확인 방법 및 장소 − 정보 주체의 영상정보 열람 등 요구에 대한 조치 − 영상정보 보호를 위한 기술적·관리적·물리적 조치
	선택 추가	− 그밖에 고정형/이동형 영상정보처리기기의 설치·운영 및 관리에 필요한 사항
공개	정보 주체 공개	− 고정형/이동형 영상정보처리기기 운영·관리 방침을 마련하거나 변경하는 경우 정보 주체가 쉽게 확인할 수 있도록 공개 의무
예외	통합 시 예외	− 고정형/이동형 영상정보처리기기 운영·관리에 관한 사항을 '개인정보 처리방침'에 포함시킨 경우에는 고정형/이동형 영상 정보처리기기 운영·관리 방침을 마련으로 인정

③ 보관 및 파기(표준 개인정보 보호지침 제41조)

구분	요소	세부 내용
파기 의무	원칙	– 고정형 영상정보처리기기운영자 또는 이동형 영상정보처리기기운영자는 고정형 영상정보처리기기 또는 이동형 영상정보처리기기 운영·관리 방침에 명시한 보관 기간이 경과하거나 개인영상정보의 처리 목적 달성, 법 제2조 제1호에 따른 가명정보의 처리 기간 경과 등 그 개인영상정보가 불필요하게 되었을 때는 지체 없이 그 개인영상정보 파기 의무
	예외	– 다른 법령에 특별한 규정이 있는 경우에는 그러하지 아니함
기간 최소화	보관 기간	– 고정형 영상정보처리기기운영자가 그 사정에 따라 보유 목적의 달성을 위한 최소한의 기간을 산정하기 곤란한 때는 보관 기간을 개인영상정보 수집 후 30일 이내
완전 파기	파기 방법	– 개인영상정보가 기록된 출력물(사진 등) 등은 파쇄 또는 소각 – 전자기적(電磁氣的) 파일 형태의 개인영상정보는 복원이 불가능한 기술적 방법으로 영구 삭제

④ 벌칙

고정형 영상정보처리기기의 설치 목적과 다른 목적으로 고정형 영상정보처리기기를 임의로 조작하거나 다른 곳을 비추는 자 또는 녹음 기능을 사용한 자는 3년 이하의 징역 또는 3천만원 이하의 벌금에 처한다(법 제72조 벌칙).

Tip

개인정보 보호법 제40조(개인정보 유출 등의 신고)

① 개인정보처리자는 다음 각호의 어느 하나에 해당하는 경우로서 개인정보가 유출되었음을 알게 되었을 때는 72시간 이내에 법 제34조 제1항 각호의 사항을 서면 등의 방법으로 보호위원회 또는 같은 조 제3항 전단에 따른 전문기관에 신고해야 한다. 다만, 천재지변이나 그 밖에 부득이한 사유로 인하여 72시간 이내에 신고하기 곤란한 경우에는 해당 사유가 해소된 후 지체 없이 신고할 수 있으며, 개인정보 유출 등의 경로가 확인되어 해당 개인정보를 회수·삭제하는 등의 조치를 통해 정보 주체의 권익 침해 가능성이 현저히 낮아진 경우에는 신고하지 않을 수 있다.

1. 1천 명 이상의 정보 주체에 관한 개인정보가 유출된 경우

2. 민감정보 또는 고유식별정보가 유출된 경우

3. 개인정보처리시스템 또는 개인정보취급자가 개인정보 처리에 이용하는 정보기기에 대한 외부로부터의 불법적인 접근에 의해 개인정보가 유출된 경우

3) 이동형 영상정보처리기기를 위한 개인영상정보 보호·활용 안내서

① 개인영상정보 보호 8대 원칙

비례성	개인영상정보 처리 목적이 정당하고 수단이 적정한지, 예상되는 편익에 비해 정보 주체의 권리침해가 과도한지 등을 종합 고려해야 한다.
적법성	개인영상정보의 처리(수집·이용 등) 근거는 적법·명확해야 한다.
투명성	개인영상정보의 처리에 관한 사항을 투명하게 공개해야 한다.
안전성	개인영상정보가 유출·훼손되지 않도록 안전하게 관리해야 한다.
책임성	영상기기운영자는 개인영상정보 처리 전반에 대한 책임을 준수하고 정보 주체의 신뢰를 확보하기 위해 노력해야 한다.
목적 제한	개인영상정보 처리는 목적에 필요한 범위에서 최소화해야 한다.
통제권 보장	정보 주체가 자신의 개인영상정보에 대한 통제권을 행사할 수 있는 수단을 제공하고 이를 보장해야 한다.
사생활 보호	사생활 침해를 최소화하는 방법으로 개인영상정보를 처리하여야 한다.

② 개인영상정보 처리 단계별 준수사항

단계	준수사항
기획-설계	- 법적 근거 확인 - 개인영상정보의 처리 목적 명확화 - 부당한 권리침해 우려 및 합리적 범위 판단 - 개인정보보호 중심 설계(PbD; Privacy by Design)
촬영(수집)	- 사생활 보호 - 촬영 사실의 표시 - 가능한 익명 또는 가명 처리 - 촬영 거부 시 조치사항
이용 및 제공	- 목적 범위 내 이용 및 제공 - 추가적 이용 및 제공 - 통계 작성, 공익적 기록 보존, 과학적 연구 목적 활용 처리 위탁
보관 및 파기	- 보호책임자 지정 등 운영관리 체계 마련 - (이동형)(고정형) 개인영상정보 운영 관리방침 공개 - 보유기간 설정 및 관리 - 파기 방법

단계	준수사항
상시 보호조치	– 안전성 확보 조치 – 취급자 교육 및 관리 감독 – 주기적 점검 – 정보 주체 권리 보장

③ 개인영상정보 처리 유형별 시나리오

유형	세부 유형
유형 1: 저위험	◆ 영상기기 내 처리(전송 ×) 영상기기 자체에서 촬영과 처리(분석, 활용 등)가 모두 이루어지고 외부에는 전송되지 않는 유형 ※ (예시) 자동차의 블랙박스, 주차 보조 및 차선 유지장치, 비디오카메라를 통한 촬영 및 저장 등 – 이 유형은 업무 목적의 촬영이 아닌 경우(블랙박스 등)가 대부분이고, 업무 목적인 경우에도 위험성이 낮다. 단, 사용자에 의해 통제 가능한 경우에 한한다. – 촬영된 영상을 USB 저장 또는 Wi-Fi 접속 등을 통해 외부에 전송하여 처리하는 경우에는 〈유형 2〉에 해당
유형 2: 위험	◆ 운영자가 외부에서 처리(전송 ○) – 영상기기는 주로 촬영과 전송을 담당하고, 실질적인 처리(저장, 분석, 활용 등)는 외부에 있는 영상기기운영자가 담당하는 유형을 말하며, 일정 수준의 위험성 존재 ※ (예시) 순찰 또는 배달 로봇 등을 원격으로 관제, 자율주행차에서 촬영된 영상을 AI 연구개발에 활용 등 – 영상기기운영자가 개인영상정보를 처리한 결과를 해당 영상기기 또는 제3자에게 보내는 경우는 〈유형 3〉에 해당
유형 3: 위험	◆ 외부 처리 후 제3자 제공(전송 ○) – 〈유형 2〉와 같이 개인영상정보의 실질적인 처리는 외부에 있는 영상기기운영자에 의해 이루어지지만, 촬영된 영상이나 처리결과가 당해 영상기기 외 제3자(3rd party)에게도 전송될 수 있다는 점에서 위험성 존재 ※ (예시) V2X 기술을 통해 인근 차량 간 정보를 공유하는 커넥티드카, 교통사고 발생 감지 시 구난 기관에 자동으로 신고하는 자동차 등 – 향후 기술 발전에 따라 이 유형의 영상기기가 증가할 전망

② 기타 분야별 관련 법령

1) 영유아보육 및 아동복지 분야 법령 ★중요합니다.

① 영유아보육법

　㉠ 7세 이하의 취학 전 아동 보육의 영상정보처리기기기 설치, 운영, 보관 의무에 대한 사항이다(법 제15조의4).

구분	요소	세부 내용
설치	원칙	– 어린이집을 설치 · 운영하는 자는 아동학대 방지 등 영유아의 안전과 어린이집의 보안을 위하여 「개인정보 보호법」 및 관련 법령에 따른 폐쇄회로 텔레비전 설치 · 관리 의무
	예외	– 어린이집을 설치 · 운영하는 자가 보호자 전원의 동의를 받아 특별자치시장 · 특별자치도지사 · 시장 · 군수 · 구청장에게 신고한 경우 – 어린이집을 설치 · 운영하는 자가 보호자 및 보육교직원 전원의 동의를 받아 「개인정보 보호법」 및 관련 법령에 따른 네트워크 카메라를 설치한 경우
운영	원칙	– 아동학대 방지 등 영유아의 안전과 어린이집의 보안을 위하여 최소한의 영상정보만을 적법하고 정당하게 수집하고, 목적 외의 용도로 활용 불가 – 영유아 및 보육교직원 등 정보 주체의 권리가 침해받을 가능성과 그 위험 정도를 고려하여 영상정보를 안전하게 관리 – 영유아 및 보육교직원 등 정보 주체의 사생활 침해를 최소화하는 방법으로 영상정보를 처리
정보	보관 기간	어린이집 실지 · 운영자는 폐쇄회로 텔레비전에 기록된 영상정보를 60일 이상 보관 의무

　㉡ 영상정보관리자의 경우 열람 범위, 녹음 금지, 안전조치 의무에 대한 사항이다(법 제15조의5).

구분	요소	세부 내용
열람	원칙	– 폐쇄회로 텔레비전을 설치 · 관리하는 자는 아래 예외의 경우 외의 영상정보 열람 불가
	예외	– 보호자가 자녀 또는 보호아동의 안전을 확인할 목적으로 열람 시기 · 절차 및 방법 등 교육부령으로 정하는 바에 따라 영상정보의 원본 또는 사본 등을 요청하는 경우

구분	요소	세부 내용
열람	예외	• 영유아보육법 시행규칙(보건복지부령) : 자녀 또는 보호아동이 아동학대, 안전사고 등으로 정신적 피해 또는 신체적 피해를 입었다고 의심되는 등의 경우에는 폐쇄회로 텔레비전을 설치·관리하는 자에게 영상정보 열람요청서나 의사소견서를 제출하여 영상정보의 원본 또는 사본 등의 열람을 요청 가능 • 열람 요청을 거부할 수 있는 경우가 아니면 열람 요청을 받은 날부터 10일 이내에 열람 장소와 시간을 정하여 보호자에게 통지 • 가족관계증명서, 주민등록등본 등 열람을 요청한 보호자와 자녀 또는 보호아동과의 관계를 알 수 있는 서류나 증표를 제출받아 확인 • 거부 사유 : 보관기간이 지나 영상정보를 파기한 경우 – 「개인정보 보호법」 제2조 제6호 가목에 따른 공공기관이 제42조 또는 「아동복지법」 제66조 등 법령에서 정하는 영유아의 안전업무 수행을 위하여 요청하는 경우 　• 교육부장관, 시·도지사 또는 시장·군·구청장은 어린이집을 설치·운영하는 자로 하여금 그 어린이집에 관하여 필요한 보고를 하게 하거나 관계 공무원으로 하여금 그 어린이집의 운영 상황을 조사하게 하거나 장부와 그 밖의 서류를 검사 – 범죄의 수사와 공소의 제기 및 유지, 법원의 재판업무 수행을 위하여 필요한 경우 – 그밖에 보육 관련 안전업무를 수행하는 기관으로서 교육부령으로 정하는 자가 업무의 수행을 위하여 열람 시기·절차 및 방법 등 교육부령으로 정하는 바에 따라 요청하는 경우 　• 기관 : 아동보호전문기관, 어린이집 안전공제회
금지 행위	녹음 불가	– 설치 목적과 다른 목적으로 폐쇄회로 텔레비전을 임의로 조작하거나 다른 곳을 비추는 행위 – 녹음 기능을 사용하거나 교육부령으로 정하는 저장장치 외 장치 또는 기기에 영상정보 저장 행위
의무 사항	보호 조치	– 어린이집을 설치·운영하는 자는 제15조의4 제1항의 영상정보를 분실·도난·유출·변조 또는 훼손되지 아니하도록 내부 관리계획의 수립, 접속기록 보관 등 대통령령으로 정하는 바에 따라 안전성 확보에 필요한 기술적·관리적 및 물리적 조치 의무 – 국가 및 지방자치단체는 어린이집에 설치한 폐쇄회로 텔레비전의 설치·관리와 그 영상정보의 열람으로 영유아 및 보육교직원 등 정보 주체의 권리가 침해되지 아니하도록 설치·관리 및 열람 실태를 교육부령으로 정하는 바에 따라 매년 1회 이상 조사·점검 – 누구든지 이 법의 규정에 따르지 아니하고는 제15조의4 제1항의 영상정보를 유출·변조·훼손 또는 멸실하는 행위 금지 – 폐쇄회로 텔레비전의 설치·관리와 그 영상정보의 열람에 관하여 이 법에서 규정된 것을 제외하고는 「개인정보 보호법」(제25조는 제외한다)을 준용

② 아동복지법

조문	요소	세부 내용
아동보호구역에서의 고정형 영상정보처리기기 설치 등 (제32조)	영상정보 처리기기 설치 의무	– 국가와 지방자치단체는 유괴 등 범죄의 위험으로부터 아동을 보호하기 위하여 필요하다고 인정하는 경우에는 다음 각호의 어느 하나에 해당하는 시설의 주변구역을 아동보호구역으로 지정하여 범죄의 예방을 위한 순찰 및 아동지도 업무 등 필요한 조치 가능 • 「도시공원 및 녹지 등에 관한 법률」 제15조에 따른 도시공원 • 「영유아보육법」 제2조 제3호의 어린이집, 같은 법 제7조에 따른 육아종합지원센터 및 같은 법 제26조의2에 따른 시간제보육서비스 지정 기관 • 「초·중등교육법」 제38조 따른 초등학교 및 같은 법 제55조에 따른 특수학교 • 「유아교육법」 제2조에 따른 유치원 – 국가와 지방자치단체는 제1항에 따라 지정된 아동보호구역에 「개인정보 보호법」 제2조 제7호에 따른 고정형 영상정보처리기기 설치 의무
	준용	– 이 법에서 정한 것 외 고정형 영상정보처리기기의 설치 등은 「개인정보 보호법」에 준용

③ 학교 폭력 예방 및 대책에 관한 법률(약칭: 학교폭력예방법)

구분	조문	세부 내용
영상정보처리기기 통합 관제 (제20조의7)	통합 관제	– 국가 및 지방자치단체는 학교폭력 예방 업무를 효과적으로 수행하기 위하여 교육감과 협의하여 학교 내외에 설치된 고정형 영상정보처리기기를 통합하여 관제 가능하다. 이 경우 국가 및 지방자치단체는 통합 관제 목적에 필요한 범위에서 최소한의 개인정보만을 처리하여야 하며, 그 목적 외의 용도로 활용 불가
	의견 수렴	– 영상정보처리기기를 통합 관제하려는 국가 및 지방자치단체는 공청회·설명회의 개최 등 대통령령으로 정하는 절차를 거쳐 관계 전문가 및 이해관계인의 의견 수렴 의무 • 「행정절차법」에 따른 행정예고의 실시 또는 의견 청취 • 학교운영위원회의 심의
	정보 주체 고지	– 학교 내외에 설치된 영상정보처리기기가 통합 관제되는 경우 해당 학교의 영상정보처리기기운영자는 「개인정보 보호법」 제25조 제4항에 따른 조치를 통하여 그 사실을 정보 주체에게 고지 의무
	준용	– 통합 관제에 관하여 이 법에서 규정한 것을 제외하고는 「개인정보 보호법」 적용

2) 공동주택관리 분야 법령 ★중요합니다.

구분	조문	세부 내용
공동주택 관리법	정의(제2조)	– 제1항 제2조: "의무관리대상 공동주택"이란 해당 공동주택을 전문적으로 관리하는 자를 두고 자치 의결기구를 의무적으로 구성하여야 하는 등 일정한 의무가 부과되는 공동주택으로서, 다음 중 어느 하나에 해당하는 공동주택을 말함 • 300세대 이상의 공동주택 • 150세대 이상으로서 승강기가 설치된 공동주택 • 150세대 이상으로서 중앙집중식 난방 방식(지역난방 방식을 포함한다)의 공동주택 •「건축법」제11조에 따른 건축허가를 받아 주택 외의 시설과 주택을 동일 건축물로 건축한 건축물로서 주택이 150세대 이상인 건축물
주택건설 기준 등 에 관한 규정	영상정보처 리기기의 설 치(제39조)	–「공동주택관리법」제2조 제1항 제2호 가목부터 라목까지의 공동주택을 건설하는 주택단지에는 국토교통부령으로 정하는 기준에 따라 보안 및 방범 목적을 위한「개인정보 보호법 시행령」제3조 제1항 제1호 또는 제2호에 따른 영상정보처리기기 설치 의무

3) 교통 분야 법령 ★중요합니다.

① 주차장법 시행규칙

주차대수 30대를 초과하는 규모의 자주식 주차장으로서 지하식 또는 건축물식 노외주차장과 침수 방지를 목적으로 영상정보처리기기 설치 의무사항이다(제6조).

구분	요소	세부 내용
주차장	구조 및 설치 요건 (제1항 11호)	– 주차대수 30대를 초과하는 규모의 자주식 주차장으로서 지하식 또는 건축물식 노외주차장에는 관리사무소에서 주차장 내부 전체를 볼 수 있는 폐쇄회로 텔레비전(녹화장치를 포함) 또는 네트워크 카메라를 포함하는 방범 설비를 설치·관리하여야 하되, 다음 각 목의 사항을 준수해야 함 • 방범 설비는 주차장의 바닥면으로부터 170센티미터의 높이에 있는 사물을 알아볼 수 있도록 설치 • 폐쇄회로 텔레비전 또는 네트워크 카메라와 녹화장치의 화면 수 동일 • 선명한 화질이 유지될 수 있도록 관리 • 촬영된 자료는 컴퓨터보안시스템을 설치하여 1개월 이상 보관

구분	요소	세부 내용
노외 주차장	자동 침수 방지 (제1항 16호)	– 대상: 제5조 제3호 가목(하천구역 및 공유수면으로서 주차장이 설치되어도 해당 하천 및 공유수면의 관리에 지장을 주지 아니하는 지역) – 홍수 등으로 인한 자동차 침수를 방지하기 위하여 다음 시설을 모두 설치할 의무가 있음 • 차량 출입을 통제하기 위한 주차 차단기 • 주차장 전체를 볼 수 있는 폐쇄회로 텔레비전 또는 네트워크 카메라 • 차량 침수가 발생할 우려가 있는 경우에 차량 대피를 안내할 수 있는 방송설비 또는 전광판

② 도시철도법

구분	조문	세부 내용
도시 철도법	폐쇄회로 텔레비전의 설치 · 운영 (제41조)	– 도시철도운영자는 범죄예방 및 교통사고 상황 파악을 위하여 도시철도차량에 대통령령으로 정하는 기준으로 폐쇄회로 텔레비전 설치 의무 • 도시철도운영자: 도시철도운송사업을 하는 자로서 국가, 지방자치단체 및 제26조에 따라 도시철도운송사업 면허를 받은 자(제11호에 따른 민자도시철도운영자를 포함한다)(제2조) – 도시철도운영자는 승객이 폐쇄회로 텔레비전 설치를 쉽게 인식할 수 있도록 대통령령으로 정하는 바에 따라 안내판 설치 등 필요한 조치 의무 – 도시철도운영자는 설치 목적과 다른 목적으로 폐쇄회로 텔레비전을 임의로 조작하거나 다른 곳을 비춰서는 아니 되며, 녹음 기능은 사용 불가 – 도시철도운영자는 다음 어느 하나에 해당하는 경우 외에는 폐쇄회로 텔레비전으로 촬영한 영상기록을 이용하거나 다른 자에게 제공 불가 • 범죄예방 및 교통사고 상황 파악을 위하여 필요한 경우 • 범죄 수사와 공소 제기 및 유지에 필요한 경우 • 법원의 재판업무 수행을 위하여 필요한 경우 – 도시철도운영자는 폐쇄회로 텔레비전 운영으로 얻은 영상기록이 분실 · 도난 · 유출 · 변조 또는 훼손되지 아니하도록 폐쇄회로 텔레비전의 운영 · 관리 지침 마련 의무
	벌칙 (제47조)	– 1년 이하의 징역 또는 1천만원 이하의 벌금 • 제41조 제3항을 위반하여 설치 목적과 다른 목적으로 폐쇄회로 텔레비전을 임의로 조작하거나 다른 곳을 비춘 자 또는 녹음 기능을 사용한 자 • 제41조 제4항을 위반하여 영상기록을 목적 외의 용도로 이용하거나 다른 자에게 제공한 자

③ 보행안전법

구분	조문	상세 설명
보행자 안전을 위한 고정형 영상정보처리기기 등의 설치 (제24조)	설치	– 보행안전 및 편의증진에 관한 법률(약칭: 보행안전법) – 국가 및 지방자치단체는 범죄로부터 보행자를 안전하게 보호하기 위하여 필요하다고 인정하는 경우에는 보행자길에 고정형 영상정보처리기기나 보안등 설치 가능 – 고정형 영상정보처리기기 설치의 대상 구역, 시설기준 등 필요한 사항은 행정안전부와 국토교통부의 공동부령으로 정함
	설치 의무	– 우범지역이나 인적이 드문 외진 곳 등 범죄 발생의 위험이 높은 지역에 있는 보행자길에는 고정형 영상정보처리기기와 보안등 설치 의무
	파손 금지	– 누구든지 제1항에 따라 설치된 고정형 영상정보처리기기나 보안등 파손 금지
	준용	– 이 법에서 정하는 사항 외에 고정형 영상정보처리기기의 설치·운영, 안전조치 등은 「개인정보 보호법」에 준용

④ 여객자동차 운수사업법

구분	조문	상세 설명
영상기록장치의 설치 등 (제27조의 3)	설치	– 여객자동차 운수사업법(약칭: 여객자동차법) – 운송사업자는 여객자동차운송사업에 사용되는 차량의 운행상황 기록, 교통사고 상황 파악, 차량 내 범죄예방을 위하여 대통령령으로 정하는 여객자동차운송사업의 사업용 자동차에 영상기록장치 설치 의무
	설치 예외	– 다만, 「교통안전법」 제55조 제1항에 따른 운행기록장치가 영상기록장치의 기능을 가지고 있는 때는 영상기록장치를 설치한 것으로 봄
	안내판 설치	– 운송사업자는 제1항에 따라 영상기록장치를 설치하는 경우 운수종사자, 승객 등이 쉽게 인식할 수 있도록 대통령령으로 정하는 바에 따라 안내판 설치 • 영상기록장치의 설치 목적 • 영상기록장치의 설치 위치, 촬영 범위 및 촬영 시간 • 영상기록장치 관리책임자의 성명 및 연락처 • 그밖에 운송사업자가 필요하다고 인정하는 사항

구분	조문	상세 설명
영상기록장치의 설치 등 (제27조의 3)	영상기록장치 운영 · 관리 지침	• 영상기록장치의 설치 근거 및 설치 목적 • 영상기록장치의 설치 대수, 설치 위치 및 촬영 범위 • 영상기록장치 관리책임자, 담당 부서 및 영상기록에 대한 접근 권한이 있는 사람의 범위 • 영상기록의 촬영 시간, 보관기간, 보관장소 및 처리 방법 • 영상기록의 외부 제공 방법 등 운송사업자의 영상기록 확인 방법 • 정보 주체의 영상기록 열람 등 요구에 대한 조치 • 영상기록을 안전하게 저장 · 전송하고, 무단 접속 및 위조 · 변조를 방지하기 위한 기술의 적용 또는 조치 • 그밖에 영상기록장치의 설치 · 운영 및 관리에 필요한 사항
	금지행위	• 설치 목적과 다른 목적으로 영상기록장치를 임의로 조작하거나 다른 곳을 비추는 행위 • 운행 기간 외에 영상기록을 하는 행위 • 녹음 기능을 사용하여 음성기록을 하는 행위
	제3자 제공 허용범위	• 교통사고 상황 파악을 위하여 필요한 경우 • 범죄 수사와 공소 제기 및 유지에 필요한 경우 • 법원의 재판업무 수행을 위하여 필요한 경우

4) 의료법 ★중요합니다.

의료 분야의 수술실 내 영상정보처리기기(CCTV)의 설치 · 운영 의무 대상, 녹음 기능 사용 불가, 안전성 확보 조치 의무, 열람 및 제공 등에 대한 준수사항을 규정하고 있다.

구분	세부 내용
수술실 내 폐쇄회로 텔레비전의 설치 · 운영 (제38조의2)	– 전신마취 등 환자의 의식이 없는 상태에서 수술을 시행하는 의료기관의 개설자는 수술실 내부에 「개인정보 보호법」 및 관련 법령에 따른 폐쇄회로 텔레비전을 설치 의무 – 이 경우 국가 및 지방자치단체는 폐쇄회로 텔레비전의 설치 등에 필요한 비용 지원 가능
폐쇄회로 텔레비전으로 촬영 의무 및 예외	– 환자 또는 환자의 보호자가 요청하는 경우(의료기관의 장이나 의료인이 요청하여 환자 또는 환자의 보호자가 동의하는 경우를 포함) 의료기관의 장이나 의료인은 전신마취 등 환자의 의식이 없는 상태에서 수술하는 장면을 제1항에 따라 설치한 폐쇄회로 텔레비전으로 촬영 의무 ※ 예외: • 수술이 지체되면 환자의 생명이 위험해지거나 심신상의 중대한 장애를 가져오는 응급 수술을 시행하는 경우

구분	세부 내용
폐쇄회로 텔레비전으로 촬영 의무 및 예외	• 환자의 생명을 구하기 위하여 적극적 조치가 필요한 위험도 높은 수술을 시행하는 경우 •「전공의의 수련환경 개선 및 지위 향상을 위한 법률」제2조 제2호에 따른 수련병원 등의 전공의 수련 등 그 목적 달성을 현저히 저해할 우려가 있는 경우 • 그밖에 제1호부터 제3호까지의 규정에 준하는 경우로서 보건복지부령으로 정하는 사유가 있는 경우
녹음 불가	– 의료인이 수술을 하는 장면을 촬영하는 경우 녹음 기능 사용 불가 ※ 예외: 환자 및 해당 수술에 참여한 의료인 등 정보 주체 모두의 동의를 받은 경우 가능
안전성 확보	– 제1항에 따라 폐쇄회로 텔레비전이 설치된 의료기관의 장은 제2항에 따라 촬영한 영상정보가 분실·도난·유출·변조 또는 훼손되지 아니하도록 보건복지부령으로 정하는 바에 따라 내부 관리계획의 수립, 저장장치와 네트워크의 분리, 접속기록 보관 및 관련 시설의 출입자 관리 방안 마련 등 안전성 확보에 필요한 기술적·관리적 및 물리적 조치
열람 및 제공	– 촬영한 영상정보를 열람(의료기관의 장의 열람을 포함)하거나 제공(사본의 발급을 포함) 불가 ※ 예외: • 범죄 수사와 공소 제기 및 유지, 법원의 재판업무 수행을 위한 관계 기관이 요청받은 경우 •「의료사고 피해구제 및 의료분쟁 조정 등에 관한 법률」제6조에 따른 한국의료분쟁조정중재원이 의료분쟁의 조정 또는 중재 절차 개시 이후 환자 또는 환자 보호자의 동의를 받아 해당 업무의 수행을 위하여 요청하는 경우 • 환자 및 해당 수술에 참여한 의료인 등 정보 주체 모두의 동의를 받은 경우
탐지 등 불가	– 누구든지 이 법의 규정에 따르지 아니하고 제2항에 따라 촬영한 영상정보를 탐지하거나 누출·변조 또는 훼손 불가
목적 외 사용	– 누구든지 제2항에 따라 촬영한 영상정보를 이 법에서 정하는 목적 외의 용도로 사용 불가
비용 청구	– 의료기관의 개설자는 보건복지부장관이 정하는 범위에서 촬영한 영상정보의 열람 등에 소요 비용을 열람 등을 요청한 자에게 청구 가능
보관 기간	– 촬영한 영상정보를 30일 이상 보관

Tip

폐쇄회로 텔레비전의 설치와 관련하여 이 규칙에 규정하고 있지 않은 사항은 「개인정보 보호법」을 준용한다.

※ 특별법 우선의 원칙에 따라 해당 의료법령을 준수하고, 의료법령에서 규정하고 있지 않은 사항은 일반적인 「개인정보 보호법」을 준용한다.

수술실 내 폐쇄회로 텔레비전의 설치 기준(제39조의9 관련)

- 폐쇄회로 텔레비전은 「개인정보 보호법 시행령」 제3조 제1항 제1호에 따른 장치로서 수술실 내부를 촬영하고 모니터를 통해 그 영상을 구현할 수 있으며, 그 영상정보를 녹화·저장할 수 있는 기능을 갖춰야 한다.
- 폐쇄회로 텔레비전은 환자 및 수술에 참여한 의료인 등을 확인할 수 있도록 사각지대를 최소화할 수 있는 곳에 설치해야 한다.
- 폐쇄회로 텔레비전은 수술실에 일정한 방향을 지속적으로 촬영할 수 있도록 설치해야 한다.
- 폐쇄회로 텔레비전은 임의로 조작이 가능하도록 설치해서는 안 된다.
- 폐쇄회로 텔레비전은 고해상도(HD(High Definition))급 이상의 성능을 보유해야 한다.
- 폐쇄회로 텔레비전의 설치와 관련하여 이 규칙에 규정하고 있지 않은 사항은 「개인정보 보호법」 및 「정보통신공사업법」의 관련 규정을 준용한다.

5) 기타 법률

폐광지역 개발 지원에 관한 특별법 시행령, 도시철도법, 관광진흥법에서 영상정보처리기기의 설치 및 운영, 벌칙, 기록관리 사항 준수를 의무화하고 있다(제15조의5).

구분	조문	상세 설명
폐광지역 법 시행령	카지노업의 영업에 관한 제한 등 (제14조 2항)	– 폐광지역 개발 지원에 관한 특별법 시행령(약칭: 폐광지역법 시행령) – 카지노업의 영업에 관한 제한 등에서는 카지노사업자는 호텔의 내부 및 외부의 주요 지점에 폐쇄회로 텔레비전을 설치·운영 의무화
공원녹지 법	폐쇄회로 텔레비전 등의 설치·관리 (제19조의2)	– 도시공원 및 녹지 등에 관한 법률 – 제19조 제1항 및 제2항에 따라 도시공원을 관리하는 특별시장·광역시장·특별자치시장·특별자치도지사·시장 또는 군수(이하 "공원관리청"이라 한다)는 대통령령으로 정하는 바에 따라 범죄 또는 안전사고 발생 우려가 있는 도시공원 내 주요 지점에 폐쇄회로 텔레비전과 비상벨 등의 설치·관리 의무
외국인 보호규칙	안전대책 (제37조)	– 청장 등은 보호시설의 안전과 질서를 유지하고 긴급사태에 효율적으로 대처할 수 있도록 보호시설과 인원에 대한 적절한 안전대책 마련 의무 • 청장 등 : 출입국·외국인청장, 출입국·외국인사무소장, 출입국·외국인청 출장소장, 출입국·외국인사무소 출장소장 또는 외국인보호소장

구분	조문	상세 설명
외국인 보호규칙	안전대책 (제37조)	- 청장 등은 예산의 범위에서 제1항에 따라 안전대책에 필요한 시설을 설치하여야 하며 영상정보처리기기 등의 장비 설치 가능 - 청장 등은 담당 공무원으로 하여금 보호시설의 안전과 질서유지에 반하는 보호외국인의 말·행동·증거물 등에 대하여 비디오테이프에 녹화하거나 사진으로 찍어서 보존 가능 - 청장 등은 영상정보처리기기에 의하여 녹화된 영상물의 내용이 보호외국인의 처우와 관리를 위하여 중요하다고 인정되는 경우 해당 녹화 부분이 멸실·훼손되지 않도록 적절한 조치 의무 - 1항부터 제3항까지의 규정은 보호외국인의 사생활, 초상권 등의 침해가 없는 필요 최소한의 범위에서 설치되거나 운영·시행
관광진흥법	카지노사업자 등의 준수 사항(제28조)	- 전산시설·환전소·계산실·폐쇄회로의 관리기록 및 회계와 관련된 기록의 유지 의무
사격장 안전법	사격장의 종류 등(제5조)	- 사격 및 사격장 안전관리에 관한 법률(약칭: 사격장안전법) - 사격장 설치자는 안전사고를 방지하기 위하여 대통령령으로 정하는 바에 따라 사격장의 주요 지점에 폐쇄회로 텔레비전 설치 의무
공중위생 관리법 시행규칙	제2조(시설 및 설비기준) 별표1	- 목욕실·발한실 및 탈의실 외의 시설에 무인감시카메라(CCTV)를 설치할 수 있으며, 무인감시카메라를 설치하는 경우에는 반드시 그 설치 여부를 이용객이 잘 알아볼 수 있게 안내문 게시 의무
사격장 안전법 시행령	사격장의 종류와 구조· 설비 기준 (제2조)	- 클레이사격장·라이플사격장 및 권총사격장과 영리를 목적으로 설치하는 공기총사격장·석궁사격장의 설치자는 다음의 장소에 폐쇄회로 텔레비전 설치 의무 • 사좌(射座), 출입구, 총기격납고 또는 석궁격납고, 실탄저장소 • 그밖에 사격장의 안전을 위하여 허가관청이 지정하는 곳
해양경찰법	직무(제14조)	- 해양경찰은 해양에서 공공안녕에 대한 위험 예방과 대응을 위한 정보 수집·작성·배포에 관한 직무를 수행한다.

금융기관은 '고정형 영상정보처리기기'를 아래의 목적으로 설치 및 운영

• 시설 안전 및 화재예방

• 고객의 안전을 위한 범죄예방

• 금융거래 사고예방

• 차량 도난 및 파손 방지(주차장에 설치하는 경우)

다만, 촬영의 범위는 '안내판'을 통해 공지되어야 하며, 고객의 실질적인 업무 내용(각종 서류작성 및 작성 내용, 비밀번호 입력 등)을 파악할 수 있는 범위에는 설치할 수 없다.

3 ▶ 스마트도시 조성 및 산업진흥 등에 관한 법률

스마트도시 조성 및 산업진흥 등에 관한 법률(약칭: 스마트도시법)의 용어 정의이다.

구분	조문	상세 설명
스마트 도시법	스마트도시 기반 시설 정의 (제1조)	– 스마트도시 조성 및 산업진흥 등에 관한 법률(약칭: 스마트도시법) – 스마트도시 서비스를 제공하기 위하여 필요한 정보의 수집, 가공 또는 제공을 위한 건설기술 또는 정보통신기술 적용 장치로서 폐쇄회로 텔레비전 등 대통령령으로 정하는 시설
스마트 도시법 시행령	건설기술 또는 정보통신기술 적용 장치 (제4조의2)	– "폐쇄회로 텔레비전 등 대통령령으로 정하는 시설"이란 다음 각호의 시설을 말함 • 폐쇄회로 텔레비전, 센서, 영상정보처리기기 등 스마트도시 정보를 생산·수집하는 시설 • 저장장치, 소프트웨어 등 수집된 스마트도시 정보를 서비스 목적에 활용하기 위한 시설

4 ▶ 영상정보처리기기 설치·운영 가이드라인

1) 영상정보처리기기 설치·운영 제한 ★중요합니다.

영상정보처리기기 설치 운영 가이드라인을 공공기관과 민간 분야 가이드라인으로 구분하여 개인정보보호위원회와 한국인터넷진흥원이 공동 발간하였다. 세부 내용은 공공기관의 경우 의견수렴에 관한 의무사항을 제외하고 주요 목차가 같다. 다만 세부 사례와 설명은 공공기관과 민간 분야의 차이를 고려한 실무 중심의 가이드라인이다.

아래는 가이드라인 항목별 세부 내용 목차이다.

① 영상정보처리기기 설치·운영 가이드라인

구분	상세 설명	비고
고정형 영상정보처리기기 설치·운영 가이드라인 (공공 분야·민간 분야)	– 고정형 영상정보처리기기 설치·운영 제한 – 사생활을 현저히 침해할 우려가 있는 장소 설치·운영 금지 – 임의 조작·녹음 금지 – 안내판의 설치 – 고정형 영상정보처리기기 운영·관리 방침 수립 – 관리책임자의 지정 – 개인영상정보의 목적 내 이용 및 제3자 제공	발간: 개인정보보호위원회·한국인터넷진흥원 공동 발간, 5차 개정 (2024.1)

구분	상세 설명	비고
고정형 영상정보처리기기 설치·운영 가이드라인 (공공 분야·민간 분야)	– 개인영상정보의 목적 외 이용 및 제3자 제공 – 보관 및 파기 – 고정형 영상정보처리기기 설치·운영 사무의 위탁 – 열람 등의 청구 – 개인영상정보의 안전성 확보를 위한 조치 – 고정형 영상정보처리기기의 설치·운영에 대한 점검	발간: 개인정보보호위원회·한국인터넷진흥원 공동 발간, 5차 개정 (2024.1)
공공기관 추가	– 고정형 영상정보처리기기 설치 시 의견 수렴	
설치·운영 절차	– ①계획 수립, ②사전 검토(법령 위반사항, 정보 주체 피해) – ③사전 의견 수렴, ④영상정보처리기기 설치 – ⑤운영정책 수립 및 공개, ⑥책임자 지정 – ⑦안내판 설치	개인 등의 일반적 준수 의무

② 영상정보처리기기의 설치 및 운영 관련 주요 가이드라인

구분	상세 설명	비고
밀착형 산불 무인 감시카메라 설치 및 운영·관리 지침	– 카메라의 구성 및 주요 기능 – 카메라의 설치 장소 선정 – 표준 설비 기준(감시카메라, 영상 녹화기, 문자 알림판 등) – 공사 감독 및 준공검사, 운영 및 사후 관리	산림청
건축물의 범죄예방 설계 가이드라인	– 방범용 CCTV 설치 • (공동주택) 어린이 놀이터, 주차장, 옥상 비상구 • (문화 집회, 노유자, 수련 시설 등) 지하주차장 • (편의점) 출입구 및 카운터 주변 • (고시원, 오피스텔 등 준주택) 출입구	국토교통부
한전 배전 전주 무상 사용에 대한 표준 협약	– 한전 전주 무상 사용 절차 – 한전 전주 CCTV 설치 기준 – 전력 설비 변경·철거에 따른 CCTV 변경	행정안전부
CCTV 시스템 설치 표준 공법	– 일반 사항 – 공통 사항(공정, 시공, 설계, 안전, 배관, 배선, 접지) – 기기별 설치 공법(카메라, 렌즈, 녹화기, 분배기, 쿼드, 멀티플렉스, 스위치, 모니터 폴 등) – 시험 및 검사(최종 검사, 시험 방법, 유지보수)	한국정보통신공사협회

③ 공공기관/민간 분야 고정형 영상정보처리기기 설치 · 운영 가이드라인(2024년 1월)

ㄱ 공공기관/민간 분야의 고정형 영상정보처리기기 설치 · 운영 및 개인영상정보 보호에 대하여 공공기관이 준수하여야 할 사항을 업무 담당자가 쉽게 이해할 수 있도록 개인정보보호위원회와 한국인터넷진흥원은 가이드라인을 작성하여 배포하고 있으며, 관련 담당자는 해당 내용을 반드시 숙지하여야 한다.

ㄴ '공공기관/민간 분야 고정형 영상정보처리기기 설치 · 운영 가이드라인'에 따르면 영상정보처리기기의 관리책임자를 지정하고, 그 업무를 구체적으로 지정하여 의무사항으로 규정하고 있다.

구분	상세 설명
관리책임자의 지정	– 개인영상정보 관리책임자는 각 기관 자체적으로 지정하여 관리하는 것이 원칙(개인정보 표준지침 제37조 제1항)
개인영상정보 관리책임자의 업무 (7가지 의무사항)	– 개인정보 보호 계획의 수립 및 시행 – 개인정보 처리 실태 및 관행의 정기적인 조사 및 개선 – 개인정보 처리와 관련한 불만의 처리 및 피해 구제 – 개인정보 유출 및 오용 · 남용 방지를 위한 내부 통제시스템의 구축 – 개인정보 보호 교육 계획의 수립 및 시행 – 개인정보 파일의 보호 및 관리 · 감독 – 그밖에 개인정보의 적절한 처리를 위하여 대통령령으로 정한 업무
기타 사항	– 이미 개인정보 보호책임자가 지정되어 있는 경우에는 그 개인정보 보호책임자가 개인영상정보 관리책임자의 업무 수행 가능(표준지침 제37조 제3항)
상위법 참고 사항	※ 개인정보 보호법 제31조(개인정보 보호책임자의 지정) – 개인정보처리자는 개인정보의 처리에 관한 업무를 총괄해서 책임 질 개인정보 보호책임자 지정 의무 – 개인정보 보호책임자는 다음 각호의 업무를 수행 • 개인영상정보 관리책임자의 업무(7가지 의무 사항) – 개인정보 보호책임자는 제2항 각호의 업무를 수행함에 있어서 필요한 경우 개인정보의 처리 현황, 처리 체계 등에 대하여 수시로 조사하거나 관계 당사자로부터 보고를 받을 수 있다. – 개인정보 보호책임자는 개인정보 보호와 관련하여 이 법 및 다른 관계 법령의 위반 사실을 알게 된 경우에는 즉시 개선조치를 하여야 하며, 필요하면 소속 기관 또는 단체의 장에게 개선조치를 보고 의무 – 개인정보처리자는 개인정보 보호책임자가 제2항 각호의 업무를 수행함에 있어서 정당한 이유 없이 불이익 불가 – 개인정보 보호책임자의 지정 요건, 업무, 자격 요건, 그밖에 필요한 사항은 대통령령으로 정함

3) 임의 조작 · 녹음 금지 ★ 중요합니다.

고정형 영상정보처리기기에는 녹음 기능을 사용할 수 없고, 설치 목적과 다른 목적으로 임의 조작할 수 없다.

구분	상세 설명
녹음 금지	공개된 장소에 설치된 고정형 영상정보처리기기는 녹음 기능을 사용 불가(법 제25조 제5항) 예 사무실, 엘리베이터 등 외부인 자유롭게 출입이 가능한 장소에서 설치된 경우로, CCTV를 통한 녹음은 금지
조작 금지 등	고정형 영상정보처리기기운영자는 고정형 영상정보처리기기의 설치 목적과 다른 목적으로 고정형 영상정보처리기기를 임의로 조작하거나 다른 곳을 비춰서는 촬영 불가 예 범죄예방, 화재예방, 시설 안전 등 법령에서 허용한 목적으로만 CCTV를 설치할 수 있고, 그 외 목적으로 설치 및 다른 목적으로 사용 금지

4) 안내판 등 설치 현황 공개 의무 ★ 중요합니다.

① 영상정보처리기기 설치 이후 공개 의무 준수

영상정보처리기기의 설치 · 운영을 위탁한 경우에는 영상정보처리기기 위탁자의 관리책임자의 연락처와 더불어 수탁자의 명칭 및 연락처를 함께 기재하여야 한다.

구분	순서	상세 설명
오프라인	안내판 설치 (의무사항)	- 설치 목적 및 장소, 촬영 범위 및 시간 - 관리책임자의 연락처, 고정형 영상정보처리기기 설치 · 운영에 관한 사무를 위탁하는 경우, 수탁자의 명칭 및 연락처 ※ 외국인이 자주 이용하는 장소인 경우, 안내판은 한국어와 외국어로 병기하는 것이 바람직하다. (시행령 제26조 제2항, 표준지침 제43조 제1항)
	안내판 설치 위치	- 고정형 영상정보처리기기운영자의 사업장 · 영업소 · 사무소 · 점포 등의 보기 쉬운 장소에 게시
온라인	홈페이지 공개	- 안내판 설치가 불가능하거나, 설치하더라도 정보 주체가 쉽게 알아볼 수 없는 경우에는 안내판 설치를 갈음하여 고정형 영상정보처리기기운영자의 인터넷 홈페이지 안내판에 기재하여야 할 사항을 게재 가능(시행령 제24조 제2항)
온/오프라인	신문 게재	- 고정형 영상정보처리기기운영자의 사업장 등이 있는 특별시 · 광역시 · 도 또는 특별자치도 이상의 지역을 주된 보급지역으로 하는 「신문 등의 진흥에 관한 법률」 제2조 제1호 가목 · 다목 및 같은 조 제2호에 따른 일반일간신문, 일반주간신문 또는 인터넷신문에 싣는 방법
예외	공개 의무 없음	- 「군사기지 및 군사시설 보호법」 제2조 제2호에 따른 군사시설 - 「통합방위법」 제2조 제13호에 따른 국가중요시설 - 「보안업무규정」 제32조에 따른 국가보안시설(시행령 제24조 제4항)

안내판 설치 의무가 없는 경우에 설치 여부

CCTV 안내판의 설치는 의무사항이 아니지만, 민원인이나 정보 주체의 사생활 침해 발생 가능성을 고려하여 정보 주체의 권리보장을 위해 CCTV 안내판을 설치하는 것이 바람직하다.

② 안내판의 설치 위치

구분	순서	상세 설명	비고
건물	내부	– 건물 1층 출입구 또는 정문, 기타 사람들의 이동이 빈번한 각 층의 출입구, 안내데스크 – 계산대 등 눈에 잘 띄는 곳	※ 주체가 다른 경우 개별 설치 권장
	외부	– 각 출입구, 기둥 또는 시설물 등 눈에 잘 띄는 곳 ※ 주(主)된 출입문	
기타	공원	– 공원 입구, 안내데스크 등	
	버스	– 승하차 출입문, 버스 내 노선도 옆 등 승객의 눈에 잘 띄는 곳	
	택시	– 보조석, 앞자리 좌석 머리 받침 뒤편 등 승객의 눈에 잘 띄는 곳	
	주차장	– 입구, 정산소, 주차장 내 기둥 등 눈에 잘 띄는 곳	

고정형과 이동형의 안내판 분리 여부

사회 통념상 CCTV는 고정형 영상정보처리기기를 의미하므로 고정형과 이동형의 구분 없이 기존 안내판을 사용 가능하다.

③ 안내판의 설치 예시

고정형 영상정보처리기기(CCTV) 설치 안내

▶ 설치 목적: 범죄예방 및 시설 안전 · 관리
▶ 설치 장소: 출입구의 벽면/천장, 엘리베이터/각 층의 천장
▶ 촬영 범위: 출입구, 엘리베이터 및 각 층 복도(360°회전)
▶ 촬영 시간: 24시간 연속 촬영
▶ 관리책임자: ○○○-○○○-○○○○
  (설치 · 운영을 위탁한 경우)
▶ 수탁관리자: ○○○○업체, ○○○-○○○-○○○○

▲ 그림 1.2.2 고정형 영상정보처리기기 안내판 설치 안내 예시
(출처: 고정형 영상정보처리기기 설치 · 운영 가이드라인 · p.18)

5) 열람 등의 청구 ★중요합니다.

① 정보 주체의 열람청구권 권리보장

정보 주체에게 영상정보의 존재 확인 및 열람·삭제를 요청받은 경우 지체 없이 필요한
조치를 취해야 한다.

구분	순서	상세 설명
정보 주체 권리 보장	열람 및 존재 확인 청구권	– 고정형 영상정보처리기기운영자가 처리하는 자신(본인)의 개인영상정보에 대한 열람 또는 존재 확인을 해당 고정형 영상정보처리기기운영자에게 요구할 권리(법 제35조 제1항, 표준지침 제44조 제1항) – 정보 주체 자신이 촬영된 개인영상정보에 한함 – 정보 주체는 개인영상정보 열람·존재 확인 청구서(표준지침 별지 서식 제2호)를 작성하여 청구하여야 함
	본인 확인	– 개인정보처리자는 열람 등 요구를 한 자가 본인이거나 정당한 대리인인지를 주민등록증·운전면허증·여권 등의 신분증명서를 제출받아 확인 의무(표준지침 제44조 제3항)
예외	거절 사유	– 법률에 따라 열람이 금지되거나 제한되는 경우 – 다른 사람의 생명·신체를 해할 우려가 있거나 다른 사람의 재산과 그밖의 이익을 부당하게 침해할 우려가 있는 경우 – 공공기관이 다음 각 목의 어느 하나에 해당하는 업무를 수행할 때 중대한 지장을 초래하는 경우 • 조세의 부과·징수 또는 환급에 관한 업무 •「초·중등교육법」 및 「고등교육법」에 따른 각급 학교, 「평생교육법」에 따른 평생교육시설, 그밖의 다른 법률에 따라 설치된 고등교육기관에서의 성적 평가 또는 입학자 선발에 관한 업무 • 학력·기능 및 채용에 관한 시험, 자격 심사에 관한 업무 • 보상금·급부금 산정 등에 대하여 진행 중인 평가 또는 판단에 관한 업무 • 다른 법률에 따라 진행 중인 감사 및 조사에 관한 업무 – 개인영상정보의 보관기간이 경과하여 파기한 경우
	거절 사유 통지	– 10일 이내에 서면 등으로 정보 주체에게 통지의무(법 제35조 제4항, 시행령 제42조 제2항, 표준지침 제44조 제4항)

② 영상정보 관리대장의 작성 및 관리 의무

구분	상세 설명
제3자 보호 조치	– 열람 등 조치를 취하는 경우 정보 주체 이외의 자를 명백히 알아볼 수 있거나 정보 주체 이외의 자의 사생활 침해 우려가 있는 경우에는 해당되는 정보 주체 이외의 자의 개인영상정보를 알아볼 수 없도록 보호 조치

구분		상세 설명
기록 의무	목적 내	– 정보 주체가 개인영상정보에 대한 열람 등 요구를 한 경우 그에 대한 조치사항과 내용을 기록·관리 • 개인영상정보 열람 등을 요구한 정보 주체의 성명 및 연락처 • 정보 주체가 열람 등을 요구한 개인영상정보 파일의 명칭 및 내용 • 개인영상정보 열람 등의 목적 • 개인영상정보 열람 등을 거부한 경우 그 거부의 구체적 사유 • 정보 주체에게 개인영상정보 사본을 제공한 경우 해당 영상정보의 내용과 제공한 사유 • 개인영상정보 열람 등의 업무처리 담당자 ※ 개인정보 표준지침 별지 서식 제3호 개인영상정보 관리대장 활용 가능
	목적 외	• 개인영상정보 열람 등을 요구한 정보 주체의 성명 및 연락처 • 정보 주체가 열람 등을 요구한 개인영상정보 파일의 명칭 및 내용 • 개인영상정보 열람 등의 목적 • 개인영상정보 열람 등을 거부한 경우 그 거부의 구체적 사유 • 정보 주체에게 개인영상정보 사본을 제공한 경우 해당 영상정보의 내용과 제공한 사유 • 개인영상정보 열람 등의 업무처리 담당

③ 영상정보처리기기의 설치·운영에 관한 사무 위탁 준수사항

구분		상세 설명
공개	원칙	– 홈페이지에 위탁하는 업무의 내용과 수탁자를 지속적으로 게재
	예외	– 위탁자의 사업장 등 보기 쉬운 장소에 게시 – 일반일간신문, 일반주간신문 또는 인터넷신문에 게재 – 같은 제목으로 연 2회 이상 발행하여 정보 주체에게 배포하는 간행물·소식지·홍보지 또는 청구서 등에 지속적으로 게재 – 위탁자와 정보 주체가 작성한 계약서 등에 실어 정보 주체에게 발급 (※ 법 제26조 제2항, 시행령 제28조 제2항·제3항)
명문화	공공기관 위탁계약 (영 제26조)	– 위탁하는 사무의 목적 및 범위 – 재위탁 제한에 관한 사항 – 영상정보에 대한 접근 제한 등 안전성 확보 조치에 관한 사항 – 영상정보의 관리 현황 점검 등 감독에 관한 사항 – 위탁받는 자가 준수하여야 할 의무를 위반한 경우의 손해배상 등 책임에 관한 사항

구분		상세 설명
명문화	민간기관 위탁계약 (법 제26조)	– 위탁하는 사무의 목적 및 범위 – 재위탁 제한에 관한 사항 – 개인영상정보에 대한 접근 제한 등 안전성 확보 조치에 관한 사항 　• 위탁업무 수행 목적 외 개인정보의 처리 금지에 관한 사항 　• 개인정보의 기술적 · 관리적 보호 조치에 관한 사항 포함 – 위탁 업무와 관련하여 보유하고 있는 개인영상정보의 관리 현황 점검 등 감독에 관한 사항 – 위탁받는 자가 준수하여야 할 의무를 위반한 경우의 손해배상 등 책임에 관한 사항
관리 감독	수탁자 교육	– 개인영상정보가 분실 · 도난 · 유출 · 위조 · 변조 또는 훼손되지 아니하도록 수탁자 교육
	처리 감독	– 수탁자가 개인영상정보를 안전하게 처리하는지 감독 의무
	초과 제공 금지	– 수탁자는 위탁받은 업무 범위를 초과한 개인영상정보의 이용 또는 제3자 제공 금지

④ 영상정보 제공자 및 제공받은 자 안전조치 점검(예시)

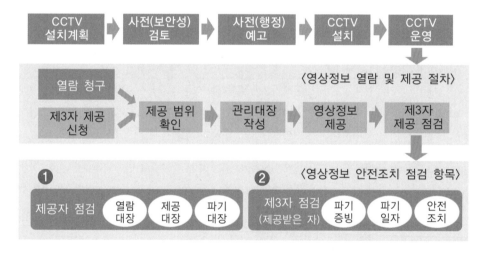

① 영상정보를 제공한 자는 영상정보를 제공한 기관 또는 개인(사업자)을 말한다. 영상정보를 열람, 제공 또는 파기할 때 작성 · 관리해야 하는 영상정보 관리대장을 점검한다.

② 영상정보를 제공받은 자가 영상정보를 안전하게 관리하였는지 점검한다. 특히, 목적 달성 이후 파기를 수행하였는지 일자와 사진 및 기록 증빙자료를 점검한다.

CHAPTER 3

영상정보 관제 윤리

영상정보 관제 윤리는 영상정보 관제 업무에서 비즈니스 매너와 의사소통에 대한 윤리적 준수사항이다. 비즈니스 매너와 에티켓을 이해하고 인사 예절, 이메일 예절, 전화 예절, 비상벨 응대 매너 등 다양한 상황에서 영상정보 관제 윤리를 준수하여 상호 존중할 수 있도록 노력한다.

1 ▶ 비즈니스 매너/커뮤니케이션

1) 매너와 에티켓의 이해

사람의 행복과 습관을 의미하는 'manus'와 방법과 방식을 뜻하는 'arius'의 합성어인 'manarius'는 사람 간의 관계를 나타내고자 한다. 아래와 같이 매너와 에티켓을 비교하여 구분할 수 있다.

구분	특성	상세 설명	비고
매너	주관적 행동 기준	사람의 행동과 습관을 의미하는 'manus'와 방법과 방식을 뜻하는 'arius'의 합성어인 'manarius'는 상황과 사람 간의 주관적 관계를 나타낸다.	방법 (way)
	표현 예시	관제센터 담당자는 매너가 참 좋습니다.	
에티켓	객관적 행동 기준	프랑스어로 예의범절을 익힌 사람이 왕실을 출입할 수 있다는 의미에서 유래되어, 법은 아니지만 사회적 약속과 같은 규범, 규칙과 같은 형식적이고 객관적 행동 기준을 나타낸다.	규칙 (form)
	표현 예시	관제센터 출입을 위해서 본인 확인 및 신원 확인을 해주세요.	

2) 비즈니스/직업 예절

① 인사 예절

구분	특성	상세 설명
상호 악수	동작	보통의 경우 오른손으로 악수한다.
	힘의 세기	너무 강하게 쥐어짜듯이 잡지 않는다.
	대화	악수는 서로의 이름을 말하고 간단한 인사말을 한다.
	시간	상대의 표정을 살피며 짧은 시간 안에 끝낸다.
	표정	악수할 때는 상대를 바로 바라보며 미소를 짓는다.
	순서	악수는 윗사람이 아랫사람에게 하기도 하고, 참석자에 따라 다르고, 특별한 순서를 사전에 정의하지 않는다.
상호 소개	객관적 행동 기준	여러 사람을 소개할 때는 직장 내에서의 서열과 나이를 고려한다.
	표현 예시	나이 어린 사람을 연장자에게, 내가 속해 있는 회사의 관계자를 타 회사의 관계자에게, 동료를 고객에게 소개한다.
명함 교환	준비 수량	명함은 반드시 명함 지갑에 보관하되 넉넉하게 소지하는 게 좋다.
	건넬 때	명함을 건넬 때는 일어서서 정중하게 인사한 뒤 회사명과 이름을 밝힌다.
	양손 위치	왼손으로 받치고 오른손으로 건네는 데 자신의 이름이 상대방을 향하도록 한다.
	명함 받고 난 후	받은 명함은 바로 명함 지갑에 집어넣지 말고 테이블 위나 명함 지갑 위에 올려 둔 뒤 대화 도중 상대방 이름을 잊었을 때 참고하는 것도 좋다.
	건네는 순서	명함을 건네는 순서는 손아랫사람이 손윗사람에게 먼저 건네고, 상사와 함께라면 상사가 먼저 건넨 뒤 건넨다.

② 이메일 예절

구분	분류	상세 설명	비고
필수 작성	제목	– 메일 제목은 핵심 내용이나 목적을 알 수 있도록 반드시 작성한다.	예의 및 명확성
	수신자	– 수신자 메일 주소를 작성한다.	
	참조자	– 참조자가 있는 경우 참조자 메일주소를 작성한다.	
본문 작성	자기소개	– 서두에 소속과 이름을 밝힌다.	
	내용 입력	– 업무 성격에 맞는 형식을 갖추고 간결하면서도 명확하게 쓴다.	
	작성 순서	– 상대방에게 전달하고자 하는 내용을 작성한다.	
	내용 정리 (간결성)	– 중요한 사항을 상단에 간결하게 작성하여 수신자가 빨리 읽고 제대로 응답할 수 있도록 작성한다.	

구분	분류	상세 설명	비고
첨부 파일 등록	하나의 파일	– 하나의 파일을 작성한다. – 가능하면 특정 도구가 없어도 열람이 가능한 파일 형식을 사용한다. – 보통의 경우 PDF 파일 형식을 사용한다.	정보 보호 및 기밀 유지
	여러 개의 파일	– 집(ZIP) 파일로 여러 개의 파일을 하나로 묶어서 첨부한다. – 보내고자 하는 내용이 누락되지 않도록 한다.	
	위변조 방지	– 메일을 발송한 사람의 내용이 중간에 변경하기 어려운 파일 형식을 사용한다. – 보통의 경우 PDF 파일 형식을 사용한다.	
	정보보호	– 개인정보 파일인 경우 암호화된 파일을 작성한다. – 비밀번호가 없으면 파일의 내용을 알 수 없도록 한다.	
기타	보호 조치	– 보호 조치가 필요한 경우 메일 본문이 아닌 첨부 파일로 작성한 파일을 암호화한 파일 첨부 방식을 사용한다.	선택 사항

3) 전화/비상벨 응대 매너

① 전화 예절

전화 매너가 중요한 이유는 태도나 표정을 보여줄 수 없기 때문이다. 원래 의도와 관계없이 오해할 수 있기 때문에 평소에 교육과 체험을 통해 전화 예절을 익힌다.

구분	특성	상세 설명	비고
공통	목소리 톤	– 상냥한 목소리와 정확한 발음에 유의할 필요가 있다.	업무 담당자 통화
	발음	– 정확한 발음에 유의할 필요가 있다.	
	시간 안내	– 업무 외 시간이 아닌 업무시간에 전화 응대가 가능토록 전화 통화가 가능한 시간을 사전에 알린다.	
	잡음 방지	– 전화 통화 중 부득이 다른 말을 하거나 타인과 대화를 해야 하는 경우 수화기를 막고 대화한다.	
전화를 걸었을 때	자기소개	– 전화를 걸 때는 걸기 전 상대방의 전화번호 · 소속 · 직급 · 성명 등을 확인한다. – 용건과 통화에 필요한 서류 등은 미리 준비해 둔다. – 다른 부서 또는 다른 팀과 통화하기 전에 할 말을 미리 메모하여 준비한다.	
	표정	– 전화가 연결되면 담당자 확인 후 자신을 소개한다.	
	순서	– 간결하고 정확하게 용건을 전달한다.	
	내용 확인(목적)	– 전화를 끊기 전 내용을 다시 한번 정리해 확인한다.	
	대리 수신	– 담당자가 없을 땐 전화번호를 남긴다.	향후 확인

구분	특성	상세 설명	비고
전화를 받았을 때	신속성	– 벨이 3~4번 울리기 전에 받는다.	업무 담당자 통화
	자기소개	– 회사명과 부서명, 이름을 밝힌다.	
	내용 확인 (목적)	– 상대방의 용건을 정확하게 확인한다.	
	내용 답변	– 용건에 즉답하기 어려우면 양해를 구한 뒤 회신 가능한 시간을 약속한다.	
	대리 수신	– 만일 통화 담당자가 없으면 자리를 비운 이유를 간단히 설명하고 통화가 가능한 시간을 알려준다.	향후 처리 결과 확인
		– 용건을 물어본 후 대신 처리할 수 있으면 처리한다.	
		– 전화를 끊으면 담당자에게 정확한 메모를 전달한다. – 수신받고자 하는 상대방을 확인하여 상대방의 목적을 달성할 수 있도록 한다.	

② 비상벨 응대 매너

구분	특성	상세 설명	비고
공통	목소리 톤	– 상냥한 목소리와 정확한 발음에 유의할 필요가 있다.	상대방 배려
	발음	– 정확한 발음에 유의할 필요가 있다.	
	잡음 방지	– 전화 통화 중 부득이 다른 말을 하거나 타인과 대화를 해야 하는 경우 수화기를 막고 대화한다.	
비상 전 화를 받 았을 때	신속성	– 벨이 3~4번 울리기 전에 받는다.	비상대응 (현재 근무자)
	자기소개	– 회사명과 부서명, 이름을 밝힌다.	
	내용 확인 (목적)	– 상대방의 용건을 정확하게 확인한다.	
	심리적 안정	– 비상상황에서 상대방이 긴장한 경우 안정을 시키며 대화한다.	
	비상상황 파악	– 화재, 침입, 어려움 호소 등 상대방이 생각하는 비상상황을 파악한다.	
	비상대응	– 비상상황에 따라 대응조치 한다. – 화재의 경우 소방서에 신고한다. – 범죄의 경우 경찰서에 신고한다. – 구급상황 시 119 구급차를 요청한다.	

구분	특성	상세 설명	비고
비상 전화를 대신 받았을 때	내용 답변	– 용건에 즉답하기 어려우면 양해를 구한 뒤 회신 가능한 시간을 약속한다.	신뢰성
	대리 수신	– 만일 통화 담당자가 없으면 자리를 비운 이유를 간단히 설명하고 통화가 가능한 시간을 알려준다.	향후 처리결과 확인
		– 용건을 물어본 후 대신 처리할 수 있으면 처리한다.	
		– 전화를 끊으면 담당자에게 정확한 메모를 전달한다.	
		– 수신받고자 하는 상대방을 확인하여 상대방의 목적을 달성할 수 있도록 한다.	

4) 글로벌 매너

① 외국인 매너

구분	특성	상세 설명
인사	국가별 인사법	– 국가의 문화에 따라 악수하는 방식의 차이를 고려한다.
의사 소통	언어	– 국가별 사용 언어를 확인한다. – 영어를 사용할 수 있는지 확인한다.
	통역 여부	– 한국어 또는 간단한 영어를 이해하기 어려운 경우 통역을 요청한다. – 정보기술을 활용한 무료 통역 프로그램 사용을 고려한다.

② 장애인 매너

구분	특성	상세 설명
인사	인사 방식	– 신체적 또는 정신적 장애 여부로 인해 인사 방법을 고려한다. – 눈인사 또는 언어로 인사하기 등 다양화한다.
의사 소통	언어	– 언어 장애인 경우 기록을 통해 필요 사항을 확인한다.
	사고 가능 여부	– 주어진 상황에서 혼자 판단하기 어려운 경우 보호자와 함께 동반해 줄 것을 요청한다.

③ 감염병 관련 매너

구분	특성	상세 설명
인사	인사 방식	– 신체적 접촉 없이 감염병 상황에 맞는 인사 방법을 고려한다. – 눈인사 또는 구두로 인사하기 등 비접촉 방식을 주로 활용한다.
의사 소통	IT 기술 활용	– 온라인 영상반출 시스템 등을 활용하여 센터에서 대면 기회를 감소 시킨다.
환경	공간 분리	– 별도의 공간에서 대화가 필요한 구성원만 참여할 수 있도록 분리 한다. – 관제요원(영상정보관리사) 좌석 간 가림막을 설치하여 비말 감염을 최소화한다.
	청결 환경	– 감염병 확산을 방지하기 위해 소독제를 구비하고, 소독한다. – 주기적으로 전체 공기가 순환될 수 있도록 시간을 정해 환기한다. – 손소독제 및 스프레이 등을 센터 출입구에 비치하여 방문자에게 사 용하게 한다.

2 ▶ 정보통신 윤리

1) 직업윤리

직업을 가진 사람이 업무환경에서 지켜야 하는 기본적인 행정 규범을 말한다.

① 직업윤리의 유형

구분	특성	상세 설명
근로자 윤리	근면성	얼마나 부지런한지에 관한 품성
	정직성	마음에 거짓이나 꾸밈이 없이 바르고 곧은 특성
	성실성	정성스럽고 진실한 품성
공동체 윤리	봉사정신	국가나 사회 또는 남을 위하여 자신을 돌보지 아니하고 힘을 바쳐 애 쓰려는 마음의 자세나 태도
	책임의식	맡아서 해야 할 임무나 의무를 중히 여기는 의식
	준법성	법률이나 규칙을 잘 지키는 성질
	직장예절	직장에서 지켜야 할 기본적인 예의와 규칙

② 직업윤리 자가진단 체크리스트(NCS 직업기초능력 가이드북:학습자용) 예시

구분	문항	O	△	X
1	나는 사람과 사람 사이에 지켜야 할 도리를 지킨다.	1	2	3
2	나는 시대와 사회 상황이 요구하는 윤리규범을 알고 적절히 대처한다.	1	2	3
3	나의 직업은 나의 삶에 있어서 큰 의미가 있고 중요하다고 생각한다.	1	2	3
4	나는 업무 중에 개인으로서가 아니라 직업인으로서 지켜야 할 역할을 더 중요하게 생각한다.	1	2	3
5	나는 내가 세운 목표를 달성하기 위해 규칙적이고 부지런한 생활을 유지한다.	1	2	3
6	나는 직장생활에서 정해진 시간을 준수하며 생활한다.	1	2	3
7	나는 이익이 되는 일보다는 옳고 유익한 일을 하려고 한다.	1	2	3
8	나는 일을 하는 데 있어 이익이 되더라도 윤리규범에 어긋나는 일은 지적하는 편이다.	1	2	3
9	나는 조직 내에서 속이거나 숨김 없이 참되고 바르게 행동하려 노력한다.	1	2	3
10	나는 지킬 수 있는 약속만을 말하고 메모하여 지키려고 노력한다.	1	2	3
11	나는 내가 맡은 일을 존중하고 자부심이 있으며, 정성을 다하여 처리한다.	1	2	3
12	나는 건전한 직장생활을 위해 검소한 생활자세를 유지하고 심신을 단련하는 편이다.	1	2	3
13	나는 내 업무보다 다른 사람의 업무가 중요할 때, 적극적으로 도와주는 편이다.	1	2	3
14	나는 나 자신의 이익도 중요하지만, 국가, 사회, 기업의 이익도 중요하다고 생각하는 편이다.	1	2	3
15	나는 조직에 힘든 일이 있으면 지시 받기 전에 자율적으로 해결하려고 노력하는 편이다.	1	2	3
16	내가 속한 조직에 주어진 업무는 제한된 시간까지 처리하려고 하는 편이다.	1	2	3
17	내가 속한 조직에서 책임과 역할을 다하며, 자신의 권리를 보호하기 위해 노력한다.	1	2	3
18	나는 업무를 수행함에 있어 조직의 규칙과 규범에 따라 업무를 수행하는 편이다.	1	2	3
19	나는 조직생활에 있어서 공과 사를 구별하고 단정한 몸가짐을 하는 편이다.	1	2	3
20	나는 질책보다는 칭찬이나 격려 등의 긍정적인 언행을 더욱 하는 편이다.	1	2	3

③ 직업윤리 자가진단 결과 분석

확인 방법에 따라 자신의 수준을 진단한 후, 한 문항이라도 '그렇지 않은 편이다'가 나오면 그 부분이 부족한 것이므로, 제시된 학습 내용과 해당 페이지를 참조하여 해당하는 학습 내용을 학습한다.

문항	수준	개수	학습 모듈	페이지
1~4번	그렇지 않은 편이다.	( )개	직업윤리	11~28
	그저 그렇다.	( )개		
	그런 편이다.	( )개		
5~12번	그렇지 않은 편이다.	( )개	근로윤리	29~43
	그저 그렇다.	( )개		
	그런 편이다.	( )개		
13~20번	그렇지 않은 편이다.	( )개	공동체 윤리	45~61
	그저 그렇다.	( )개		
	그런 편이다.	( )개		

④ 개인윤리와 직업윤리의 조화

① 업무상 개인의 판단과 행동이 사회적 영향력이 큰 기업시스템을 통하여 다수의 이해관계자와 관련을 맺게 된다.

② 수많은 사람이 관련되어 고도화된 공동의 협력을 요구하므로 맡은 역할에 대한 책임완수가 필요하며, 정확하고 투명하게 일을 처리해야 한다.

③ 규모가 큰 공동의 재산과 정보 등을 개인의 권한하에 위임 또는 관리하므로 높은 윤리의식이 요구된다.

④ 직장이라는 특수상황에서 갖는 집단적 인간관계는 가족관계나 개인적 선호에 의한 친분관계와는 다른 측면의 배려가 요구된다.

⑤ 기업이 경쟁을 통해 사회적 책임을 다하고 보다 강한 경쟁력을 키우기 위하여 조직원 개개인의 역할과 능력이 경쟁상황에서 꾸준히 향상되도록 해야 한다.

⑥ 특수한 직무 상황에서는 개인적 덕목 차원의 일반적인 상식과 기준으로는 규제할 수 없는 경우가 많다.

※ 출처: NCS(국가직무능력표준) 학습모듈(https://ncs.go.kr/)

⑤ 직업윤리 5대 원칙

구분	원칙 명	상세 설명
1원칙	객관성의 원칙	업무의 공공성을 바탕으로 공사 구분을 명확히 하고, 모든 것을 숨김없이 투명하게 처리하는 원칙이다.
2원칙	고객중심의 원칙	고객에 대한 봉사를 최우선으로 생각하고 현장중심, 실천중심으로 일하는 원칙이다.
3원칙	전문성의 원칙	자기업무에 전문가로서의 능력과 의식을 가지고 책임을 다하며, 능력을 연마하는 것이다.
4원칙	정직과 신용의 원칙	업무와 관련된 모든 것을 숨김없이 정직하게 수행하고, 본분과 약속을 지켜 신뢰를 유지하는 것이다.
5원칙	공정경쟁의 원칙	법규를 준수하고, 경쟁 원리에 따라 공정하게 행동하는 것이다.

2) 대인관계능력

① 대인관계능력 개념

　㉠ 대인관계능력은 직업생활에서 협조적인 관계를 유지하고, 조직구성원들에게 도움을 줄 수 있으며, 조직 내부 및 외부의 갈등을 원만히 해결하고 고객의 요구를 충족시켜 줄 수 있는 능력을 의미한다.

② 대인관계능력 형성 요소

　㉠ 대인관계능력 형성 요소는 무엇을 말하느냐, 어떻게 행동하느냐보다는 우리의 사람됨이라 할 수 있다.

　㉡ 대인관계에서 정말로 중요한 기법이나 기술은 독립적인 성품으로부터 자연스럽게 나오는 것이어야 한다.

③ 대인관계 향상

　㉠ 대인관계 향상은 구축하는 신뢰의 정도를 높이는 것을 의미한다.

　㉡ 다른 사람에 대해 공손하고 친절하며, 정직하고 약속을 지킨다면 신뢰를 높이는 셈이 된다.

　㉢ 대인관계를 향상시키는 주요 방법에는 상대방에 대한 이해와 배려, 사소한 일에 대한 관심 갖기, 칭찬하고 감사하기, 약속의 이행 및 언행일치, 진지한 태도가 있다.

3) 정보능력

① 정보능력 개념

　㉠ 정보능력은 기본적인 컴퓨터를 활용하여 업무에 필요한 데이터를 수집, 분석, 처리하여 업무에 활용하는 능력

ⓛ 업무 수행에 필요한 정보를 활용하기 위해서는 일정한 정보처리 절차에 따라 정보를 기획, 수집, 관리, 활용

② **컴퓨터활용능력 개념**

ⓐ 컴퓨터활용능력은 업무 수행에 필요한 정보를 수집, 분석, 조직, 관리, 활용할 때 컴퓨터를 활용하는 능력

ⓛ 원활한 업무 수행을 위해 다양한 인터넷 서비스를 활용

ⓒ 이메일, 웹하드(Web Hard), 메신저, 클라우드 등 다양한 인터넷 서비스의 특징을 파악하여 업무 수행 과정에서 활용

③ **정보처리능력 개념**

ⓐ 정보처리능력은 직업생활에서 필요한 정보를 수집하고, 분석하여 의미 있는 정보를 찾아내며, 찾아낸 정보를 업무 수행에 적절하도록 조직 · 관리하고 활용하는 능력

④ **관제요원(영상정보관리사)의 정보능력(예시)**

① 영상정보 관제요원(영상정보관리사)은 영상정보 관제시스템을 활용하여 영상정보를 모니터링한다. 영상정보를 통해 얻는 사건, 사고가 발생하는 경우 이벤트 정보를 수집하고, 영상정보를 분석하여 사고보고서를 작성하여 결과를 보고할 수 있는 능력이 필요하다.

② 영상정보 관제요원(영상정보관리사)은 영상정보 관제시스템을 설치하고 시스템 관리 또는 사용 업무안내서(매뉴얼)를 숙지하고, 영상관제시스템 및 장치의 운영상태를 점검하고 이를 보고할 수 있는 능력이 필요하다.

③ 영상정보 관제요원(영상정보관리사)은 정보 주체의 권리를 보장할 수 있도록 영상정보를 확인하여 영상 보유 여부를 확인할 수 있고, 영상정보를 추출하여 비밀번호, 재생기간 제한 설정 등 시스템에서 제공하는 안전조치 기술을 적용한 후, 영상정보를 추출 및 보고할 수 있는 능력이 필요하다.

CHAPTER 4

영상정보 관제 환경 개선

영상정보 관제센터 내의 관제실에 대한 운영환경을 개선하고, 영상정보처리기기에 대한 운영환경을 개선한다. 예를 들어 아무리 영상정보처리기기의 기능이 우수해도 카메라 이물질로 영상 품질이 저하되지 않도록 운영환경을 개선 관리해야 한다.

1 ▶ 모니터링 평가 및 진단

1) 모니터링 대상

영상정보 관제시스템(VMS; Video Management System)을 이용하여 방범, 재난, 어린이 보호구역, 문화재 보호 등 모니터링이 필요한 경우 모니터링 평가 및 진단을 수행한다.

구분	유형	상세 설명	비고
모니터링 평가	날짜별	모니터링 대상을 날짜별 평가 예 경찰서 요청 시 특정 날짜에 해당 영상에 대한 영상 확인	환경 조건
	시간별	야간 시간, 주간 시간, 특정 시간에 대한 영상 평가	
	지역별	영상정보처리기기가 설치된 장소, 내부, 외부 등 영상 확인	
	업무별	방범용, 치안용, 주차관제, 어린이 보호, 재난 등 목적 영상 확인	기능 조건
	용도별	사회 안전, 생활 안전, 시설관리, 특수목적 하천 감시, 수해 감시	
	연계성	경찰서, 재난관제상황실, 교통 등 연계 상호유지적 공조 및 협조 체계	
모니터링 진단	실시간 진단	365일 24시간 관제 모니터링 결과에 대한 실시간 사고 진단	영상 정보
	특정 진단	특정 사건을 추적하기 위해 장소와 시간적 연속성에 따라 사고 진단	
	정기 진단	정기적으로 과거 정보와 비교하여 모니터링 환경 진단	운영 환경
	수시 진단	영상정보 관제 환경에 대해 업무 연속성 유지를 위해 수시 환경 진단	

2) 모니터링 요원(영상정보관리사) 직무

① 사회 안전 등 모니터링 영상정보 관제시스템을 활용한 관제 및 대응

② 사건·사고 발생 시 상황 전파 및 대응

③ 안심비상벨 민원 대응

④ 영상정보관리 관련 직무 연수교육 이수

Tip

영상정보 관제 직무 연수 교육

• 영상정보 관제의 중요성 부각에 따라 최신 법률 준수, 영상정보 관제시스템의 기술 발전에 따른 영상정보 비식별 처리, 정보 주체 영상정보 열람청구권 보장 등 개인정보보호 및 개인영상정보 보안 관리 방법에 대한 최신 정보 습득을 위하여 연수 교육이 중요

• 긴급 비상 상황 시 신속한 대응을 위하여 비상벨 사용 방법 숙지 후 비상 모의훈련을 실시하여 업무 효율성 증대를 위한 노력이 중요

---

2 관제환경 관리

1) 관제환경 점검 ★ 중요합니다.

구분	대상	상세 설명
계획	관제환경 점검 계획	– 영상정보 관제 상황실에 대한 환경점검 계획 수립
	장애관리 계획	– 장애예방계획, 장애점검항목 도출, 장애복구절차서 수립
점검	예방 점검	– 자료 백업 점검, 재해재난 대응(Disaster Recovery, 이중화) 점검
	모의훈련	– 비상연락망 정비 및 합동 훈련 예 해킹, 침해사고, 영상정보 유출, 전기 차단
	전문가 컨설팅 진단	– 영상정보 관제 환경에 대한 법률 준수 및 개선 사항 도출 – 영상정보 관제 환경의 생산성과 효율성 향상을 위한 개선 내용 도출
처리	장애 복구	– 하드웨어, NMS, VMS솔루션 재설치 및 환경 설정 – 침해 발생 후 데이터 복구 및 서비스 가용성 확보

2) 관제센터 운영환경 개선 ★ 중요합니다.

① 영상정보 관제센터(관제실) 운영환경 개선

구분	특성	상세 설명
행동	환기	일정 시간마다 창문을 열어 환기를 시키고 공기청정기 등을 설치하여 센터 내부를 청결하게 유지 시킨다.
	청결	숙직실 이불과 베개를 정기적으로 세탁 및 교체한다.
물품	화재 대응	화재에 대비하여 소화기를 눈에 잘 보이는 곳에 비치한다.
	항온항습	서버실(시스템실)은 관제사가 하루 1회 항온항습 상황을 점검한다.

② 영상정보처리기기(CCTV) 운영환경 개선

구분	특성	상세 설명
영상정보 처리기기 운영환경	CCTV 상태 점검	CCTV 상태를 확인한다. 관제모니터로 영상 전송 여부를 확인하고 개선한다.
	CCTV 화소 확인	설치 목적을 준수할 수 있는 화수 품질 보장 여부를 확인하고 개선한다.
	스위치 확인	스위치의 통신 상태 및 기능을 확인하고 개선한다.
	보안 설정 확인	30일 이상 영상 보관, 프레임 수의 적정성을 개선한다.
	보안관리	폐쇄망 통신 여부를 확인하고 개선한다.
통신 환경	인터넷	인터넷 통신 상태를 점검하고 개선한다.
	전기	PoE 전선에 대한 탈락 및 절단 상황을 점검하고 개선한다.

5 영상정보 관제 보안

영상정보 관제 업무수행을 위한 인력관리, 시설, 시스템 관리, 보안사고 대응 및 복구에 대한 일반 사항을 이해한다. 특히, 감지장치 및 통제시스템에 대한 물리적 관제보안과 데이터 보호와 해킹에 대한 기술적 관제보안의 일반 사항에 대해 이해한다.

1 관리적 관제보안 일반

1) 보안 일반

① 정보 자산을 보호하기 위해 발생 가능한 모든 취약점과 위험 요소들을 사전에 파악하고, 기밀 보안관리 절차에 따라 보안 책임자 운영, 인원 보안, 문서 보안, 통신 보안 및 시설 보안 등으로 구분하여 적절한 보안 대응책을 마련하여 수행하는 것을 의미한다.

② 불순 활동으로부터 철저한 시스템 보호를 위한 것으로 데이터 유출, 시스템 오조작 및 파손, 부정행위, 의무 불이행 등의 위험 요소를 사전에 방지한다. 이에 대한 개념도는 아래 그림과 같다.

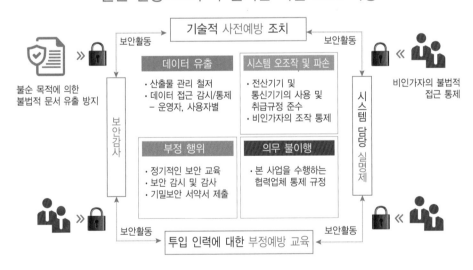

▲ 그림 1.5.1 관리적 보안 개념도(출처: NCS(국가직무능력표준) 학습모듈(https://ncs.go.kr/))

70 | PART 1 영상정보 관리일반

③ 정보보호 관리체계

정보보호 관리체계(ISMS; Information Security Management System)란 조직의 주요 정보 자산을 보호하기 위해 정보보호 관리 절차와 과정을 체계적으로 수립하여 지속적으로 관리하고 운영하기 위한 종합적인 체계를 말한다. 정보보호 관리체계를 구축하기 위해서는 국제 표준인 ISO27001 통제 항목 또는 국내 인증 기준인 정보보호 및 개인정보보호 관리체계(ISMS-P) 인증 기준을 참고하여 수립할 수 있다.

㉠ 정보보호 관리체계 구축 단계

- 정보보호 관리체계는 정책 수립 및 범위 설정, 경영진 책임 및 조직 구성, 위험 관리, 정보보호 대책 구현, 사후 관리 등의 5단계로 구축된다. 정보보호 관리체계는 PDCA(Plan, Do, Check, Action) 활동에 의해 지속적으로 관리되고 개선되어야 한다.

㉡ 정보보호 및 개인정보보호 관리체계(ISMS-P)의 구조

- 국내 정보보호 관리체계는 「정보통신망법」, 「개인정보 보호법」 등에 의거하여 "정보보호 및 개인정보보호 관리체계(ISMS-P)"라는 인증제도를 운영하고 있다. ISMS-P 구조는 관리체계 수립 및 운영, 보호대책 요구사항, 개인정보 처리 단계별 요구사항 등의 3가지 영역으로 구성되어 있으며, 정보보호 관리체계와 개인정보보호의 통합 인증 체계의 구조를 가지고 있다.

- 영역별로는 기업 또는 조직에서 정보보호 관리체계를 수립하기 위해 참고할 수 있는 분야별 항목을 제시하고 있다.

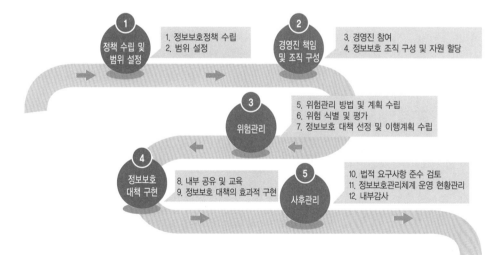

▲ 그림 1.5.2 정보보호 관리체계 구축 단계(출처: NCS(국가직무능력표준) 학습모듈(https://ncs.go.kr/))

ⓒ 정보보호 및 개인정보보호 관리체계(ISMS-P) 인증 기준

- 정보보호 및 개인정보보호 관리체계 인증 기준은 관리체계 수립 및 운영 영역의 4개 분야 16개 항목, 보호 대책 요구사항 영역의 12개 분야 64개 항목, 개인정보 처리 단계별 요구사항 영역의 5개 분야 22개 항목으로 이루어져 있다.

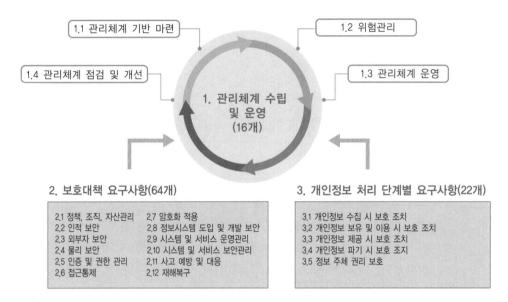

1.1 관리체계 기반 마련   1.2 위험관리
1.4 관리체계 점검 및 개선   1.3 관리체계 운영

1. 관리체계 수립
및 운영
(16개)

2. 보호대책 요구사항(64개)

2.1 정책, 조직, 자산관리	2.7 암호화 적용
2.2 인적 보안	2.8 정보시스템 도입 및 개발 보안
2.3 외부자 보안	2.9 시스템 및 서비스 운영관리
2.4 물리 보안	2.10 시스템 및 서비스 보안관리
2.5 인증 및 권한 관리	2.11 사고 예방 및 대응
2.6 접근통제	2.12 재해복구

3. 개인정보 처리 단계별 요구사항(22개)

3.1 개인정보 수집 시 보호 조치
3.2 개인정보 보유 및 이용 시 보호 조치
3.3 개인정보 제공 시 보호 조치
3.4 개인정보 파기 시 보호 조지
3.5 정보 주체 권리 보호

▲ 그림 1.5.3 정보보호 및 개인정보보호 관리체계 인증 구성(출처: 한국인터넷진흥원 정보보호 및 개인정보보호 관리 체계 인증 페이지(https://isms.kisa.or.kr))

구분	지표명	세부 설명	키워드
관리 체계 수립 및 운영	관리체계 기반 마련	경영진의 참여, 최고 책임자의 지정, 조직 구성, 범위 설정, 정책 수립, 자원 할당	정책
	위험 관리	정보자산 식별, 현황 및 흐름 분석, 위험 평가, 보호 대책 선정	위험
	관리체계 운영	보호대책 구현, 보호대책 공유, 운영현황 관리	대책
	관리체계 점검 및 개선	법적 요구사항 준수 검토, 관리체계 점검, 관리체계 개선	개선
보호 대책 요구 사항	정책, 조직, 자산 관리	정책의 유지관리, 조직의 유지관리, 정보자산 관리	관리
	인적 보안	주요 직무자 지정 및 관리, 직무 분리, 보안 서약, 인식 제고 및 교육훈련, 퇴직 및 직무변경 관리, 보안 위반 시 조치	사람
	외부자 보안	외부자 현황관리, 외부자 계약 시 보안, 외부자 보안 이행관리, 외부자 계약 변경 및 만료 시 보안	외부

구분	지표명	세부 설명	키워드
보호 대책 요구 사항	물리보안	보호구역 지정, 출입 통제, 정보시스템 보호, 보호설비 운영, 보호구역 내 작업, 반·출입 기기 통제, 업무환경 보안	물리
	인증 및 권한관리	사용자 계정 관리, 사용자 식별, 사용자 인증, 비밀번호 관리, 특수 계정 및 권한관리, 접근 권한 검토	권한
	접근통제	네트워크 접근, 정보시스템 접근, 응용프로그램 접근, 데이터베이스 접근, 무선 네트워크 접근, 원격 접근 통제, 인터넷 접속 통제	통제
	암호화 적용	암호정책 적용, 암호키 관리	암호
	정보시스템 도입 및 개발 보안	보안 요구사항 정의, 보안 요구사항 검토 및 시험, 시험과 운영환경 분리, 시험 데이터 보안, 소스 프로그램 관리, 운영환경 이관	개발
	시스템 및 서비스 운영관리	변경관리, 성능 및 장애관리, 백업 및 복구관리, 로그 및 접속기록 관리, 로그 및 접속기록 점검, 시간 동기화, 정보자산의 재사용 및 폐기	기록
	시스템 및 서비스보안관리	보안시스템 운영, 클라우드 보안, 공개 서버 보안, 전자거래 및 핀테크 보안, 정보전송 보안, 업무용 단말기기 보안, 보조저장매체 관리, 패치관리, 악성코드 통제	보안
	사고 예방 및 대응	사고 예방 및 대응체계 구축, 취약점 점검 및 조치, 이상행위 분석 및 모니터링, 사고 대응 훈련 및 개선, 사고 대응 및 복구	대응
	재해 복구	재해·재난 대비 안전조치, 재해 복구 시험 및 개선	재해
개인 정보 처리 단계별 요구 사항	개인정보 수집 시 보호 조치	개인정보 수집 제한, 개인정보의 수집 동의, 주민등록번호 처리 제한, 민감정보 및 고유식별정보의 처리 제한, 간접 수집 보호 조치, 영상정보처리기기 설치·운영, 홍보 및 마케팅 목적 활용 시 조치	수집
	개인정보 보유 및 이용 시 보호 조치	개인정보 현황관리, 개인정보 품질 보장, 개인정보 표시 제한 및 이용 시 보호 조치, 이용자 단말기 접근 보호, 개인정보 목적 외 이용 및 제공	보유
	개인정보 제공 시 보호 조치	개인정보 제3자 제공, 업무 위탁에 따른 정보 주체 고지, 영업의 양도·양수 등에 따른 개인정보의 이전, 개인정보의 국외 이전	제공
	개인정보 파기 시 보호 조치	개인정보의 파기, 처리 목적 달성 후 보유 시 조치, 휴면 이용자 관리	파기
	정보 주체 권리 보호	개인정보처리방침 공개, 정보 주체 권리보장, 이용 내역 통지	보호

ⓔ 정보보호 관련 법률 정보

정보보호 이행 점검에 필요한 관련 법률 및 규정은 법령정보센터(http://www. law.go.kr)와 한국인터넷진흥원 홈페이지(http://www.kisa.or.kr) 등을 통해 검색하고 활용한다.

법률	시행령	시행규칙
개인정보 보호법	개인정보 보호법 시행령	- 개인정보보호위원회 직제 - 개인정보보호위원회 직제 시행규칙 - 개인정보 단체소송규칙 - 법원 개인정보보호에 관한 규칙 - 헌법재판소 개인정보보호 규칙 - 선거관리위원회 개인정보보호에 관한 규칙
소프트웨어 진흥법	소프트웨어 진흥법 시행령	- 소프트웨어 진흥법 시행규칙
위치정보의 보호 및 이용 등에 관한 법률	위치정보의 보호 및 이용 등에 관한 법률 시행령	없음
인터넷주소자원에 관한 법률	인터넷주소자원에 관한 법률 시행령	없음
전기통신사업법	전기통신사업법 시행령	없음
전자문서 및 전자거래 기본법	전자문서 및 전자거래 기본법 시행령	- 전자문서 및 전자거래 기본법 시행규칙
전자서명법	전자서명법 시행령	- 전자서명법 시행규칙
전자정부법	전자정부법 시행령	- 전자정부법 시행규칙
정보보호산업의 진흥에 관한 법률	정보보호산업의 진흥에 관한 법률 시행령	- 정보보호산업의 진흥에 관한 법률 시행규칙
정보통신기반 보호법	정보통신기반 보호법 시행령	- 정보통신기반 보호법 시행규칙
정보통신망 이용촉진 및 정보보호 등에 관한 법률	정보통신망 이용촉진 및 정보보호 등에 관한 법률 시행령	- 정보통신망 이용촉진 및 정보보호 등에 관한 법률 시행규칙
지능정보화 기본법	지능정보화 기본법 시행령	- 지능정보화 기본법 시행규칙
클라우드컴퓨팅 발전 및 이용자 보호에 관한 법률	클라우드컴퓨팅 발전 및 이용자 보호에 관한 법률 시행령	- 클라우드컴퓨팅 발전 및 이용자 보호에 관한 법률 시행규칙

2) 인력관리 ★ 중요합니다.

① 인력 유형

구분	외부 인력 유형	상세 설명
내부 인력	운영 인력	– 업무망 내 시스템 네트워크 및 보안 장비 운영 – 기업 내부망에 대한 취약점 점검 및 모의 해킹
외부 인력	유지 보수 용역	– 업무망에 온라인 접속 권한으로 수행된 업무에 대한 유지 보수 – 기업 내 온라인으로 진행되는 시스템 네트워크 및 IT 보안 장비 유지 보수 – 외주업체 내에서 운영되는 시스템 네트워크 및 IT 보안 장비 유지 보수 – 원격 시스템 네트워크 및 보안 장비 유지 보수 – 원격 유지 보수 및 장애 관리
	구축 용역	– IT 업무 지원 시스템 개발 또는 통합 구축
	오프라인 지원	– 기업 내의 헬프데스크 운영 – 기업 내부 데이터를 활용한 대리점 운영
	오프라인 지원	– 오프라인으로 출력된 산출물을 관리하는 용역 업체 – 오프라인으로 출력된 내부 데이터를 활용하여 면담으로 진행되는 정보보호컨설팅 – 오프라인으로 출력된 내부 데이터를 활용하여 진행되는 기업 회계 감사 및 보안 컨설팅

② IT 외주 용역 접근 경로

외부자를 통제하기 위해서는 IT 외주 용역 유형에 따라 접근 경로를 이해하고 접근 통제를 해야 한다.

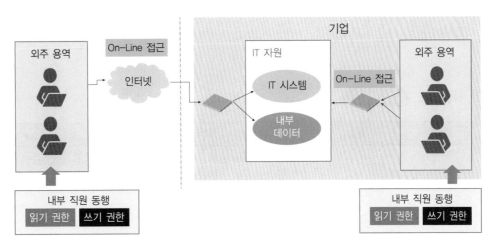

▲ 그림 1.5.4 IT 자원에 대한 외주 용역 접근 경로(출처: NCS(국가직무능력표준) 학습모듈(https://ncs.go.kr/))

③ 외부자에 대한 보안 통제 내역

외부자에 대한 보안 통제 활동을 관리적, 물리적, 기술적 관점에서 주요 통제 내역을 정리하여 관리한다.

구분	정보보호 활동	상세 설명
물리적 보안 영역	물리적 접근 통제	– 외부자의 정보시스템 접근 통제 – 접근 유형 및 접근 사유 파악 – 제한구역, 접견 구역, 장비 출하 구역 등에 대한 보안 조치와 절차 수립
	출입 이력 관리	– 출입 일시, 방법과 범위 등을 문서화
	이동 매체 반·출입 통제	– 반·출입 되는 이동 매체에 대한 파악 – 이동 매체의 반·출입 과정 문서화 – 반·출입 이동 매체의 보안 검사
관리적 보안 영역	작업 내역 관리	– 외부자의 내부 시스템 접근 기록 상시 감독 – 저장매체 사용 방지 조치
	시스템 접근 권한 관리	– 시스템 접근 권한 정의 및 개별 부여
	정보 시스템 관리	– 정보화 장비의 반입 전 초기화/점검, 보안 소프트웨어 설치 – 외부자에 대한 보안 정책 수립 및 이행
기술적 보안 영역	접근 관리	– 내부 시스템에 대한 접근 이력 관리 시스템 운영 – 내부 시스템에 접근 시 두 가지 이상의 방법으로 사용자 인증 – 내부 시스템에 접근하는 기기에 대하여 사전 점검
	출력물 유출 관리	– 비공개 자료 출력 시 출력자, 출력 IP, 출력 일시 등을 기록
	네트워크 제한	– 외부망과 물리적 분리 – 내부 운영시스템별 논리적 망 분리 운영
	반출·입 매체 관리	– 반·출입 매체의 악성코드 검사 – 외주 업무의 특성에 따라 반·출입 매체의 제한 점검

3) 시설보호 ★중요합니다.

구분	특성	상세 설명
물리적 보호	개념	비밀과 중요문서·시설물 등 국가안전보장에 관련되는 인원·문서·자재·시설의 보호를 위하여 필요한 장소에 일정한 범위의 보호지역을 설정
	24시간 잠금장치	제한구역, 통제구역, 접견구역
	보고 지역의 관리	누구나 인지할 수 있도록 다음의 예시를 참고한 표지판 게시

구분	특성	상세 설명
관리적 보호	정책 수립	시설보안관리 지침 마련
	시설보안관리책임자 지정	시설관리 업무처리 부서가 책임을 지며 시설, 방벽, 장비 등을 개수, 보완하여 자체 안전
기술적 보호	보호지역 출입 통제	통제구역 출입대장 작성
	보호지역 설정	제한지역, 제한구역, 통제구역
	출입자 통제	야간 및 공휴일에는 특별한 경우를 제외하고는 민간인의 시설 출입을 적극 통제

4) 정보시스템 관리 ★ 중요합니다.

① 사전 점검 목적

  ㉠ 새로운 정보통신의 구축 및 정보통신 서비스 제공 계획에 정보보호 위협, 취약점,
     위험분석 등을 수행함으로써 발생할 수 있는 보안의 위험으로부터 더 안전하게 서비스를
     구축, 제공하려는 과정이다.

  ㉡ 정보보호 사전 점검 적용 대상은 일정 규모(5억원 이상)의 정보시스템 구축 등 IT
     서비스를 개발하고자 하는 정보통신 서비스 제공자 또는 전기 통신사업자이다.

  ㉢ 정보보호 사전 점검 관련 법령 규정은 「정보통신망 이용촉진 및 정보보호 등에 관한 법률」
     제45조의 2(정보보호 사전 점검)의 권고 제도로 신설(2012년 2월)되었다.

② 정보보호 취약 요인 사례

구분	정보보호 활동	상세 설명
웹 애플 리케이션	악성 파일 업로 드/실행 취약점	악성 실행 파일의 업로드/업로드 패스 노출/실행 취약점으로 공격자가 악성코드를 업로드하여 실행
	부적절한 쿠키/ 세션 관리 취약점	쿠키 내의 사용자 인증 정보 및 자격 증명 정보보호 미흡, 예 측 가능한 취약한 세션 ID 사용 취약점으로 사용자의 세션을 가로채어 악용
	취약한 공개 소프트웨어 사용	부적절한 공개 소프트웨어 사용에 의한 취약점으로, 공격자 가 공개 소프트웨어의 알려진 취약점을 이용
	인젝션 취약점	입력한 데이터가 명령어나 질의 문의 일부분으로 인터프리 터에 전송 취약점으로, 공격자가 임의의 명령어를 실행
	XSS(Cross Site Scripting) 취약점	콘텐츠를 검증 절차나 암호화 없이 사용자가 제공하는 데이터 를 애플리케이션이 받아들여 웹 브라우저로 전송하는 취약점 을 악성 스크립트를 공격자가 사용자의 호스트에서 실행

구분	정보보호 활동	상세 설명
웹 애플리케이션	URL 접속 제한 실패	권한 없는 사용자에게 애플리케이션이 연결 주소나 URL에 접근을 허용하는 취약점으로, 공격자가 취약한 URL에 직접 접속하여 악용
	불안전한 암호화 저장/통신	데이터를 암호화 기능을 거의 사용하지 않는 취약점으로, 공격자가 중요 정보에 접근
	부적절한 오류 처리	애플리케이션 에러를 통하여 의도하지 않게 자신의 구성 정보 등 정보를 누출하는 취약점으로, 공격자가 에러 정보를 분석하여 공격에 활용
웹서버	업로드 디렉터리 실행 권한 점검	악성 실행 파일의 업로드/업로드 패스 노출/실행 취약점으로, 악성코드를 업로드하여 실행
	디렉토리 리스팅	브라우저에서 서버의 디렉터리 내용을 확인할 수 있는 취약점으로, 소스 파일 구조, 백업 파일, 문서 파일 등이 노출
	애플리케이션 버전 정보 노출	애플리케이션의 버전 정보가 노출되는 취약점이며, 공격자가 알려진 취약점을 공격
	서비스 소유자 권한 취약점	서비스가 관리자 권한으로 실행되고 있을 경우, 공격자가 시스템 명령 실행 등의 공격이 가능
	에러 메시지 관리	응용 서버는 오류가 발생하였을 때 서버 정보 등을 노출하며, 공격자가 노출 정보를 활용
	HTTP 메소드 취약점	PUT, DELETE, HEAD, OPTIONS, TRACE와 같은 불필요한 HTTP 메소드 사용 제한
	샘플 및 테스트 페이지 존재	기본적으로 설치되는 샘플 파일들의 정보 노출
	취약한 웹서버 사용	취약한 버전의 웹서버로 운영되는 경우, 알려진 취약점을 이용한 공격 발생
DBMS	DBA 관리자 권한 제한 점검	부적절한 DB 권한 설정으로 일반사용자가 DBA 권한을 오용
	불필요한 계정 점검 (디폴트 계정 등)	비인가자가 DBMS에 접근하여 데이터를 열람, 수정, 삭제할 수 있는 문제점 발생
	취약한 패스워드 점검	유추 가능한 패스워드를 사용하는 취약점
	DB 서비스 보안 설정 점검	보안 설정이 취약한 경우, DB 시스템 정보 등이 노출
	서비스 사용 제한	인증 및 접근 제어가 부적절한 경우 비인가 접근 시도 및 정보 노출 등이 발생

5) 사고대응 및 복구계획 ★ 중요합니다.

① 정보보호 침해사고의 개념

정보보호 침해사고는 조직이 보유하고 있는 정보시스템이 비정상적인 사용자에 의하여 손상되어 정상적인 운용에 영향을 미치거나, 또는 주요 정보가 외부에 유출되어 불법적으로 활용될 위험이 있는 사고이다.

② 정보보호 침해사고의 유형

침해사고는 정보시스템에 대한 취약 요인에 대한 공격으로 다음과 같은 유형이 있다.

구분	유형	상세 설명
취약점 기반 (비정상 공격)	악성코드 공격	사용자의 동의 없이 컴퓨터에 설치되어 사용자의 정보를 탈취하거나 컴퓨터를 오작동시키는 악의적인 행위(컴퓨터바이러스, 웜, 트로이목마, 백도어, 봇(BOT), 스파이웨어 등)
	비인가 접근 공격	인가받지 않은 자가 기반 시스템 및 응용프로그램, 데이터 등에 논리적 또는 물리적으로 불법 접근하는 공격
자원 점유 (정상 공격)	서비스 거부 공격	시스템에 과도한 부하를 유발하여 성능을 저하시키거나 정상적인 서비스를 차단하는 행위
	복합 구성 공격	악성코드 공격, 서비스 거부 공격, 비인가 접근 공격 등의 요소를 복합적으로 이용하는 공격 유형

③ 정보보호 침해사고 유형별 대응 방안

침해사고 발생 시 공격 방법별 대응 방안은 다음과 같다.

복잡도	유형	상세 설명
1차	악성코드 공격	1. 악성코드 공격 판단 2. 감염 시스템 분리 및 감염 경로 차단 3. 외부 네트워크와의 연결 차단 4. 미확인 악성코드 대처 및 사고 통보
2차	서비스 거부 공격	1. 서비스 거부 공격 유형 판단 및 추적 차단 2. 정보 통신 서비스 제공자(ISP) 차단 규칙을 통한 차단 및 추적 3. 피해 시스템의 자료 백업 및 보안 취약점 제거 4. 사고 통보
3차	비인가 접근 공격	1. 피해 시스템 격리 또는 관련 서비스 중지 2. 로그 자료 백업 및 비인가 접근 공격에 사용된 계정 제거 3. 사고 통보
4차	복합 구성 공격	1. 사고별 중요도를 판별하여 우선순위에 따라 사고 대응 절차 수행

2 ▶ 물리적 관제보안 일반

1) 감지 시스템(자석, 온도, 진도 등) 종류 및 특성 ★ 중요합니다.

종류	접촉 유무	상세 설명
자석 센서	접촉	– magnetic switch 문과 창문의 보안용 센서 – 창문 또는 문 위에 설치하는 자석과 문틀에 설치하는 리드 스위치(reed switch)로 구성 – 문이나 창문이 닫혀 있을 때 리드 스위치는 자석에 의해 닫힌 상태이다가, 문이 열리면 자석이 제거되면서 상태변화 알람 발생
온도센서	비접촉식	– 적외선으로 온도를 감지하는 센서
지진동 센서	접촉	– 땅울림을 감지하는 지진동 센서
PIR 센서	비접촉식	– Passive Infrared Sensor, 적외선을 통해 시야 내의 움직임을 감지하여 물체를 식별 – 물체가 방출하거나 물체에서 반사되는 적외선을 감지
레이더 센서	비접촉식	– Radar Sensor, 전파를 매개체로 삼음, 마이크로 웨이브 탐지 – 반사된 전자기파 시간 등으로 물체의 위치, 거리, 속도, 방향을 감지 – 송수신 안테나를 통해 전파를 보내고 물체에 부딪혀 반사되는 전자파를 분석 – 밤에도 식별 가능, 환경 영향 적음 – 라이더보다 비용 대비 효율이 좋다. 가격이 상대적 저렴
라이다 센서	비접촉식	– LiDAR: Light Detection And Ranging – 빛을 매개로 함 – 고출력 레이저 펄스를 발사해 레이저가 목표물에 맞고 되돌아오는 시간을 측정하여 사물 간 거리, 형태를 파악 – 레이더보다 정확하고, 직진성이 강한 근적외선과 단파적외선 사용
영상 센서	비접촉식	– 침투하는 물체 탐지 및 영상 획득 센서
레이저 센서	비접촉식	– 대상 물체 위치의 변위를 검출하는 센서, 육안 확인 가능
근접 센서	비접촉식	– 금속 물체의 비접촉식 감지를 위한 산업 표준 – Proximity Sensor, 물리적 접촉 없이 물체 존재 감지 – 전자기장이나 전자기파의 반사 신호를 사용

종류	접촉 유무	상세 설명
초음파 센서	비접촉식	– 검출 물체에서 초음파가 차단된 경우나 검출 물체의 표면에서 반사되어 나오기까지의 시간을 측정
압력 센서	비접촉식	– Pressure Sensor, 기체나 액체의 압력 측정 – 감압 소자에서 전기 신호로 변환하여 압력에 따른 아날로그 전기 신호를 변환하여 스위칭 출력

2) 감시시스템 종류 및 특성 ★ 중요합니다.

구분	시스템 유형	상세 설명
경계 구역 보호시스템	물리적 경계 감지	– 경계 영역을 사전에 정의하여 핵심 감지 구간을 사전에 결정 – 경계 구역 기준으로 x미터까지 사전 경계 설정
	침입 감지	– 특정 시간 이후 움직임이 있는 경우 침입으로 감지
	침입 알림	– 침입이 발생하면 관제센터 비상벨, 담당자 이메일, 휴대폰 문자 등 사전에 정의된 방법으로 알림
	영상 분석	– 사물과 위치와 패턴을 분석, 같은 또는 유사 사고 발생 시 경보 발생
지능 영상 감시시스템	열상 카메라	– 적외선 에너지(열) 감지, 육안으로 보이지 않은 영역 감지 – 가시광선 아닌 열을 이용한 이미지를 만듦
	열화상 영상 감시	– 사람의 동공 검출, 감지 온도 표출 및 고열에 대한 경보 발생
	가시광선 카메라	– RGB 카메라 – 물리적인 빛은 눈에 '색채'로서 지각되는 가시광선 범위의 파장 내에 있는 스펙트럼을 활용
	영상 분석	– 사물과 위치와 패턴을 분석, 같은 또는 유사 사고 발생 시 경보 발생
	네트워크	– 클라우드 또는 암호화 통신이 가능한 독립된 전용 네트워크 사용
통합관제 시스템	비디오월	– HDMI Matrix를 이용 · Video Wall controller 사용
	사이니지	– 통합관제를 위한 다기능 모니터
	시스템	– 뷰어(viewer) 서버, DB 브로커(broker), API 브로커(broker)
	OPC	– 지능형 센서 노드, OPC 서버, OPC 브로커(broker) – 개방형 플랫폼 통신 통합 아키텍처(open platform communications unified architecture), OPC UA 범용 기계어 사용
	센서	– 아날로그, 디지털 센서

3) 출입 통제시스템 종류 및 특성

① 출입 통제시스템 국내외 표준 또는 규정

구분	종류	상세 설명
국외	FIPS 201	– 신분 확인 표준에 대한 구조와 기술 요구사항에 관한 기술
	HSPD-12	– '04년 발효된 조지 부시 대통령의 미국 국토 보안 대통령 지침 12호 – 모든 연방 공무원과 계약자들이 개인 신분 확인 프로그램인 개인 식별검증(PIV; Personal Identification Verification)을 통해서 스마트키를 사용할 수 있도록 하는 정책 – 이를 실현하기 위해 NIST는 FIPS 201 표준을 수립
	개인식별검증 (PIV) 시스템	– 물리적 특성은 국제표준화기구 ISO/IEC 7816에 표준으로 정의 – 비접촉식 카드는 ISO/IEC 14443에 표준으로 정의 – 논리적인 특성은 FIPS 201-2에 표준으로 정의 – 카드의 인증 메커니즘은 카드 검증(CardV) 단계와 자격 증명 검증(CredV) 단계, 그리고 카드 소유자 검증(HolderV) 단계로 구분 – PIV 카드시스템 신원 보증 레벨: PIV 시스템은 자원에 부여된 보안 등급에 따라 타 보안 메커니즘을 적용하여 시스템을 관리 – PIV 카드는 생체인식정보, 개인신상정보 등의 중요한 개인인증 정보의 안전한 저장을 위하여 7단계의 라이프 사이클(life cycle)에 따라 발급
국내	행정기관 IC 카드 표준 규격	– 행정기관 IC카드에 대한 저장 데이터 요구사항, 카드의 규격, 보안 알고리즘 제시
	특허청 출입 규정	– IC카드에 저장하는 내용은 주민등록번호, 한글 성명, 영문 성명, 혈액형, 직위 코드, 직위명, 직급 코드, 직급명, 개인별 발급 횟수, 기타 개인정보, 행정기관명, 행정기관 코드, 소속 기관명, 소속 기관 코드, 소속 부서명, 소속 부서 코드, 발급일, 발급 번호, 발급기관장, 기타 발급 정보, 행정전자서명 인증서(선택 사항), 공인인증서(선택 사항), 지문(선택 사항), 현금카드 및 전자화폐 기능 정보(선택 사항)
	중소기업청 청사 출입 규정	– 지방중소기업청 청사의 보안을 유지하기 위하여 청사 출입 사항 규정
	인천국제공항 보호구역 출입증 규정	– 인천공항 내 보호구역을 출입하고자 하는 모든 인원 및 차량(장비 포함)에 적용 – 생체인식시스템·출입증관리시스템, 신분증에 대한 정의 및 관련 시스템을 이용한 관리 등 의무사항 명시

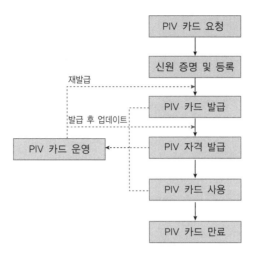

▲ **그림 1.5.5 개인식별검증(PIV) 인증 절차**(출처: NCS(국가직무능력표준) 학습모듈(https://ncs.go.kr/))

② 출입 통제시스템 인증 유형

구분	개념/종류	상세 설명
지식 기반 인증		– 사용자가 사전에 설정한 비밀정보를 통해 사용자를 인증하는 방식 – 홈페이지 계정의 비밀번호 입력(※ 정보 주체가 사전에 저장한 정보를 비교한 인증)
소지 기반 인증		– 소지하고 있는 물건으로 인증하는 방식 – 단말기, RFID 카드, NFC, 무선 키 등의 인증 매체를 활용하여 사용자를 인증 – 인증 매체의 도난, 복제, 훼손 등의 보안 문제가 존재
	RFID 인증	– Radio Frequency IDentification, 태그, 리더기, 서버로 구성 – 태그는 물체를 식별하기 위하여 칩에 고유한 정보를 내장 – 리더기는 식별 정보를 태그로부터 수신하여 서버에 전송하는 역할 – 서버는 수신한 정보와 저장된 데이터를 비교하여 사용자의 출입을 제어 – 태그와 리더기 간의 통신 채널은 무선 환경으로 인하여 스니핑에 취약 – 이로 인해 메시지 도청, 사용자의 프라이버시 유출, 태그 위치 추적, 데이터 삽입, 수정, 변조, 중간자 공격 및 가로채기 등의 공격에 취약
	NFC 통신	– Near Field Communication – 데이터 전송 포맷의 ISO/IEC 14443 표준과 13.56MHz 대역의 비접촉식 근거리 인식 기술인 RFID 통신 프로토콜에 기반을 둔 기술 – 스마트폰에 내장되어 출입 통제시스템에 적용 – NFC 역시 RFID와 유사한 취약점 발생 가능

구분	개념/종류	상세 설명
소지 기반 인증	지그비 (ZigBee)	- IEEE 802.15 표준 기반의 저전력 근거리 무선통신 기술 - 구조상 주로 소형 장치를 사용하기 때문에 성능이 제한적 - 일반적인 보안 메커니즘을 적용할 경우 문제점 발생 가능 - 장치의 물리적 특성으로 여러 암호학적 공격에 취약
생체 기반 인증		- 사람의 측정 가능한 행동적, 신체적 특성을 추출하여 본인을 확인하는 기술 - 생체 정보는 개인별로 다른 고유성(uniqueness)과 시간이 흘러도 변하지 않는 불변성(permanence)의 성질이 있어 소지 기반 인증에 비해 안전 - 생체 정보가 외부로 유출될 경우, 갱신이 불가능하여 생체 정보 악용에 지속 노출 가능
	홍채인식 (iris)	- 사람의 공막과 동공 간에 존재하는 홍채 무늬 패턴을 활용한 인식 - 데이터의 안정성, 정확성, 사용 편리성 측면에서 지문과 함께 높은 보안 시스템으로 평가 - Print Attack의 경우, 고해상도의 사진을 출력해 약 62.37%로 홍채인증 시스템을 공격할 수 있어 주의가 필요
	지문인식 (finger-print)	- 피부의 표피 아래층인 진피에서 생성된 지문 사용 - 사용이 용이하므로 상당히 보편적 - 지문 스캐너 유리에 남은 지문 흔적 복사 가능, 찰흙 · 실리콘 활용 지문 복제 가능 단점 있음 - 상업용 지문인식 소프트웨어로 지문 복제가 가능하므로 지문 도난 주의 필요
	안면인식 (face)	- 저장된 얼굴 사진의 데이터베이스에서 영상기기의 얼굴 영상과 비교 인증 방식 - 얼굴의 표정, 노화, 변장, 방향, 조명 등에 따라 변화가 심하여 신뢰도 확보를 위해 여러 얼굴 각도의 특징을 복합적으로 사용하여 신뢰성 향상 기술 발전

③ 보안 검색

구분	특성/종류	상세 설명
개념	안전 관리	- 공항, 항만, 국가 중요 시설, 공공기관, 기업 등 보안과 질서유지가 필요한 시설에 흉기, 독극물, 폭발물, 인화성 물질 등의 위험물과 시위용품, USB 등 저장장치, 카메라, 녹음기 등 반입 금지 물품을 탐지하여 시설 내 반입을 통제하기 위하여 출입자와 휴대 물품에 대하여 검색하는 절차
출입 통제 절차	전자 출입증	- 미리 발급된 출입증을 사용하고, 사용자별로 출입 가능한 지역을 구분 - 출입 제한 구역은 전산실, 보안 시설 등 일반인의 일반 업무와 무관한 장소 - 외부인이 정기 점검 및 업무 관계로 출입 제한 구역에 출입을 신청하는 경우 통상 신청한 외부인이 방문에 대하여 사전에 약속 - 피면회자는 그 면회에 대해 동의를 하였는지 등을 확인하고, 신분을 확인하는 절차를 거쳐 출입증을 교부하였다가 해당 용무를 마친 뒤 교부받은 출입증을 반납하는 형태로 출입 통제 수행

구분	특성/종류	상세 설명
출입 통제 절차	보안 검색	– 출입자의 신체와 휴대 물품에 대하여 검색하는 절차 – 흉기, 독극물, 폭발물, 인화성 물질 등의 위험물과 촬영 또는 녹음이 가능한 장비, 시위용품 등 업무와 질서유지에 방해가 될 위험이 있는 반입 금지 물품의 반입 차단 목적 – 건물 입구의 출입보안 검색 절차는 대인 검색과 대물 검색으로 구분
보안 검색 종류	대인 검색	– 사람을 대상으로 하는 검색으로 원형 검색 장비, 문형 금속 탐지 장비, 신발 검색 장비, 휴대용 금속 탐지 장비 등의 금속 탐지 장비가 주로 사용되며, 의심 요소가 충족되지 않는 경우 촉수 검색을 통해 의심 요소를 확인
	대물 검색	– 휴대 물품을 대상으로 이루어지며 엑스레이(X-ray) 검색 장비, 액체 폭발물 탐지 장비, 폭발물 탐지 장비, 폭발물 흔적 탐지 장비를 사용하며 의심 요소가 충족되지 않을 때 개봉 검색을 통해 확인

· 사전 약속 여부
· 피면회자 동의 여부
· 신청자 신분

▲ **그림 1.5.6** 전자출입증 운영 흐름도(예시)(출처: NCS(국가직무능력표준) 학습모듈(https://ncs.go.kr/))

④ 시능형 영상분석을 활용한 줄입 통제시스템

구분	특성	상세 설명
목적	통합	출입자 정보를 통합관리하고 저장된 출입 데이터를 분석하여 비상적 출입에 대하여 관리자에 알람을 제공하여 위협상황에 대응하고 편리한 출입에 기여
차별화	지능성	화재 감시, 차량번호 인식, 얼굴 인식 등 다양한 인식 기능이 제공되고 CCTV와 문 열림, 온습도 감지, 소리 감지, 연기 감지, 동작 감지 등 IoT 센서를 연동하면 센서에 이상 신호 탐지 시, 실시간으로 현장 CCTV 영상을 확인하여 대응하는 조기 대처 체계 마련
	방역관리	출입 지점에 자동 소독제 분사기 또는 열화상 카메라를 설치하여 인건비를 최소화하고 감염자를 탐지할 기회를 확대하고 감염자의 유입을 최소화
	추적관리	보통 비접촉식 방식의 출입 인증 수단으로 출입 인증 시 블랙리스트를 통해 감염 징후 인원 여부를 식별하고, 인증 수단을 활용하여 동선을 추적하며, 보안요원에게 위험 탐지 양상에 따른 대응정보를 전송하여 신속 정확한 대응

구분	특성	상세 설명
업무 처리	관제요원 (영상정보 관리사)	근무 시 LTE 무전기, 스마트워치, 웨어러블카메라 등의 장비를 이용하여 업무 활동을 기록하고, 스마트 기능을 이용한 상황 보고와 상황 전파로 통합 관제실과 실시간으로 업무를 효율적으로 수행할 수 있으며, 근무 지역에서 전송되는 경보를 수신하고 근무 지역에서의 장비를 효율적으로 운용
	근무 지역	개방 구역과 출입 제한 구역을 구분하여 지능형 CCTV를 설치하고, 생체인식·전자 출입 통제시스템을 적용함으로써 건물의 출입 통제를 신속하게 운용
	보안 검색	스캐너, 엑스레이(X-ray), MD를 활용하고 코로나 19 등 감염병에 대비하여 소독 분사기와 자동 체온 측정을 통한 방역 시스템
	통합 관제실	근무지에서 운용되는 출입 통제시스템을 관제하고, 근무 지역에서는 실시간으로 통합 관제실에 정보를 전송하여 상호 운용 체계를 구축하고, 상황이 발생할 때 근무자에게 신속하게 경보 알림을 전송하여 근무 지역, 근무자, 통합 관제실이 상호 보완적이고 운용 체계가 원활한 출입 통제시스템을 마련
	외부 연락	경찰, 의료기관, 소방, 지방자치단체 등의 유관 기관들과 신고·협조 체제를 구축하여 정확하고 신속한 공조 체제를 유지

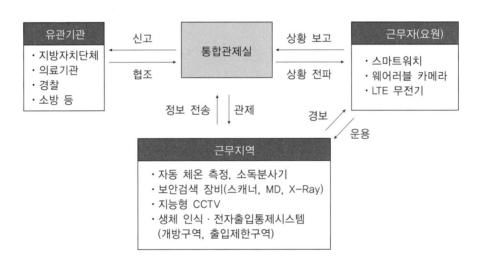

▲ 그림 1.5.7 출입 통제시스템 구축 방안(예시)(출처: NCS(국가직무능력표준) 학습모듈(https://ncs.go.kr/))

4) 기타 기계경비시스템 ★ 중요합니다.

① 물리보안 목표 구성도

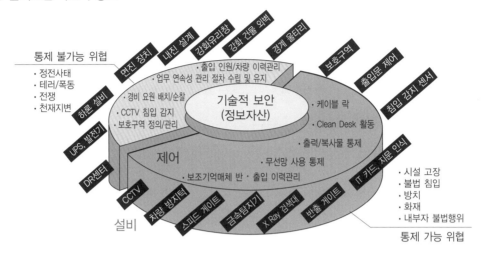

▲ 그림 1.5.8 물리보안 목표 구성(출처: NCS(국가직무능력표준) 학습모듈(https://ncs.go.kr/))

구분	구성 요소	상세 설명
무인경비 시스템	서버	– 경비 상태, 출입자 등 데이터 저장 – 중앙 무인경비시스템 정책 운영 관리
	CCTV	– 출입자에 대한 영상정보 촬영 및 서버 전송
	자석 센서	– 무인 경계 보호지역에 대한 침입 감지 및 알림
	인증 단말기	– 지문 인식, 안면 인식, 카드 인식 등을 통한 출입자 인증
주차관제 시스템	서버	– 차량 진출입 이력 정보, 과금, 결제, 미납 데이터 저장 – 주차관제 시스템 정책 운영 관리
	CCTV	– 진출입 차량 상태, 번호판 영상정보 촬영, 서버 전송 – 사전 등록된 차량, 감면 대상 차량에 대한 번호판 식별 정보 전송
	움직임 센서 무게 감지 센서	– 주차면에 대한 움직임 감지로 주차 상태 저장
	모니터	– 차량 관제 현황 모니터 표출
	차단기	– 차량의 진출·입 차단 목적의 가로형 차단 바
통행 자동 차단 시스템	서버	– 침수 사항을 분석하고 위험도 측정 후 알람 판별
	센서	– 물의 높이 측정 센서, 수위 감지 센서
	CCTV	– 영상을 통한 침수 상황 데이터 송출
	전광판	– 침수 등으로 통행 제한에 대한 사항을 육안으로 확인할 수 있도록 안내 문구 송출
	태양광	– CCTV, 통신 기기에 대한 태양광 발전 및 배터리 에너지 제공

5) 출입 통제 준수사항 ★ 중요합니다.

① 전산실 출입 및 물품 반 · 출입 절차

㉠ 물리보안은 일반적으로 정보보안 관리의 하위 절차로서 수립하며, 물리보안 중 출입 통제 절차와 기록 관리를 해야 한다.

㉡ 다음 그림은 통제구역인 전산실에 출입하는 인원과 물품의 반입, 반출 시 준수사항 등 전산실(기계실) 출입 통제와 물품 반 · 출입 통제 절차에 대한 예이다.

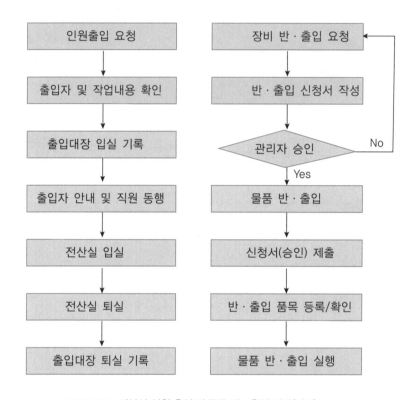

▲ 그림 1.5.9 전산실 인원 출입 및 물품 반 · 출입 절차(예시)
(출처: NCS(국가직무능력표준) 학습모듈(https://ncs.go.kr/))

② 물리보안 통제 기록의 관리

물리보안을 위해서는 다음과 같이 실제 활용되는 출입대장을 작성해야 한다. 방문 일자, 방문자의 신원 정보, 방문자를 접견한 담당자 등의 기록 내용을 주기적으로 심사하고 결정하는 과정들이 기록으로 남아 침해 관련 문제 추적 시에 중요하게 활용된다.

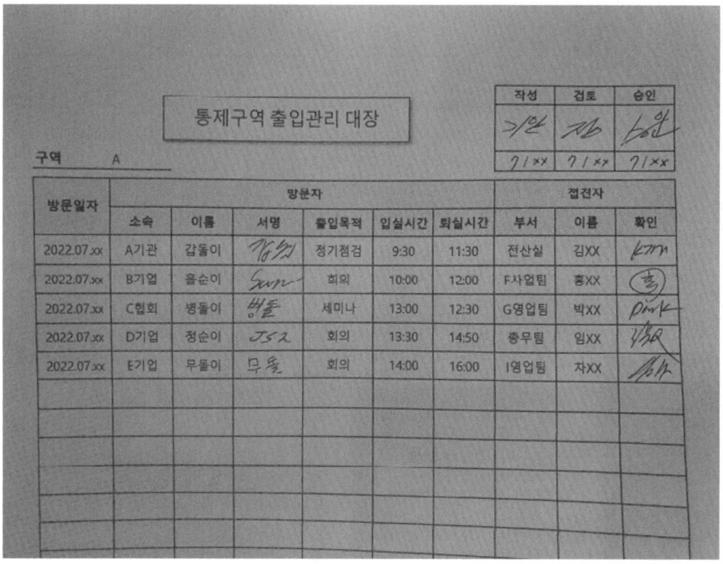

통제구역 출입관리 대장

작성	검토	승인
7/xx	7/xx	7/xx

구역 A

방문일자	방문자						접견자		
	소속	이름	서명	출입목적	입실시간	퇴실시간	부서	이름	확인
2022.07.xx	A기관	갑돌이		정기점검	9:30	11:30	전산실	김XX	
2022.07.xx	B기업	을순이		회의	10:00	12:00	F사업팀	홍XX	
2022.07.xx	C협회	병돌이		세미나	13:00	12:30	G영업팀	박XX	
2022.07.xx	D기업	정순이		회의	13:30	14:50	총무팀	임XX	
2022.07.xx	E기업	무돌이		회의	14:00	16:00	I영업팀	차XX	

▲ **그림 1.5.10 통제 구역 출입 관리 대장(예시)※ 출처: NCS(국가직무능력표준) 학습모듈(https://ncs.go.kr/)**

㉠ 보안관리 체계의 물리적 보안의 보안구역 보호 항목

구분	보호 항목	상세 설명
물리 보호	보호구역 지정	물리적 · 환경적 위협으로부터 개인정보 및 중요 정보, 문서, 저장 매체, 주요 설비 및 시스템 등을 보호하기 위하여 통제구역 · 제한구역 · 접견구역 등 물리적 보호구역을 지정하고 구역별 보호 대책을 수립 · 이행
	출입 통제	보호구역은 인가된 사람만이 출입하도록 통제하고 책임 추적성을 확보할 수 있도록 출입 및 접근 이력을 주기적으로 검토
	반 · 출입 기기 통제	보호구역 내 정보시스템, 모바일 기기, 저장 매체 등에 대한 반 · 출입 통제 절차를 수립 · 이행하고 주기적으로 검토
	업무 환경 보안	공용으로 사용하는 사무용 기기(문서고, 공용 PC, 복합기, 파일 서버 등) 및 개인 업무 환경(업무용 PC, 책상 등)을 통해 개인정보 및 중요 정보가 비인가자에게 노출 또는 유출되지 않도록 클린데스크, 정기 점검 등 업무 환경 보호 대책을 수립 · 이행
파손 방지	정보시스템 보호	정보시스템은 환경적 위협과 유해 요소, 비인가 접근 가능성을 감소시킬 수 있도록 중요도와 특성을 고려하여 배치하고, 통신 및 전력 케이블이 손상을 입지 않도록 보호 조치
간섭 방지	보호 설비 운영	보호구역에 위치한 정보시스템의 중요도 및 특성에 따라 온도 · 습도 조절, 화재 감지, 소화 설비, 누수 감지, UPS, 비상 발전기, 이중 전원선 등의 보호 설비를 갖추고 운영 절차를 수립 · 운영
	보호구역 내 작업	보호구역 내에서의 비인가 행위 및 권한 오 · 남용 등을 방지하기 위한 작업 절차를 수립 · 이행하고, 작업 기록을 주기적으로 검토

ⓛ 보호구역의 설정 관련 주요 요구사항

구분	상세 설명
범위	– 출입 통제가 필요한 회사의 모든 구역 및 시설에 대해 '보호구역' 지정 – '접견구역', '제한구역', '통제구역'으로 구분
접견구역	– 방문자가 통제 없이 들어갈 수 있는 안내 데스크, 유인 및 무인 통화로 안내
제한구역	– 방문자의 출입 통제가 요구되는 회사의 모든 사무실 등에 대해 '제한구역' 설정
통제구역	– '제한구역' 중 정보보호를 위하여 특별한 통제가 요구되는 구역은 '통제구역' 설정(예 전산실, 중앙 감시실, 통신 장비실, 전력 감시실, 방재 센터 등)
설계 및 적용	– 전산 센터 등 구축 시 사전에 '보호구역' 내 보안이 고려되어 구축될 수 있도록 정보보호 조직과 협의하여 진행하며, 구축 후 반드시 정보보호 조직의 보안성 검토 수행

▲ 그림 1.5.11 통제 및 제한구역 안내판(예시)(출처: NCS(국가직무능력표준) 학습모듈(https://ncs.go.kr/))

ⓒ 출입 통제 관련 주요 요구사항

구분	상세 설명	비고
제한구역의 출입 통제	– 비인가자의 출입을 통제하고 감시할 수 있는 자물쇠, 카드키, 출입 카드, 감시 카메라 등을 설치	사무실
통제구역의 출입 통제	– 비인가자의 출입을 통제하기 위한 대책을 제한구역에 적용된 출입 통제와는 별도로 마련	전산 기계실
출입 카드 패용	– 보호구역을 출입하는 임직원, 협력회사 직원과 방문자는 반드시 출입 카드를 패용 – 방문자를 제외한 인원에게는 식별이 가능한 사진이 부착된 출입 카드를 제공	직원 신분증
물품 검색	– 보호구역으로 반·출입되는 모든 가방, 서류, 기타 휴대용 전산 장비 등은 보안 사고 발생이 의심되는 경우 필요시 검색	USB 등 저장 매체

구분	상세 설명	비고
감시 카메라	− 보호구역 내의 감시 카메라의 영상은 보호구역 출입 현황 파악 및 출입 인원 식별이 가능하여야 하며, 사고 시 추적이 가능하도록 최소 3개월간 보관	CCTV, IP 카메라
출입 기록 관리	− 보호구역 출입자에 대한 출입 일자, 출입 목적, 출입 시각 등의 기록은 최소 3개월간 보관	출입 관리 대장
접근 권한 점검	− 출입 카드 관리부서 및 출입 권한 관리부서는 출입자별 접근 권한을 주기적으로 점검하고 변경 사항을 관리	정기 점검

ⓔ 전산 장비 보호 관련 출입 통제

구분	상세 설명	비고
전산 장비 설치 및 변경	시설물 관리자는 외부 반·출입 자산에 대한 승인 여부를 확인하고, 이를 기록 및 관리한다. 특별한 보호가 필요한 장비의 경우에는 구분된 장소에서 별도 관리하며, 특히 전산 장비의 반·출입 시 정보보호 책임자의 승인 필요	승인된 변경 반·출입 관리 대장
전산 장비 유지 보수	무결성과 가용성 확보를 위하여 서버의 하드웨어 및 소프트웨어는 월 정기적으로 예방 점검 수행	월 정기 예방 점검
전산 장비 폐기	전산 장비에서 사용하는 모든 저장 매체는 데이터 복구가 불가능하도록 소각, 세절, 폐기	문서 파쇄기, 디가우저

③▶ 기술적 관제보안 일반

시스템 개발 시 기반이 되는 OS, DBMS 등의 보안 취약점으로 인해서 발생할 수 있는 보안 사고를 사전에 방지하는 것을 말한다. 문제점 해결을 위한 패치 적용 시 응용시스템에서 사용하는 포트를 사전에 도출하여 해당 포트를 제외한 포트는 시스템에서 제거하도록 세밀하게 관리해야 한다.

[기술적 보안 예시]

구분	대응	상세 설명
수시	OS 및 DBMS 보안 패치 지원	− 응용프로그램의 영향도를 사전에 충분히 테스트한 후 적용 − 응용시스템 테스트 종료 후 본 사업에서 도입한 시스템에 대한 보안 패치 적용

구분	대응	상세 설명
정책	응용프로그램 사용 포트 사전 확정	– 응용프로그램, 각종 소프트웨어에서 사용하고 있는 포트에 대해서 사전에 식별하고 목록을 작성하여 관리 – 프로그램에서 사용되고 있는 포트를 확인하고, 시스템에 필요 없는 포트에 대해서는 시스템에서 제거
대응	요구사항 및 이슈 분석	– 응용프로그램의 구동 기반이 되는 운영체제(OS), 데이터베이스관리 시스템(DBMS) 보안 패치 적용 – FTP, Telnet, Finger 등 시스템에 불필요한 서비스 포트 제거
점검	고려 사항 및 개선 방향	– 시스템 기반이 되는 운영체제(OS)나 데이터베이스관리시스템(DBMS) 보안 패치 등의 영향은 운영시스템의 영향도를 감안하여 개발 시스템에서 충분히 테스트한 후 적용하도록 고려 • 응용시스템에서 사용하지 않는 불필요한 서비스 포트 제거

1) 관제기록물 보안 ★ 중요합니다.

① 관제기록물 등급 관리 예시

구분	등급/보존 기한	상세 설명
비밀 문서	1등급	공개된 경우 국민의 생명, 신체 및 재산 보호에 현저히 지장을 초래할 우려가 있는 정보
	2등급	재판, 감사, 감독, 계약, 인사 등 내부 의사검토 사항으로 공개될 경우 공정한 업무수행에 지장을 초래하는 정보
	3등급	개인정보, 사생활, 영업상 비밀에 관한 사항으로 정당한 이익을 해칠 우려가 있거나 특정인에게 이익 또는 불이익을 줄 우려가 있는 정보
일반 문서	준영구	영상관제 자료를 포함한 본문 자료가 준영구인 경우 함께 보존
	5년	외부감사, 회계문서, 지출 서류 등 5년 동안 활용 필요시
	1년	단기간의 보존이 필요한 경우
	기타	영상관제 관련 내부 규정, 관련 법령에서 별도로 정한 경우

> **Tip**
>
> **「공공기관의 정보공개에 관한 법률」 제11조(정보공개 여부의 결정)**
>
> 제11조(정보공개 여부의 결정)
>
> ① 공공기관은 제10조에 따라 정보공개의 청구를 받으면 그 청구를 받은 날부터 10일 이내에 공개 여부를 결정하여야 한다.
>
> ② 공공기관은 부득이한 사유로 제1항에 따른 기간 이내에 공개 여부를 결정할 수 없을 때는 그 기간이

끝나는 날의 다음 날부터 기산(起算)하여 10일의 범위에서 공개 여부 결정 기간을 연장할 수 있다. 이 경우 공공기관은 연장된 사실과 연장 사유를 청구인에게 지체 없이 문서로 통지하여야 한다.

③ 공공기관은 공개 청구된 공개 대상 정보의 전부 또는 일부가 제3자와 관련이 있다고 인정할 때는 그 사실을 제3자에게 지체 없이 통지하여야 하며, 필요한 경우에는 그의 의견을 들을 수 있다.

④ 공공기관은 다른 공공기관이 보유 · 관리하는 정보의 공개 청구를 받았을 때는 지체 없이 이를 소관 기관으로 이송하여야 하며, 이송한 후에는 지체 없이 소관 기관 및 이송 사유 등을 분명히 밝혀 청구인에게 문서로 통지하여야 한다.

⑤ 공공기관은 정보공개 청구가 다음 각호의 어느 하나에 해당하는 경우로서 「민원 처리에 관한 법률」에 따른 민원으로 처리할 수 있는 경우에는 민원으로 처리할 수 있다.

1. 공개 청구된 정보가 공공기관이 보유 · 관리하지 아니하는 정보인 경우
2. 공개 청구의 내용이 진정 · 질의 등으로 이 법에 따른 정보공개 청구로 보기 어려운 경우

② 관제기록물 보안 관리

구분	보호 유형	상세 설명
전자 기록	비공개	– 특정 근거에 의거하여 비공개 처리되는 관제기록의 관리 방법 – 일부 정보를 비식별 처리, 삭제 등 보호 조치한 일부 정보만 공개하는 관제기록의 관리 방법
	공개	– 누구나가 열람할 수 있는 영상정보 관제 기록물의 관리 방법
비전자 기록	물리보안	– 통상 종이 서류를 의미 – 개비닛, 문서고, 서랍 등 물리적 잠금 보호장치를 사용하여 관리
	관리보안	– 영상관제 기록물에 대한 관리자를 지정하여 책임 관리

2) USB(Universal Serial Bus) 보안 프로그램 ★ 중요합니다.

① 국가정보보안기본지침 제78조(휴대용 저장매체 보안)

구분	요약	세부 설명
관리 체계	보안 대책	자료의 위 · 변조, 저장매체의 훼손 · 분실 등에 대비한 보안대책을 수립 · 시행
시스템 도입	제품 도입	관리시스템을 운용하고자 할 경우 국가정보원장이 안전성을 확인한 제품
예방 점검	바이러스 백신	개별사용자가 휴대용 저장매체를 PC · 서버 등에 연결할 경우 자동 실행되지 아니하고 최신 백신 소프트웨어로 악성코드 감염 여부를 검사 시행
통제	외부 반 · 출입	휴대용 저장매체를 비밀용 · 일반용으로 구분 · 관리하고, 수량 및 보관 상태를 정기적으로 점검하며 외부 반 · 출입을 통제

구분	요약	세부 설명
표기	비밀관리	비밀이 저장된 휴대용 저장매체를 매체별로 비밀등급 및 관리번호를 부여하고, 비밀관리기록부에 등재 · 관리, 전면에 비밀등급 및 관리번호 표시
재사용	삭제 의무	휴대용 저장매체 관리자는 비밀용 휴대용 저장매체를 다른 등급의 비밀용 또는 일반용으로 변경 사용하고자 할 경우, 저장자료가 복구 불가하도록 완전 삭제 소프트웨어 등을 이용하여 삭제 의무, 불가할 경우 변경 사용 불가
안전	완전 삭제	휴대용 저장매체 관리자는 휴대용 저장매체를 폐기 · 불용 처리하고자 할 경우, 저장자료가 복구 불가하도록 완전 삭제 소프트웨어 등을 이용한 삭제 의무. 다만, 완전 삭제가 불가할 경우 USB 물리적 파쇄
사용 여부	정기 점검	정보보안담당관 총괄하에 소속 부서에 대하여 개별사용자의 휴대용 저장매체 무단 반출, 미등록 휴대용 저장매체 사용 여부 등 보안관리 실태를 정기적으로 점검 의무
준용	기타 관리지침	그밖에 휴대용 저장매체 보안과 관련한 사항은 국가정보원장이 배포한 「USB 메모리 등 휴대용 저장매체 보안관리 지침」을 준수

② USB 메모리 등 휴대용 저장매체 보안관리 지침

구분	요약	세부 설명
근거	목적	– 휴대용 저장매체 보안 관리에 필요한 세부사항을 규정
정의	휴대용 저장매체	– 디스켓, 외장형 하드디스크(HDD), USB 메모리, CD (Compact Disk), DVD(Digital Versatile Disk) 등 자료를 저장할 수 있는 일체의 것으로 PC 등의 정보통신시스템과 분리할 수 있는 기억장치
시스템 도입	휴대용 저장 매체 도입	– 지정 데이터 암 · 복호화 기능 – 분실 시 저장 데이터의 보호를 위한 삭제 기능
등록관리	저장매체 등록	– 휴대용 저장매체를 사용하기 전에 관리 시스템에 등록한 후 사용
점검관리	매체 사용 제한	– 직원에게 공지 · 교육을 통하여 휴대용 저장매체의 임의 사용을 제한하는 안내
현황 파악	보안담당관의 책무	– 휴대용 저장매체 등록현황을 파악, 무단 반 · 출입 점검 실시
대처 방안	분실, 소각 시	– 분실 또는 소각 등의 사유가 발생한 즉시 관리책임자에게 그 사실을 보고
	고장 · 훼손, 오인 삭제 · 포맷 시	– 휴대용 저장매체의 고장, 자료의 훼손 또는 자료의 오인 삭제, 포맷 시 제9조의 규정에 따라 불용처리를 원칙
표시	관리번호 부착	– 비밀용, 일반용으로 구분하여 관리 – "부서명–일반–일련번호" 규칙을 정하여 표시번호 부착 – "부서명–비밀등급–일련번호" 규칙을 정하여 표시번호 부착

3) 기타 데이터 보안 ★중요합니다.

① 영상정보 데이터 보안 기술(출처: 개인정보보호위원회 '가명정보 처리 가이드라인')

기술	개념 및 예시	세부 설명
필터링 기술	이미지 블러링	– 다양한 필터를 적용하여 개인영상정보 보호 조치 – 필터 적용 방법 　• 평균: 입력 이미지의 현재 위치에서, 예를 들어 3×3 격자 범위의 주변 픽셀값의 평균을 구하여 원 픽셀값을 결과 이미지의 픽셀값으로 대체 　• 가우시안: 입력 이미지의 현재 위치에서, 예를 들어 3×3 격자 범위의 주변 픽셀값에 가중치를 부여(중심으로 갈수록 높은 가중치를 부여)하여 원 픽셀값을 결과 이미지의 픽셀값으로 대체 　• 중앙값: 입력 이미지의 현재 위치에서, 예를 들어 3×3 범위의 주변 픽셀값의 중앙값을 구하여 원 픽셀값을 결과 이미지의 픽셀값으로 대체 　• 바이레터럴: 원본 이미지로부터 최대한 노이즈는 제거하고 에지는 보존하기 위한 것으로 공간과 밀도를 함께 고려하여 원 픽셀값을 결과 이미지의 픽셀값으로 대체
	이미지 픽셀화 (모자이크)	– 이미지 블러링의 평균 필터와 유사하나 계산한 평균값을 해당 픽셀뿐만 아니라 적용한 주변 모든 픽셀(예를 들어 3×3 범위)에 대체한다는 점에서 차이점 존재
	이미지 마스킹	블랙박스로 대체
	적용 예시	 원본이미지　❶ 블러링　❷ 픽셀화　❸ 마스킹
이미지 암호화	개념	– 원본 이미지의 일부를 암호화하여 데이터 주체를 알아볼 수 없도록 하는 기법
	적용 예시	 원본이미지　암호화된 이미지　복호화된 이미지
인페인팅 (Inpainting)	개념	– 영상 내 개인 식별 영역을 제거한 후 다른 물체 또는 배경으로 대체하여 신원을 보호하는 기술
	적용 예시	 원본이미지　원본의 플래그 이미지　인페인팅 이미지

② 인공지능(AI)을 활용한 영상정보 데이터 보안 기술(출처: 개인정보보호위원회 '가명정보 처리 가이드라인')

기술	구분	세부 설명
얼굴 합성	개념	– K-익명성 프라이버시 보호 모델을 확장하여 K명의 얼굴을 합성한 기술로 K-same 모델로도 불림
	예시	 Original　$k=2$　$k=3$　$k=5$　$k=10$　$k=20$
얼굴 보존형 가명 · 익명 처리 기술	개념	– 원본 얼굴의 요소를 변경하거나 얼굴을 완전히 합성하는 대신, 훈련된 얼굴 속성 전달 모델을 사용하여 동의한 대상의 소수(보통 2~3명)인 기증자의 얼굴에 비 신원 관련 얼굴 속성을 매핑
	예시	 원본이미지　　K-same 이미지　　제안 이미지 ※ 출처 : Yuezun Li, De-identification Without Losing Faces(2019)
Anony-mousNet 프레임워크	개념	– 얼굴 보존형 가명 · 익명처리 기술의 프레임과 비슷해 보이지만, 다음의 4단계 절차를 통하여 아이덴티티가 완전히 다른 이미지를 생성 ※ (1단계) 얼굴 특징 추출, (2단계) 의미 기반 속성 난독화, (3단계) 익명화된 얼굴 생성, (4단계) 적대적 교란 절차 ※ 출처: Tao Li 외 1인, AnonymousNet: Natural Face De-Identification with Measurable Privacy(CV-COPS 2019)
	예시	 원본 이미지　　AnonymousNet
AI 딥러닝 기반의 알고리즘을 활용		– 얼굴 및 차량 번호판 등을 추출한 후 각종 소프트웨어 라이브러리를 활용하여 블러링 처리 ※ 미검출이나 오검출 얼굴 등에 대해서는 수작업을 통하여 추가 보정
AI 적대적 생성 신경망 기반 모델		– 이미지에서 보존해야 할 영역을 수치화하여 연속형 데이터로 처리한 후 해당 개별 데이터에 노이즈를 추가하거나 재현 처리

③ 영상정보 송수신 및 보관 시 기술적 보안

구분	보안 조치	세부 설명
영상정보 송수신	암호화 통신	– 송수신 과정에서 SSL VPN 솔루션을 적용 – https://xxx.xxx.xxx.xxx 주소로 데이터 송수신 – 80포트가 아닌 443포트를 이용 – 영상정보 데이터 송수신 사용 권장 　※ 데이터 송수신 전송 속도를 고려하여 품질 테스트 후 적용
	폐쇄망 통신	– 영상정보 및 데이터에 대해 폐쇄망 또는 단일 네트워크 사용 – 다른 데이터 송수신의 간섭이 없도록 특정 목적 전용 통신
영상정보 보관	암호화 저장	– 보관하는 데이터는 암호화하여 저장 　※ 외부자에게 데이터가 유출되어도 식별 가능성 차단 목적
	분리 보관	– 사건 사고로 인해 데이터를 분리 보관하는 경우 – 물리적으로 별도의 저장 디스크 장치에 보관
	외부 저장	– 경찰서 수사 목적 등으로 인해 외부 저장 – 반드시 암호화하여 저장 반출하고 영상정보관리대장 작성 의무
	데이터 파기	– 보관 기간이 경과한 데이터는 파기 절차를 준수하여 파기 이행

4) 해킹 · 악성코드 개념 ★중요합니다.

구분	유형
해킹의 개념	– 외부 침입 – 허가받지 않은 사람, 기관의 컴퓨터에 접근하는 행위 – 저장된 정보를 삭제, 변경, 유출하는 행위
악성코드의 개념	– 멀웨어(malware) – 악의적인 소프트웨어(malicious software) – 사용자의 의사에 반해 시스템 파괴, 정보 유출 등 악의적 활동 수행 소프트웨어
관계	도구 또는 방법 악성코드 ◀━━▶ 해킹
영향	– 쇼핑몰, 홈페이지 등 기관 외부 시스템 중단으로 인한 영업 손실 및 신인도 하락

5) 해킹 · 악성코드 유형 및 피해 사례 ★ 중요합니다.

① 해킹의 유형

구분	요약	세부 설명
개념	공격	- 외부 침입자(해커)의 악의적인 공격
유형	서비스 거부 공격(DoS)	- DoS(Denial of Service) - 수용 가능한 자원의 범위를 넘는 전송 트래픽으로 네트워크나 서버가 정상적인 서비스를 할 수 없도록 하는 행위 - 자원 고갈 공격
	백도어 (back door)	- 초기 서비스 기술자나 유지보수를 위한 관리자의 비밀 통로 - 정상적인 인증 과정 없이 보안을 해제한 접근 경로 - 해커가 침입한 이후 침입의 흔적을 지우고 다시 접근하기 위해 설치 후 활용 공격
	웜(worm)	- 스스로를 복제하는 악성 소프트웨어 이용 공격
	스미싱	- SMS 문자를 통해 사람들을 속이거나 멀웨어(malware)를 다운로드하도록 유도하여 민감 정보를 빼내거나 금전을 요구하도록 유도하는 공격
	피싱 (phishing)	- 개인정보 또는 계정정보를 낚으려는(fishing) 의도로 전자우편, 메신저, 메일을 이용하여 신뢰할 수 있는 사람 또는 기관에서 보낸 것처럼 가장한 공격
	파밍 (farming)	- 금융기관, 쇼핑몰을 위장한 사이트로 접속 메일을 보내서 가짜 사이트에서 정보를 입력하게 하여 개인정보 또는 로그인 정보를 빼내는 방식 - 공식적으로 운영하는 사이트를 위장하여 중간에서 변조하여 가짜 사이트로 접속하도록 유도하는 공격
	스니핑 (sniffing)	- 중간에 네트워크 패킷(packet)을 도청하여 정보를 가로채는 공격 - 주로 암호화하지 않은 평문의 아이디와 비밀번호 정보를 알아내기 위한 공격
	스푸핑 (spoofing)	- 정상 시스템인 것처럼 IP(Internet Protocol), MAC(Address Resolution Protocol), DNS(Domain Name System) 주소 등을 속여 사용자가 인지하지 못하는 사이에 변경시켜 비정상적인 시스템으로 유도하여 정보를 빼내는 공격
	제로데이 공격 (zero-day attack)	- 컴퓨터 소프트웨어 취약점을 공격하는 기술적 위협으로, 해당 취약점에 대한 패치가 나오지 않은 시점에서 이뤄지는 공격
	웹 셸(web shll) 공격	- 취약한 웹서버 또는 웹 서비스에 파일을 업로드 후 웹 셸을 실행시켜 원격에서 서버를 제거하는 공격
증상	시스템 부하 및 오동작	- 인터넷 창을 켜는 순간 브라우저가 이상하면 자동으로 사이트를 이동 - 갑자기 PC 또는 인터넷 속도가 느려지거나 바이러스 백신 동작 불가 - 시작 프로그램에 등록하지 않은 프로그램이 등록되고 재부팅 시 자동 시작

② 악성코드 유형

구분	요약	세부 설명
개념	멀웨어	– 악의적인 소프트웨어(malicious software) – 사용자의 의사에 반해 시스템 파괴, 정보 유출 등 악의적 활동 수행 소프트웨어
유형	스파이웨어 (spyware)	– 스파이(spy)와 소프트웨어(software)의 합성어 – 컴퓨터에 잠입하여 사생활 정보, 중요 정보를 빼내는 소프트웨어 – 무료 공개 프로그램 설치 시 자동 설치되어 금융정보 또는 개인정보 유출 – 광고, 마케팅 목적의 경우 애드웨어(adware)라고 칭함
	바이러스	– 시스템에 심각한 손상을 줄 수 있는 악성코드로, 주로 이메일 첨부 파일이나 인터넷에서 다운로드한 감염된 파일을 통해 전파 – 파일을 삭제하고 소프트웨어를 손상하며 시스템을 사용 불능화하거나, 시스템에 바이러스가 있으면 복제되어 다른 시스템으로 확산 가능
	트로이 목마	– 합법적인 소프트웨어로 가장하여 이메일 첨부 파일이나 인터넷 다운로드한 감염 파일을 통해 전파 – 공격자에게 시스템에 대한 액세스 권한을 부여(권한 상승), 공격자가 중요 정보를 훔치거나 시스템을 완전히 장악 가능 ※ DDoS형, 다운로더형, 정보탈취형 등 다양한 트로이목마 유형이 존재
	랜섬웨어 (ransom- ware	– 파일을 암호화한 다음 이를 해독하는 데 몸값을 요구 – 암호화로 인해 사용자가 파일이나 시스템에 액세스 불가, 복호화를 원한 경우 보낼 수 있는 메일 주소를 포함한 랜섬노트(info.txt)를 남김
	봇	– 공격자가 시스템을 제어할 수 있게 하는 악성코드 – 봇 코드는 디바이스를 완전히 손상할 수도 있는 중대한 보안 문제 발생
	키로거	– 사용자의 키 입력을 기록한 다음 공격자 자신에게 키 정보를 보내는 코드 – 로그인 인증 정보, 신용 카드 번호와 같은 중요 정보 도용 시 사용
	루트킷	– 공격자가 로우 레벨에서 시스템에 접근할 수 있도록 하는 코드 – 제거하기 매우 어려우며, 대개는 하드 드라이브를 다시 포맷해야 제거 가능
	악성 크립토 마이닝 SW	– 사용자의 허가 없이 사용자 시스템의 리소스를 사용하여 암호 화폐를 채굴하는 코드 – 대역폭이 소모되고 데이터 손실 발생 가능
	익스플로잇	– 보안 결함을 이용하여 시스템에 액세스하는 악성코드 – 익스플로잇이 설치되면 공격자가 시스템을 완전히 장악 가능
증상	시스템 부하 및 오동작	– 인터넷 창을 켜면 여러 개의 인터넷 시작 페이지 가동 또는 광고 팝업 실행 – 갑자기 PC 또는 인터넷 속도가 느려지거나 바이러스 백신 동작 불가 – 변경하지 않은 파일의 변경, 삭제, 복사 등이 자동 수행

③ 해킹 · 악성코드 피해 사례별 피해 방지 방법

구분	피해 사례	피해 방지 방법	유형
소스 코드 보안	SQL Injection 개인정보 유출	− 시큐어 보안 코딩	데이터 유출
	Cross−Site−Scripting (XSS) 계정 탈취	− 웹 취약점 점검 주기적 실시	계정 탈취
시스템 보안	관리서버 컴퓨터 해킹으로 서버 계정 탈취	− 멀티팩터인증(MFA), 일회용 인증 (OTP)	계정 탈취
네트워크 보안	통신망 미분리로 인한 APT(지능형 지속) 공격으로 DB 정보 탈취	− 네트워크 보안, 방화벽, IPS, 웹 방화벽 − 인터넷(AP, DB) 통신망 분리, 침입탐지 시스템(IDS) − 내부 업무망(AP, DB) 통신망 분리 − 백업 업무망(내, 외부망) 통신망 분리 ※ 불가피 시 물리적 직접 광통신 활용	계정 탈취 데이터 유출
서버 보안	서버 보안 소프트웨어 부재로 서버가 탈취되어 랜섬웨어 감염	− 서버 보안 소프트웨어 설치 운영	서비스 중단
데이터 보안	평문 데이터 유출	− 데이터 암호화 솔루션, 키 관리 서버 망분리	데이터 유출
	바인가가 DB 접속으로 데이터 유출	− 데이터 접근 제어 및 접속기록	계정 탈취 데이터 유출
재해재난 보안	랜섬웨어 감염으로 데이터 손실 시 데이터 부재로 대민 서비스 2개월 중단	− 중요 정보 서비스 이중화 − 여분의 서버 하드웨어 자원 보관	서비스 중단

Tip

- **시큐어 코딩:** 소프트웨어로 기능을 구현하는 단계에서 대표적인 보안 취약점으로 인한 해킹 등 외부 침입을 사전에 예방하기 위해 "SQL Injection", "Cross−Site−Scripting(XSS)"과 같은 취약점별 안전한 코딩 방식으로 개선하는 코딩 방식을 말한다.
- **RSA 암호화 알고리즘:** 두 소수를 곱하는 것은 쉽지만, 두 소수의 곱을 소인수 분해하는 것은 어렵다는 사실을 이용하여 최초의 공개키 암호 체계를 만들고 세 사람의 이름의 머리글자를 따서 RSA(Rivest, Shamir, Adleman)로 명명하였다. 이는 데이터 암호화를 위해 사용한다.

④ 국가정보보안 기본지침 관련 예방관리 안전조치 의무사항(조문)

구분	조문 명칭	세부 설명
제53조 의2	제어시스템 보안	– 중앙에서 감시·제어하기 위한 정보시스템(이하 "제어시스템"이라 한다)을 구축·운용하고자 할 경우, 최신 백신 소프트웨어 설치, 응용프로그램 보안패치 및 침해사고 대응방안 등 보안대책을 수립·시행하고 정기적으로 취약점을 점검·제거
제71조	정보통신망 현황자료 관리	– 「공공기관의 정보공개에 관한 법률」 제9조 제1항 관련 비공개 정보로 관리 • 정보통신망 구성 현황(IP주소 할당 현황 포함), 정보시스템 운용 현황 • 취약점 분석·평가 결과물, 주요 정보화 사업 추진 현황
제73조	개별 사용자 보안	– 각급기관의 장은 소관 정보통신망 또는 정보시스템의 사용과 관련하여 다음 각호의 사항을 포함한 개별사용자 보안에 관한 절차 및 방법을 마련 • 직위·임무별 정보통신망 접근 권한 부여 심사 • 비밀 취급 시 비밀취급 인가, 보안서약서 징구 등 보안 조치 • 암호자재 취급 시 제103조에 따라 암호취급자 지정·관리 • 보직 변경, 퇴직 등 변동 사항 발생 시 정보시스템 접근 권한 조정
제75조	계정 관리	– 개별사용자에게 소관 정보통신망 또는 공용 정보시스템의 접속에 필요한 사용자 계정(아이디)을 부여하고자 할 경우 다음 사항 준수 • 개별 사용자별 또는 그룹별 접근 권한 부여 • 외부인에게 계정을 부여하지 아니하되 업무상 불가피한 경우, 보안 조치 후 필요한 업무에 한하여 일정 기간 동안 접속 허용 • 특별한 사유가 없는 한 용역업체 인원에게 관리자 계정 부여 금지 • 비밀번호 등 식별 및 인증 수단이 없는 사용자 계정은 사용 금지 – 공용(公用) 정보시스템 관리자는 개별사용자가 시스템 접속(로그온)에 5회 이상 실패할 경우, 접속이 중단되도록 시스템을 설정하고 비(非)인가자의 침입 여부 점검 의무 – 공용(公用) 정보시스템 관리자는 개별사용자의 보직 변경, 퇴직, 계약 종료 등 변동사항이 발생할 경우 신속히 사용자 계정을 삭제하거나 부여된 접근 권한 회수 의무 – 공용(公用) 정보시스템 관리자는 사용자 계정 부여 및 관리의 적절성을 연 2회 이상 점검하고 그 결과를 정보보안 담당관에게 통보 – 공용(公用) 정보시스템 관리자는 제1항 및 제3항에 의한 접근 권한 부여, 변경, 회수 또는 삭제 등에 대한 내역을 기록하고 3년 이상 보관 의무
제76조	비밀번호 관리	– 개별사용자 및 공용(公用) 정보시스템 관리자는 각종 비밀번호를 다음 각호에 해당하는 사항을 반영하고 숫자·문자·특수문자 등을 혼합, 정기 변경 • 사용자 계정(아이디)과 동일하지 않은 것 • 개인 신상 및 부서 명칭 등과 관계가 없는 것 • 일반 사전에 등록된 단어의 사용을 피할 것 • 동일한 단어 또는 숫자를 반복하여 사용하지 말 것 • 사용된 비밀번호는 재사용하지 말 것 • 동일한 비밀번호를 여러 사람이 공유하여 사용하지 말 것 • 응용프로그램 등을 이용한 자동 비밀번호 입력 기능을 사용하지 말 것

영상정보
관제시스템

Video
Information
Advisor

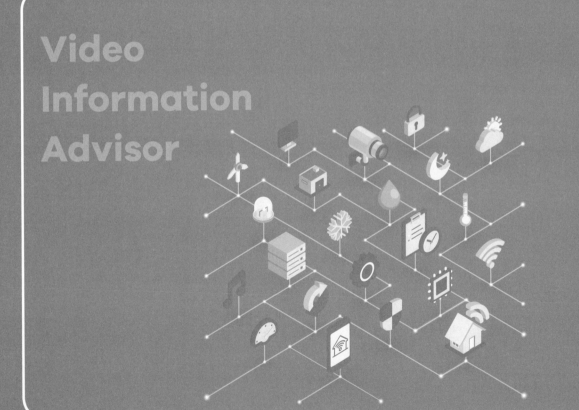

영상정보 관제를 위한 정보통신 시스템의 구성요소, 영상정보처리기기, 영상정보 관제 시스템 등 IT 인프라 시스템과 영상정보처리기기의 구성 등에 대한 기초적인 지식과 구성요소 등을 학습하여 영상정보관리사 자격시험을 준비한다

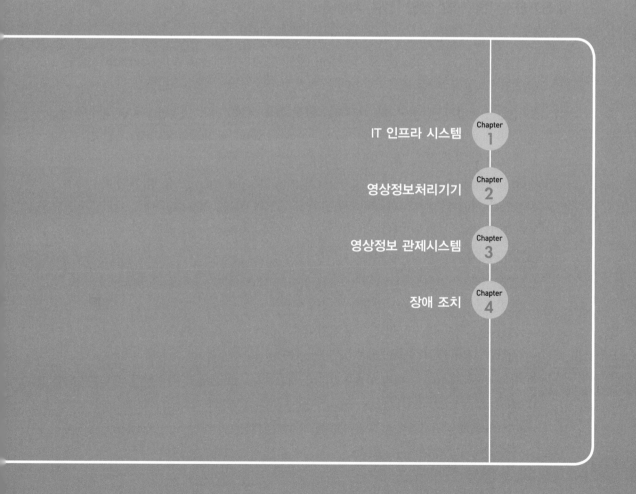

IT 인프라 시스템　　Chapter 1

영상정보처리기기　　Chapter 2

영상정보 관제시스템　　Chapter 3

장애 조치　　Chapter 4

1 IT 인프라 시스템

영상정보를 관제하기 위하여 사용되는 IT 인프라 시스템인 컴퓨터 시스템을 포함한 정보통신의 기초적인 지식과 구성요소에 대한 이해를 바탕으로 영상정보 관제에 필요한 기초 지식을 학습한다.

1 정보통신 기초

1) 전기전자 기초(전원, 전압, 전류, 저항 등)

① 전기는 정보통신 시스템을 구동하는 기본적인 원동력이다.

② 전기의 전원(power source)은 전기적인 장치, 정보통신 시스템 등 전자기기의 구동에 필요한 전력을 공급하는 원천을 말한다.

　㉠ 전원은 발전기, 전지, 기타 전기적인 원천 등을 의미하지만, 부하(load)가 요구하는 전력의 형태(직류, 교류, 주파수 등)와 전류 등을 공급하는 데 필요한 제반 장치(정류기, 인버터, 안정기, 보호 장치 등)가 포함되는 의미이기도 하다.

③ 전기의 전압(voltage)은 일정한 전기장에서 전하(electric charge)를 한 지점에서 다른 지점으로 이동하는 데 필요한 에너지를 말한다. 전압의 단위는 볼트(volt)이고, 단위 기호는 V로 표기한다.

④ 전압은 저압과 고압으로 구분된다.

　㉠ 저압의 직류전압은 1,500V 이하, 교류전압은 1,000V 이하를 말하고, 가정에서 사용하는 가전제품이나 가정용 전기는 모두 저압에 속한다.

　㉡ 고압은 750V~7,000V의 직류전압이나 600V~7,000V의 교류전압을 말하고, 지하철이나 KTX의 전원이 고압 영역에 속한다.

⑤ 전기의 전류(electric current)는 전하의 흐름으로, 초당 얼마의 전하가 흐르는가를 나타내는 전하의 양을 말한다.

　㉠ 전하의 흐름은 전선과 같은 도체, 전해질의 특성을 갖는 이온, 플라스마(plasma) 등에서 일어난다.

ⓛ 전류의 단위는 암페어(ampere)이고, 기호 A로 표기한다. 1암페어는 1초당 1쿨롱의 전하가 흐르는 것을 뜻한다.

ⓒ 쿨롱은 전하의 국제단위이며, 단위 기호는 C로 표기한다.

$$I = \frac{dQ}{dt}$$

(I: 전류, Q: 전하, t: 시간)

$$A = \frac{C}{s}$$

(A: 암페어, C: 쿨롱, s: 초)

⑥ 전류의 종류는 직류와 교류로 구분되는데, 직류는 도체에서 일어나는 전도 전류가 한 방향으로 연속하여 흐르는 것을 말하고, 교류는 일정한 주기에 따라 전류의 방향이 바뀌는 것을 말한다.

⑦ 직류와 교류의 전류 흐름이 다른 것은 전류를 생산하는 방식의 차이 때문이다.

ⓐ 직류

- 직류는 화학적 혹은 광화학적인 방법으로 일정한 전위차를 지속시키는 전원에 의해 연속적으로 공급받아 전압을 일정하게 유지하여 +, − 단자를 구별한다.
- 직류 전압은 DCV(Direct Current Voltage)로 표시한다.

ⓑ 교류

- 교류는 발전기와 같이 발전기를 이용한 유도 전기로서 시간에 따라 크기와 방향이 주기적으로 바뀌어 흐르는 형태이므로 +, − 단자를 구별하지 않는다.
- 교류 전압은 ACV(Alternating Current Voltage)로 표시한다.

⑧ 전기 저항(electrical resistance)은 전기를 전달하는 도체에서 전류의 흐름을 방해하는 정도를 나타내는 물리적인 양을 말한다. 저항의 국제단위계 단위는 옴(Ω)으로 표기한다.

⑨ 물체의 저항은 비저항이 클수록, 물체의 길이가 길거나 단면적이 작을수록 커진다. 저항은 R로 표기한다.

$$R = \rho \frac{L}{A}$$

(R: 저항 크기, ρ: 어떤 물질의 비저항, L: 길이, A: 단면적)

㉠ 회로의 두 지점 사이의 저항 R은 전류의 흐름을 방해하여 전압 강하를 일으키므로 전압과 전류의 비율로 나타낼 수 있다.

$$R = \frac{V}{I}$$

(I: 전류, V: 전압)

㉡ 옴의 법칙은 게오르크 옴(Georg Ohm)이 발견한 규칙으로, 전류와 전압 사이에 일정한 비례 관계가 성립한다는 것을 나타내는 법칙이다.

$$I \propto V$$

(I: 전류, V: 전압)

㉢ 옴은 전압과 전류의 관계를 정리하였다.

$$V = IR$$

(I: 전류, V: 전압, R: 저항)

⑩ 전원 가운데 전지(battery)가 있다. 전지는 스마트폰, 손전등, 전기자동차 등과 같은 장치에 전원을 공급하기 위해 전력을 저장하여 직류 전력으로 변환해서 공급하는 한 개 이상의 셀로 이루어진다.

⑪ 전지는 1차 전지와 2차 전지로 구분된다.

㉠ 1차 전지
- 1차 전지는 보통 가정용으로 사용되는 건전지처럼 한 번 쓰고 다시 사용할 수 없는 전지를 말한다.
- 1차 전지 종류에는 알칼리 전지, 수은 전지, 리튬 전지 등이 있다.

㉡ 2차 전지
- 2차 전지는 다시 충전해 사용할 수 있는 충전지를 말한다.
- 2차 전지 종류는 니켈 카드뮴 전지(Ni-Cd Cell), 니켈 수소 전지(Ni-MH cell) 등이 있다.

2) 컴퓨터 시스템 개념 ★ 중요합니다.

① 컴퓨터는 계산을 수행하는 장치로, 한 개 이상의 처리 장치와 주변기기로 구성되고, 내부에 저장된 프로그램들로 제어 받고, 산술 연산이나 논리 연산과 같은 계산 작업을 수행할 수 있는 장치이다. 또한 컴퓨터는 정보를 입력하여 그 정보를 정해진 과정대로 처리하고 그 결과를 제공하는 기기이다.

ㄱ 컴퓨터의 구성요소는 입력장치, 기억장치, 연산장치, 제어장치, 출력장치 등으로 이루어진다. 기억장치와 연산장치, 제어장치를 묶어 중앙 처리 장치(CPU; Central Processing Unit)라고 한다.

ㄴ 컴퓨터는 크게 하드웨어와 소프트웨어로 구성되는데, 소프트웨어는 하드웨어에 필요한 작업 명령을 내려 컴퓨터를 운영한다. 컴퓨터의 구성을 다음과 같이 구분할 수 있다.

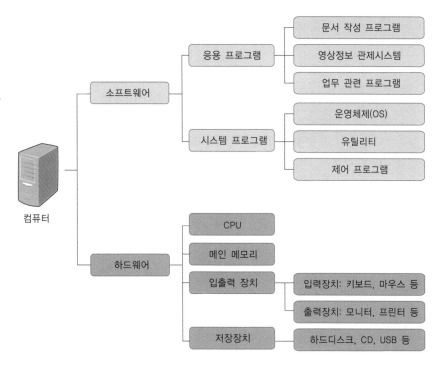

▲ 그림 2.1.1 컴퓨터의 구성

② 컴퓨터는 0과 1로 구성된 2진법을 사용하는데, 이는 최초의 컴퓨터가 진공관을 사용했기 때문에 진공관의 켠 상태(0으로 표현)와 끈 상태(1로 표현)만 표현할 수 있어 이를 이용하고 있다.

ㄱ 일상에서 우리는 모든 수를 0부터 9까지(숫자 10개)로 표현하는 10진법을 사용하는데, 2진법보다 계산하는 회로가 더 복잡하게 구성되어야 하므로 속도가 느려진다.

ㄴ 결국 컴퓨터는 수십억 번을 계산하는 경우가 발생할 수 있으므로 회로가 간단한 2진법을 사용하고 있다.

③ 컴퓨터가 사용하는 데이터의 최소 단위는 비트(bit)이다. 1비트로 표현할 수 있는 수는 0과 1로 단 2개이다.

  ㉠ 1비트로 표현할 수 있는 숫자가 너무 작아 좀 더 큰 단위로 사용해야 하는 경우가 발생하므로 바이트(byte)라는 단위를 사용하여 비트 8개를 묶어 사용한다(1바이트=8비트).

  ㉡ 컴퓨터에서 단어(word)는 한 단위로 취급되는 일련의 비트 또는 문자열로서, 하나의 기억 장소에 기억시킬 수 있는 것으로, 한 번에 처리할 수 있는 데이터의 크기를 나타내는 단위이다.

  ㉢ 문자의 표현 단위로는 2바이트 단위인 반 단어(half-word), 4바이트 단위인 전 단어(full-word), 8바이트 단위인 2배 단어(double-word) 등이 있다.

용량 단위	용량 설명
비트	데이터를 표현하는 최소 단위(0과 1)
바이트	8비트를 묶은 단위
워드	컴퓨터가 한 번에 처리할 수 있는 데이터 단위

  ㉣ 컴퓨터 저장장치 가격이 저렴해지고 저장 용량은 증가하여 더 큰 용량을 표시해야 하는 멀티미디어 데이터, 빅데이터, 영상정보와 같은 대용량의 이미지 정보를 저장하기 위해서 저장 단위의 크기 표기가 늘어나고 있다.

단위	표기	2진 크기	바이트 크기
바이트	B	1	1Byte
킬로(kilo) 바이트	KB	2^{10}	1,024Byte
메가(mega) 바이트	MB	2^{20}	1,024KB
기가(giga) 바이트	GB	2^{30}	1,024MB
테라(tera) 바이트	TB	2^{40}	1,024GB
페타(peta) 바이트	PB	2^{50}	1,024TB
엑사(exa) 바이트	EB	2^{60}	1,024PB
제타(zetta) 바이트	ZB	2^{70}	1,024EB
요타(yotta) 바이트	YB	2^{80}	1,024ZB

  ㉤ 컴퓨터에서 사용하는 숫자 표현 가운데 정수 표현은 0과 1로 표현되기 때문에 우리가 사용하는 10진수는 2진수로 변환하여 사용한다.

- 정수는 양수뿐만 아니라 음수도 있다. 5와 −5는 0을 기준으로 보면 반대편에 있는 값이다. 따라서 음수를 표현할 때는 반대로 해주면 된다.
- 즉 모든 2진수의 0과 1을 바꾸어주면 음수 값이 된다. 예를 들어 2진수로 5는 01012로 표현되고, 여기에서 0을 1로, 1을 0으로 바꾸면 10102이 되고, 이것이 −5이다.

ⓑ 컴퓨터에서 데이터가 모인 하나의 단위를 파일이라 한다. 문서, 동영상, 사진 등과 같은 다양한 파일이 있고, 이들의 크기는 1MB 크기부터 수 GB의 동영상 파일이 있다.

④ 컴퓨터에서 데이터를 표현하는 방법은 크게 4가지 종류가 있다.

㉠ 문자(string): 알파벳이나 글자 및 기호 등을 나타내는 표현이다.

㉡ 숫자 정수(integer): 하나, 둘, 셋과 같이 셀 수 있는 표현이다.

㉢ 숫자 실수(real): 8.5, 13.6과 같이 소수점 이하의 값을 가지는 표현이다.

㉣ 불리언(boolean): 참(true)과 거짓(false)의 값을 가지는 표현이다.

⑤ 컴퓨터 문자의 표기는 문자와 숫자를 일대일로 대응시켜 사용하는 코드를 사용하는데, 이를 아스키(ASCII; American Standard Code for Information Interchange) 코드라고 한다.

㉠ 아스키코드는 33개의 출력 불가능한 제어 문자와 공백을 비롯한 95개의 출력 가능한 문자로, 전체 128개로 이루어진 코드이다.

㉡ 출력할 수 있는 문자들은 52개 영문 알파벳 대소문자, 10개의 숫자, 32개의 특수문자, 그리고 한 개의 공백 문자로 이루어진다.

㉢ 한글 사용의 경우 아스키와 호환되는 UTF-8이 사용되면서 문제없이 한글을 사용하게 되었다.

㉣ 다음은 아스키코드 가운데 확장 코드를 제외한 부호(영문 자판에 사용되는 부호)이다.

10진수	부호	10진수	부호	10진수	부호	10진수	부호
000	NULL	032	SP	064	@	096	
001	SOH	033	!	065	A	097	a
002	STX	034	"	066	B	098	b
003	ETX	035	#	067	C	099	c
004	EOL	036	$	068	D	100	d
005	ENQ	037	%	069	E	101	e
006	ACK	038	&	070	F	102	f
007	BEL	039	'	071	G	103	g

10진수	부호	10진수	부호	10진수	부호	10진수	부호
008	BS	040	(	072	H	104	h
009	HT	041	)	073	I	105	i
010	LF	042	*	074	J	106	j
011	VT	043	+	075	K	107	k
012	FF	044	,	076	L	108	l
013	CR	045	−	077	M	109	m
014	SO	046	.	078	N	110	n
015	SI	047	/	079	O	111	o
016	DEL	048	0	080	P	112	p
017	DC1	049	1	081	Q	113	q
018	DC2	050	2	082	R	114	r
019	DC3	051	3	083	S	115	s
020	DC4	052	4	084	T	116	t
021	NAK	053	5	085	U	117	u
022	SYN	054	6	086	V	118	v
023	ETB	055	7	087	W	119	w
024	CAN	056	8	088	X	120	x
025	EM	057	9	089	Y	121	y
026	SUB	058	:	090	Z	122	z
027	ESC	059	;	091	[	123	{
028	FS	060	〈	092	₩	124		
029	GS	061	=	093	]	125	}
030	RS	062	〉	094	^	126	~
031	US	063	?	095	_		

⑥ 컴퓨터에서 사용하는 숫자 표현 가운데 실수 표현은 소수점 이하의 자리가 존재하는 숫자 표현 방법이다. 45.23, 87.34와 같은 수가 실수이다. 실수는 정수와는 저장 방식이 다르다.

  ㉠ 실수는 정규화 과정을 통하여 모든 수의 표기는 한 자리 표기 방식인 .XXXX 방식으로 표현한다.

  ㉡ 예를 들어 12340000은 '1.234×10^7'으로 표현한다. 같은 방법으로 −25.56은 '-2.556×10^1'으로 표현한다.

ⓒ 이렇게 정규화하여 표기하면 아무리 큰 수라도 간단하게 컴퓨터에 저장할 수 있다. 정규화 표현에서 12.34, 25.56과 같은 수를 가수(mantissa)라고 한다.

⑦ 컴퓨터에서 사용하는 표기법 가운데 불리언 표기법은 값이 참 또는 거짓인 데이터 형식이다.

　⑦ 참(true)은 1로, 거짓(false)은 0으로 표현하여 사용하는 방식이다.

　ⓒ 언어마다 사용하는 방법의 차이가 있고, 숫자 대신에 true와 false를 사용하기도 한다.

⑧ 컴퓨터의 구조는 컴퓨터의 하드웨어에 대하여 다음과 같은 구조적인 장치들로 구성되어 있다.

　⑦ 중앙 처리 장치(CPU)는 명령어를 해석하여 실행하는 장치로 인간의 두뇌와 같은 역할을 한다.

　ⓒ 메인 메모리는 작업에 필요한 프로그램과 데이터를 저장하는 저장소이다.

　ⓒ 주변장치는 CPU와 메인 메모리를 제외한 기타 장치들을 말한다. 주변장치는 입력장치, 출력장치, 저장장치로 구분될 수 있다.

　ⓔ 메인보드는 CPU와 메모리 등 다양한 컴퓨터 부품을 연결해 주는 보드(기판)를 말한다.

⑨ 중앙 처리 장치(CPU)는 프로그램의 명령을 수행하여 다양한 입력장치로부터 데이터를 받아서 기억장치와 연계하여 처리하고, 출력장치로 보내는 모든 과정을 제어하고 연산하는 장치이다. 또한 CPU는 연산회로와 제어회로가 포함되어 있다. 컴퓨터 시스템에서 데이터는 입력장치를 통해 입력되어 주기억장치로 저장된다.

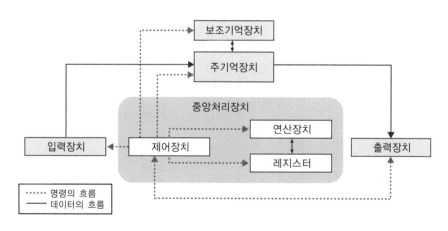

▲ 그림 2.1.2 CPU 구성

　⑦ 산술 논리 연산장치(ALU; Arithmetic and Logic Unit): 데이터를 처리하고 계산하는 장치로, 컴퓨터 시스템의 CPU 핵심 부분이고 산술 연산과 논리 연산을 수행하는 회로이다.

ⓒ 제어장치(control unit): 데이터의 연산을 차례대로 실행하기 위해 기억장치와 연산장치나 입출력장치에 제어 신호를 보내고, 이들 장치로부터 신호를 받아 다음에 처리해야 할 작업을 제어한다.

ⓒ 레지스터(register): 연산이나 정보 해석, 전송 등을 할 수 있는 CPU 내의 고속 기억장치이다.

⑩ 컴퓨터의 주변기기는 입력장치, 출력장치, 저장장치 등으로 구성한다.

ㄱ 입력장치

- 컴퓨터 등 시스템의 외부에서 데이터와 명령을 시스템 내부로 입력하는 장치이다.
- 문자, 소리, 이미지 등의 데이터를 CPU가 처리할 수 있도록 디지털 신호로 변환하여 메인 메모리에 전달한다.
- 키보드, 마우스, 스캐너, 카메라, 마이크, 터치스크린, 생체 인식기, 센서, 바코드나 QR코드 스캐너, 디지타이저, 조이스틱, 문자 판독기, 3D 스캐너 등이 있다.

ㄴ 출력장치

- 컴퓨터에서 처리된 결과를 사용자 또는 기계가 인식할 수 있는 문자, 소리, 그림 등 다양한 형태로 표현해 주는 장치이다.
- 모니터, 스피커, 프린터, 입체(3D) 프린터, 플로터, 컴퓨터 출력 마이크로필름 등 여러 형태가 있다.

ㄷ 저장장치

- 컴퓨터에서 데이터나 자료들을 일시적 또는 영구히 보관하는 장치이다.
- 대체로 비휘발성의 기억장치를 의미한다.
- 주기억장치와 보조기억장치로 나눌 수 있다.
- 메모리는 종종 기억장치라는 용어와 혼용되기도 하지만, 대체로는 주기억장치를 말한다.

ㄹ 제어장치

- 컴퓨터가 요구하는 동작들을 연속으로 수행하는 신호를 보냄으로써 명령을 수행하게 하는 역할을 한다.
- 제어장치를 구현하는 방법으로는 일상적인 논리 회로 기법을 사용한 하드와이어 기법(hard-wired)과 마이크로프로그래밍 기법(micro-programming)이 있다.

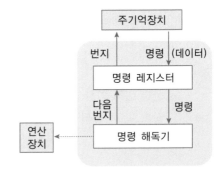

▲ 그림 2.1.3 컴퓨터 제어장치

⑪ 컴퓨터의 데이터를 전달하는 통로를 버스(bus)라고 한다.

    ㉠ 버스는 CPU에서 메모리나 입출력 기기에 데이터를 보내거나 반대로 메모리나 입출력 기기에서 CPU에 데이터를 읽어 들일 때 필요한 전송통로이다.

    ㉡ 버스는 CPU와 메모리 또는 입출력기 간에 어떤 곳으로도 데이터를 전송할 수 있으므로 양방향 버스라고 한다.

    ㉢ 버스의 종류는 다음과 같다.

종류	기능 및 설명
제어 버스	– 제어장치가 명령을 내릴 때 사용하는 버스로 CPU의 제어장치와 연결되어 있고, 주변장치에 이상이 생기면 오류 신호를 제어장치에 전달한다. – 버스의 신호는 CPU, 메모리, 주변장치에서 양방향으로 이동된다.
주소 버스	– 데이터를 가져오거나 보낼 때 주소 정보를 전달하는 버스이다. – 메모리뿐 아니라 하드디스크에도 주소 버스가 있고, 메모리 주소 레지스터 (MAR; Memory Address Register)와 연결되어 있으며, CPU에서 메모리나 주변장치로 정보를 내보내기만 하는 단방향 버스이다.
데이터 버스	– 데이터가 오고 가는 버스로, 데이터의 이동이 양방향으로 이루어진다.

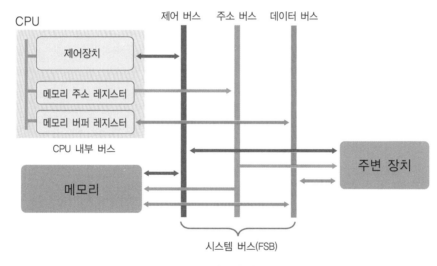

▲ 그림 2.1.4 컴퓨터 버스

⑫ 컴퓨터에서 버스는 CPU의 성능과 다음과 같은 밀접한 관계가 있다.

    ㉠ 버스 대역폭(band width): 버스가 한 번에 전달할 수 있는 데이터 크기를 대역폭이라 한다. 32비트, 64비트의 CPU 등이 있고, 64비트 버스가 더 빠른 데이터 전송이 가능하다.

ⓛ 레지스터(register): 32비트 CPU와 64비트 CPU에는 각각 32비트, 64비트의 레지스터가 있다.

ⓒ 메모리 주소: 64비트 CPU는 메모리 주소를 2^{64}까지 지정할 수 있으므로 160억 GB까지 메인 메모리를 설치할 수 있으며, 빠른 컴퓨터나 대용량의 메모리 작업이 필요하다면 64비트 이상의 CPU를 사용하는 것이 유리하다.

⑬ 기억장치는 처리 속도와 사용 용도, 기억 용량의 크기에 따라 주기억장치와 보조기억장치, 캐시(cache) 기억장치, 레지스터 등으로 나누어진다.

구분	기능 및 설명
주기억장치	– CPU와 직접 자료를 교환하는 기억장치로, 프로그램 수행에 필요한 기본적인 명령어와 데이터를 기억한다. – 보조기억장치보다 접근 속도가 매우 빠르며 순간적인 내용을 찾고 저장할 수 있다. – 임의 접근 기억장치(RAM; Random Access Memory)와 읽기용 기억장치(ROM; Read Only Memory)로 나누어지고, 주로 RAM을 사용한다.
보조기억장치	– CPU가 실행할 프로그램이나 데이터를 영구적으로 저장할 수 있는 장치로, 주기억장치에 비해 속도는 느리지만 용량이 크고 비용이 저렴하다. – 보조기억장치는 자기디스크(magnetic disk), 하드디스크(hard disk), SSD, CD-ROM, DVD, USB 등이 있다.
캐시 메모리	– 일종의 버퍼로, 연산에 필요한 데이터를 미리 저장해 놓고 사용한다. – CPU와 주기억장치 간의 속도 차이를 극복하기 위한 고속의 메모리이다. – 주기억장치보다 용량은 적고 가격이 비싸지만, 주기억장치보다 데이터 처리 속도가 빠르며, 통상적으로 정적 RAM이 사용된다.
레지스터	– CPU의 연산 제어, 정보 해석 등을 처리하는 데 필요한 데이터를 일시적으로 저장하는 CPU 내의 고속의 기억장치이다.

㉠ 기억장치의 계층 구조는 기억장치를 효율적으로 배치하여 CPU의 처리 속도와 입·출력(I/O) 장치 속도와의 차이를 해소하기 위한 구조이다.

ⓒ 기억장치의 계층 구조는 종류에 따라 다음과 같이 형성된다.

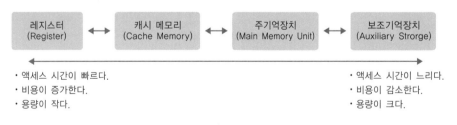

▲ 그림 2.1.5 기억장치 계층 구조

GPU(Graphics Processing Unit)

- GPU를 사용하기 시작한 초기에는 2차원 비디오 렌더링 처리를 목적으로 사용되었지만, 컴퓨터 처리 로직이 복잡해지고 GPU 전용 프로그래밍 구조를 사용하는 등 전용 하드웨어형 GPU가 발전하면서 3차원 그래픽의 화소 단위 또는 정점 단위의 고급 행렬 연산도 처리하게 되었다.
- 또한 인공지능 분야의 기계 학습에서 행렬 연산 등을 빠르게 처리하기 위한 병렬 연산을 수행하는 범용 GPU를 사용하는 컴퓨터 하드웨어 장치로 발전하여 사용하고 있다.
- GPU의 주요 형태는 전용 그래픽 카드와 내장 그래픽스 카드로 구분된다.
- GPU의 성능은 클록 속도, 메모리 대역폭, 텍스처 충전율, 셰이더 성능 등으로 나누어진다.

⑭ 하드디스크는 비휘발성, 순차 접근이 가능한 컴퓨터의 보조기억장치로 대용량의 데이터를 저장할 때 사용하는 저장장치이다.

㉠ 보통 5.25인치(약 13.34cm) 크기의 데이터 기록 면으로 디스크 모양과 비슷하다.

㉡ 용량은 최고 수 TB까지 대용량이며, 대규모 마이크로컴퓨터 시스템에서 많이 사용된다.

㉢ 일반적으로 하드디스크는 다음과 같이 5개의 부속품으로 구성되어 있다.

구분	역할
데이터 커넥터 (회로 케이블)	하드디스크와 컴퓨터 사이의 데이터를 전송해 주는 장치
헤드	데이터를 읽어주는 역할을 담당
액추 에이터 암	헤드를 데이터가 있는 곳으로 움직이는 역할
플래터	실제로 데이터가 저장되는 곳
스핀들	플래터를 돌려주는 역할

▲ 그림 2.1.6 하드디스크 구조

② 하드디스크의 저장 구조는 트랙, 섹터, 플래터 등으로 구성된다.

구분	기능
트랙	– 디스크 기록 단위의 하나로 자기 매체에 늘어선 동심원으로 구획된 것들이다.
섹터	– 트랙은 섹터로 나누어지고, 섹터는 자체적인 주소를 가지고 있는 스토리지 단위이다.
플래터	– 하나 또는 다수의 평평한 디스크이다.
스핀들	– 모든 플래터를 연결하며 변함없는 속도로 회전한다. – 속도는 RPM(Revolution Per Minute)으로 나타내고, 7,200, 10,000, 15,000 RPM 등의 스핀들 속도가 있다.
실린더	– 각 드라이브 플래터 표면에 있는 같은 트랙들의 집합이고, 헤드는 트랙 번호가 아닌 실린더 번호를 참조한다.

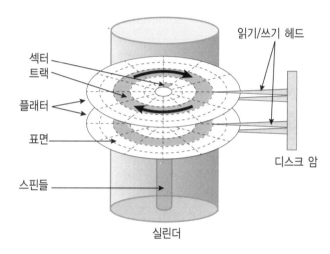

▲ 그림 2.1.7 하드디스크 저장 구조

⑩ 하드디스크의 규격은 다음과 같이 다양하게 사용되고 있다.

규격	구조 및 기능
IDE (Integrated Drive Electronics)	– 가장 오래된 규격으로, 40개의 핀으로 구성된 직사각형 구조이다. – 데이터 전송을 병렬로 전송한다는 의미로 PATA(Paralleled Advanced Technology Attachment) 인터페이스라고 부른다.
SATA (Serial Advanced Technology Attachment)	– 데이터 연결선은 직렬 신호로 연결하여 데이터를 전송하는 구조이다. – SATA는 장착된 대로 자동 인식되는 플러그-인(plug-in) 기능이 있다. – 초당 전송 속도는 SATA_1은 150MB, SATA_2는 300MB, SATA_3은 5Gbps이다. – SATA_2 이상에서는 USB처럼 하나의 포트에 여러 개의 하드디스크를 연결할 수 있다.

규격	구조 및 기능
SCSI (Small Computer System Interface)	– 서버나 워크스테이션 등에 쓰이는 고속 인터페이스이고, 사용하기 위해서는 별도의 확장 카드를 달아야 한다.
SAS (Serial Attached SCSI)	– SCSI 규격보다 발전한 것으로, 서버 등의 대형 컴퓨터에 주로 쓰인다.
SSD (Solid State Disk)	– 하드디스크 드라이브와 비슷하게 동작하면서 반도체를 이용해서 정보를 저장하는 방식이다.
NVMe (Non–Volatile Memory Express)	– SSD를 위해 설계되었다. – PCIe 소켓을 활용하기 때문에 SATA와 비교해 25배 더 많은 데이터를 전송할 수 있다. – SAS와 SATA 프로토콜과 비교했을 때 성능은 크게 높아지고, 지연 시간은 감소하였다.

ⓗ 컴퓨터에는 하드디스크가 주로 사용되었지만, 컴퓨터 이외의 다른 전자 제품에서도 하드디스크를 사용하는 경우가 늘어나고 있다.

구분	기능
HDD 레코더	– PVR(Personal Video Recorder)이라고도 불린다. – 하드디스크를 사용하여 디지털 파일 형태로 저장하기 때문에 화질이 뛰어나고, 컴퓨터와 연결하여 동영상 자료의 보관 및 편집도 가능하다.
자동차 내비게이션	– 자동차 내비게이션에 하드디스크를 탑재하여 영화, 음악 등을 저장해서 자동차 안에서 즐길 수 있다.
휴대용 음악 플레이어	– 하드디스크를 탑재해서 많은 음악 파일을 간편하게 가지고 다닐 수 있다.
캠코더	– HDD 내장형 캠코더를 사용하는데, 부피가 작아 휴대 및 사용이 편리할 뿐만 아니라 저장 성능도 우수하며, PC에서 동영상 자료의 보관 및 편집도 가능하다.
외장 하드디스크	– 하드디스크를 USB, IEEE 1394, e–SATA 등으로 연결할 수 있게 해주는 변환 장치와 같이 사용할 수 있다.

⑮ 컴퓨터 파일은 종류에 따라 아날로그 데이터와 디지털 데이터로 구분된다.

　㉠ 아날로그 데이터(analogue data)

　　• 자연 상태에서 표현되는 연속적인 값을 정보의 형태로 표현하는 방법이다.

　　• 음성과 비디오의 정보는 신호 강도의 모양이 연속적으로 변하는 데이터로 아날로그 데이터이다.

　　• 온도나 기압 등과 같이 센서에 의하여 수집되는 대부분 데이터는 연속적인 값이므로 아날로그 데이터이다.

ⓛ 디지털 데이터(digital data)
- 숫자 또는 문자가 함께 표현되는 데이터로 이상적인 값을 취하는 데이터이며, 본문과 정수 등이 있다.
- 디지털 신호로 구성된 정보로 아날로그 데이터의 반대어이다.

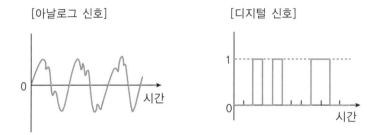

▲ **그림 2.1.8** 아날로그 신호와 디지털 신호

ⓒ 디지털 데이터의 특징은 다음과 같다.
- 저장공간을 많이 차지하지 않아 보관이 쉽다.
- 데이터의 수정이나 변경이 쉽다.
- 데이터를 복제하기 쉽고, 여러 번 복제해도 원본과 차이가 없다.
- 데이터는 시간이 지나도 훼손되지 않는다.
- 아주 작은 변화까지 표현할 수 없어 아날로그 데이터에 비해 세밀한 표현이 어려운 단점이 있다.

⑯ 멀티미디어 데이터는 문자, 오디오, 이미지, 동영상 등 복합적으로 만들어진 데이터를 말하고, 파일 확장자로 구분한다. 다음은 파일 확장자로 구분되는 멀티미디어 파일 종류이다.

멀티미디어 데이터	파일 확장자	실행되는 프로그램
문서	hwp	한글
	doc	MS워드
	pdf	어도비 아크로벳 리더
이미지	jpg, gif, bmp, png, tiff, webp 등	어도비 포토샵 등
오디오	mp3, wav, flac, ogg, aac 등	팟플레이어 등
비디오	ami, mov, mp4 등	
CCTV 파일	h264, h265, bu, mp4, avi, dav 등	mp4 등으로 변환하여 사용

㉠ 멀티미디어 데이터는 용량이 커서 파일의 보관과 전송 등에서 효율이 떨어진다. 이를

극복하기 위하여 데이터를 압축하는 알고리즘을 사용하여 보관 및 전송한다. 압축 기법과 알고리즘은 다음과 같다.

구분	압축 설명	압축 기법	압축 종류
비손실 압축	- 같은 데이터를 하나로 묶어 사용하는 원본과 똑같이 복원하는 압축 방식 - 중요 데이터 압축에 사용 - 압축률이 낮다.	연속 길이 부호화	ZIP, RAR
		허프만 부호화	
		산술 부호화	
손실 압축	- 비슷한 데이터를 하나로 묶어 사용하여 원본과 똑같지는 않게 압축하는 방식 - 멀티미디어 데이터 압축 용이 - 압축률이 높다.	예측 기법	JPEG, MP3, AAC, MPEG-4 (H.264, H.265), OGG, WEBP 등
		변환 기법	
		계층적 코딩	
		벡터 양자화	

ⓒ 멀티미디어 데이터 가운데 오디오 데이터는 음악이나 목소리처럼 사람이 들을 수 있는 데이터를 말한다.

- 소리의 높낮이는 주파수로 나타내는데, 주파수를 나타내는 단위는 헤르츠(Hz)이다.
- 대역폭은 특정 신호의 주파수 범위를 나타내며, 가장 높은 주파수에서 가장 낮은 주파수를 뺀 값이다.
- 인간이 들을 수 있는 주파수의 대역폭은 약 20㎑이다.

ⓒ 오디오 파일 포맷의 종류는 다음과 같다.

구분	설명
WAV	오디오 CD에 있는 데이터 원본을 압축하지 않은 포맷
MP3	손실 압축 알고리즘을 적용한 음악 파일 포맷
AAC	손실 압축 알고리즘을 적용한 애플의 음악 파일 포맷
고음질 음악 파일 포맷	FLAC, OGG, ALE 등

ⓔ 멀티미디어 데이터 가운데 이미지 데이터는 2차원 평면 위에 나타나는 시각적 표현물을 의미하고, 이미지를 구성하는 각각의 점을 픽셀(pixel) 또는 화소라고 한다.

- 트루 컬러(true color)는 픽셀 하나의 R, G, B의 농도를 나타내는 데 1바이트씩 사용한다.
- RGB가 모두 최댓값(255, 255, 255)이면 흰색이 되고, 모두 최솟값(0, 0, 0)이면 검은색이 된다.
- 하나의 픽셀이 표현할 수 있는 색상은 $256 \times 256 \times 256 = 16,777,216$가지이다.

CHAPTER 1 IT 인프라 시스템 | 119

ⓜ 이미지 파일 포맷의 종류는 다음과 같다.

구분	설명
BMP	이미지를 압축하지 않고 픽셀 하나에 3바이트씩 그대로 저장
Raw	비손실 압축 포맷
PNG	비손실 압축 표준 포맷으로 웹에서 사용할 수 있는 포맷 중 가장 화질이 좋고, 배경을 투명하게 설정하는 것이 가능하다.
TIFF	비손실 압축 표준 포맷
JPEG	가장 많이 사용하는 손실 압축 포맷으로 사용자가 압축률을 조정할 수 있고, 저화질의 많은 수의 비슷한 패턴을 하나로 만들기 때문에 파일 크기가 작지만, 화질이 나쁘다.
GIF	비손실 압축을 사용하는 포맷으로 웹에서 사용할 수 있는 포맷이고, 전체 이미지에서 사용할 수 있는 색상이 1바이트(256색)로 제한된다.
WEBP	구글이 웹 게시용으로 만든 이미지 포맷으로 GIF, JPEG, PNG와 호환되는 포맷이고, 크기가 비교적 작으며, 투명한 배경을 지원하고 GIF와 마찬가지로 움직이는 이미지 제작도 가능하다.

ⓗ 이미지 파일 포맷을 비교하면 다음과 같다.

파일 포맷	압축 방식	원본 손실	투명 배경	움직이는 이미지	웹 지원
BMP	비손실 압축	없음	×	×	×
Raw	비손실 압축	없음	×	×	×
JPEG	손실 압축	있음	×	×	o
PNG	비손실 압축	없음	지원	×	o
GIF	비손실 압축	색 손실	지원	지원	o
WEBP	비손실/손실 압축	없음/있음	지원	지원	△

ⓢ 멀티미디어 파일 가운데 동영상(비디오) 데이터가 있다. 동영상은 여러 개의 이미지를 빠른 속도로 연달아 재생하여 사람 눈에 마치 움직이는 것처럼 보이도록 만든 데이터이다.

• 동영상 파일 포맷은 손실 압축으로 파일 크기를 줄인다.

• 가장 많이 사용하는 동영상 압축 알고리즘은 mp4로, 이는 멀티미디어 컨테이너 포맷 표준이고, 디지털 비디오와 디지털 오디오 스트림을 저장한다. 또한 자막과 스틸 이미지의 기타 데이터를 저장하기도 한다.

• 동영상의 압축 원리는 배경처럼 여러 장에 걸쳐서 움직이지 않는 부분은 한 장만 저장하고, 움직이는 부분만 저장하는 방식으로 원리가 간단하다.

- 동영상을 압축하는 확장자로 avi, mkv, mov 등이 있고, 이들은 압축 알고리즘이 아니라 동영상, 소리, 자막을 담는 컨테이너의 이름이다.

◎ 다음은 동영상을 압축하는 방법이다.

구분	압축 설명
AVI (Audio Video Interlaced)	– 마이크로소프트에서 개발한 비디오 포맷 – 다른 포맷에 비해 용량이 큰 뛰어난 화질 제공 – 압축한 영상을 재생하기 위해서는 코덱(codec) 설치 필요
MPEG (Moving Picture Experts Group)	– ISO 규격에 따라 분류된 방송 및 멀티미디어 표준 영상 압축 포맷 – 시간에 따라 연속적으로 이동하는 동영상 데이터를 압축하는 방식 – MPEG 시리즈에는 1, 2, 4, 7, 21 등이 포함된다.
MOV	– 애플이 개발한 비디오 포맷으로, 높은 압축률 제공 – QuickTime Player(QTP)로 파일 재생 가능 – 동영상 내 특정 장면을 캡처할 수 있어 순간 포착에 용이
WMV (Windows Media Video)	– 마이크로소프트에서 개발한 비디오 포맷 – 파일 다운로드 및 스트리밍에 사용 – 윈도 미디어 플레이어로 재생 가능 – 낮은 용량이 주요 장점
H.264	– ISO/IEC와 ITU-T가 공동으로 개발한 비디오 코덱 – MPEG-4 AVC/H.264 또는 H.264/MPEG-4 AVC로 표기 – 전송 시 오류가 적고, 비트율 감소 효과가 뛰어나다.
H.265	– 복잡도가 H.264보다 5배 늘어나고, 압축률이 50% 정도이다. – 동일 화질로 보면 대략 30%의 압축률 – 고해상도 압축이고, 낮은 비트 레이트일수록 성능 차이가 우수하다.

3) 운영체제 개념 ★중요합니다.

① 운영체제(OS; Operating System)는 컴퓨터 사용자와 하드웨어 사이에서 통신 역할을 하는 시스템 프로그램이다. 운영체제의 목적은 사용자가 프로그램을 편리하고 효율적으로 수행할 수 있도록 지원한다.

② 운영체제의 종류로는 컴퓨터나 PC의 경우 MS-DOS, Unix, Linux, Windows(윈도), macOS(맥 OS) 등이 있고, 운영체제의 역할은 다음과 같다.

㉠ 컴퓨터 사용자와의 인터페이스 기능을 제공한다.

㉡ 여러 사용자 사이에서 자원의 공유를 지원한다.

㉢ 제한된 자원에 대하여 사용자 간의 효과적인 관리 및 스케줄링을 수행하여 성능을 향상한다.

ⓔ 처리량(throughput)을 향상한다.

ⓜ 입ㆍ출력에 있어서 보조적인 역할을 지원한다.

ⓑ 오류가 발생하였을 때 오류를 제어하고 처리한다.

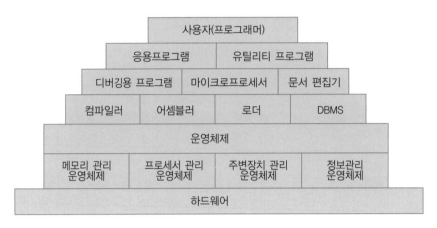

▲ 그림 2.1.9 운영체제 구조

③ 운영체제가 수행하는 인터페이스의 종류는 다음과 같다.

　　㉠ 오퍼레이터와의 인터페이스

　　㉡ 프로그래머 또는 사용자와의 인터페이스

　　㉢ 시스템 프로그래머와의 인터페이스

　　㉣ 관리자와의 인터페이스

　　㉤ 프로그램과의 인터페이스

　　㉥ 하드웨어와의 인터페이스

　　㉦ 일반 사용자들과의 인터페이스

④ 운영체제가 제공하는 기능을 5단계로 구분하여 계층적으로 설명하면 다음과 같다.

　　㉠ 1계층(프로세서 관리): 프로세스 동기화 및 프로세서 스케줄링 관리

　　㉡ 2계층(메모리 관리): 메모리 할당 및 회수 기능 등의 메모리 관리

　　㉢ 3계층(프로세스 관리): 프로세스의 생성, 제거, 메시지 전달, 시작과 정지 작업 등
　　　프로세스 관리

　　㉣ 4계층(주변장치 관리): 주변장치의 상태 파악과 입출력장치의 스케줄링 등 주변장치 관리

　　㉤ 5계층(파일 관리): 파일 생성과 소멸, 열기, 닫기, 파일 유지 등 파일 관리

⑤ 운영체제가 관리하는 작업 처리 종류는 다음과 같다.

 ㉠ 일괄처리 시스템(batch processing system)

  • 배치 처리라고 하며, 처리하는 데이터들을 일정한 기간이나 일정량의 데이터를 모아두었다가 한꺼번에 처리하는 방식이다.

  • 컴퓨터 시스템을 효율적으로 사용할 수 있다는 장점이 있다.

  • 데이터 발생 후 최종 결과 도출까지 시간이 비교적 긴 단점이 있다.

 ㉡ 다중 프로그램 시스템(multi programming system)

  • 1개의 CPU로 여러 개의 프로그램을 동시에 처리할 수 있는 데이터 처리 시스템이다.

  • 동시에 여러 프로그램이 실행되므로 CPU의 효율을 높일 수 있다.

 ㉢ 시분할 시스템(time sharing system)

  • CPU 스케줄링과 다중 프로그래밍을 사용해서 각 사용자에게 컴퓨터를 시간적인 분할을 통하여 처리하는 방식이다.

  • 컴퓨터의 효율을 높이고 여러 사용자의 작업을 수행하는 장점이 있다.

 ㉣ 실시간 시스템(real time system)

  • 데이터 처리를 요구하는 자료가 발생할 때마다 즉시 처리하는 방식이다.

  • 장점으로는 자료가 발생한 지점에서 사용자의 노력이 절감되어 처리 시간이 단축된다.

  • 단점으로는 첫째, 자료가 무작위로 도착하므로 입출력 자료의 일시 저장 및 대기가 필요하다. 둘째, 상태의 되돌림이 불가능하다. 그리고 셋째, 시스템에 장애가 발생할 때 처리 재실행이 불가능하다는 것이다.

 ㉤ 분산처리 시스템(distributed processing system)

  • 여러 대의 컴퓨터를 네트워크로 연결한 후 상호 처리하는 방식이다.

  • 지리적으로 분산된 컴퓨터에 의해 독립적으로 처리한다.

 ㉥ 병렬처리 시스템(parallel processing system)

  • 입·출력 또는 프로세서와 같은 장치에서 둘 이상의 프로세스를 동시에 수행하는 방식이다.

  • 사용 목적은 연산 속도를 높임으로써 단위 시간당 수행 작업의 양을 늘려 처리 능력을 높이고자 하는 것이다.

⑥ 프로세스(process)는 일반적으로 실행을 위해 CPU에 할당된 프로그램을 말한다.

 ㉠ 개념적인 정의는 다음과 같다.

  • 실행 중인 프로그램

  • 비동기적인 활동

  • 살아있는 프로그램

- 프로세스 제어 블록(PCB; Process Control Block)을 가진 프로그램
- 언제든지 실행할 수 있는 프로그램

ⓛ 프로세스는 4가지의 상태를 가진다.

- 생성 상태: 프로세스가 CPU에 할당되어 실행 준비를 완료한 상태
- 준비 상태: 생성된 프로세스가 CPU를 얻을 때까지 기다리는 상태
- 실행 상태: 준비 상태에 있는 프로세스 중 하나가 CPU를 얻어 실제 작업을 수행하는 상태
- 완료 상태: 실행 상태의 프로세스가 주어진 시간 동안 작업을 마치면 진입하는 상태로 프로세스 제어 블록이 사라진 상태

ⓒ 프로세스는 다음의 상태전이를 가진다.

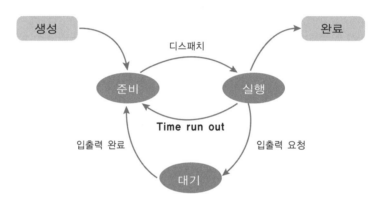

▲ 그림 2.1.10 프로세스 상태 전이도

⑦ 교착 상태(dead lock)는 다중 프로그래밍 시스템에서 서로 다른 프로세스가 일어날 수 있는 이벤트를 계속 요구하고 있는 상태를 말한다. 또한 멀티프로그래밍 시스템에서 병행 프로세스들이 절대 발생하지 않을 이벤트를 무한정 기다리는 상태를 의미한다.

ⓐ 교착 상태가 발생할 필요 조건은 다음과 같다.

필요 조건	상태
상호배제 (mutual exclusion)	프로세스들이 필요로 하는 자원에 대하여 배타적인 통제권을 요구한다.
점유대기 (hold and wait)	프로세스가 할당된 자원을 가진 상태에서 다른 자원을 무기한 기다린다.
비선점 (no preemption)	프로세스가 어떤 자원의 사용이 끝날 때까지 그 자원을 뺏을 수 없다.
순환대기 (circular wait)	각 프로세스는 순환적으로 다음 프로세스가 요구하는 자원을 가지고 있다.

© 교착 상태가 발생하면 이를 해결하는 방안은 다음과 같다.

해결 방안	해결 내용
상호배제 조건의 제거	– 교착 상태는 두 개 이상의 프로세스가 공유가 가능한 자원을 사용할 때 발생하는 것이므로 상호배제 조건을 제거하면 교착 상태를 해결할 수 있다.
점유와 대기 조건의 제거	– 한 프로세스에 수행되기 전에 모든 자원을 할당시키고 나서 점유하지 않을 때는 다른 프로세스가 자원을 요구하도록 하는 방법이다. – 자원 과다 사용으로 인한 효율성, 프로세스가 요구하는 자원을 파악하는 데에 대한 비용, 자원의 내용 저장 및 복원을 위한 비용, 기아 상태, 무한대기 등의 문제점이 있다.
비선점 조건의 제거	– 비선점 프로세스에 대해 선점이 가능한 프로토콜을 만들어 준다.
환형 대기 조건의 제거	– 자원 유형에 따라 순서를 정해준다.

© 교착 상태가 발생하지 못하도록 방지하는 방법은 다음과 같다.

해결 방안	해결 내용
교착 상태 예방 (prevention)	교착 상태가 발생할 가능성을 제거한다.
교착 상태 회피 (avoidance)	교착 상태가 일어날 가능성을 인정하고 적절히 피하는 방법이다.
교착 상태 발견 (detection)	교착 상태가 발견되면 관련된 프로세스와 자원을 결정하여 교착 상태를 시스템으로부터 제거하는 방법이다.
교착 상태 회복	교착 상태 원인을 제거하여 시스템을 정상적으로 동작하게 하면 프로세스는 작업을 마치게 되고, 할당된 자원을 해제하는 방법이다.

⑧ 스케줄링(scheduling)은 운영체제가 어떤 프로세서에 작업을 할당할지를 결정하고 자원을 효율적으로 이용할 수 있도록 하는 방법을 결정하는 것이다.

　㉠ 스케줄링을 사용하는 목적은 다음과 같다.

- 모든 작업 배정에 공정해야 하며, 단위 시간당 처리량을 극대화한다.
- 대화식 사용자에게는 가능한 빠른 응답 시간을 보장해 준다.

　㉡ 스케줄링 사용의 규칙은 다음과 같다.

- 예측할 수 있어야 한다.
- 자원의 사용 손실을 최소화하고, 균형을 이루어야 한다.
- 응답 시간과 자원 활용 간에 균형을 이루어야 한다.
- 실행이 무한정 연기되면 안 된다.

- 우선순위 정책을 사용하는 것이 좋다.
- 주요 자원을 차지하고 있는 프로세스에 우선권을 준다.

ⓒ 스케줄링은 CPU 스케줄링과 JOB 스케줄링으로 구분된다.

- CPU 스케줄링은 프로세스를 어떠한 전략에 따라 처리할 것인가를 수립하는 것이다.
- JOB 스케줄링은 작업이 프로세스로 조성되기까지의 스케줄링을 담당하는 기능이다.

ⓓ CPU 스케줄링의 결정 시점은 다음과 같은 프로세스의 상태 변화가 있을 때 결정된다.

- 수행에서 대기 상태
- 수행에서 준비 상태
- 대기에서 준비 상태
- 수행에서 종료 상태

ⓔ 스케줄링의 분류는 적용 시점에 따라 비선점형(non-preemptive scheduling)과 선점형(preemptive scheduling)의 2가지로 구분할 수 있다.

분류	처리 방법	종류
비선점형 스케줄링	– 프로세스가 CPU를 할당받으면, 그 프로세스가 종료되거나 입출력 요구가 발생하여 스스로 중지될 때까지 계속 실행하도록 보장한다. – 순서대로 처리되는 공정성이 있고 응답 시간을 예상할 수 있다. – 일괄 처리 시스템에 적합하다. – 처리율이 떨어지는 단점이 있다.	– FCFS 스케줄링(First Come First Served scheduling) – SJF 스케줄링(Shortest Job First scheduling) – HRRN 스케줄링(Highest Response Ratio Next scheduling)
선점형 스케줄링	– 프로세스가 CPU를 할당받아 실행 중에 있어도 다른 프로세스가 실행 중인 프로세스를 중지하고 CPU를 강제로 점유하는 방식이다. – 빠른 응답 시간을 요구하는 대화형 시스템에 적합하며 긴급한 프로세서를 제어할 수 있다. – 운영체제가 각 프로세스의 요청이 있을 때 자원을 배분하는 방식이다.	– RR 스케줄링(Round Robin scheduling) – SRTF 스케줄링(Shortest Remaining-Time First scheduling) – 다단계 큐 스케줄링(multilevel queue scheduling) – 다단계 피드백 큐 스케줄링(multilevel feedback queue scheduling) – RM 스케줄링(Rate Monotonic scheduling) – EDF 스케줄링(Earliest Deadline First scheduling)

ⓑ 스케줄링 알고리즘 종류는 다음과 같다.

종류	처리 방법
FCFS 스케줄링 (First Come First Served scheduling)	먼저 자원 사용을 요청한 프로세스에 자원을 할당해 주는 방식으로 CPU 스케줄링, 디스크 스케줄링 등에서 사용된다.
SJF 스케줄링 (Shortest Job First scheduling)	평균 대기 시간을 줄이기 위해 CPU 점유 시간이 가장 짧은 프로세스에 CPU를 먼저 할당하는 방식의 CPU 스케줄링 알고리즘이다.
HRRN 스케줄링 (Highest Response Ratio Next scheduling)	프로세스 처리의 우선순위를 CPU 처리 기간과 해당 프로세스의 대기 시간을 동시에 고려해 선정하는 방식으로, SJF 스케줄링의 문제점을 보완해 개발된 스케줄링이다.
RR 스케줄링 (Round Robin scheduling)	시분할 시스템을 위한 알고리즘으로, 프로세스들 사이에 우선순위를 두지 않고, 순서대로 시간 단위로 CPU를 할당하는 방식의 CPU 스케줄링 방식이다.
SRTF 스케줄링 Shortest Remaining−Time First scheduling)	SJF 스케줄링을 선점 형태로 수정한 스케줄링 알고리즘이고, 현재 작업 중인 프로세스를 중단시키고 새로 들어온 프로세스의 처리를 시작하는 방식이다.
다단계 큐 스케줄링 (multilevel queue scheduling)	커널 내의 큐를 여러 개의 큐로 분리하여 큐 사이에도 우선순위를 부여하는 방식이다.
다단계 피드백 큐 스케줄링 (multilevel feedback queue scheduling)	다단계 큐 스케줄링 방식을 사용하는데, 이 방식은 프로세스들이 큐를 바꾸어 사용하도록 한다.
RM 스케줄링 (Rate Monotonic scheduling)	수행 주기가 가장 짧은 프로세스에 가장 높은 우선순위를 부여하는 방식이다.
EDF 스케줄링 (Earliest Deadline First scheduling)	실시간 운영 체제에서 사용되는 동적 CPU 스케줄링 알고리즘으로 프로세스는 우선순위 큐를 통해 수행한다.

⑨ 컴퓨터에서 기본적인 자료 구조로 스택(stack)과 큐(queue)가 있다.

　㉠ 스택(stack)

　　• 저장장소에 스택은 한쪽 끝에서만 자료를 넣거나 뺄 수 있는 LIFO(Last In First Out) 구조로 저장하는 형식이다.

　　• 자료를 넣는 것을 푸시(push)라고 하고 반대로 자료를 꺼내는 것을 팝(pop)이라고 한다.

　　• 이 구조에서는 포인터(pointer)라는 자료의 위치 표시자를 이용하여 자료를 넣고 빼는 명령어에서 사용하고, 주로 프로그램에서 함수를 호출할 때나 인수의 전달 등에서 사용된다.

ⓛ 큐(queue)
- 저장장소에 먼저 넣은 데이터가 먼저 나오는 FIFO(First In First Out) 구조로 저장하는 형식이다.
- 큐에서 put은 큐에 자료를 넣는 것(insert)을, get은 큐에서 자료를 꺼내는 것(delete)을 말한다.
- front(head)와 rear(tail)는 데이터의 위치를 가리킨다.
- 큐에 정보가 꽉 차서 더 이상 자료를 넣을 수 없는 경우(put 할 수 없는 경우)를 오버플로(overflow)라고 하고, 정보가 비어 있어 자료를 꺼낼 수 없는 경우(get 할 수 없는 경우)를 언더플로(underflow)라고 한다.
- 큐의 종류에는 선형(liner)과 원형(circular)이 있다.

⑩ 가상 메모리(virtual memory)는 메모리 관리 기법의 하나로, 컴퓨터 시스템에서 실제로 이용이 가능한 기억 자원을 이상적으로 추상화하여 사용자에게 큰 메인 메모리로 보이게 하여 사용하는 것을 말한다. 또한 각 프로그램에 실제 메모리 주소가 아닌 가상의 메모리 주소를 주는 방식이다. 가상 메모리에서 사용하는 개념들을 설명하면 다음과 같다.
- ㉠ 교환(swapping): 기억장치에서 조금 전에 사용한 프로그램을 하드디스크의 일정한 공간에 임시로 저장하는 기능을 제공하는 것으로, 다른 작업이 메모리에서 수행하도록 하는 방법이다.
- ㉡ 오버레이(overlay): 주어진 시간에 필요로 하는 명령들과 데이터들을 기억 장소에 유지시키는 것이다.
- ㉢ 요구 페이지 기법(demand page): 해당 페이지를 필요한 시점에 page-in하는 방식이다.
- ㉣ 스레싱(thrashing): 페이지 교환이 너무 자주 일어나 프로그램의 처리 속도가 급격히 떨어지는 상태를 말한다.
- ㉤ 국지성(지역성, locality): 실행 중인 프로세스에서 기억장치 내의 정보 중 지역적인 부분만을 집중적으로 참조(액세스, access)한다는 의미이다.

⑪ 운영체제는 모델마다 사용상의 특징이 있어 적용하는 분야가 조금씩 다르나, 성능이 우수한 모델을 사용하기 위하여 운영체제를 성능 평가하는 항목은 다음과 같다.
- ㉠ 처리 능력(throughput): 일정 시간 내에 시스템이 처리하는 일의 양을 평가
- ㉡ 반환 시간(turn around time): 시스템에 작업을 의뢰한 시작부터 처리가 완료될 때까지 걸린 시간을 평가
- ㉢ 사용 가능도(availability): 시스템을 사용할 필요가 있을 때, 즉시 사용할 수 있는 정도를 평가

㉣ 신뢰도(reliability): 시스템이 주어진 문제를 정확하게 해결하는 정도를 평가

⑫ 운영체제가 관리하는 메모리 포맷은 다음과 같다.

포맷 종류	설명
FAT32	− 윈도 운영체제 지원 − 읽고 쓰기 속도가 빠름 − 단일 파일 4GB를 넘지 못함 − 폴더 하나에 16,384개 이상 파일을 저장하지 못함
NTFS	− 윈도 운영체제 지원 − 단일 파일 4GB 이상 가능 − 대용량 파일을 읽고 쓰기 가능 − 대부분의 윈도 운영체제에서 사용
ExFAT	− 윈도, Mac 운영체제 지원 − FAT32와 NTFS 단점 보완(윈도, Mac 동시 사용 가능) − NTFS에 비해 읽고 쓰기 속도가 느림 − 안정성이 부족하여 메모리를 안전하게 제거하는 것이 필수적 사항
HFS+	− Mac 운영체제 지원 파일 포맷 − 기존 HFS를 개선하여 파일 개수 65,536개 지원
APFS	− Mac 운영체제 지원 파일 포맷 − HFS+를 개선하여 운영체제 실행 속도 개선

4) 데이터베이스 개념

① 데이터베이스(database)는 어떤 조직에서 사용하고 있는 파일들을 상호 연관되게 통합적으로 관리하는 데이터의 집합체를 말한다.

② 데이터베이스의 특징은 다음과 같다.

　　㉠ 실시간 접근성: 실시간으로 접근할 수 있어야 한다.

　　㉡ 지속적인 변화: 최신의 데이터를 유지하여야 한다.

　　㉢ 동시 공유: 여러 사용자가 동시에 공유할 수 있어야 한다.

　　㉣ 내용에 대한 참조: 내용을 참조하여 데이터에 접근할 수 있어야 한다.

　　㉤ 데이터 논리적 독립성: 데이터베이스는 하드웨어, 운영체제, 언어 등에 종속되지 않고 독립적으로 운영되어야 한다.

③ 데이터베이스의 장단점은 다음과 같다.

구분	내용
장점	– 데이터 중복 최소화 – 데이터 공유 – 일관성, 무결성, 보안성 유지 – 최신의 데이터 유지 – 데이터의 표준화 가능 – 데이터의 논리적, 물리적 독립성 – 데이터 접근 용이 – 데이터 저장 공간 절약
단점	– 데이터베이스 전문가 필요 – 운영 비용 부담 – 데이터 백업 및 복구가 어려움 – 시스템이 복잡성 증가 – 대용량 디스크 액세스 집중 시 과부하 발생

④ 스키마(schema)는 데이터베이스의 구조 및 제약 조건과 논리·물리적 특성에 대한 정보들을 표현하는 데이터베이스의 논리적 정의를 말한다. 즉, 스키마는 데이터와 응용프로그램 사이의 독립성 유지와 사용자에게 실제적인 데이터베이스를 숨기거나 단순화시켜 보여주기 위해 사용하는 개념이다. 스키마는 내부 스키마, 개념 스키마, 외부 스키마의 3단계로 나누어 정의한다.

㉠ 내부 스키마(internal schema)

• 데이터베이스가 물리적 저장 매체에 어떻게 저장되는가를 기술하는 스키마이다.

• 내부 스키마는 물리적인 저장장치의 내부에 정의되어야 하는 것으로 데이터베이스 관리자 차원에서 다루어지는 부분이다.

㉡ 개념 스키마(conceptual schema)

• 데이터베이스 전체에 대해서 정의하는 것으로서 데이터베이스를 구성하는 개체와 개체 간의 관계, 제약 조건 등에 대한 정의가 포함된다.

• 사용자나 응용프로그램은 개념 스키마의 일부를 사용하게 되고, 이 개념 스키마로부터 모든 외부 스키마가 생성된다.

㉢ 외부 스키마(external schema)

• 프로그래머나 사용자 관점에서 데이터베이스의 모습을 정의한 것이다.

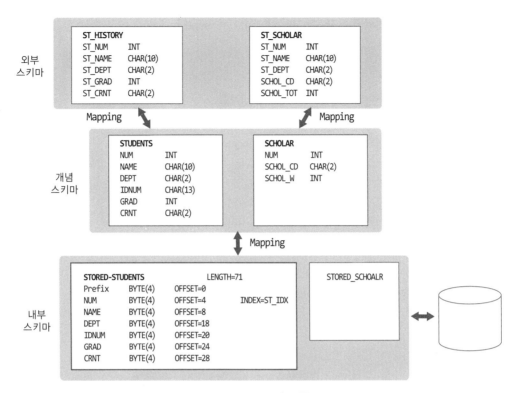

▲ 그림 2.1.11 스키마 표현

⑤ 데이터베이스 언어는 데이터베이스에 대한 모든 접근, 즉 데이터 정의, 조작, 제어 등을 수행하는 언어를 말한다. 데이터베이스 언어의 종류는 다음과 같다.

　ⓐ 데이터 정의어(DDL; Data Definition Language)

　　• 데이터베이스를 생성하거나 구조를 수정하기 위해 사용하는 언어로, 스키마의 생성 및 변경을 한다.

　　• create, drop, alter, truncate 등의 명령문이 있다.

　ⓑ 데이터 조작어(DML; Data Manipulation Language)

　　• 데이터베이스 내의 데이터를 검색, 수정, 추가, 삭제 등의 처리를 한다.

　　• select, insert, update, delete 등의 명령문이 있다.

　ⓒ 데이터 제어어(DCL; Data Control Language)

　　• 데이터베이스의 유지와 보호 등을 위해 데이터 무결성, 데이터 보안, 데이터 복구 및 동시성 제어 등을 기술하는 언어이다.

　　• grant, revoke 등의 명령문이 있다.

⑥ 데이터베이스 모델(database model)은 데이터베이스 관리 시스템이 지원하는 언어나 형태로 기술된 데이터베이스의 구조나 형식을 말하고, 다음과 같은 종류가 있다.

㉠ 계층형 데이터베이스 모델(hierarchical database model)

- 데이터가 트리(tree) 형태 구조로 연결된 데이터베이스 모델이다.
- 이 구조는 반복적인 부모−자식 관계 정보를 표현하며, 각 부모는 다수의 자식을 가질 수 있고, 자식은 단 하나만의 부모를 가질 수 있다.

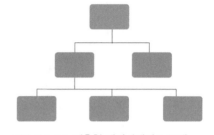

▲ 그림 2.1.12 계층형 데이터베이스 모델

㉡ 네트워크 데이터베이스 모델(network database model)

- 망 모형(mesh model)이라고도 한다.
- 데이터를 그래프 형태로 표현하는 방법으로 1:n 형태의 포인터 연결 기법을 활용하여 데이터들을 연관시키는 방식으로 구성된 데이터베이스 모델이다.

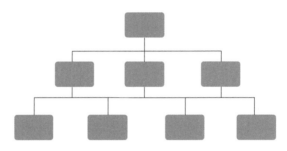

▲ 그림 2.1.13 네트워크 데이터베이스 모델

㉢ 관계형 데이터베이스 모델(relational database model)

- 데이터를 행(row)과 열(column)로 된 관계(relation)의 표(table) 형태로 저장하고, 한 표의 지정된 행(속성)을 이용하여 다른 표에 추가적인 데이터를 찾는 식으로(이러한 행위를 조인(join)이라 함) 검색하는 데이터 모델이다.
- 관계형 데이터베이스를 지원하기 위해 SQL(Structured Query Language)을 사용한다.

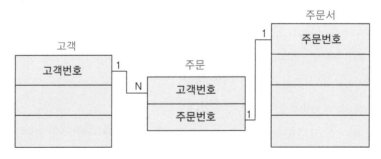

▲ 그림 2.1.14 관계형 데이터베이스 모델

ⓛ 객체 지향형 데이터베이스 모델(object-oriented database model)
  - 객체 지향 프로그래밍 기술의 개념을 채택한 데이터베이스 관리 모델이다.
ⓜ 객체 관계 데이터베이스 모델(object-relational database model)
  - 객체 지향형 모델의 데이터베이스 형태를 가진 관계형 데이터베이스 관리 모델이다.
⑦ 데이터 모델(data model)은 현실 세계의 정보들을 컴퓨터에 표현하기 위해 데이터를 단순화, 추상화하여 체계적으로 표현한 개념적 모형이다. 데이터 모델의 특징은 다음과 같다.
  ㉠ 데이터베이스 설계 과정에서 데이터의 스키마를 논리적으로 표현하기 위해 사용되는 지능적 도구이다.
  ㉡ 데이터 모델 구성요소는 개체, 속성, 관계로 구성된다.
  ㉢ 데이터 모델 종류는 개념적 데이터 모델, 논리적 데이터 모델, 물리적 데이터 모델이 있다.
  ㉣ 데이터 모델에 표시할 요소는 구조, 연산, 제약 조건으로 구성된다.
  ㉤ 표현하는 용어는 개체(entity), 속성(attribute), 관계(relation)로 설명한다.
⑧ 대표적인 데이터 모델은 E-R 다이어그램(entity-relation diagram)이 있고, 작성 사례는 다음과 같다.

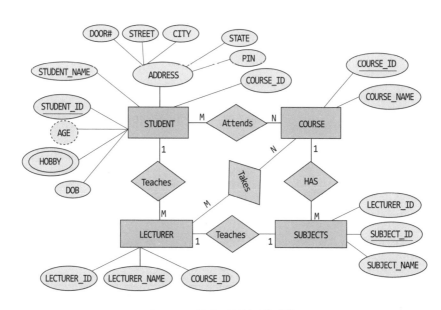

▲ **그림 2.1.15** E-R 다이어그램 예시

⑨ 컴퓨터에서 메타데이터(metadata)는 데이터의 내용 또는 구조를 나타내는 데이터로 데이터의 데이터라 한다.

ⓐ 일반 파일의 경우 파일의 위치와 내용, 작성자 정보, 권리, 이용 조건, 이용 내력, 접근 시간, 파일 크기 등의 정보를 가지고 있다.

ⓑ 우리가 사용하고 있는 도서관의 도서 목록(catalog)이나 디지털 사진의 속성 정보인 촬영 날짜 및 시간, 파일 크기, 이미지 크기 등이 메타데이터이다.

ⓒ 메타데이터는 빅데이터, 인공지능, 사물인터넷 등에서 널리 활용되고 있다.

ⓓ 메타데이터의 종류는 기술용 메타데이터, 구조용 메타데이터, 관리용 메타데이터 등으로 구분된다.

구분	내용
기술용 메타데이터	정보 지원을 검색하기 위한 기술 대상 기록을 참고하는 등의 메타데이터이다.
구조용 메타데이터	디지털 객체들을 묶어 전체를 구성하는 정보 등의 메타데이터이다.
관리용 메타데이터	자원의 관리를 위한 목적으로 언제 작성했는지, 관리하는 책임은 누구인지 등을 구성하는 등의 메타데이터이다.
통계용 메타데이터	통계 추출을 목적으로 구성하는 메타데이터이다.
참고용 메타데이터	메타데이터를 참고하는 목적으로 구성하는 메타데이터이다.
보존용 메타데이터	메타데이터의 보존과 관계된 정보를 구성하는 메타데이터이다.

⑩ 트랜잭션(transaction)은 하나의 논리적 단위를 구성하는 데이터베이스 연산의 모임을 말한다.

ⓐ 트랜잭션의 사용 목적은 다음과 같다.

구분	내용
데이터 부정합 방지	데이터베이스에 동시 접속하는 경우 정확한 데이터를 제공하는 것이다.
데이터베이스 무결성 유지	DBMS가 수행한 일부 명령이 남아 있으면 안 된다는 것이다.
거래의 안정성 제고	데이터를 처리한 후 처리 과정이 모두 성공했을 때만 최종적으로 데이터베이스에 반영하는 것이다.

ⓑ 데이터베이스 트랜잭션 종류는 동시성 제어(concurrency control)와 회복 제어(recovery control)를 위한 모듈이 있다.

구분	내용
동시성 제어 모듈	데이터베이스를 일관성 있게 유지하기 위하여 동시에 수행되는 트랜잭션들 사이의 상호작용을 제어한다.
회복제어 모듈	데이터베이스를 일관성 있게 유지하기 위해 업데이트를 하는 동안 시스템 장애에도 데이터베이스의 기존 상태가 유지된다.

ⓒ 데이터베이스 트랜잭션은 4가지의 ACID 특징이 있다.

구분	내용
원자성 (atomicity)	– 트랜잭션 연산은 실행이 되면 모두 성공적으로 수행되거나 전혀 수행 되지 않아야 한다는 것이다. – 원자성은 중간 단계까지 실행되고 실패하는 일이 없도록 하는 것이다 (all or nothing).
일관성 (consistency)	– 트랜잭션 처리 전과 처리 후의 데이터에 모순이 없는 일관된 상태를 유지하는 것이다.
독립성 (isolation)	– 트랜잭션 수행 시 다른 트랜잭션의 연산 작업이 끼어들지 못하도록 하는 것이다.
영구성 (durability)	– 성공적으로 수행된 트랜잭션은 영원히 데이터베이스에 반영되어야 하 는 것이다.

5) 네트워크 개념 ★중요합니다.

① 컴퓨터와 같은 전자기기가 데이터를 주고받는 것을 데이터 통신(data communication)
이라 하고, 여러 대의 컴퓨터가 데이터를 주고받는 통신 시스템을 컴퓨터 네트워크라 한다.

② 일반적인 통신의 분류를 통신 방향에 따라 다음과 같이 분류할 수 있다.

구분	통신 기능	사용 예
단방향 통신	한쪽으로만 통신 가능	모스, 부호, 방송
양방향 통신	양쪽으로 동시에 통신 가능	대부분의 통신
반 양방향 통신	양방향 통신이지만, 어느 순간에는 단방향 통신	무전기

③ 데이터 통신에서 데이터를 보내고 받는 약속을 프로토콜(protocol) 혹은 통신 규약이라
한다. 통신 프로토콜은 컴퓨터나 원거리 통신 장비 사이에서 메시지를 주고받는 양식과
규칙의 체계이다. 가장 잘 알려진 프로토콜은 TCP/IP(Transmission Control Protocol/
Internet Protocol) 모델과 OSI 7 layer 모델이 있다.

ⓐ TCP/IP 모델

• 컴퓨터 간의 통신을 위해 미국 국방성에서 개발한 통신 프로토콜로, TCP와 IP를 조합한
것이다.

• TCP/IP는 현재 인터넷에서 사용되는 통신 프로토콜이고, 통신 프로토콜이 통일됨에
따라 세계 어느 지역의 어떤 기종과도 정보 교환이 가능하게 되었다.

• 다음은 TCP/IP 프로토콜의 계층적 구조이다.

응용 계층
(Application)
전송 계층
(Transport)
인터넷 계층
(Internet)
네트워크 접근 계층
(Link)

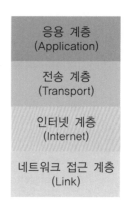

▲ **그림 2.1.16** TCP/IP 구조

• TCP는 전송 제어 프로토콜이라 하고, 컴퓨터가 다른 컴퓨터와 데이터 통신을 하기 위한 다중화 프로토콜의 일종이다.

• TCP는 세계 통신표준으로 개발된 OSI 모형에서 4번째 계층인 전송 계층(transport layer)에서 사용하는 규약으로, 보통 하위 계층에서 사용하는 IP와 엮어서 TCP/IP로 표현하는 경우가 많다.

• 동일 계층에서 사용하는 또 다른 프로토콜로 UDP가 존재한다.

• IP는 인터넷이 통하는 네트워크에서 어떤 정보를 수신하고 송신하는 통신 규약을 말한다.

• OSI 7계층과 인터넷 프로토콜의 4계층이 나뉘어졌으며, 이 두 계층은 서로 비슷하기는 하나 완전하게 일치하지는 않는다.

• IP는 OSI의 3계층인 네트워크 계층과 인터넷 프로토콜의 두 번째 계층인 인터넷 계층에 위치하는 프로토콜이다.

㉡ OSI 7 layer(OSI 7계층)

• 국제표준화기구(ISO)에서 개발한 모델로, 컴퓨터 네트워크 프로토콜 디자인과 통신을 계층으로 나누어 구분한 것으로, 프로토콜을 기능별로 나누어 각 계층은 하위 계층의 기능만을 이용하고, 상위 계층에게 기능을 제공하는 방식이다.

• 일반적으로 하위 계층들은 하드웨어로, 상위 계층들은 소프트웨어로 구현된다.

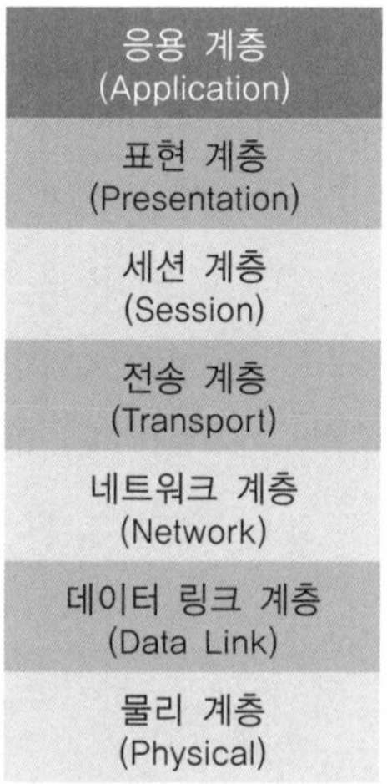

응용 계층
(Application)
표현 계층
(Presentation)
세션 계층
(Session)
전송 계층
(Transport)
네트워크 계층
(Network)
데이터 링크 계층
(Data Link)
물리 계층
(Physical)

▲ **그림 2.1.17** OSI 7 layer 구조

• OSI 7 layer의 계층별 기능 및 전송 단위 등은 다음과 같다.

계층	기능 및 역할	전송 단위	대표 장치	프로토콜
응용 계층 (application layer)	– 사용하고 있는 응용프로그램(프로세스)을 어떻게 표현할 것인지 정의	메시지, 데이터	L7 스위치, 방화벽, 게이트웨이	– FTP – HTTP – HTTPS – XML – Telnet – SSH – SMTP – POP3 – NFS – NTP – IMAP 등
표현 계층 (presentation layer)	– 텍스트, 음성, 화상 등의 정보를 어떻게 부호화할 것인가를 정의 – 전송을 위하여 암호화와 복호화를 수행	메시지, 데이터	게이트웨이	– ASCII – 유니코드 – MIME – UTF-8 – EUC-KR – JPG – MP3 – MPEG – MIDI 등
세션 계층 (session layer)	– 통신 경로의 확립이나 단절, 정보 전송 방식을 어떻게 나타낼 것인가를 정의	메시지, 데이터	L4 스위치, 게이트웨이	– TCP – UDP – SAP 등
전송 계층 (transport layer)	– 정보를 전송할 때 신뢰성을 어떻게 확보할 것인가를 정의	세그먼트	L4 스위치	– TCP – UDP 등
네트워크 계층 (network layer)	– 수신 측으로 어떤 경로로 전송할 것인가를 정의	패킷, 데이터 그램	라우터, L3 스위치	– IP – ARP/RARP – RIP – ICMP 등
데이터 링크 계층 (data link layer)	– 기기 사이에서 정보를 어떻게 전송할 것인가를 정의 – 데이터 전송에는 ASK, PSK, FSK, DM, PCM 등을 사용	프레임	L2 스위치 브리지, 스위치	– 이더넷 – SDLC – TDMA

계층	기능 및 역할	전송 단위	대표 장치	프로토콜
물리 계층 (physical layer)	– 어떤 신호로 통신할 것인가를 정의	비트	케이블, 안테나, 허브, 리피터	프로토콜은 없고, RS-232, IEEE802, ethernet, USB, Bluetooth, Wi-Fi, LTE, 5G 등 물리접속 도구

④ TCP/IP 모델과 OSI 7 layer 모델은 서로 관련이 있고, 네트워크 통신 과정을 계층화하는 공통점이 있다.

　㉠ 두 모델의 차이점은 계층 구조로 TCP/IP는 4계층 모델이고, OSI는 7계층 모델이다.

　㉡ TCP/IP의 응용 계층은 OSI의 상위 3계층(응용, 표현, 세션)에 해당하며, 네트워크 접근 계층은 OSI의 하위 2계층(물리, 데이터 링크)에 해당한다.

　㉢ TCP/IP는 인터넷의 표준 프로토콜로 개발되어 실질적인 통신을 위해 사용되고, OSI 7 layer 모델은 이론적인 참조 모델로 실제 통신에는 사용되지 않고 네트워크 기술 및 프로토콜의 표준화를 위해 사용된다.

　㉣ 두 모델의 이해를 통해 다양한 네트워크 기술 및 프로토콜을 더욱 효과적으로 활용할 수 있는 부가적인 기능이 있다. 두 모델의 계층 비교는 다음과 같다.

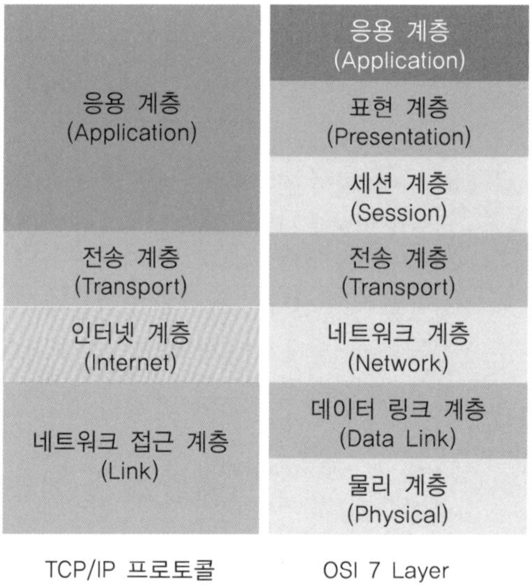

TCP/IP 프로토콜　　　　OSI 7 Layer

▲ 그림 2.1.18 TCP/IP와 OSI 7 layer 비교

⑤ 통신을 위한 프로토콜은 기능과 사용 목적에 따라 다음과 같은 여러 종류가 있다.

구분	기능 및 사용 목적	명령어 및 프로토콜
HTTP (Hyper Text Transfer Protocol)	– 월드 와이드 웹(WWW)에서 정보를 주고받을 수 있는 프로토콜 – 주로 HTML 문서를 주고받는 데에 쓰이고, TCP를 사용하고, 80번 포트를 사용	– WWW – HTTPS – HTML
HTTPS (Hyper Text Transfer Protocol Secure)	– HTTP의 보안이 강화된 버전으로, 전자거래 등에서 널리 사용 – HTTPS는 SSL이나 TLS 프로토콜을 통해 세션 데이터를 암호화 – HTTPS의 기본 TCP/IP 포트 번호는 443번	– HTTP
FTP (File Transfer Protocol)	– 서버와 클라이언트 사이의 파일 전송을 지원하는 프로토콜	– SFTP – FTPS – SSH – TFTP – SMTP
SFTP (Secure File Transfer Protocol)	– 신뢰할 수 있는 데이터 스트림을 통해 파일 접근, 파일 전송, 파일 관리를 제공하는 프로토콜	– FPFS – SSHFS
Telnet (terminal network)	– 네트워크 연결에 쓰이는 프로토콜 – 텔넷의 보안 문제를 보완하고, 원격 제어를 위하여 SSH로 대체	– SSH
POP3 (Post Office Protocol version 3)	– 네트워크에서 TCP/IP 연결을 통해 이메일을 가져오는 데 사용하는 프로토콜 – 대부분의 웹 메일에서 사용하는데, POP3는 원격 서버에서 이메일을 가져온 후 서버에서 이메일을 삭제 – IMAP 프로토콜은 서버에서 이메일을 가져온 후 서버에 이메일을 남김	– IMAP – SMTP
SMTP (Simple Mail Transfer Protocol)	– 네트워크에서 이메일을 보내기 위해 이용되는 프로토콜 – 사용하는 TCP 포트 번호는 25번	– POP3
SNMP (Simple Network Management Protocol)	– IP 프로토콜에서 사용하여 다른 장치로부터 정보를 수집 및 관리하며, 정보를 수정하여 장치의 동작을 변경하는 데에 사용되는 인터넷 표준 프로토콜	– 라우터 – 스위치 – 서버 – 워크스테이션 – 프린터 등을 지원
SSH (Secure SHell)	– 다른 컴퓨터에 로그인하거나 원격 시스템에 접속을 지원하는 프로토콜 – 강력한 인증 방법과 안전하게 사용하도록 지원하여, 기존의 rsh, rlogin, telent 등을 대체	– rsh – rcp – rlogin – telnet – ftp

구분	기능 및 사용 목적	명령어 및 프로토콜
SSL (Secure Socket Layer)	– 데이터 통신 보안을 제공하는 암호 프로토콜로, 인증, 암호화, 무결성을 보장 – SSL을 사용하기 위해서는 SSL용 인증서가 필요	– TLS
SOAP (Simple Object Access Protocol)	– HTTP, HTTPS, SMTP 등을 통해 XML 기반의 메시지를 교환하는 프로토콜	– XML – RPC
ARP (Address Resolution Protocol)	– 네트워크의 IP 주소를 물리적 네트워크 주소로 대응(binding)시키기 위해 사용되는 프로토콜	– RFC 826
NTP (Network Time Protocol)	– 인터넷에서 시간을 정확하게 유지해 주기 위해 사용하는 시간 동기화 프로토콜 – 라디오나 원자시계에 맞추어 시간을 조정	– RFC 5905

⑥ 통신 프로토콜 가운데 영상정보를 전송하는 관련 프로토콜은 다음과 같다.

종류	기능 및 특징
RTSP (Real-Time Streaming Protocol)	– 실시간으로 음성이나 동영상을 송수신하기 위한 프로토콜 – 상세한 사항은 RFC(Request For Comments) 2326에 정의
RTP (Real-time Transport Protocol)	– 실시간으로 음성이나 통화를 송수신하기 위한 전송 계층 프로토콜 – RFC 1889에 RTCP와 같이 정의 – 단말 사이에 실행되는 것이 특징
RTCP (RTP Control Protocol)	– RFC 3550에 정의 – 패키징, 멀티미디어 데이터 전달에서 RTP와 같이 사용하지만, RTCP는 직접 미디어 데이터를 전송하지는 않는 것이 특징
RSVP (resource reservation protocol)	– 호스트가 네트워크의 모든 노드의 데이터에 서비스 품질을 적절하게 지원하도록 요청하는 프로토콜

⑦ 컴퓨터 네트워크의 분류를 통신하는 주체나 범위 등에 따라 다음과 같이 분류한다.

　㉠ 근거리 무선 통신(NFC; Near Field Communication)

　　• 13.56㎒의 대역을 가지며, 아주 가까운 거리의 무선 통신을 하기 위한 기술이다.

　　• 현재 지원되는 데이터 통신 속도는 초당 424킬로비트(Kbits)이다.

　　• 교통, 승차권 등 여러 분야의 서비스에서 사용하고 있다.

　㉡ 인체 통신망(BAN; Body Area Network)

　　• 인체에 착용하는 착용식 컴퓨팅 장치의 무선 네트워크이다.

- BAN 장치들은 몸 안에 심거나 체외에 설치하거나(웨어러블), 옷 주머니, 손, 가방 등 여러 곳에 휴대할 수 있다.

ⓒ 개인 통신망(PAN; Personal Area Network)

- 개인의 작업 공간을 중심으로 장치들을 서로 연결하기 위한 컴퓨터 네트워크이다.

- 유선을 통한 연결은 보통 USB 등의 인터페이스를 통하여 연결된다.

- 무선 연결은 Bluetooth, UWB, Zig Bee 등의 무선 네트워크 기술을 이용하여 연결된다.

- 다른 무선 연결 기술보다는 블루투스(Bluetooth)와 UWB(Ultra Wide Broadband)를 이용하는 네트워크를 의미하는 경우가 많다.

ⓡ 근거리 통신망(LAN; Local Area Network)

- 네트워크 매체를 이용하여 집, 사무실, 학교 등의 건물과 같은 가까운 지역을 한데 묶는 컴퓨터 네트워크이다.

- 이더넷(Ethernet)과 와이파이(Wi-Fi)는 근거리 통신망에 사용하기 위해 널리 쓰이는 기술이다.

ⓜ 홈 네트워킹(home networking)

- 가정 내 다양한 정보기기들 상호 간에 네트워크를 구축하는 것이다.

- 가정 내부에서는 정보 가전 기기들이 유·무선 네트워크를 통해 상호 의사소통하고, 외부에서는 인터넷을 통해 상호 접속이 가능한 환경을 구축하는 것을 의미한다.

ⓑ 무선랜(wireless LAN)

- 무선 신호 전달 방식을 이용하여 두 대 이상의 장치를 연결하는 기술이다.

- 이를 이용해 사용자는 근거리 지역에서 이동하면서도 지속해서 네트워크에 접근할 수 있다.

- 무선랜 기술은 IEEE 802.11 표준에 기반하고 있으며, Wi-Fi라는 이름으로 사용되고 있다.

ⓢ 도시권 통신망(MAN; Metropolitan Area Network)

- 큰 도시 또는 캠퍼스에 퍼져 있는 컴퓨터 네트워크이다.

- LAN과 WAN의 중간 크기를 갖는다.

- DSL 전화망, 케이블 TV 네트워크를 통한 인터넷 서비스 제공 등으로 사용되고 있다.

ⓞ 광역 통신망(WAN; Wide Area Network)

- 드넓은 지리적 거리·장소를 넘나드는 통신 네트워크 또는 컴퓨터 네트워크이다.

- 사업체, 교육기관, 정부 기관들은 광역 통신망을 사용하여 다양한 지역의 직원, 학생, 고객, 구매자, 공급자에게 데이터를 중계한다.

- 인터넷이 광역 통신망이라 불리기도 한다.

    ⓩ 부가 가치 통신망(VAN; Value Area Network)
- 정보에 부가 가치를 포함하여 불특정 다수 이용자에게 제공하는 네트워크이다.

    ⓩ 인터넷(internet)
- 컴퓨터를 연결하여 TCP/IP 통신 프로토콜을 이용해 정보를 주고받는 컴퓨터 네트워크이다. 인터넷은 네트워크와 장치 사이의 통신을 목적으로 연결된 글로벌 컴퓨터 네트워크 시스템이라 할 수 있다.

⑧ 컴퓨터를 연결하는 LAN의 구조를 토폴로지(topology)라 하고, 그 종류는 다음과 같다.

    ㉠ 스타(star)형: 중앙에 네트워크를 관장하는 시스템을 두고 시스템에서 뻗어가는 별 모양으로 구성하여 컴퓨터를 연결하는 형태

    ㉡ 링(ring)형: 모든 컴퓨터를 원형으로 연결하는 형태

    ㉢ 버스(bus)형: 중앙에 데이터가 전송되는 버스를 두고 여기에 컴퓨터를 붙여 연결하는 형태

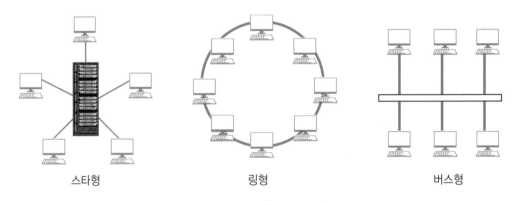

스타형   링형   버스형

▲ 그림 2.1.19 네트워크 토폴로지

⑨ 컴퓨터 통신에 사용되는 주요 통신선의 특징은 다음과 같다.

통신선	대역폭	전송 거리	간섭 정도	도청 가능
꼬임선	10~100Mbps	100m~1km	약함	가능
동축 케이블	10Mbps~1Gbps	1~10km	중간	가능
광섬유	2~200Gbps	10~100km	강함	불가능

⑩ IP 주소는 인터넷 규약 주소라고 하는데, 컴퓨터 네트워크에서 장치들이 서로를 인식하고 통신하기 위해서 사용하는 특수한 번호이다.

○ IP 주소는 다음과 같은 특징이 있다.

- 네트워크에 연결된 장치가 라우터이건 일반 서버이건, 모든 장비는 이 특수한 번호를 가져야 한다.
- 이 번호를 이용하여 발신자를 대신하여 메시지가 전송되고 수신자를 향하여 예정된 목적지로 전달된다.
- 현재 대부분 사용되고 있는 IP 주소는 IP 버전 4(IPv4)이나, 이 주소의 사용 개수가 부족해짐에 따라 주소의 길이를 많은 수의 IP를 확보할 수 있도록 늘려 IP 버전 6(IPv6) 주소를 사용하도록 하고 있다.

○ IPv4 프로토콜의 주요 내용은 다음과 같다.

- 인터넷 프로토콜의 4번째 판이며, 전 세계적으로 사용된 첫 번째 인터넷 프로토콜로 4바이트 주소 체계이다.
- 패킷 교환 네트워크상에서 데이터를 교환하기 위한 프로토콜이다. 데이터가 정확하게 전달될 것을 보장하지 않고, 중복된 패킷을 전달하거나 패킷의 순서를 잘못 전달할 가능성도 있다.
- 데이터의 정확하고 순차적인 전달은 그보다 상위 프로토콜인 TCP에서 보장한다.

○ IPv4의 주소 체계는 총 12자리로 32비트로 구성되어 있다.

- IP 주소는 A, B, C, D, E 클래스로 구분한다. 각 클래스는 네트워크 부분과 호스트 부분으로 구성되고, 각 그룹은 0~255까지 3자리의 수로 나타낸다.
- A 클래스는 첫 번째 자리가 네트워크 주소, 나머지 세 자리가 호스트 주소이다.
- B 클래스는 두 번째 자리까지 네트워크 주소, 나머지 두 자리가 호스트 주소이다.
- C 클래스는 세 번째 자리까지 네트워크 주소, 나머지 한자리가 호스트 주소이다.
- A 클래스의 네트워크가 가장 크고, C 클래스의 네트워크가 가장 작다.

▲ 그림 2.1.20 IPv4 구조

㉣ IPv4에서 IP의 클래스별 구성 내용은 다음과 같다.

클래스	내용
A 클래스 (A class)	– 2^7의 128개까지 사용 가능하고, 하나의 A 클래스 안에 256^3의 16,777,216개의 호스트가 존재한다. – 00000000번~01111111(127)번 네트워크이다.
B 클래스 (B class)	– $2^6 \times 256$의 16,384개까지 사용 가능하고, 하나의 B 클래스 안에 256^2의 66,536개의 호스트가 존재한다. – 10000000(128)번~10111111(191)번 네트워크이다.
C 클래스 (C class)	– $2^5 \times 256^2$의 2,097,152개까지 사용 가능하고, 하나의 C 클래스 안에 256개의 호스트가 존재한다. – 11000000(192)번~11011111(223)번 네트워크이다.
D 클래스 (D class)	– 멀티미디어 방송에서 자동으로 부여된다. – 11100000(224)번~11101111(239)번 네트워크이다.
E 클래스 (E class)	– 테스트용 주소 대역으로 사용하지 않는다. – 11100000(224)번~11111111(255)번 네트워크이다.

㉤ IPv4에서 공인 IP 주소의 부족 현상을 해결하기 위하여 클래스별로 다음과 같이 사설 네트워크 대역 범위를 지정해 사용하고 있다.

- A 클래스: 10.0.0.0~10.255.255.255
- B 클래스: 172.16.0.0~172.31.255.255
- C 클래스: 192.168.0.0~192.168.255.255

⑪ IPv6 프로토콜의 주요 내용은 다음과 같다.

㉠ 인터넷 프로토콜로 제정된 IP 주소의 길이가 128비트를 사용하는 차세대 인터넷 프로토콜이다.

㉡ 인터넷의 IPv4 프로토콜의 주소가 32비트를 사용하는 관계로 거의 소진되고 있다는 한계점으로 인해 IPv6 프로토콜이 제안되어 국제 표준으로 확정되었다.

⑫ IPv6 프로토콜 특징은 다음과 같다.

㉠ IP 주소의 확장: IPv4의 기존 32비트 주소 공간에서 벗어나, IPv6는 128비트 주소 공간을 제공한다.

㉡ 호스트 주소 자동 설정: IPv6 호스트는 IPv6 네트워크에 접속하는 순간 자동으로 네트워크 주소를 부여받는다. 이 특징은 IPv4에 비해 중요한 이점이다.

㉢ 패킷 크기 확장: IPv4에서 패킷 크기는 64K로 제한되어 있었던 것에 비하여 특정 호스트 사이에는 임의로 큰 크기의 패킷을 주고받을 수 있도록 제한이 없어지게 되어 대역폭이 넓은 네트워크를 더 효율적으로 사용한다.

ㄹ 효율적인 라우팅: IP 패킷의 처리를 신속하게 할 수 있도록 고정 크기의 단순한 헤더를 사용하고, 확장 헤더를 통해 네트워크 기능에 대한 확장 및 옵션 기능이 가능하게 확장된 구조로 정의하였다.

ㅁ 플로 레이블링(flow labeling): 플로 레이블 개념을 적용하여 특정 통신량은 별도의 특별한 처리(실시간 통신 등)를 통해 높은 품질의 서비스를 제공한다.

ㅂ 인증 및 보안 기능: 패킷 출처 인증과 데이터 무결성 및 비밀 보장 기능을 통해 IPv6 확장 헤더에 적용한다.

ㅅ 이동성: IPv6 호스트는 같은 주소를 유지하면서도 자유롭게 이동한다.

⑬ IPv6의 128비트 주소 공간은 다음과 같이 16비트를 16진수로 표현하여 8자리로 표기한다.

2001:0db8:85a3:08d3:1319:8a2e:0370:7334

그러나 대부분의 자리가 0의 숫자를 갖게 되므로, 0000을 하나의 0으로 축약하거나, 혹은 아예 연속되는 0의 그룹을 없애고 ':' 만을 남길 수 있다. 따라서 아래의 IPv6 주소들은 모두 같은 주소를 나타낸다.

2001:0DB8:0000:0000:0000:0000:1428:57ab
2001:0DB8:0000:0000:0000::1428:57ab
2001:0DB8:0:0:0:0:1428:57ab
2001:0DB8:0::0:1428:57ab
2001:0DB8::1428:57ab

⑭ IPv4와 IPv6의 차이점은 다음과 같다.

구분	IPv4	IPv6
주소 길이	32비트	128비트
표시 방법	8비트씩 4그룹을 10진수로 표시	16비트씩 8부분으로 16진수로 표시
주소 개수	약 43억 개	거의 무한대
주소 할당	클래스 단위의 비순차적 할당	네트워크 규모 및 단말기 수에 따른 순차적 할당
품질 제어	QoS 일부 지원	등급별, 서비스별로 패킷이 구분되어 품질 보장이 용이
보안 기능	IPSec 프로토콜 별도 설치	확장 기능에서 기본으로 제공
플러그 인 플레이	없다.	있다.
모바일 IP	곤란	용이
웹 캐스팅	곤란	용이

⑮ 모바일 IP는 무선 인터넷 환경을 구축하기 위해서 단말의 이동을 자동으로 인식하여 이동 후에도 이동 전과 같이 통신할 수 있게 해주는 프로토콜을 말한다. 모바일 IP의 구성요소는 다음과 같다.

   ㉠ 모바일 노드(MN; Mobile Node): 모바일 IP 사용자를 말한다.

   ㉡ 홈 에이전트(HA; Home Agent): 모바일 노드가 원래 속하였던 홈 네트워크에서 모바일 노드의 위치 정보와 라우팅을 수행하는 장비를 말한다.

   ㉢ 외부 에이전트(FA; Foreign Agent): 모바일 노드가 외부 네트워크(방문 네트워크)로 이동할 때, 모바일 노드의 지속적인 네트워크 사용을 보장하는 역할을 한다.

⑯ 도메인 네임(domain name)은 넓은 의미로는 네트워크상에서 컴퓨터를 식별하는 호스트 명을 가리키고, 좁은 의미에서는 도메인 레지스트리에 등록된 이름을 말한다.

   ㉠ 등록된 도메인 네임은 보통 호스트 명의 일부분으로, DNS 상에서 해당 호스트 명 및 그 하위의 호스트 명들은 일반적으로 해당 등록자가 관리한다.

   ㉡ 이런 도메인 네임은 숫자로 된 IP 주소보다 외우기 쉬우며, 여러 개의 IP 주소가 한 도메인에 대응(서브 도메인)되거나 여러 도메인이 하나의 IP 주소로 대응(가상 호스트)되는 것도 가능하다.

⑰ 포트(port)는 컴퓨터 통신에서 종단점을 칭한다.

   ㉠ 컴퓨터를 연결하는 하드웨어 인터페이스를 의미하기도 한다.

   ㉡ 하드웨어 장치에도 사용되지만, 소프트웨어에서는 네트워크 서비스나 특정 프로세스를 식별하는 논리 단위이다.

   ㉢ 주로 포트를 사용하는 프로토콜은 전송 제어 프로토콜(TCP)과 사용자 데이터그램 프로토콜(UDP)에서 사용된다.

   ㉣ 포트는 번호로 구별되며, 이 번호를 포트 번호라고 하고, 포트 번호는 IP 주소와 함께 쓰여 해당하는 프로토콜에 의해 사용된다.

   ㉤ 포트 번호를 표기하는 방법은 IP 주소 뒤에 :(콜론)을 붙여서 사용한다.

http://000.000.000.000:80

ⓗ 포트 번호는 크게 세 종류로 구분되어 사용된다.

종류	내용
잘 알려진 포트 (well-known port)	– 0번~1023번을 사용한다. – IP 내에서 프로세스를 구분하기 위해 사용된다.
등록된 포트 (registered port)	– 1024번~49151번을 사용한다. – 관리기관에 등록하여 사용하는데, 특정 용도로 사용되기 위해 등록된 번호이다.
동적 포트 (dynamic port)	– 49152번~65535번을 사용한다. – 개인 또는 사용자 정의 서비스, 임시 목적 포트에 사용하기 위하여 할당하는 포트 번호이다

ⓢ 잘 알려진 포트 번호의 대표적 예는 다음과 같다.

포트 번호	프로토콜
20	FTP(data)
21	FTP(제어)
22	SSH
23	telnet(텔넷)
25	SMTP(Simple Mail Transfer Protocol)
53	DNS(Domain Name Server)
80	월드 와이드 웹(HTTP)
119	NNTP(Network News Transfer Protocol)
123	NTP(Network Time Protocol)
143	MAP4(Internet Message Access Protocol 4)
161	SNMP(agent)
162	SNMP(manager)
443	HTTPS(TLS/SSL 방식의 HTTP)
540	UUCP((Unix-to-Unix Copy Protocol)

② 정보통신 시스템 구성요소

1) 서버 시스템(OS, DBMS, 통신 모니터, 가상머신) ★ 중요합니다.

① 서버(server)는 클라이언트에게 네트워크를 통해 정보나 서비스를 제공하는 컴퓨터
시스템으로, 컴퓨터 프로그램 또는 장비를 의미는 경우가 있다.

⊙ 서버에서 동작하는 소프트웨어를 서버 소프트웨어라 한다.

ⓒ 운영체제는 주로 유닉스(Unix)나 리눅스(Linux), 윈도(Windows) 등을 설치하여 대형
컴퓨터를 사용하고 있다.

ⓒ 서버는 파일 관리를 하고, 네트워크 전체를 감시하고 제어하여 메인 프레임이나 공중망을
통한 다른 서버나 네트워크와 연결을 하고 데이터, 프로그램, 파일 같은 소프트웨어
자원이나 프린터 및 기타 장비 등 하드웨어 자원을 공유할 수 있도록 도와주는 역할을
한다.

ⓔ 서버는 사용자(클라이언트, client)의 요청에 대하여 서비스하도록 구성하는데,
이를 클라이언트-서버(client-server) 시스템이라고 한다. 즉, 서비스를 요청하는
클라이언트와 클라이언트의 요청을 처리하는 서버의 작업을 통해서 사용자가 원하는
결과를 얻는 처리방식이 클라이언트-서버 시스템이다.

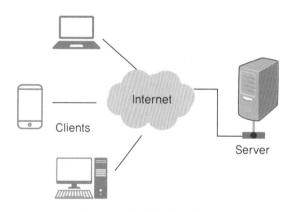

▲ 그림 2.1.21 클라이언트-서버

② 서버 운영체제는 다음과 같은 서버 환경을 지원하도록 구성된다.

⊙ GUI(Graphic User Interface)를 사용하는 기능

ⓒ 하드웨어와 소프트웨어를 모두 다시 구성하고 업데이트할 수 있는 기능

ⓒ 데이터의 주기적인 백업 기능

ⓔ 다른 장치로 데이터 전송 기능

ⓜ 유연한 네트워킹 기능

ⓗ UNIX의 데몬(demon) 및 윈도의 서비스(service)와 같은 자동화 기능

ⓢ 고급 사용자, 자원, 데이터, 메모리 보호를 비롯한 시스템 보안 기능

③ 서버의 종류와 기능은 다음과 같다.

ⓐ 애플리케이션 서버: 사용자용 프로그램을 동작시킬 수 있도록 해주는 소프트웨어 플랫폼

ⓑ 통신 서버: 통신을 지원하고 네트워크상의 노드를 관리하는 플랫폼

ⓒ 컴퓨팅 서버: 슈퍼컴퓨터와 같은 과학기술 연산 등 다양한 분야에 사용되는 고속의 거대 용량 컴퓨터 플랫폼

ⓓ 데이터베이스 서버: 데이터베이스를 저장하고 데이터베이스를 관리하여 사용자에게 데이터 제공을 위해 사용되는 플랫폼

ⓜ 팩스 서버: 사용자에게 전송·수신되는 팩스 정보를 저장하고 관리하는 플랫폼

ⓗ 파일 서버: 사용자의 각종 파일에 대한 정보를 저장하고 관리하는 플랫폼

ⓢ 이메일 서버: 사용자에게 전송·수신되는 이메일 정보를 저장하고 관리하는 플랫폼

ⓞ 게임 서버: 멀티플레이 비디오 게임을 즐기기 위해 게임 클라이언트에 쓰이는 플랫폼

ⓩ 인쇄 서버: 네트워크를 통해 프린터를 클라이언트 컴퓨터에 연결하는 플랫폼

ⓩ 프록시 서버: 클라이언트가 자신을 통해서 다른 네트워크 서비스에 간접적으로 접속할 수 있게 해주는 컴퓨터 시스템이나 응용프로그램

ⓚ 웹서버: HTTP 또는 HTTPS를 통해 웹 브라우저에서 요청하는 HTML 문서나 객체(이미지 파일 등)를 전송해 주는 서비스 프로그램

ⓔ 영상저장 서버

• 녹화된 영상을 하드디스크나 메모리 공간에 식별자를 부여하여 저장 및 관리하는 플랫폼

– 영상 데이터의 스트림을 연속적으로 읽고 쓰는 성능이 중요

– 연결 방식에 따라 DAS, NAS, SAN을 통해 관리

– DAS(Direct-Attached Storage)는 일종의 데이터 저장 서버로, 네트워크에서는 작동하지 않고 SCSI, USB 또는 eSATA 인터페이스를 통해 컴퓨터에 직접 연결

– NAS(Network-Attached Storage)는 네트워크를 통해 작동하는 컴퓨터 데이터 저장 서버로, LAN이나 Wi-Fi를 통해 NAS를 사용하면 여러 사용자와 장치가 저장된 데이터에 액세스하고 공유

– SAN(Storage Area Network)은 서버, 스토리지 시스템, 네트워킹 스위치, 소프트웨어 및 서비스를 결합하여 특정 환경에 맞게 조정된 전용 네트워크

ⓟ 영상분배 서버: 영상 정보를 솔루션을 통하여 각 서버에 분배하는 플랫폼

④ 가상머신(VM; Virtual Machine)은 주로 하드웨어를 효율적으로 사용하기 위한 목적으로 1개 이상의 하드웨어로 여러 개의 운영체제와 애플리케이션을 동시에 실행이 가능한 운영 환경을 말한다. 즉, 컴퓨팅 환경을 소프트웨어로 구현하여 컴퓨터 시스템을 가상적으로 현실화하는 것이다. 가상머신은 다음의 두 가지 종류가 있다.

　㉠ 시스템 가상머신

　　• 하드웨어 가상머신 또는 서버 가상머신이라고도 하며, 각 운영체제를 실행하는 가상머신 사이의 기초가 되는 물리적인 컴퓨터를 다중화(multiplex)한다.

　　• 사용하는 이점으로 여러 운영체제를 쓰는 환경은 운영체제가 완전히 다른 가운데 하나의 컴퓨터에 존재할 수 있다는 것이다.

　　• 서버 가상화 기술을 이용하여 윈도와 리눅스 운영체제를 하나의 서버에 설치하여 서버 사용이 가능하게 구성한다.

　㉡ 프로세스 가상머신

　　• 응용프로그램 가상머신이라고도 하며, 운영체제 안에서 일반 응용프로그램을 운영하고 단일 프로세스를 지원하는 방식이다.

　　• 어떤 플랫폼에서나 같은 방식으로 실행하는 프로그램을 사용하도록 하드웨어나 운영체제를 지원하는 프로그래밍 환경을 제공하기 위해서이다.

　　• 대표적인 방식은 자바 가상머신(JVM; Java Virtual Machine)이 있다.

⑤ 영상정보처리 시스템에서 서버를 비롯한 하드웨어 장비를 요약하면 다음과 같다.

　㉠ 영상 획득: 카메라, 센서 등

　㉡ 영상 전송: 유·무선 네트워크, 스위치 등

　㉢ 영상 관리: DVR, NVR, VMS(Video Management System) 등

　㉣ 관제: 네트워크 스토리지, 영상정보처리 시스템, 관리자 콘솔, 모니터 등

⑥ 영상정보처리 시스템에서 서버를 비롯한 하드웨어 성능을 분석하는 방법은 다음과 같다.

　㉠ 속도(speed): 네트워크 장비의 속도 측정이 기준치 이상으로 나와야 한다.

　㉡ 처리량(throughput): 카메라 대수로 영상정보 데이터 처리량을 단위 시간당 계산이 가능해야 한다.

　㉢ 대역폭(band width): 영상정보를 한 번에 전송할 수 있는 데이터 대역폭이 보장되어야 한다.

　㉣ 레이턴시(latency): 영상정보가 서버에 도착하는 시간을 계산해 레이턴시 최대 허용 기준을 두고 계산하여야 한다.

2) 네트워크 기기(라우터, 스위치, 허브, 공유기 등) ★중요합니다.

① 네트워크 기기는 컴퓨터와 네트워크를 연결하는 기기로, 라우팅(routing)이라는 넓은 의미의 개념을 사용한다.

    ㉠ 라우팅은 어떤 네트워크 안에서 데이터를 보낼 때 최적의 경로를 선택하는 과정이다.

    ㉡ 최적의 경로는 주어진 데이터를 가장 짧은 거리로 또는 가장 적은 시간으로 전송할 수 있는 경로를 의미한다.

    ㉢ 라우팅은 전화 통신망, 정보 통신망, 그리고 교통망 등 여러 종류의 네트워크에서 사용된다.

② 라우팅에서 사용되는 장비는 다음과 같다.

장비명	설명	종류
라우터 (router)	– 컴퓨터 네트워크 간에 데이터 패킷을 전송하는 네트워크 장치 – 서로 다른 네트워크 간에 최적의 경로를 찾아내는 알고리즘을 활용해 중계 역할을 해주는 장치 – 라우터는 게이트웨이와 공유기의 역할도 수행	– 코어 라우터 – 센터 라우터 – 엣지 라우터 – 원격 라우터 – 브로드밴드 라우터 – 핫스팟 라우터 – L3 스위치
브리지 (bridge)	– OSI 7 layer 모델의 데이터 링크 계층에 있는 여러 개의 네트워크 세그먼트를 연결 – 브리지를 사용하면 특정 네트워크로부터 오는 트래픽을 관리 – 이더넷 망에서 IEEE 802.1D 표준	– 투명 브리징 – 소스 루트 브리징
게이트웨이 (gateway)	– 다른 통신망이나 프로토콜을 사용하는 네트워크 간의 통신이 가능하게 하는 컴퓨터나 소프트웨어 – 넓은 의미로는 이 기종 네트워크 간 통로의 역할 및 통신 프로토콜을 변환해 주는 장치 – 게이트웨이를 지날 때마다 트래픽 증가로 속도 저하 발생	– 상주 게이트웨이 – 인터넷 공유기
스위치 (switch)	– 입력 단자로부터 프레임을 받아 출력 단자(포트라는 이름으로 사용하기도 함)로 신속히 보내주는 기능 – 네트워크에서 네트워크 단위를 연결하는 통신 장비 – 소규모 통신을 위한 허브보다 전송 속도가 개선된 것	– L2 스위치 – MAC 브리지

장비명	설명	종류
허브 (hub)	– 이더넷 네트워크에서 여러 대의 컴퓨터나 네트워크 장비를 UTP 케이블과 RJ-45 커넥터 등을 이용하여 연결하는 장치 – 허브로 연결된 컴퓨터 수 증가로 네트워크 충돌 및 잡음 발생, 속도 저하 – 이러한 현상을 해결하기 위하여 스위칭 허브를 사용하는데, 이는 데이터가 필요한 컴퓨터에만 전송하므로 병목 현상이 없고, 빠른 속도로 데이터 전송	– 브리징 허브 – 스위칭 허브 – 포트 스위칭 허브
리피터 (repeater)	– 네트워크의 중간에서 약해진 신호를 받아 증폭하여 재송신하거나, 찌그러진 신호를 조정하고 재구성하여 송신하는 장치	– 허브 – 라디오 중계기 – 전화 중계기

3) 보안 기기(방화벽, IPS/IDS, UTM, VPN 등) ★ 중요합니다.

① 컴퓨터 네트워크의 보안 장비 및 보안 방법의 종류는 다음과 같다.

장비명	설명	종류
방화벽 (fire wall)	– 신뢰하지 않는 외부 네트워크와 신뢰하는 내부 네트워크 사이를 지나는 패킷을 미리 정의된 보안 규칙에 따라 통신망으로 들어오고 나가는 네트워크 트래픽을 모니터링하고 제어하는 네트워크 보안 시스템 – 기능은 접근 제어(access control), 로깅(logging)과 감사 추적(auditing), 인증(authentication), 데이터 암호화로 구분 – 한계점으로는 바이러스를 막을 수 없고, 악의적인 내부 사용자의 공격을 막을 수 없고, 새로운 형태의 공격에 취약 – 종류는 패킷 필터링 방식, 애플리케이션 게이트웨이 방식(프록시 서버 방화벽), 서킷 게이트웨이(circuit gateway) 방식, 하이브리드 방식, 상태추적 방식	– 소프트웨어 방화벽 – 하드웨어 방화벽 – NPU 기반의 방화벽 – 멀티코어 프로세서 기반의 방화벽
IDS/IPS (Intrusion Detection System/Intrusion Prevention System	– 침입 탐지 시스템(IDS)/침입 차단 시스템(IPS)은 외부 네트워크로부터 내부 네트워크로 침입하는 네트워크 패킷을 찾아 제어하는 기능을 가진 소프트웨어 혹은 하드웨어	

장비명	설명	종류
IDS/IPS (Intrusion Detection System/Intrusion Prevention System)	– 일반적으로 내부망으로 들어오는 모든 패킷이 지나가는 경로에 설치되며 호스트의 IP주소, TCP/UDP의 포트 번호, 사용자 인증에 기반을 두고 외부 침입을 방지 또는 차단하는 역할	
IDS (Intrusion Detection System)	– 외부 침입에 대한 정보를 수집하고 분석하여 침입 활동을 탐지해 대응하도록 보안 담당자에게 통보하는 기능을 수행 – 해킹에 대하여 방화벽보다 적극적인 방어가 가능한 장점이 있지만, 대규모 네트워크에는 사용하기 어렵다는 단점	– 행위 기반 · 지식 기반 – 수동적 · 능동적 – 호스트 로그파일 · 네트워크 패킷 – 사후분석 · 실시간 분석
IPS (Intrusion Prevention System)	– 외부 침입을 탐지하여 실시간으로 침입을 막는 예방적이고 사전에 조치하는 기능 – 방화벽, IDS, Secure-OS 등의 보안기술에 기반 – 취약점을 능동적으로 사전에 보완하고 웜 바이러스(worm virus)나 버퍼 오버플로(buffer overflow), 비정상적인 트래픽 등의 공격까지 차단	
UTM (Unified Threat Management)	– 방화벽, 가상 전용 네트워크, 침입 차단 시스템, 웹 콘텐츠 필터링, 안티스팸(anti-SPAM) 소프트웨어 등을 포함하는 여러 개의 보안 도구를 이용하는 통합 위협 관리 시스템 – 비용 절감, 관리 능력 향상	
VPN (Virtual Private Network)	– 공중 네트워크를 통해 특정 단체 · 기업이 내용을 외부에 드러내지 않고 통신할 목적으로 쓰이는 사설 통신망 – 사용하는 프로토콜은 TCP/IP 프로토콜 – SSL VPN은 웹 브라우저를 지원해 구축이 간편하고 투자비 저렴 – IPSec VPN, 별도 하드웨어 필요 및 사용 불편, 보안성 우수 – 암호화 기술과 라우팅 기술을 제공	– IPsec VPN – SSL VPN – L2TP – OpenVPN

장비명	설명	종류
SSL (Secure Sockets Layer)	– 인터넷의 데이터 통신 보안을 제공하는 암호 프로토콜 – SSL을 사용하기 위해서는 SSL용 인증서가 필요	
ESM (Enterprise Security Management)	– 방화벽, IPS, IDS, VPN 등 다양한 종류의 보안 솔루션 로그 또는 일반 시스템의 로그를 하나로 통합해 관리하는 통합 보안 관리 솔루션	
SSH (Secure SHell)	– 다른 컴퓨터에 로그인하거나 원격 시스템에서 명령을 실행하고 다른 시스템으로 파일을 복사하는 프로토콜 – SSH는 암호화 기법을 사용하여 노출되더라도 이해할 수 없는 암호화된 문자로 전송	
SFTP (Secure File Transfer Protocol)	– 신뢰할 수 있는 파일 접근, 파일 전송, 파일 관리를 제공하는 네트워크 프로토콜	
FTPS (FTP Secure)	– FTP가 확장된 개념으로, 기존의 FTP에 전송 계층 보안(TLS)과 보안 소켓 계층(SSL) 암호화 프로토콜을 추가하여 사용	
SCP (시큐어 카피, secure copy)	– SSH 기반의 로컬 호스트와 원격 호스트 간에 컴퓨터 파일을 안전하게 전송하는 수단	– SSH – SFTP – cp

② 보안 장비 가운데 방화벽, IDS, IPS의 사용 목적과 기능 등을 비교하면 다음과 같다.

구분	방화벽	IDS	IPS
목적	접근통제 및 인가	침입 여부를 감지	침입 이전에 방지
패킷 차단	○	×	○
패킷 내용 분석	×	○	○
오용 탐지	×	○	○
오용 차단	×	×	○
이상 탐지	×	○	○
이상 차단	×	×	○
장점	– 엄격한 접근 통제 – 인가된 트래픽 허용	– 실시간 탐지 – 사후분석 대응 기술	– 실시간 즉각 대응 – 세션 기반 탐지 가능
단점	– 내부자 공격 어려움 – 네트워크 병목현상	– 변형된 패턴 탐지 어려움	– 잘못된 탐지 발생 가능

③ 네트워크 장비에서 보안을 설정하는 방법은 다음과 같다.

구분	보안 설정 내용
ACL (Access Control List)	– 네트워크에 전달되는 패킷을 필터링해 네트워크 트래픽을 제한하고 특정 사용자나 네트워크 서비스를 제어 – ACL의 종류로 Numbered 방식은 숫자로 구분하여 사용하는 방식이고, Named 방식은 사용자가 임의로 이름을 부여하여 사용하는 방식
VLAN (Virtual LAN)	– 네트워크를 작은 네트워크로 임의로 나눈 뒤, 각각의 작은 네트워크에 ARP request와 같은 브로드캐스트 패킷 제한 기능을 부여 – VLAN으로 나누면 ACL을 통해 접근통제가 가능하고, 웜 바이러스와 같은 악성코드가 발생했을 때도 범위 제한 가능
NAC (Network Access Control)	– IP 관리 시스템과 유사한 개념으로, 사용 가능한 IP 확인 및 IP 충돌 방지 – 주요 기능으로는 접근 제어 및 인증, 네트워크 방비의 통제, 해킹 등의 탐지 및 차단

④ 컴퓨터 네트워크 가운데 일반 통신과 영상정보를 전송하는 수단으로 사용이 늘어나고 있는 무선 LAN(Wi-Fi) 기술에서 사용되고 있는 보안 방식은 다음과 같다.

구분		기능 및 방식
개방 인증	SSID 숨김	보안은 아니지만 현실적으로 사용
	MAC 인증	보안은 아니지만 현실적으로 사용
공유키	WEP	스트림암호 RC4에 기반하여 제작되었으나, 취약성이 발견되어 WPA3을 사용하도록 권고
인증, 암호	WPA	2002년 제정 · 이미 암호 알고리즘이 깨짐
	802.11i	2004년 제정 · 802.11의 보안 취약성 해결한 표준으로 AES 알고리즘을 이용하여 암호화
	WPA2	2004년 제정 · AES 알고리즘을 이용하여 암호화
	WPA3	2019년 제정 · WPA2 확장으로 192비트의 암호키 사용

⑤ 컴퓨터 악성코드(악성 소프트웨어)는 멀웨어(malware)라고 하는데, 컴퓨터, 서버, 클라이언트, 컴퓨터 네트워크에 악영향을 끼칠 수 있는 모든 소프트웨어의 총칭이다. 네트워크가 발달하면서 이메일이나 웹 등으로 전파되어 컴퓨터에 감염된다.

⑥ 악성코드를 분석하는 방법은 정적 분석과 동적 분석 방법이 있다.

　㉠ 정적 분석(static code analysis)

　　• 프로그램을 디스어셈블하는 디버깅 프로그램을 이용하는 방법으로 Immunity Debugger, 올리디버거, IDA 프로, GDB 등의 프로그램 사용

- 위 프로그램들을 사용하여 디스어셈블된 프로그램의 코드를 실행시키지 않고 분석하는 기법
  - ○ 동적 분석(dynamic code analysis)
    - 런타임 디버깅기법을 이용하여 통제된 상황에서 악성코드를 직접 실행시켜 발생하는 변화를 분석하는 방법
    - 런타임 디버거로는 Immunity Debugger, 올리디버거 등이 있으며 프로그램의 프로세스에 붙어서 제어하는 역할
    - 통제된 상황에서 변화를 살펴보는 도구로는 파일의 입출력을 감시하는 Filemon, 레지스트리 정보 변화를 감시하는 Regmon, TCP/UDP 통신에 대한 입출력을 감시하는 TDImon, 실행 중인 프로세스의 DLL 정보 등을 감시하는 프로세스 익스플로러 등

⑦ 악성코드의 종류는 다음과 같다.
  - ㉠ 컴퓨터 바이러스: 프로그램을 통해 감염되는 악성 소프트웨어
  - ㉡ 웜: 컴퓨터의 취약점을 찾아 네트워크를 통해 스스로 감염되는 악성 소프트웨어
  - ㉢ 웜 바이러스: 웜과 바이러스의 감염 방법을 동시에 갖춘 악성 소프트웨어
  - ㉣ 트로이 목마: 자가 복제 능력이 없는 악성 소프트웨어
  - ㉤ 스파이웨어: 사용자의 정보를 빼내는 악성 소프트웨어
  - ㉥ 애드웨어: 컴퓨터 사용 시 자동으로 광고가 표시되게 하는 악성 소프트웨어
  - ㉦ 가짜 백신 프로그램: 정당한 바이러스 방어 프로그램이라고 주장하고 잘못된 정보를 표시하여 사용하고 결제를 유도하여 금전 정보를 탈취하는 악성 소프트웨어
  - ㉧ 하이재커: 의도치 않은 사이트로 이동시키고 팝업 창을 띄우는 악성 소프트웨어
  - ㉨ 랜섬웨어: 특정 파일을 암호화하여 파일을 사용 불가능 상태로 만들어서 복구를 위해 돈을 요구하는 악성 소프트웨어

⑧ 네트워크에서 이루어지는 해킹의 종류와 대비책을 요약하면 다음과 같다.

구분	공격 방법	해킹 탐지 및 대비 방법
스니핑 (sniffing)	– 데이터 속에서 정보를 찾는 것으로 수동적 공격 – 종류는 ICMP 리다이렉트, 스위치 재밍 방식	– ping을 이용한 탐지 방법 – ARP를 이용한 탐지 방법 – DNS를 이용한 탐지 방법 – 유인을 이용한 탐지 방법 – SSL(Secure Socket Layer)을 이용한 방법

구분	공격 방법	해킹 탐지 및 대비 방법
스푸핑 (spoofing)	– 속임을 이용한 공격 – 네트워크에서 스푸핑 대상은 MAC 주소, IP 주소, 포트 등 공격 대상 – ARP 스푸핑, IP 주소 스푸핑, DNS 스푸핑, MAC 스푸핑, 이메일 스푸핑, 웹 사이트 스푸핑 방식	– 관리하는 시스템의 MAC 주소를 확인해서 테이블을 만든 후 이를 이용하여 IP 주솟값 등을 비교하여 대비 – 이메일은 보안이 강화된 이메일을 사용하고, 중요한 메일은 확인 후 사용
파밍 (pharming)	– 피싱(phishing) 방법의 하나로, 개인정보를 유출하고 금전적 손해를 입히는 공격 – 악성코드를 컴퓨터 내부에서 작동시켜 올바른 도메인 주소를 입력해도 특정한 IP 주소로 바뀌어 해커가 만들어 둔 가짜 사이트로만 접속이 되도록 유도하는 방법	– 사이트 주소가 정상인지 확인하고, 보안카드 번호를 입력하지 않기 – 공인인증서, 보안카드 사진 등을 컴퓨터나 이메일에 저장하지 않기 – OTP(일회성 비밀번호 생성기), 보안 토큰(비밀번호 복사방지) 등을 사용하기를 권장 – 공인인증서 PC 지정 등 전자금융 사기 예방 서비스에 가입 – 스마트폰 문자 메시지에 포함된 인터넷주소 클릭하지 않기 – 무료 다운로드 사이트의 이용을 자제하고, 출처가 정확하지 않은 파일이나 이메일은 즉시 삭제 – 윈도, 백신 프로그램 등을 최신상태로 유지
APT (Advanced Persistent Threat)	– 지능적이고(advanced) 지속적인(persistent) 해킹 공격 방법 – 지능적으로 이메일을 이용해 악성코드 등을 심거나 강제로 암호화시켜 데이터를 날리는 등의 공격	– 핵심 자산의 접근은 최소 인원만 허가하고 관리 – 사용자별 접근 권한을 다르게 설정 – 필요한 경우 망을 분리 – 윈도, 백신 프로그램 등을 최신상태로 유지
터널링 (tunneling)	– 두 네트워크를 한 네트워크처럼 안전하게 사용할 수 있게 만드는 기술 – 터널링에서는 터널링 장비를 지날 때 일반 라우터나 스위치처럼 원래 패킷에 있던 정보를 벗겨내지 않고 캡슐화를 수행	

구분	공격 방법	해킹 탐지 및 대비 방법
세션 하이재킹 (session hijacking)	– 세션은 컴퓨터 시스템에서 사용자가 컴퓨터나 네트워크, 소프트웨어 서비스에 로그인하거나 액세스할 때 시작하는 개념 – 세션이 연결되는 동안 사용자의 활동과 관련된 정보를 임시로 저장하는데, 세션 하이재킹은 컴퓨터를 공격하여 정보 탈취 – 로컬 세션 하이재킹 공격과 원격 세션 하이재킹 공격	– 공용 와이파이 사용을 자제 – 안전하지 않은 웹사이트 접근 자제 – 멀웨어 방지 앱 설치시스템 – 소프트웨어를 신중하게 다운로드 – 알 수 없는 링크는 열지 않기 – VPN의 사용 권장
무선 랜 (wireless LAN)	– AP(Access Point)에 대하여 공격	– 물리적인 통제로 AP의 계정과 패스워드 관리를 철저하게 실시 – AP 목록(SSID)을 확인하여 클라이언트의 접근을 차단 – WPA3 키를 사용
DoS 공격 (Denial of Service attack)	– 서비스 거부 공격으로, 시스템을 악의적으로 공격해 해당 시스템의 자원을 부족하게 만들어 원래 의도된 용도로 사용하지 못하게 하는 공격 – 취약점 공격형과 자원 고갈 공격형	– 방화벽 설치 – IPS 설치 – 안정적인 네트워크 설계와 시스템 패치 관리 – 시스템 분석(스캐닝) – 서비스별 대역폭 제한
DDoS 공격 (Distribut-ed Denial of Service attack)	– DoS 공격의 발전된 형태 – DDoS 공격을 위해 사전에 공격 대상과 일정을 정한 뒤 이를 미리 작성한 악성코드에 코딩하여 인터넷을 통해 악성코드를 전파 – 누킹(nuking)이라는 이름으로 특정 IP에 대량의 패킷을 보내 인터넷 접속을 끊는 크래킹(cracking) 공격도 실시	
랜섬웨어 (ransom-ware)	– 사용자 동의 없이 컴퓨터에 불법 설치 후 원격 잠금 – 감염 시 증상은, 주요 시스템 파일이 열리지 않고 파일들의 확장명이 변경되고(예 한글 파일의 확장자인 @.hwp가 @.hwp.abc 등과 같은 확장자로 변경), CPU와 RAM 사용량이 급격히 증가하는 등의 증상 발생	– 중요한 자료는 정기적으로 백업 – 출처 불분명한 이메일이나 메시지의 URL 링크 실행 금지 – 신뢰할 수 없는 사이트에서 파일 다운로드 금지 – 윈도, 백신 프로그램 등을 최신상태로 유지

구분	공격 방법	해킹 탐지 및 대비 방법
SYN 플러드 공격 (SYN flood attack)	- TCP/IP의 취약성을 이용한 서비스 거부(DoS) 공격 방식 중의 하나 - 네트워크를 SYN 패킷으로 가득 채워 추가 연결 요청 차단 - 높은 CPU, 메모리 등의 이용률을 발생시켜 결국 정상적인 서비스 요청에 대한 거부 상태를 초래	- 방화벽 설치 - IPS 설치 - 안정적인 네트워크 설계와 시스템 패치 관리 - 서비스별 대역폭 제한
UDP 플러드 공격 (UDP flood attack)	- 시스템 속도 저하를 위해 UDP 패킷을 지속적으로 보내 연결 처리 불가 상태 유도	- 방화벽 설치 - IPS 설치 - 안정적인 네트워크 설계와 시스템 패치 관리
포트 스캔 공격	- 이용할 수 있는 서비스의 종류를 조사하기 위해 패킷들을 서로 다른 포트 번호로 보낸 후 응답을 기다리는 행위	- 방화벽 설치 - IPS 설치 - 안정적인 네트워크 설계와 시스템 패치 관리
죽음의 핑 (ping of death)	- 규정보다 긴 길이의 ICMP 패킷을 보내는 것으로, DoS 공격, 시스템 파괴, 리부팅 등을 초래	- 방화벽 설치 - IPS 설치 - 서비스별 대역폭 제한
랜드 공격 (land attack)	- SYN 공격과 IP 스푸핑 혼합, 위장된 SYN 패킷을 통해 자기 자신에게 SYN-ACK 응답 유도, idle 타임아웃까지 빈 연결 지속으로 시스템 처리 용량 초과 시 서비스 거부 발생	- 방화벽 설치 - IPS 설치 - 서비스별 대역폭 제한
티어 드롭 공격 (tear drop attack)	- IP 패킷들의 재조립을 이용한 방법으로 IP 헤더의 옵션 중에 오프셋을 이용하여 어떤 패킷 조각의 오프셋과 크기의 합계가 다음 패킷의 오프셋보다 크면 서버가 패킷 재조립하려고 할 때 문제를 발생시키는 방법으로 공격	- 방화벽 설치 - IPS 설치 - 서비스별 대역폭 제한

구분	공격 방법	해킹 탐지 및 대비 방법
핑 스캔 (ping scan)	– 포트 스캔 공격과 비슷하며, 공격자가 ICMP ping을 여러 개의 서로 다른 목적지 주소로 보낸 후, 누군가 응답하기를 기다림으로써 목표로서의 가능성이 있는 IP 주소를 찾아내는 공격	– 방화벽 설치 – IPS 설치 – 서비스별 대역폭 제한
중간자 공격 (MITM; Man In The Middle attack)	– 통신하고 있는 당사자 사이에 들키지 않게 끼어들어 당사자들이 교환하는 통신 내용을 바꾸거나 도청하는 공격 기법	– 보안 터널링 – 통신 암호화

⑨ 포트 스캔(port scan)은 컴퓨터 네트워크를 통해 서버의 포트를 스캔하여 서버가 제공하고 있는 서비스들을 찾아내는 것을 말하는데, 간혹 컴퓨터의 취약점 공격을 위한 수단으로 사용되기도 한다. 포트 스캔 방법은 다음과 같다.

   ㉠ TCP 스캔: TCP 처음 연결 시 일어나는 3-way 핸드셰이킹(handshaking)을 탐지하여 핸드셰이킹이 정상적이면 해당 TCP 포트가 열려 있다고 판단하는 방법이다.

   ㉡ SYN 스캔: TCP 핸드셰이킹 하기 전에 SYN 패킷만을 받은 후 검사를 완료하는 방식이다.

   ㉢ UDP 스캔: 서버에서 ICMP 메시지를 보내지 않으면 포트는 열려 있다고 판단하는 방식이다.

⑩ 컴퓨터 네트워크에서 네트워크의 연결 상태 등을 진단하는 진단 명령어는 다음과 같다.

   ㉠ ping: 컴퓨터와 네트워크의 상태를 판단하는 명령어이다.

   ㉡ tracert: 컴퓨터에 도달할 때까지 통과하는 경로의 정보와 각 경로에서의 지연 시간을 추적하는 명령어이다.

   ㉢ netstat: 서버의 연결 상태, 프로토콜, IP 주소, 포트 번호 등의 네트워크 인터페이스 통신 상태를 보여주는 명령어이다.

   ㉣ arp: 컴퓨터에 대한 IP 주소와 연관된 MAC 주소 등을 찾는 명령어이다.

   ㉤ nslookup: 서버에게 특정 호스트의 정보에 대한 질의를 주고 IP 주소 및 도메인 정보를 얻는 명령어이다.

⑪ 영상정보처리 시스템에서 영상정보에 대한 해킹을 저장과 전송으로 나누어 살펴보면 다음과 같다.

구분	정의	종류	설명	대응 방법
저장 단계	시스템 해킹을 말하며, 응용프로그램의 메모리 한계 및 공유 자원의 취약점을 이용하여 임의의 코드를 실행하는 해킹 기법이다.	버퍼 오버플로 해킹	응용프로그램의 메모리 한계를 이용하여 임의로 악성코드를 실행하여 시스템의 권한을 취득하고 시스템 또는 데이터베이스에 저장된 영상정보를 위조, 변조, 파괴, 유출 등을 한다.	- 암호화 저장 - 주소 공간 배치 난수화 설계 - 임의 파일 생성 및 쓰기 권한 금지
		레이스 컨디션 (race condition) 해킹	시스템 자원을 여러 프로세스가 동시에 사용하려고 경쟁을 벌이는 현상을 이용하여 비정상적인 결과를 초래하여 관리자 권한을 얻는다.	
전송 단계	시스템 또는 네트워크 취약점을 활용하여 해킹하는 기법이다.	DDoS(분산 서비스 거부) 해킹	대량의 데이터를 시스템에 보내어 공격 대상 시스템의 서비스를 불가능하게 만드는 해킹이다.	- 서버와 클라이언트 간 암호화 - 영상정보처리 시스템 간 암호화 - 영상정보 취급자 간 암호화
		SQL 삽입 (injection) 해킹	응용프로그램에 SQL 문장을 입력하여 해당 데이터베이스에 대해 원하는 조작을 하는 해킹 기법이다.	
		XSS(corss-site scripting) 해킹	공격자가 삽입한 스크립트가 대상 웹 브라우저에서 실행되어 원하는 작업을 하는 해킹 기법이다.	

4) 기타 지원시스템(항온/항습기, 에어컨, UPS) ★중요합니다.

① 항온/항습기는 실내 공기에 영향을 받는 각종 장비가 최상의 상태에서 동작할 수 있도록 공기 상태(온도와 습도)를 요구조건에 맞게 조정하는 설비이다.

② 항온/항습기의 냉방과 난방은 다음과 같은 원리로 수행된다.

㉠ 냉방

- 냉동기를 가동하여 냉매 열매체를 이용하여 냉방을 한다.
- 압축과 팽창, 증발, 그리고 응축의 단계를 거치면서 냉방이 이루어지고, 실내기에서는 찬바람이 배출되고, 실외기에서는 따뜻한 바람이 나온다.

ⓛ 난방

- 전기 히터를 사용한다.

- 센서가 난방이 필요한 온도라고 감지되면, 전기 히터에 전기를 공급하여 공기를 통과시켜 난방하고, 가습은 물을 끓여 발생하는 수증기로 가습하는 원리로 작동한다.

③ 에어컨은 에어컨디셔너(air conditioner)를 통칭하여, 온·습도 등 공기의 상태를 조절하는 설비이다.

　㉠ 냉난방기를 포함한 공기 정화 장치를 총칭하는 단어였으나, 일상적으로 냉방기의 용도로 사용되는 설비를 말한다.

　㉡ 실내기는 냉매 방식, 전수 방식 등이 있다.

　㉢ 실외기는 증기 압축 사이클 방식, 흡수식 냉동기 방식 등이 있다.

④ 항온/항습기와 에어컨을 비교하면 다음과 같다.

구분	항온/항습기	에어컨
용도	– 사용기간: 1년 내내 – 산업용 온습도에 대한 향상성 보장	– 사용기간: 여름철 – 가정용 온도 향상성 보장
부품	– −20℃~50℃ 작동 보장	– 급격한 온도 차이 발생하면 오동작
내구성	– 내구성 우수	– 내구성 보통

⑤ UPS(무정전 전원 장치, Uninterruptible Power Supply)는 장비에 공급되는 전원에서 일어날 수 있는 전원 장애를 극복하여 짧은 시간 내에 배터리 등을 이용하여 비상 전원을 공급하여 양질의 전원을 공급하는 장치이다.

⑥ UPS의 구조는 다음과 같다.

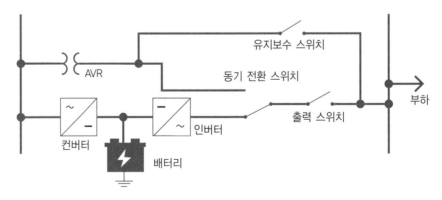

▲ **그림 2.1.22** UPS 구조

㉠ 배터리(battery): 입력 전원이 정전되었을 때, 인버터에 전원을 공급해 준다.

㉡ 컨버터(converter): 입력 전원을 변환하여 배터리 또는 인버터에 직류 전원을 공급해 주는 역할을 하며, 정류기(rectifier) 또는 충전기(charger)라고도 한다.

㉢ 인버터(inverter): 컨버터 또는 배터리로부터 직류 전원을 공급받아 정전압, 정주파수의 교류 전원으로 변환하여 공급해 준다.

㉣ 동기 전환 스위치(static transfer switch): 인버터 장애 시 대체 전원으로 부하를 전환해 주는 역할을 한다.

㉤ 유지보수 스위치(maintenance bypass switch): UPS 장애로 인한 수리 작업 시 전원을 공급하는 역할을 한다.

㉥ AVR(Automatic Voltage Regulator): 자동 전압 조정기로, 일정한 전압을 공급해 주어 품질 좋은 전력을 공급하는 장치이다.

⑦ UPS의 동작 방식은 오프라인, 온라인, 라인 인터렉티브 방식이 있다.

방식	동작 방법	장점	단점
오프라인 방식 (off-line)	정상적인 상태에서는 부하에 직접 공급하고, 이상 발생 시에는 배터리 인버터의 전원을 부하에 공급하는 방식	- 정상 시 효율이 높다. - 회로 구성 간단, 내구성 우수 - 온라인 방식에 비해 가격 저렴	- 정전 시 순간적인 전원 끊김 발생 - 전압 조정 불가
온라인 방식 (on-line)	일반적인 방식으로, 정상적인 교류 전원 인입 시에노 인버터를 통해 노이즈를 제거한 양질의 전원을 공급하는 방식	- 정전 시 무중단 공급 - 양질의 일정한 전원 공급	- 회로 구성이 복잡하고, 높은 기술력 요구 - 전력 소모가 많아 효율 저하
라인 인터렉티브 방식 (line-inter-active)	정상적인 상태에서는 부하에 직접 공급하고, 이상 발생 시에는 축전지를 통해 전원을 공급하는 방식	- 정상 시에 효율이 높음 - 온라인에 비해 회로 구성이 간단하고, 가격 저렴	- 내구성이 오프라인 보다 낮음 - 고장 발생 빈도가 높음

⑧ UPS 장치는 다음의 전원 문제를 해결할 수 있다.

㉠ 정전

㉡ 순간 전압 상승 및 강하

㉢ 과전압

㉣ 전선 노이즈

㉤ 주파수 및 스위치 변화

3 정보통신 신기술 동향 ★중요합니다.

1) 4차 산업 혁명 관련 기술(IoT, Cloud, Big Data, Mobile, Security, AI)

① IoT(Internet of Things)는 각종 사물(가전제품, 모바일 장비, 웨어러블 디바이스 등 다양한 내장형 시스템)에 센서와 통신 기능을 내장하여 인터넷에 연결하는 기술이다. 즉, 유 · 무선 통신을 통해 각종 사물을 연결하는 기술을 말한다.

② 사물인터넷을 구축하기 위한 기술적인 설정은 다음과 같이 구성된다.

　㉠ 사물 신원 확인

　　• 각각의 개체는 다른 개체가 식별할 수 있게 해주는 신원 확인이 필요하여 사물에 IP 주소를 부여한다.

　　• IP 체계는 IPv6 주소가 사용된다.

　　• 스마트미디어 산업과 같은 정보통신 기술이 융합해서 만들어진 새로운 산업이다.

　㉡ 네트워크 구축

　　• 사물끼리의 일관된 정보 전달 방법을 확립하기 위해 웹 프로토콜인 HTTP를 대체하여 MQTT(MQ Telemetry Transport) 프로토콜이 사물인터넷 표준 규약으로 사용되고 있다.

　㉢ 감각 부여(센서 부착)

　　• 사물에 청각, 미각, 후각, 촉각, 시각 등을 부여해 주변 환경의 변화를 측정할 수 있도록 한다.

　　• 사물에 부여되는 감각은 오감뿐만 아니라 RFID 등을 통한 감각으로 확장될 수 있다.

　　• 예를 들면, 이불의 경우 감압 센서와 습도 센서를 통해 사용자가 수면 중 몇 번 뒤척였는지, 얼마만큼 땀을 흘렸는지 등을 측정할 때 사용한다.

③ 클라우드(cloud)는 사용자가 직접 관리하지 않는 데이터 스토리지와 컴퓨터 시스템 자원이 필요할 때 바로 제공하는 것을 말한다. 클라우드의 특징은 다음과 같다.

　㉠ 사용자들은 민첩한 서비스를 제공받을 수 있다. 클라우드 컴퓨팅은 기술 인프라스트럭처 자원들의 재보충, 추가, 확장을 통해 사용자의 유연성을 높일 수 있다.

　㉡ 컴퓨터 시스템 자원 설치 비용이 줄어들 수 있다.

　㉢ 사용하는 장치(PC, 휴대전화 등)의 위치가 어디인지, 무슨 장치를 사용하는지에 관계없이 사용자들은 표준 프로토콜을 통하여 시스템에 접근할 수 있게 한다.

　㉣ 사용자의 컴퓨터에 애플리케이션을 설치할 필요가 없고, 어느 위치이든 관계없이 접근할 수 있어 유지보수가 쉽다.

　㉤ 성능 좋은 시스템을 사용할 수 있다.

ⓑ 보안이 강화된 시스템으로 안전하고 확장성 있는 시스템으로 사용할 수 있다.

④ 클라우드가 제공하는 서비스 측면에서의 모델은 다음과 같이 분류할 수 있다.

　㉠ IaaS(Infrastructure as a Service)

- 서버, 스토리지, 네트워크가 필요할 때 하드웨어 인프라 자원을 사용할 수 있게 클라우드 서비스를 제공하는 형태이다.
- 대표적인 기술로는 서버 가상화, 데스크톱 가상화 등이 있다.
- 사용 사례는 네이버 클라우드 플랫폼, 아마존 EC2 등이 있다.

　㉡ PaaS(Platform as a Service)

- 애플리케이션을 개발, 실행, 관리할 수 있는 플랫폼을 임대하거나 제공하는 서비스 형태로, 애플리케이션 개발을 위한 플랫폼을 구축할 필요 없이 필요한 개발 요소를 웹에서 쉽게 빌려 쓰는 모델이다.
- 사용 사례는 구글의 APP 엔진, 마이크로소프트의 애저(azure) 등이 있다.

　㉢ SaaS(Software as a Service)

- 소프트웨어 및 관련 데이터는 중앙에 있고, 사용자는 표준 프로토콜을 통해 접속하는 형태의 소프트웨어를 임대하고 제공하는 서비스 모델이다.
- 네트워크 기반으로 접근하고 관리하는 상업적으로도 사용할 수 있는 소프트웨어이다.
- 사용 사례는 웹메일 서비스, iCloud, Dropbox 등이 있다.

　㉣ MBaaS(Moblie Backend as a Service)

- 인터넷 앱과 모바일 앱 개발자들은 자신들의 애플리케이션들을 애플리케이션과 클라우드 컴퓨팅 서비스와 클라우드 스토리지를 연결하여 제공받는다.
- 제공받는 서비스는 사용자 관리, 푸시 알림, 소셜 네트워킹 서비스와의 연동 등이 포함한다.

　㉤ SECaaS(SECurity as a Service, 보안 서비스형)

- 클라우드 서비스 제공자가 각종 보안 솔루션을 사용자에게 제공하는 서비스로, 사용자는 보안 장비를 도입하지 않아도 된다.
- 사이버 위협 환경에 신속하게 대응할 수 있는 장점이 있어 지속적인 보안 투자가 어려운 기업에 알맞은 서비스라 할 수 있다.

⑤ 클라우드의 구성 방식 측면에서의 모델은 다음과 같이 분류할 수 있다.

　㉠ 프라이빗 클라우드(private cloud)

- 클라우드를 한 기업이 독점하는 클라우드 서비스이다.
- 사용하는 기업이 클라우드의 자원, 데이터, 자원 제어권을 가지고 운영한다.

- 클라우드 컴퓨팅 요소를 직접 구축하기 때문에 각 상황에 맞는 기능을 맞출 수 있고, 보안 기능을 뛰어나게 구축할 수 있는 장점이 있다.

ⓛ 퍼블릭 클라우드(public cloud)

- 가장 일반적인 클라우드 서비스 종류로, 사용자가 소유하지 않은 IT 인프라에서 생성되는 클라우드 환경이다.
- 데이터, 서버, 컴퓨팅 기능과 같은 자원이 각 서비스에서 사용자별로 분리되거나 권한 관리가 되어 서비스 사용자 간에 침해가 없는 특징이 있다.
- 우리나라의 공용 인터넷망에 연결되는 공공 클라우드, 구글의 AWS, 마이크로소프트의 애저 등이 있다.

ⓒ 하이브리드 클라우드(hybrid cloud)

- 대부분의 클라우드 서비스 형태이고, 퍼블릭 클라우드와 프라이빗 클라우드가 결합한 클라우드 서비스 종류로, 프라이빗 서비스를 이용하여 WAN, LAN, VPN 망 기술을 이용해 연결하는 방식으로 구축한다.
- 개념적으로 온프레미스(on-premise, 물리서버)와 클라우드(가상서버)를 결합한 형태를 말한다.

ⓔ 멀티클라우드(multi cloud)

- 퍼블릭 클라우드나 프라이빗 클라우드를 2개 이상 결합하는 형태로, 애플리케이션과 서비스를 분산시키기 위해 사용한다.
- 중요한 데이터를 효과적으로 보호하는 기능과 성능을 강화하려는 사용자(기업)가 사용한다.

⑥ 빅데이터(big data)는 '빅(Big)'과 '데이터(Data)'라는 용어가 결합한 합성어로 아주 큰 데이터라는 의미를 갖는데, 데이터 소유의 경계를 넘어 가치를 주는 정보를 처리하고 분석할 수 있는 모든 체계를 말한다. 기존의 정보 관리 기술로는 저장·관리·분석하기 어려울 정도의 큰 규모의 정형 또는 비정형 데이터를 의미한다. 그리고 대규모의 데이터를 저장·관리·분석하는 기술도 빅데이터라 한다.

⑦ 빅데이터의 특징을 5V로 설명하면 다음과 같다.

㉠ 크기(volume)

- 규모 혹은 용량을 뜻하는 볼륨으로, 품질이 보장된다면 규모가 큰 데이터에서 추출된 정보의 신뢰성이 상대적으로 높은 특징이 있다.
- 데이터 규모가 데이터의 가치를 결정짓는 것은 아니나, 빅데이터는 혁신적인 형태의 자료 처리 방법이 필요할 정도로 규모의 특징을 갖는다.

- 스몰 데이터라고 하더라도 데이터를 바라보는 새로운 관점, 시각이 동반된 새로운 방식의 자료 처리와 해석에 따라 빅데이터로 볼 수 있다.

ⓛ 속도(velocity)

- 대용량의 데이터를 빠르게 처리하고 분석할 수 있는 기능으로 매우 빠른 속도로 생성되는 데이터에 대응하여 이를 실시간으로 저장, 유통, 수집, 분석 처리하기 위한 것이다.
- SNS에서 생성되는 메시지 역시 매우 빠른 속도로 생성되며, 퍼져 나가는 속도 또한 매우 빠르다.
- 실시간 교통 안내 시스템과 같은 방대한 데이터의 분석 또한 실시간으로 빠르게 이루어져야 한다.

ⓒ 다양성(variety)

- 정형 데이터, 비정형 데이터, 반정형 데이터 등 다양한 형태의 데이터가 존재한다.
- 정형 데이터는 일정한 형식을 갖추고 고정된 필드에 저장되는 데이터로 각종 측정치, 계산값 등을 기록한 수치 데이터이고, 반정형 데이터는 고정된 필드로 저장되지는 않지만, XML이나 HTML과 같이 메타데이터나 스키마 등을 포함하는 데이터이며, 비정형 데이터는 사진, 동영상, 메신저의 대화 내용, 위치 정보, 통화 내용 등과 같이 고정된 필드에 저장되지 않는 데이터를 말한다.
- 컴퓨터가 다양하게 활용되고 있고, 스마트 기기가 확대되어 오늘날 데이터 가운데 반정형 혹은 비정형 데이터가 대부분을 차지하고 있다.

ⓔ 정확성(veracity)

- SNS 등에 나타난 소비자의 의견은 어느 정도의 불확실성을 가질 수밖에 없지만, 데이터의 유용성 자체를 부정할 수 없다.
- 데이터에 수많은 바이어스(bias, 이상 데이터)나 노이즈(noise, 데이터 왜곡)가 발생하면, 이를 적절하게 처리하여 유용한 가치를 제공할 수 있도록 보정이 가능하고, 불필요한 정보를 교정하거나 삭제해야 한다.

ⓜ 가치(value)

- 빅데이터는 데이터에서 유용한 가치를 찾아서 비즈니스나 연구에서 활용해야 그 의미가 있고, 빅데이터를 활용하여 어떠한 부분에 활용할 수 있을지에 대한 해결 방안을 통하여 자료를 수집하고 설계한 후, 활용할 수 있어야 한다.

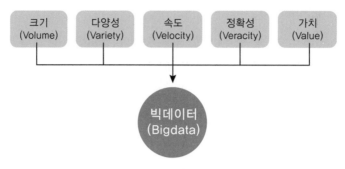

▲ 그림 2.1.23 빅데이터 5V

⑧ 인공지능(AI; Artificial Intelligence)은 컴퓨터에 인간의 학습 능력, 추론 능력, 지각 능력을 인공적으로 구현하는 것을 말한다.

㉠ 인간의 지능을 모방한 기능을 갖춘 컴퓨터 시스템을 말하고, 컴퓨터가 학습하여 얻은 결과를 바탕으로 스스로 판단할 수 있도록 만드는 기술을 총칭한다.

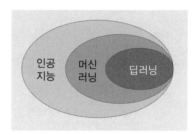

▲ 그림 2.1.24 인공지능 분류

㉡ 인공지능 학습을 구분하면 머신 러닝(machine learning, 기계 학습)과 딥 러닝(deep learning)으로 구분할 수 있다.

• 머신 러닝: 컴퓨터(기계)가 경험으로부터 배운다는 의미로, 학습을 통해 능력을 키우는 것이다.

• 딥 러닝: 인간의 신경망 계층 구조를 이용하는 머신 러닝 방법이다.

㉢ 머신 러닝에서 사용하는 학습 방법은 지도 학습(supervised learning), 비지도 학습(non-supervised learning), 강화학습(reinforcement learning)으로 구분된다.

학습 방법	학습 내용
지도 학습	− 문제와 답을 함께 학습하여 문제에 대한 올바른 답을 예측하는 학습으로 결과를 도출해 내는 것이다. − 차량번호 인식에서 정상 번호판과 훼손된 차량번호 사례를 함께 학습시켜 판독률을 높이는 경우 등에서 사용한다.
비지도 학습	− 목푯값이 표시된 데이터와 표시되지 않은 데이터를 모두 훈련에 사용하여 값들의 규칙성을 찾는 방법이다. − 출력 결과는 전문가의 해석을 통하여 활용된다.
강화학습	− 주어진 환경 안에서 여러 번의 행동 가운데 보상을 통하여 학습 결과를 얻는 방법이다. − 로봇, 게임 플레이, 제어이론, 시뮬레이션 기반 최적화 등에서 사용된다.

㉣ 딥 러닝을 가능하게 하는 기법으로 인공신경망(ANN; Artificial Neural Network)이 사용되는데, 인간의 뇌에 있는 수많은 뉴런(neuron)과 뉴런의 시냅스(synapse)로 서로 연결된 신경망을 인공적으로 모방한 것이다. 즉, 복잡한 모델에 대하여 학습을 가능하게 구조화한 것이다.

- 일반적인 신경망의 기본동작에서 가지돌기는 인공신경망의 입력층이고, 축삭 말단은 인공신경망의 출력층이고, 축삭 말단에 이르기까지의 신호의 크기는 인공신경망에서 가중치를 말한다.

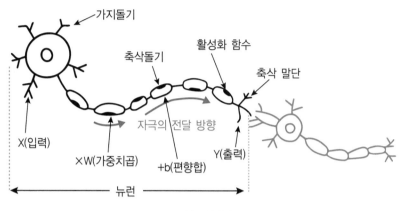

▲ 그림 2.1.25 인공신경망 구조

㉤ 딥 러닝에서 사용하는 활성화 함수(activation function) 종류는 다음과 같다.

- 시그모이드(sigmoid) 함수
- 하이퍼볼릭 탄젠트(hyperbolic tangent) 함수
- 렐루(ReLU) 함수
- 리키렐루(LeakyReLU) 함수
- 소프트맥스(SoftMax) 함수

㉥ 딥 러닝의 학습에서 사용하는 알고리즘 종류는 다음과 같다.

종류	내용
순전파 (forward propagation)	입력층에서 출력층 방향의 순방향으로 연산을 진행하면서 최종 예측값이 도출되는 과정으로 학습한다.
역전파 (back propagation)	손실함수 등에서 구해진 예측값과 실제값의 차이를 역방향으로 진행하면서 가중치를 업데이트하는 과정으로 학습하여 결과를 도출한다.

Ⓐ 딥 러닝은 다음과 같은 유형이 있다.

- 인공 신경망(ANN)
- 심층 순방향 신경망(DFN)
- 순환 신경망(RNN)
- 합성곱 신경망(CNN)
- 적대적 생성 신경망(GAN)
- LSTM

⑨ 블록체인(block chain)은 데이터를 블록이라고 하는 소규모 데이터들이 P2P(Peer-to-Peer) 방식에서 만들어진 체인 형태의 연결고리 기반 분산 데이터 저장 환경에 저장하여 누구라도 임의로 조작을 불가능하게 하는 분산 컴퓨팅 기술 기반의 원장 관리 기술이다. 블록체인 기술은 가상화폐인 비트코인에서 사용되고 있고, 주식, 부동산, 식품 유통 등에서 사용되고 있다.

⑩ 로봇 공학(로보틱스, robotics)은 로봇의 설계, 제조, 운용 등을 다루며, 기계공학, 전자공학, 컴퓨터 과학 등의 많은 분야가 참여하는 공학적 기법이다. 로봇의 종류에는 의료용 로봇, 생활 로봇, 탐험 로봇, 구조 로봇 등 다양한 분야에서 활용되고 있다.

⑪ 양자암호(quantum cryptography)는 양자역학적 특성을 활용하여 정보를 안전하게 보호하기 위한 방법론이다. 안전한 통신을 위한 활용이나 비밀을 공유하도록 사용하는 양자 비밀 공유 등에서 활용된다.

⑫ 무인 자동차(self-driving car) 또는 자율주행차는 운전자의 조작 없이 센서 등에서 얻은 정보를 활용하여 스스로 주행할 수 있는 자동차이다. 초음파 센서, 카메라, 라이다(LIDAR; LIght Detection And Ranging)와 같은 다양한 센서를 이용하여 주변 환경을 인식한다. 군대에서 사용하는 순찰용 무인 차량과 광산이나 건설 현장에서 운용되고 있는 덤프트럭, 자율주행 버스 등이 있다.

　　㉠ 커넥티드 카(connected car)는 보통 무선랜 등으로 인터넷 접속이 가능한 자동차이다. 자동 충돌 알림, 과속 및 안전 경보 알림 등 추가적인 정보를 제공하는 기술들이 포함되어 있다.

⑬ 사이버 보안(cyber security) 또는 정보 기술 보안은 컴퓨터 시스템을 도난이나 손상, 서비스의 중단 또는 오용으로부터 안전하게 보호하는 행위를 말한다.

　　㉠ 이 분야는 컴퓨터 시스템과 인터넷 및 무선 네트워크에 대한 의존도 증가와 스마트폰, IoT 장치의 보급과 맞물려 그 중요성이 커지고 있다.

　　㉡ 사이버 보안은 컴퓨터를 이용하여 업무를 수행하는 모든 산업에서 이루어지고 있으며, 범위와 내용도 다양하고 광범위하게 펼쳐져 이루어지고 있다.

ⓒ 사이버 보안을 위한 구조 체계는 다음과 같이 분류할 수 있다.

구분	수행 내용
파악	조직 내부의 취약한 자원을 파악
보호	자원과 데이터를 보호하고 필수적인 유지관리 활동
탐지	침해나 침입을 탐지
대응	침해에 대응하여 방어나 퇴치
복구	공격으로 인해 시스템, 데이터, 재무 상태 등의 피해를 복구하는 것

ⓓ 사이버 보안 형태를 구분하면 다음과 같다.

구분	보안 방법	종류
서버 보안	- 인증서를 통해 전자거래의 실체를 증명하여 서버 간에 신뢰를 형성 - 서버 간에 전송되는 데이터의 암복호화를 통해 보안 채널을 형성	- 웹서버 - 웹 브라우저 - 인증서
운영체제 보안	- 운영체제가 시스템의 보안 유지를 위하여 수행하는 기능들 - 시스템 구성 자원들 사이에 보안 권한을 정의하고 커널 등을 통하여 자원을 통제하고 제어	- 커널 - 트로이 목마 - 트랩 도어 - 비밀 채널 - 웜과 바이러스
애플리케이션 보안	- 애플리케이션 코드의 취약한 코딩 부분을 찾아 안전한 코드로 작성하는 활동	- 시큐어 코딩 - API
데이터 보안	- 저장된 데이터나 송수신하는 데이터를 안전하게 유지하는 활동	- 암복호화 - 접근 제어
네트워크 보안	- 승인되지 않은 상태에서 조직의 네트워크에 침입하는 것을 막거나 방지하는 활동	- 접근 제어 - 사용자 인증 - 방화벽 - 망 분리
운영 보안	- 정보시스템을 운영하는 과정에 발생할 수 있는 제반 보안 활동	- 통제와 보호 - 감시 및 감사 - 보안 관제 - 침입 탐지 - 보안 패치

⑭ 컴퓨터 바이러스(computer virus)는 컴퓨터 내에서 스스로 복제하여 컴퓨터를 감염시키는 컴퓨터 프로그램이다. 복제 기능이 없는 악성코드, 애드웨어, 스파이웨어 등과는 다르다. 바이러스는 다른 컴퓨터로 이동식 매체(CD, DVD, USB 등)나 이메일 등을 통하여 실행 코드 형태로 감염(확산)된다.

ⓖ 컴퓨터 바이러스의 분류는 다음과 같다.

구분	분류	설명	종류
감염 부위	부트 바이러스	– 컴퓨터 디스크의 첫 부분인 부트 섹터에 서 동작하는 바이러스 – 디스크의 부트 섹터를 읽어 저장된 순서 대로 실행하게 된다는 점을 악용	– 브레인 – 미켈란젤로 – Anti-CMOS – 원숭이 바이러스
	파일 바이러스	– 실행 파일을 감염시켜서 파일이 실행될 때 바이러스가 동작해 시스템 내 다른 프 로그램에 바이러스를 감염	– 예루살렘 바이러스 – 브레인 – 미켈란젤로
	매크로 바이러스	– 응용프로그램 안에 있는 매크로 프로그 램이 포함되어 있어 매크로가 작동하면 실행	– 멜리사 바이러스 – XM/Laroux
운영 체제	도스 바이러스	– 도스 운영체제에서 실행되는 바이러스	– 브레인 – 예루살렘 – 미켈란젤로
	윈도 바이러스	– 윈도 운영체제에서 실행되는 바이러스	– NE 계열 바이러스 – PE 계열 바이러스
	유닉스/ 리눅스 바이러스	– 유닉스/리눅스 운영체제에서 실행되는 바이러스	– 트로이 목마
전염 성격	컴퓨터 바이러스	– 감염된 파일이 실행 시에 자기 복제 증식	
	웜 바이러스	– 운영체제, 응용프로그램 등의 보안 취약 점을 이용하여 감염	– 모리스 웜
	트로이 목마	– 악성 루틴이 숨어 있는 프로그램으로 백 도어 등을 설치하여 공격	– 넷 버스 – 스쿨 버스
감염 위치	기생형	– 파일의 앞뒤에 붙어 코드를 실행 – 파일 크기가 증가하므로 감염 여부 파악 이 수월하고 쉽게 복구 가능	
	겹쳐 쓰기형	– 파일 크기 변경 없이 실행 파일 일부가 바이러스 코드로 대체, 복구 어려움	
	산란형	– 물리적인 파일을 손대지 않고 실행 파일 의 우선순위를 바꾸어 실행	
	연결형	– 저장된 프로그램의 시작 위치를 바이러스 프로그램의 시작 위치로 변경하여 실행	

구분	분류	설명	종류
동작 원리	상주형	– 프로그램에 감염하여 실행	
	비상주형	– 프로그램이 실행하지 않을 때 실행 파일 을 감염	

ⓛ 컴퓨터 바이러스에 감염되면 바이러스를 제거하거나 운영체제를 다시 설치하여 컴퓨터를 복구시켜야 하는데, 바이러스를 제거(치료)하려면 노턴 시큐리티, V3, 카스퍼스키, 알약, Mcafee 등의 소프트웨어를 사용한다.

ⓒ 실시간으로 바이러스를 감지하여 침입하지 못하도록 하는 소프트웨어로는 V3, 알약, 바이러스체이서, 에브리존, 어베스트, 마이크로소프트 Defender, Comodo, Kaspersky, AD-Aware 등이 사용되고 있다.

⑮ 가상현실(VR; Virtual Reality)은 컴퓨터를 통해서 가상현실을 체험하게 해주는 기술을 말한다.

ㄱ 인공현실(artificial reality) 또는 인조 두뇌 공간이라고도 한다.

ㄴ 가상현실에서는 모든 것을 사용자가 원하는 방향대로 조작하거나 실행할 수 있다.

ㄷ 3D 애니메이션과의 차이점은 실시간으로 시연자가 스스로의 판단과 선택으로 3차원의 가상공간에서 이동과 사물의 작동 등을 제어할 수 있다는 것이다.

ㄹ 가상현실의 특성은 영상물의 실시간 렌더링이 가능하므로 원하는 위치에 원하는 모습을 즉시 생산해 낼 수 있으므로 설계자가 직접 그 공간에 들어가 실시간으로 빠른 수정과 정확한 설계를 할 수 있다.

ㅁ 입체영상의 전달, 대화식의 물체 특성이나 위치 변경, 3차원 입체 음향의 공간상 위치에 따른 구현 등의 작업을 사실감 있게 할 수 있다.

⑯ 증강현실(AR; Augmented Reality)은 스마트폰, 태블릿PC 또는 안경 형태 등의 기기를 통해 보이는 현실의 이미지에 가상의 부가 정보를 실시간으로 덧붙여 향상된 현실을 보여주는 기술이다.

ㄱ 현실에 존재하는 이미지에 가상 이미지를 겹쳐 하나의 영상으로 보여주므로 현실감이 뛰어나고 편리하다.

ㄴ 감성적 측면의 만족도가 높기 때문에 방송은 물론 게임, 교육, 오락, 쇼핑 같은 다양한 분야에서 응용이 가능하다.

⑰ 디지털 트윈(digital twin)은 현실에 존재하는 객체(사물, 공간, 환경, 공정, 절차 등)를 컴퓨터상에 디지털 데이터 모델로 표현하여 똑같이 복제하고 실시간으로 서로 반응할 수 있도록 한 것이다.

㉠ 물리적인 사물, 공간, 환경, 사람, 프로세스 등의 자산을, 소프트웨어를 사용하여 가상의 모델로 만들어 실세계에서 하는 것과 같이 동작시키거나 동일한 행위를 해볼 수 있게 한다. 즉, 사용자는 가상의 세계에서 현실 세계 자산의 정보를 확인하거나 모의실험(시뮬레이션)을 통해 자산의 미래 상태를 정확하게 예측할 수 있다.

2) 드론, 자율주행, 스마트시티 등 영상정보처리기기 적용 범위 ★ 중요합니다.

① 영상정보처리기기를 적용하는 범위는 다양하게 분포되어 있고, 그 가운데에서 드론, 자율주행차, 스마트시티 등에서 활발하게 적용되고 있다.

② 드론(drone)은 무인항공기라고도 하는데, 조종사가 비행체에 직접 탑승하지 않고 지상에서 사전 프로그램된 경로에 따라 비행하는 비행체이다.

㉠ 드론의 구조는 단순하여 엔진에 해당하는 모터에 각각의 프로펠러가 직결되어 있어 각 모터의 회전수에 따라 전·후진하거나 회전하게 되고, 모터의 출력을 이용하여 수직, 상승하는 구조이다.

㉡ 드론의 용도는 군사용, 화물 수송용, 농업용, 화재 진압용, 범죄 단속용 등 다양한 분야에서 다양하게 활용되고 있다.

㉢ 드론의 핵심 기술은 GPS를 이용한 정확한 위치 파악이다.

• 현재 위치를 정확히 파악하고 내장된 내비게이션에 미리 비행 코스를 지정해 두어 드론이 스스로 해당 경로를 날아가는 것이다.

• 드론이 이착륙할 때 고도 제어를 위하여 초음파 센서, 적외선 센서, 그리고 CCTV 카메라가 필요하다.

• 카메라가 촬영한 전방 이미지를 인식하여 특정 물체를 피해 날거나 앞서 비행하는 드론을 추적할 수 있기 때문이다.

㉣ 드론과 지능형 CCTV는 스마트시티에서 도시 전반을 관제하면서 교통을 원활하게 하고, 사고 상황에 즉각 대응하거나 범죄 발생을 파악해 영상정보 관제센터에 알리는 것은 물론, 피의자 동선까지 추적 및 예상해 검거를 돕는 역할 등을 하므로 드론과 CCTV의 융합 활용은 매우 크다.

③ 자율주행 자동차의 특성이 운전자의 개입 없이 주변 환경을 인식하고 주행 상황을 판단해 차량을 제어함으로써 스스로 주어진 목적지까지 주행하는 자동차이기 때문에 주변 환경을 인식하는 단계는 센서와 CCTV에서 얻은 정보를 분석하여 차량 주행에 필요한 판단을 한다.

㉠ 무인순찰 차량에 CCTV를 부착하여 순찰 차량이 찍은 영상정보를 영상정보 관제센터로 전송하여 관제요원 없이 인공지능 기술을 이용하여 보행자의 이상행동을 자동으로 식별하는 시스템 등에서 CCTV의 역할과 활용은 매우 크다.

④ 스마트시티 내의 교통 및 운송 시스템, 보안 관리, 폐기물 관리, 학교, 도서관, 병원 및 기타 커뮤니티 서비스를 관찰하고 관리하기 위해 처리하거나 분석되는 데이터를 수신하는 과정에서 CCTV에서 얻은 영상정보가 대부분을 차지한다.

　㉠ 스마트시티에서는 눈 역할을 하는 CCTV가 매우 중요하다.

　　• 지방자치단체에서 운영하는 스마트시티는 CCTV 통합관제 플랫폼을 중심으로 운영되는데, 영상정보 관제센터에서는 관할 구역에 설치된 CCTV가 수집한 영상을 지능적으로 분석해 시민이 위험한 상황에 있을 때, 화재·홍수·지진·태풍 등 재해가 발생했을 때 범죄, 사고, 환자 발생 등을 인지하고 대응한다.

　　• 치매 노인이나 어린이의 위치를 추적하고, 온수관 모니터링을 통해 사고 방지, 주차장 주차면 수 계산, 민원 처리 등을 인식해 경찰서, 소방서, 병원, 사회적 약자 시설 등 관계 기관에 알려 즉시 출동할 수 있도록 한다.

　㉡ 주정차 금지구역에 주정차한 차량으로 인한 피해나 무등록 차량, 도난 차량, 세금 체납 차량 등을 인식해 경찰서, 세무 관련 부서 등으로 정보를 주고 대응하도록 하고 있으며, 하천이 넘치거나 화재가 발생했을 때 현장에서 상황을 중계하면서 빠르게 대처하게 하는 등의 정보 제공도 이루어지고 있다.

　㉢ 영상정보 관제센터 플랫폼에서는 영상에서 움직이는 객체를 감지하고 추적, 분류해 사전에 정의된 정책에 의해 실시간으로 이상 행위에 대한 경고를 발생시켜야 하므로 영상분석 솔루션은 딥 러닝 등의 인공지능 모델을 적용해 자동으로 이벤트를 탐색하고 경고하는 기술을 개발하고 있다.

3) 기타 영상 보안산업 및 기술 동향

① CCTV 영상 감시로 표현되는 영상정보 보안시스템은 영상 데이터를 단순 관찰하는 형태였으나, 딥 러닝 등의 인공지능 기술을 적용하여 자율적이고 지능화된 상황인식 기반의 지능형 영상 보안기술로 이어지고 있다.

② 최근에는 CCTV를 중심으로 IoT 센서 및 에지 기술 등과 융합하여 기능을 확장할 뿐만 아니라 성능도 고도화되고 있다. 또한, 영상을 취득하는 CCTV도 점차 해상도가 높아지고 있으며, 영상을 전송하고 저장하는 시스템의 성능도 향상되고 있다.

③ 이러한 지능형 영상정보 보안시스템은 객체 탐지 및 추적, 이상 상황 인지 등을 통해 범죄예방, 재난 감시, 교통 감시, 시설물 보호 등에 활용할 수 있어 공공이나 민간 영역에서의 설치가 증가하고 있다.

④ CCTV 관련 기술개발 동향을 살펴보면 다음과 같다.

　㉠ 지능형 CCTV의 발전으로 에지 카메라(edge camera, 영상 내 객체를 검출하고 추적하는 기능) 등 다양한 카메라들이 개발되고 있고, 최근에는 인공지능, 딥 러닝 등과 같은 기술과 융합된 CCTV 제품들이 개발되고 있다.

ⓛ 지능형 CCTV는 특정 인물과 행동을 사전 예측하고, 이상 징후를 검출하여 경찰에 즉시 영상을 전송하여 사건과 사고에 대비할 수 있도록 도와준다.

ⓒ 인공지능 CCTV 기술은 클라우드를 활용하는 방법으로 확대되고 있다.

ⓔ 기존의 CCTV 카메라의 단품에 대한 성능뿐 아니라 스토리지 서버 및 NVR 등과의 상호연동 기술 및 보안기술 발전이 종합적으로 이루어지고 있다.

ⓜ 개인 생활방식에 따른 CCTV 노출이 많아짐에 따라 개인정보를 가리는 마스킹(masking) 기술이 프라이버시 보호 기술로 개발되고 있다.

ⓗ 마스킹의 경우 블러링, 모자이크, 제거 및 변형, 암호화 등 4가지 방법을 주로 사용하며, 블러링과 모자이크가 가장 많이 사용된다. 이런 기술은 포털사이트의 지도 서비스의 도로뷰에서 사람과 차량번호를 가리는 용도로 많이 개발되었다.

ⓢ 차량번호 인식 카메라는 현재 속도 감지, 신호 위반 등에서 많이 사용되고 있으나, 주차 관제나 영상 보안 등으로 활용이 확대되고 있고, 그 적용 범위나 대상이 더 커질 것으로 예상한다.

영상정보처리기기

영상정보를 관제하기 위하여 사용되는 영상정보처리기기의 구성품에 대하여 알아보고, 이들 구성품의 특징과
설치법 등을 학습하여 영상정보 관제에 필요한 기초 지식을 익힌다.

1 영상정보처리기기 기초

1) 영상정보처리기기 정의 ★ 중요합니다.

① 영상정보처리기기는 일정한 공간에 설치하여 사람 또는 사물의 영상 등을 촬영하여 유·무선
통신망으로 전송하고 저장하여 영상정보를 관리하는 모든 장비를 말한다.

② 영상정보처리기기는 다음과 같은 요소로 구성된다.

구분		설명
하드웨어	영상정보 관제 서버	통합관제, 이벤트 관리, 영상 관리 등과 같은 서비스 제공
	영상정보 분석 서버	영상정보 분석을 위한 다양한 애플리케이션을 제공하며, 특정 행위 감지 시 이벤트 발생
	저장 장치	영상정보, 이벤트, 메타 정보, 서버 백업, 로그 백업 등 저장
	영상 장치	영상 입력 및 관리 장치로서 CCTV, DVR, NVR, 비디오 인코더와 같은 장치들로 구성
	네트워크 장치	IP 카메라, 서버, 저장 장치, 보안 장치 등을 네트워크로 연결하기 위한 장치로서, L2 스위치·L3 라우터·L4 로 드밸런스·백본 스위치 등과 같은 장치들로 구성
	보안 장비	영상정보 관제센터의 보안을 담당하는 장비로서 방화벽, 통합보안, IPC·IDC 등으로 구성
	음향 장치	영상정보 관제센터 내 방송 음향, 알람 용도로 사용되는 마이크, 스피커 등의 장치
	전원 장치	UPS, 전원분배기 등의 장치
	운영 컴퓨터	영상정보 관제, 관리, 단속, 행정 업무 운영 컴퓨터

구분		설명
소프트웨어	영상정보 분석 소프트웨어	영상정보 통합관리(영상 분석, 영상 검색, 영상 분배, 영상 저장 등), 영상정보 통합관제, CCTV 관리 기능 제공
	서버 소프트웨어	서버 관리, 비디오 영상 관리, 지리정보(GIS) 관리 기능 제공
	영상정보 분석 소프트웨어	입력 영상 고차원 분석, 행동 패턴·방향·의도 분석, 안면 인식, 이벤트 발생, 리포트 작성 기능 제공
	보안 소프트웨어	방화벽, 보안 관리, 백신 등의 보안 기능 제공

2) 영상정보처리기기 구성 ★중요합니다.

① 영상정보처리기기의 구성품은 다음과 같다.

㉠ 카메라

- 카메라는 영상정보처리기기의 핵심 구성품으로 영상을 촬영하는 기기이다.
- 종류로는 PTZ 카메라, 돔형 카메라, 박스형 카메라, 뷰렛 카메라, 파노라마 카메라 등이 있다.

㉡ 적외선(IR) 조명기

- 인간의 시각 범위를 넘어서는 적외선을 방출하는 데 사용되는 장치이다. 저조도 또는 조명이 없는 조건에서도 가시성이 필요한 분야에 사용된다.
- 종류로는 근적외선(NIR) 조명기, 중파 적외선(MWIR) 조명기, 장파 적외선(LWIR) 조명기 등이 있다.

㉢ 양방향 음성

- 촬영 현장에서 음성 안내를 할 수 있으며, 주변의 상황을 파악하는 데 도움이 될 만한 음성 정보를 취득하는 것이 가능하다.

㉣ 카메라 인터페이스

- 촬영 영상을 전송하는 데 사용하는 부속품으로 아날로그 시스템, SDI 시스템, IP 시스템 등이 있다.

㉤ DVR(Digital Video Recorder)

- 영상을 비디오테이프가 아닌 하드디스크 기반의 디지털 저장 장치에 기록할 수 있는 장비이다.
- 웹서버를 내장한 네트워크 카메라(IP 카메라)에 연결하여 PC 등에서 구동, 저장시킬 수 있는 녹화 장치인 NVR(Network Video Recorder)도 있다.

ⓗ VMS(Video Management System)

- 다양한 기종의 CCTV와 업무 특징이 다른 CCTV를 하나로 통합하여 관제할 수 있도록 개발된 영상정보 관제시스템이다.
- 방범, 재난, 어린이 보호구역, 문화재 감시 등 보안 감시용 영상을 운영하는 시스템이다.
- VMS는 디지털 시스템으로 영상 저장, 실시간 영상 관찰, 저장된 카메라 스트림의 재생 기능 등을 처리한다.

ⓢ 네트워크

- 촬영한 영상을 카메라 인터페이스를 이용하여 저장 서버인 DVR 등으로 전송하기 위한 네트워크 매체이다.
- 매체 종류는 동축 케이블, 광케이블, 무선 인터넷인 Wi-Fi가 있다.

ⓞ 영상정보 관제시스템

- 영상정보 관제 서버 관리, 영상녹화 파일 위치 정보, 이벤트 및 알람 정보 관리, 관리자 및 사용자 인증 등을 수행하는 관제시스템이다.

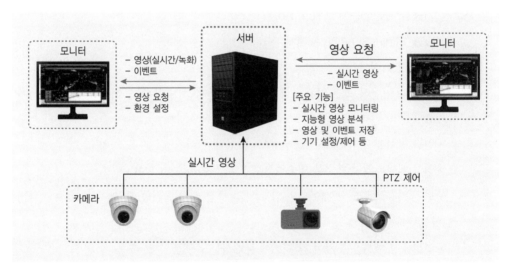

▲ 그림 2.2.1 영상정보처리기기 구성도

② 영상정보처리기기의 구성 요소별 종류를 살펴보면 다음과 같다.

㉠ IP 카메라(네트워크 카메라)

- 영상을 IP 기반의 디지털 포맷 형식으로 영상정보 관제센터로 실시간 전송할 수 있는 CCTV 카메라
- 웹서버, 네트워크 인터페이스 장치와 CCD 모듈을 모두 내장하고 있는 CCTV 카메라
- 장소와 관계없이 카메라의 IP, 웹주소를 통하여 24시간 현장의 영상을 모니터링
- 통신 방식에 따라 이더넷 카메라와 무선 Wi-Fi 카메라로 구분

ⓛ 아날로그 카메라

- 아날로그 포맷 영상을 녹화하는 CCTV 카메라
- 영상정보 관제센터에 영상을 전달하기 위해서는 별도의 비디오 인코더 사용

ⓒ 인코더

- 아날로그 입력 영상을 IP 패킷으로 변환한 후, 영상정보 관제센터에 전송하는 장비
- 디지털로 변화하는 A/D 컨버터와 디지털 영상을 IP 기반으로 변환하는 패킷 타이저, 외부로 전송하는 IP 트랜스미터로 구성

ⓔ L2 스위치

- 동일 서브 넷에 속해 있는 장비 사이에 IP 패킷 통신을 할 수 있도록 패킷 스위칭 기능을 제공하는 네트워크 장비
- OSI 7 layer의 L2 layer에서 통신을 담당

ⓜ L3 스위치

- 서로 다른 서브 넷에 속해 있는 장비 사이에 IP 패킷 통신을 할 수 있도록 패킷 라우팅 기능을 제공하는 네트워크 장비
- OSI 7 layer의 L3 layer에서 통신을 담당

ⓗ 영상저장 서버

- 녹화된 영상을 하드디스크나 메모리 공간에 식별자를 부여하여 저장 및 관리하는 플랫폼
- 연결 방식에 따라 DAS, NAS, SAN을 통해 관리
- 영상 데이터의 스트림을 연속적으로 읽고 쓰는 성능이 중요
- 보안 기능으로 영상 데이터의 암호화 및 무결성 검증 기능 제공

ⓢ 영상분배 서버

- 영상을 솔루션을 통하여 각 서버에 분배하는 플랫폼

ⓞ 영상정보 분석 서버

- 저장된 영상 정보를 분석하는 데 사용되는 서버
- 분석 프로그램에 따라 객체 식별 · 움직임 감지 · 이동 방향 탐지 · 행위 분석 · 행위 예측 등과 같은 다양한 분석 기능을 제공

ⓩ 이벤트 관리 서버

- 영상정보 분석 서버를 통해 식별되는 각 행위를 이벤트화하여 관리하는 서버
- 이벤트 설정 및 해제, 이벤트 저장, 경고 방송, 경고 메시지 관리

ⓩ 영상정보 관제 서버

- 영상정보 관제시스템 통합 운영 서버
- CCTV 관리, 지능형 영상정보 관제시스템 연동, 데이터 시각화, 접근 통제 관리, 관제시스템 이력 권한 관리

ⓚ 운영 컴퓨터

- 영상정보 관제시스템 운영을 위한 컴퓨터(PC)
- 영상정보 관제 서버, 영상 관리 서버, 영상정보 분석 서버, 이벤트 관리 서버에 접근하여 시스템 운영

③ 영상정보를 저장하기 위하여 다양한 유형의 저장 장치를 이용한다.

구분	장비	장비 특성	
저장 및 영상 관리	DVR	영상을 하드디스크에 디지털로 저장하는 장치	
	NVR	카메라, 네트워크, 리코더, 모니터를 디지털화한 영상 처리 장치	
	VMS	클라이언트–서버 구조로 이루어진 개방, 분산형 시스템	
영상 스트리밍 및 저장	서버	영상정보 관제 서버	영상정보 관제시스템을 통하여 영상 및 기타 정보를 데이터베이스화하여 관리하는 서버
		저장 및 분배 서버	영상을 솔루션을 통하여 각 서버에 저장 및 분배
	스토리지	영상을 실시간 저장 및 검색, 백업할 수 있는 장치	

3) 영상정보처리기기 설치 목적 및 유의 사항 ★중요합니다.

① 영상정보처리기기의 설치 목적은 「개인정보 보호법」 제25조 제1항, 「개인정보 보호법」 시행령 제22조 제1항에서 제시하고 있다.

㉠ 법령에서 구체적으로 허용하고 있는 경우

㉡ 범죄의 예방 및 수사를 위하여 필요한 경우

㉢ 시설의 안전 및 관리, 화재예방을 위하여 정당한 권한을 가진 자가 설치·운영하는 경우

㉣ 교통단속을 위하여 정당한 권한을 가진 자가 설치·운영하는 경우

㉤ 교통정보의 수집·분석 및 제공을 위하여 정당한 권한을 가진 자가 설치·운영하는 경우

㉥ 촬영된 영상정보를 저장하지 아니하는 경우로서 아래에 해당하는 경우

- 출입자 수 등 통곗값 산출을 위해 필요한 경우
- 성별, 연령대 등 통계적 특성값을 도출하기 위해 필요한 경우
- 그밖에 이에 준하는 경우로서 개인정보보호위원회의 심의·의결을 거친 경우

② 영상정보처리기기의 설치에 대한 유의 사항은 다음과 같다.

    ㉠ 불특정 다수가 이용하는 공개된 장소라도 사생활을 현저히 침해할 우려가 있는 장소인 목욕실, 화장실, 발한실(發汗室), 탈의실, 기타 개인의 사생활을 현저히 침해할 우려가 있는 장소의 내부를 볼 수 있도록 고정형 영상정보처리기기를 설치·운영하는 행위는 금지된다(「개인정보 보호법」 제25조 제2항) 다만, 교도소, 정신보건시설 등과 같이 법령에 근거하여 사람을 구금하거나 보호하는 시설로서 대통령령으로 정한 시설에 대해서는 예외적으로 고정형 영상정보처리기기를 설치·운영할 수 있다. (「개인정보 보호법」 제25조 제2항, 「개인정보 보호법」 시행령 제22조 제2항).

    ㉡ 공개된 장소에 설치된 고정형 영상정보처리기기는 녹음 기능을 사용할 수 없다(「개인정보 보호법」 제25조 제5항).

4) 기타 설계 설치 관련 이해 ★중요합니다.

① 영상정보처리기기의 설치와 관련한 유의 사항은 「개인정보 보호법」과 「개인정보 보호법 시행령」에서 제시하고 있으며, 내용은 다음과 같다.

    ㉠ 개인정보 보호법

> **제25조(고정형 영상정보처리기기의 설치·운영 제한)**
>
> ① 누구든지 다음 각호의 경우를 제외하고는 공개된 장소에 고정형 영상정보처리기기를 설치·운영하여서는 아니 된다.
>
>   1. 법령에서 구체적으로 허용하고 있는 경우
>
>   2. 범죄의 예방 및 수사를 위하여 필요한 경우
>
>   3. 시설의 안전 및 관리, 화재예방을 위하여 정당한 권한을 가진 자가 설치·운영하는 경우
>
>   4. 교통단속을 위하여 정당한 권한을 가진 자가 설치·운영하는 경우
>
>   5. 교통정보의 수집·분석 및 제공을 위하여 정당한 권한을 가진 자가 설치·운영하는 경우
>
>   6. 촬영된 영상정보를 저장하지 아니하는 경우로서 대통령령으로 정하는 경우
>
> ② 누구든지 불특정 다수가 이용하는 목욕실, 화장실, 발한실(發汗室), 탈의실 등 개인의 사생활을 현저히 침해할 우려가 있는 장소의 내부를 볼 수 있도록 고정형 영상정보처리기기를 설치·운영하여서는 아니 된다. 다만, 교도소, 정신보건 시설 등 법령에 근거하여 사람을 구금하거나 보호하는 시설로서 대통령령으로 정하는 시설에 대하여는 그러하지 아니하다.

③ 제1항 각호에 따라 고정형 영상정보처리기기를 설치·운영하려는 공공기관의 장과 제2항 단서에 따라 고정형 영상정보처리기기를 설치·운영하려는 자는 공청회·설명회의 개최 등 대통령령으로 정하는 절차를 거쳐 관계 전문가 및 이해관계인의 의견을 수렴하여야 한다.

④ 제1항 각호에 따라 고정형 영상정보처리기기를 설치·운영하는 자(이하 "고정형 영상정보처리기기운영자"라 한다)는 정보 주체가 쉽게 인식할 수 있도록 다음 각호의 사항이 포함된 안내판을 설치하는 등 필요한 조치를 하여야 한다. 다만, 「군사기지 및 군사시설 보호법」 제2조 제2호에 따른 군사시설, 「통합방위법」 제2조 제13호에 따른 국가중요시설, 그밖에 대통령령으로 정하는 시설의 경우에는 그러하지 아니하다.

 1. 설치 목적 및 장소

 2. 촬영 범위 및 시간

 3. 관리책임자의 연락처

 4. 그밖에 대통령령으로 정하는 사항

⑤ 고정형 영상정보처리기기운영자는 고정형 영상정보처리기기의 설치 목적과 다른 목적으로 고정형 영상정보처리기기를 임의로 조작하거나 다른 곳을 비춰서는 아니 되며, 녹음 기능은 사용할 수 없다.

⑥ 고정형 영상정보처리기기운영자는 개인정보가 분실·도난·유출·위조·변조 또는 훼손되지 아니하도록 제29조에 따라 안전성 확보에 필요한 조치를 하여야 한다.

⑦ 고정형 영상정보처리기기운영자는 대통령령으로 정하는 바에 따라 고정형 영상정보처리기기 운영·관리 방침을 마련하여야 한다. 다만, 제30조에 따른 개인정보 처리방침을 정할 때 고정형 영상정보처리기기 운영·관리에 관한 사항을 포함시킨 경우에는 고정형 영상정보처리기기 운영·관리 방침을 마련하지 아니할 수 있다.

⑧ 고정형 영상정보처리기기운영자는 고정형 영상정보처리기기의 설치·운영에 관한 사무를 위탁할 수 있다. 다만, 공공기관이 고정형 영상정보처리기기 설치·운영에 관한 사무를 위탁하는 경우에는 대통령령으로 정하는 절차 및 요건에 따라야 한다.

제25조의2(이동형 영상정보처리기기의 운영 제한)

① 업무를 목적으로 이동형 영상정보처리기기를 운영하려는 자는 다음 각호의 경우를 제외하고는 공개된 장소에서 이동형 영상정보처리기기로 사람 또는 그 사람과 관련된 사물의 영상(개인정보에 해당하는 경우로 한정한다. 이하 같다)을 촬영하여서는 아니 된다.

1. 제15조 제1항 각호의 어느 하나에 해당하는 경우

2. 촬영 사실을 명확히 표시하여 정보 주체가 촬영 사실을 알 수 있도록 하였음에도 불구하고 촬영 거부 의사를 밝히지 아니한 경우. 이 경우 정보 주체의 권리를 부당하게 침해할 우려가 없고 합리적인 범위를 초과하지 아니하는 경우로 한정한다.

3. 그밖에 제1호 및 제2호에 준하는 경우로서 대통령령으로 정하는 경우

② 누구든지 불특정 다수가 이용하는 목욕실, 화장실, 발한실, 탈의실 등 개인의 사생활을 현저히 침해할 우려가 있는 장소의 내부를 볼 수 있는 곳에서 이동형 영상정보처리기기로 사람 또는 그 사람과 관련된 사물의 영상을 촬영하여서는 아니 된다. 다만, 인명의 구조 · 구급 등을 위하여 필요한 경우로서 대통령령으로 정하는 경우에는 그러하지 아니하다.

③ 제1항 각호에 해당하여 이동형 영상정보처리기기로 사람 또는 그 사람과 관련된 사물의 영상을 촬영하는 경우에는 불빛, 소리, 안내판 등 대통령령으로 정하는 바에 따라 촬영 사실을 표시하고 알려야 한다.

④ 제1항부터 제3항까지에서 규정한 사항 외에 이동형 영상정보처리기기의 운영에 관하여는 제25조 제6항부터 제8항까지의 규정을 준용한다.

ⓛ 개인정보 보호법 시행령

제22조(고정형 영상정보처리기기 설치 · 운영 제한의 예외)

① 법 제25조 제1항 제6호에서 "대통령령으로 정하는 경우"란 다음 각호의 어느 하나에 해당하는 경우를 말한다.

1. 출입자 수, 성별, 연령대 등 통곗값 또는 통계적 특성값 산출을 위해 촬영된 영상정보를 일시적으로 처리하는 경우

2. 그밖에 제1호에 준하는 경우로서 보호위원회의 심의 · 의결을 거친 경우

② 법 제25조 제2항 단서에서 "대통령령으로 정하는 시설"이란 다음 각호의 시설을 말한다.

1. 「형의 집행 및 수용자의 처우에 관한 법률」 제2조 제1호에 따른 교정시설

2. 「정신건강증진 및 정신질환자 복지서비스 지원에 관한 법률」 제3조 제5호부터 제7호까지의 규정에 따른 정신의료기관(수용시설을 갖추고 있는 것만 해당한다), 정신요양시설 및 정신재활시설

③ 중앙행정기관의 장은 소관 분야의 개인정보처리자가 법 제25조 제2항 단서에 따라 제2항 각호의 시설에 고정형 영상정보처리기기를 설치·운영하는 경우 정보 주체의 사생활 침해를 최소화하기 위하여 필요한 세부 사항을 개인정보 보호지침으로 정하여 그 준수를 권장할 수 있다.

제23조(고정형 영상정보처리기기 설치 시 의견 수렴)

① 법 제25조 제1항 각호에 따라 고정형 영상정보처리기기를 설치·운영하려는 공공기관의 장은 다음 각호의 어느 하나에 해당하는 절차를 거쳐 관계 전문가 및 이해관계인의 의견을 수렴하여야 한다.

　1.「행정절차법」에 따른 행정예고의 실시 또는 의견 청취

　2. 해당 고정형 영상정보처리기기의 설치로 직접 영향을 받는 지역 주민 등을 대상으로 하는 설명회·설문조사 또는 여론조사

② 법 제25조 제2항 단서에 따른 시설에 고정형 영상정보처리기기를 설치·운영하려는 자는 다음 각호의 사람으로부터 의견을 수렴하여야 한다. 〈개정 2023. 9. 12.〉

　1. 관계 전문가

　2. 해당 시설에 종사하는 사람, 해당 시설에 구금되어 있거나 보호받고 있는 사람 또는 그 사람의 보호자 등 이해관계인

제24조(안내판의 설치 등)

① 법 제25조 제1항 각호에 따라 고정형 영상정보처리기기를 설치·운영하는 자(이하 "고정형 영상정보처리기기운영자"라 한다)는 고정형 영상정보처리기기가 설치·운영되고 있음을 정보 주체가 쉽게 알아볼 수 있도록 같은 조 제4항 각호의 사항이 포함된 안내판을 설치하여야 한다. 다만, 건물 안에 여러 개의 고정형 영상정보처리기기를 설치하는 경우에는 출입구 등 잘 보이는 곳에 해당 시설 또는 장소 전체가 고정형 영상정보처리기기 설치지역임을 표시하는 안내판을 설치할 수 있다.

　1. 삭제 〈2016. 9. 29.〉

　2. 삭제 〈2016. 9. 29.〉

　3. 삭제 〈2016. 9. 29.〉

② 제1항에도 불구하고 고정형 영상정보처리기기운영자가 설치·운영하는 고정형 영상정보처리기기가 다음 각호의 어느 하나에 해당하는 경우에는 안내판 설치를 갈음하여 고정형 영상정보처리기기운영자의 인터넷 홈페이지에 법 제25조 제4항 각호의 사항을 게재할 수 있다.

1. 공공기관이 원거리 촬영, 과속·신호위반 단속 또는 교통흐름조사 등의 목적으로 고정형 영상정보처리기기를 설치하는 경우로서 개인정보 침해의 우려가 적은 경우

2. 산불감시용 고정형 영상정보처리기기를 설치하는 경우 등 장소적 특성으로 인하여 안내판을 설치하는 것이 불가능하거나 안내판을 설치하더라도 정보 주체가 쉽게 알아볼 수 없는 경우

③ 제2항에 따라 인터넷 홈페이지에 법 제25조 제4항 각호의 사항을 게재할 수 없으면 고정형 영상정보처리기기운영자는 다음 각호의 어느 하나 이상의 방법으로 법 제25조 제4항 각호의 사항을 공개하여야 한다.

1. 고정형 영상정보처리기기운영자의 사업장·영업소·사무소·점포 등(이하 "사업장등"이라 한다)의 보기 쉬운 장소에 게시하는 방법

2. 관보(고정형 영상정보처리기기운영자가 공공기관인 경우만 해당한다)나 고정형 영상정보처리기기운영자의 사업장등이 있는 시·도 이상의 지역을 주된 보급지역으로 하는 「신문 등의 진흥에 관한 법률」 제2조 제1호 가목·다목 또는 같은 조 제2호에 따른 일반일간신문·일반주간신문 또는 인터넷신문에 싣는 방법

④ 법 제25조 제4항 각호 외의 부분 단서에서 "대통령령으로 정하는 시설"이란 「보안업무규정」 제32조에 따른 국가보안시설을 말한다.

제25조(고정형 영상정보처리기기 운영·관리 방침)

① 고정형 영상정보처리기기운영자는 법 제25조 제7항에 따라 다음 각호의 사항이 포함된 고정형 영상정보처리기기 운영·관리 방침을 마련해야 한다. 〈개정 2023. 9. 12.〉

1. 고정형 영상정보처리기기의 설치 근거 및 설치 목적

2. 고정형 영상정보처리기기의 설치 대수, 설치 위치 및 촬영 범위

3. 관리책임자, 담당 부서 및 영상정보에 대한 접근 권한이 있는 사람

4. 영상정보의 촬영시간, 보관기간, 보관장소 및 처리 방법

5. 고정형 영상정보처리기기운영자의 영상정보 확인 방법 및 장소

6. 정보 주체의 영상정보 열람 등 요구에 대한 조치

7. 영상정보 보호를 위한 기술적·관리적 및 물리적 조치

8. 그밖에 고정형 영상정보처리기기의 설치·운영 및 관리에 필요한 사항

② 제1항에 따라 마련한 고정형 영상정보처리기기 운영·관리 방침의 공개에 관하여는 제31조 제2항 및 제3항을 준용한다. 이 경우 "개인정보처리자"는 "고정형 영상정보처리기기운영자"로, "법 제30조 제2항"은 "법 제25조 제7항"으로, "개인정보 처리방침"은 "고정형 영상정보처리기기 운영·관리 방침"으로 본다.

제26조(공공기관의 고정형 영상정보처리기기 설치 · 운영 사무의 위탁)

① 법 제25조 제8항 단서에 따라 공공기관이 고정형 영상정보처리기기의 설치 · 운영에 관한 사무를 위탁하는 경우에는 다음 각호의 내용이 포함된 문서로 하여야 한다.

　　1. 위탁하는 사무의 목적 및 범위

　　2. 재위탁 제한에 관한 사항

　　3. 영상정보에 대한 접근 제한 등 안전성 확보 조치에 관한 사항

　　4. 영상정보의 관리 현황 점검에 관한 사항

　　5. 위탁받는 자가 준수하여야 할 의무를 위반한 경우의 손해배상 등 책임에 관한 사항

② 제1항에 따라 사무를 위탁한 경우에는 제24조 제1항부터 제3항까지의 규정에 따른 안내판 등에 위탁받는 자의 명칭 및 연락처를 포함시켜야 한다.

2 촬상부

촬상부는 CCTV 영상을 촬영하기 위한 장치를 말하고, 카메라, 렌즈, 필터, 브라켓, 하우징 등으로 구성된다. 단순히 카메라 본체뿐만 아니라 피사체를 정확하게 촬영할 것인가 하는 관점에서 부속 설비를 선정하고, 카메라 본체를 설치한 환경 조건에서 어떻게 보호할 것인가를 고려한다.

1) 카메라 ★중요합니다.

① 카메라는 영상(정지 또는 동영상)을 촬영하여 기록하는 기기이다. 카메라의 기능과 종류에 따라 다음과 같은 분류로 나눌 수 있다.

　㉠ 영상 전송방식에 따른 분류

　　• 아날로그 카메라

　　• 네트워크 카메라

　㉡ 모양에 따른 분류

　　• 박스 카메라

　　• 뷰렛 카메라

　　• 미니 카메라

ⓒ 적외선 유무에 따른 분류

• 일반 카메라

• 적외선 IR(Infrared Ray) 카메라

ⓐ 줌 기능 유무에 따른 분류

• 고정 카메라

• 줌 카메라

ⓜ 회전 유무에 따른 분류

• 일반 카메라

• PTZ 카메라

• 스피드 돔 카메라

ⓗ 조도에 따른 분류

• 일반 카메라

• 저조도 카메라

ⓢ 이동에 따른 분류

• 고정형 일반 카메라

• 모션 트래킹 카메라

② 카메라의 종류 가운데 많이 사용되고 있는 카메라를 설명하면 다음과 같다.

ⓐ 돔 카메라

• 돔 모양의 외형으로 다양한 환경에 맞는 형태와 기능이 있고, 보안 및 감시 목적으로 사용한다.

• 공공장소, 상업 시설, 주택, 은행, 상점 등에서 사용한다.

• 주로 천장에 부착하는 형태가 많고, 설치가 간단하며 유지 보수가 쉽다.

▲ 그림 2.2.2 돔 카메라

ⓛ 뷰렛 카메라

• 가장 흔하게 볼 수 있는 형태이고, 총알 모양은 긴 원통 형태이다.

• 실외형 CCTV에서 많이 사용하고, 문 앞에 설치하거나, 건물 외벽이나 천정에 설치하여 길목을 관제하는 데 사용된다.

• 고정형 CCTV의 형태이고, 카메라 렌즈에 따라 줌인 · 아웃이 가능하다.

• 촬영 범위가 좁지만, 전방 촬영 거리는 더 긴 편이며, 멀리 있는 곳까지 감시하기에 적합하다.

• 촬영 위치를 조정하기가 쉬워서 필요에 따라 촬영 범위를 쉽게 변경할 수 있다.

▲ 그림 2.2.3 뷰렛 카메라

ⓒ PTZ 카메라

- Pan(좌우), Tilt(상하), 줌(Zoom)이 가능한 CCTV로, 주로 방범용으로 사용한다.
- 초기 구축 비용이 큰 단점이 있다.

▲ 그림 2.2.4 PTZ 카메라

ⓔ 광각 카메라

- 보안 및 감시 목적으로 사용되는 특수 카메라이다.
- 원형 렌즈를 사용하여 주변 환경을 360° 뷰를 제공하여 사물을 포착할 수 있는 특징을 가지고 있다.
- 천정에 설치되는 경우가 많다.

▲ 그림 2.2.5 광각 카메라

ⓜ 핀홀 카메라

작은 렌즈를 가진 카메라이고, 아주 작은 구멍을 통해 영상을 촬영하는 특수한 형태의 카메라이다.

▲ 그림 2.2.6 핀홀 카메라

ⓗ 열화상 카메라

- 물체에서 발생하는 복사열을 감지하여 온도에 따라 다른 색상으로 표출하여 주는 카메라이다.
- 특정 온도 범위 내에서 물체의 열 변화를 시각적으로 표현한다.
- 보안 및 감시, 화재 감지, 산업 및 제조업 감시용 등으로 사용한다.

▲ 그림 2.2.7 열화상 카메라

ⓢ 홈 카메라

- 실내용으로 사용되고 성능이 좋다.

- 화질이 좋아 움직임 감지, 사람 감지 등에 사용한다.

▲ 그림 2.2.8 홈 카메라

③ 카메라를 일반 카메라와 지능형 카메라로 구분하여 영상을 처리하는 방법이나 개념도를 설명하면 다음과 같다.

㉠ 일반형

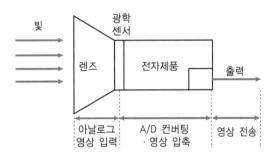

▲ 그림 2.2.9 일반형 카메라 개념도

- CCTV 카메라는 영상을 입력받고 그 영상을 IP 패킷으로 변화하여 유·무선 네트워크를 통해 관제 서버로 전송한다.

- 카메라에 따라 가시광선뿐만 아니라 적외선을 이용한 야간 영상을 촬영할 수 있는 카메라도 있다.

㉡ 지능형

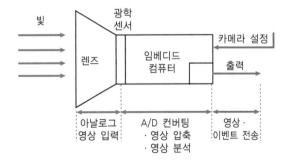

▲ 그림 2.2.10 지능형 카메라 개념도

- 영상을 실시간으로 분석하여 특정 패턴과 일치하면 이벤트를 발생시켜서 지능형 영상정보 관제시스템에서 의사결정을 할 수 있도록 지원한다.
- 센서, 데이터 처리, 그리고 관제시스템과의 인터페이스 부문으로 구성된다.

④ 카메라의 조절 척도를 설명하면 다음과 같다.

조절 구분	개념	상세 구분	상세 구분 설명	비고
화각 · 배율 조절	초점거리 변경으로 조절	선명성 조절	카메라의 렌즈와 필름 · 광센서 사이의 거리(초점거리)를 변화시켜 조절	줌 렌즈에서 초점거리 35~280㎜ 등으로 표시
		보이는 장면의 양 조절	화각으로 조절	
렌즈 조절	카메라의 초점 거리를 조절	초점거리	화각 및 배율을 조절	
		지름	광학 필터 구경을 지름에 맞춤	
		감광 속도	디지털카메라에서 사진 이미지 기록을 위해 통과시키는 빛의 양 조절	
이미지 크기 조절	이미지의 크기를 조절	필름 크기	필름 카메라에서 사용	
		이미지 센서 칩의 물리적 크기	디지털카메라에서 35㎜ 정도의 물리적 크기	

⑤ 카메라를 선정할 때 고려할 사항은 다음과 같다.

구분	고려 사항
피사체의 성질	피사체가 빛이나 열이 있는지, 외부 조명등이 필요한지 아닌지
피사체 정보의 매체	가시광선, 적외선 초음파 등의 매체인지를 촬영할 수 있는지 아닌지
피사체의 형상	보통의 크기인지, 매우 큰 크기인지, 입체적인지 등 형상의 크기 여부
피사체의 위치	가까운 곳인지, 먼 곳인지, 혼재된 곳인지 아닌지
피사체의 움직임	매우 천천히 또는 빠르게 움직이는 것인지, 순간 존재하는 것인지 아닌지
피사체가 가지는 정보	정보 내용을 어떤 종류로 저장하는지, 정보의 세밀한 정도가 어느 수준인지 아닌지 등

⑥ 카메라를 설치하기 위한 환경을 파악하는 경우 고려해야 하는 사항은 다음과 같다.

설치 환경	내용
실내, 실외 설치	– 카메라 설치 위치가 실내인지 실외인지 확인
야간 촬영 여부	– 카메라의 촬영에서 야간 촬영의 적용을 확인하여 적외선 기능 적용 검토
유무선 통신	– 카메라 설치 위치에 따른 유선, 무선 통신 환경 사용 여부 확인
특수 기능 탑재 여부	– 열화상 카메라, 온도 체크 등의 특수 기능 사용 여부 확인
PTZ 기능	– PAN, TILT, ZOOM의 제어기능 수행 여부 확인
기타 환경	– 카메라 설치 각도 – 저조도 등의 조명 조건 – 직사광선, 역광, 조명 등 빛의 영향 요소 – 객체가 배경과 유사한 밝기 또는 색상인 환경 – 여러 객체가 모여 이동하거나, 서로 다른 객체를 가리는 환경 – 고속 움직임이 있는 환경 – 객체가 화면 내에 차지하는 비율 계산 등 – 계절에 따른 직사광선의 변화를 고려

⑦ 지능형 CCTV 카메라는 다음의 특징을 가지고 있다.

　㉠ 영상을 촬영하기 위한 렌즈를 포함하며, 아날로그 영상을 디지털로 변환하는 아날로그/디지털 컨버팅 기능을 수행한다.

　㉡ 이미지 프로세싱을 위한 부품으로 구성되어 있으며, 입력하는 영상 데이터를 처리하고, 이벤트를 만든다.

　㉢ 영상정보 관제시스템과의 통신 역할을 하며, 디지털 영상과 이벤트를 전달하고 영상정보 관제시스템의 통제를 따른다.

　㉣ 영상 획득은 카메라를 통해서 영상정보를 획득한다.

　㉤ 영상 전송은 획득된 영상정보를 통신선로와 장치를 통해 전송한다.

　㉥ 영상 관제는 과거 영상정보를 스마트 검색 및 지능형 영상정보 관제시스템을 통해 실시간 감시한다.

　㉦ 지능형 영상정보처리기기의 시스템에서 영상 관리는 인식된 객체에서 이미지화시켜 문자와 이미지를 인식해 중요 문자 정보를 영상정보 관제센터에 제공한다.

⑧ 지능형 CCTV 카메라의 구성 요소별 기능은 다음과 같다.

　㉠ 영상 센서 부문: 영상을 촬영하는 렌즈를 포함하여 영상 데이터를 디지털로 전환하는 기능을 제공한다.

　㉡ 데이터 처리 부문: 입력되는 영상 데이터를 처리하고, 영상에 있는 이벤트를 생성하는 기능을 제공한다.

ⓒ 인터페이스 부문: 영상정보 관제센터와 연계하여 영상정보를 전송하고, 생성된 이벤트를 전송하며, 영상정보 관제센터와 통신 기능을 제공한다.

⑨ CCTV 카메라의 동기화 방법은 다음과 같다.

　㉠ 카메라가 화상을 촬영하고 동화면을 만드는 과정 중에서 1매를 촬상하는 데 사용되는 타이밍을 동기라고 부른다.

　㉡ 동기에는 수평 동기와 수직 동기가 있다.

　㉢ 카메라 동기가 내부 동기 또는 외부 동기 신호에 동기시키는 형식으로 내부 동기(internal), 외부 동기(external), 전원 동기(line lock), HD/VD 동기 방식이 있다.

　㉣ 전원 동기(line lock)는 동기 신호 발생기를 사용하거나 동기용 케이블을 사용하지 않고 전원 주파수에 동기시키는 동기 방식이다.

　㉤ 내부 동기(internal)는 내부의 발진기(oscillator)를 통하여 동기화하는 것이다.

　㉥ 외부 동기(external)는 동기신호 발생기의 외부에서 공급되는 영상신호와 동기신호에 발생하는 각종 신호의 동기를 일치시키는 것이다.

⑩ IP-Matrix의 특징은 다음과 같다.

　㉠ 가상화 솔루션으로 한 대의 서버에 FHD 500채널의 CCTV를 수용함으로써, 기존에 20대가량만 수용할 수 있었던 기술을 혁신적으로 진화시켜 한층 향상된 효율성을 제공한다. 즉, 높은 가상화 비율을 통해 전력 소모를 감소시키고 서버 설치 공간을 획기적으로 절약할 뿐 아니라, 시스템 구성의 복잡성을 해소한다.

　㉡ 가상머신(VM) 관리 툴을 사용해 높은 관리 용이성을 제공한다.

　㉢ 가상머신 클러스터링 기능을 활용하여 물리적 하드웨어의 신뢰도를 향상한다.

2) 촬상소자 ★중요합니다.

① 카메라의 핵심으로 촬영 대상 영상을 전기 신호로 바꾸어 주는 장치를 말한다. 보통 이미지 센서라고 불리는데 일상에서 사용하는 휴대폰, DSLR 카메라와 같은 기능을 한다.

② 촬상소자는 다음과 같이 구분된다.

　㉠ 촬상관

　　• 촬영물에 빛의 강약으로 회로에 흐르는 전류가 변화하는 것을 활용하여 촬영한다.

　　• 이미지 오시콘, 비디콘, 플럼비콘, 사티콘, 뉴비콘, 컬러콘, SIT 등 여러 종류가 있다.

　㉡ 고체 촬상소자

　　• 고체 이미지 센서를 말하며, 화소의 수가 많을수록 성능이 우수하며, 고해상도의 TV 카메라에는 200만 화소의 CCD(Charge Coupled Device)가 사용된다.

　　• CCD는 셔터를 눌러 빛에 노출되면 이미지를 전기적인 형태로 기업 전송하는 반도체 기억소자이다.

- CCD 이미지 센서는 감도가 높으며, 수명이 반영구적이다.
- 화소를 순차적으로 전송해 읽어내는 전하 전송방식은 CCD(Charge Coupled Devices)형과 BBD(Bucket Brigade Devices)형 등이 있다.
- BBD는 신호를 축적하여 릴레이식으로 전송하는 방식이다.
- CCD는 BBD와 같이 전하를 하나의 덩어리로 전송한다.
- CMOS(Complementary Metal Oxide Semiconductor) 이미지 센서는 저전력, 고집적도이고, 단일 칩으로 구성되어 소형화할 수 있고, 잡음 내성이 강하고, 동작이 간단하며, 가격이 저렴하다.

③ 촬상소자는 다음과 같은 종류가 있다.

구분	종류	비고
가시광선 영역	– 웹캠 – 스마트폰 – 디지털카메라 등	– 고체 형태로 구현된 이미지 센서에는 CCD와 CMOS가 있음
적외선 영역	– 열화상 카메라 – 야간 투시경 등	
X선 영역	– 방사선 검출기 등	
자기적 특성 이용	– MRI 등	

④ 컬러 색 정보는 촬상소자만으로는 얻을 수 없고, 색 필터 등의 광학적 수단에 의해 RGB 3원색 광에 대한 신호를 가지고 표현한다.

⑤ 3원색 화상을 얻기 위해서는 광학상을 3가지 다른 전기적 신호(적, 녹, 청)로 변환하는 방식을 이용하고, 방식은 단판식 및 3판식이 있다.

  ㉠ 단판식(single type): 1개의 촬상소자로 컬러 정보를 획득하는 방식

  ㉡ 3판식(three type): 3개의 촬상소자로 컬러 정보를 획득하는 방식

3) 해상도 ★중요합니다.

① 해상도(resolution)는 화소 밀도를 말하는데, 화소라는 단위로도 사용하며, 이미지나 음향 등이 얼마나 자세하게 표현될 수 있는가를 나타내는 척도이고, 단위 거리 또는 면적당 픽셀(pixel)의 수를 말한다.

② 화면에 흑백 라인이 총 몇 개가 표시되는 지를 기준으로 수평×수직 화소로 표기한다.

③ 해상도에서 널리 쓰이는 단위는 DPI(Dots Per Inch)와 PPI(Pixel Per Inch)가 있다.

구분	내용
DPI	– 인쇄 출력물에서 사용한다. – 프린터의 해상도를 나타낸다. – 1인치 안에 들어 있는 점의 수를 나타낸다. – 수치가 높을수록 선명도가 좋다.
PPI	– 화상 출력물에서 사용한다. – 주로 사진이나 디스플레이의 해상도를 나타낼 때 표시하는 단위이다. – 1인치당 얼마나 많은 픽셀이 있는가를 나타낸다. – 픽셀의 수와 밀도가 크면 클수록 선명도가 높아진다.

④ 해상도를 모니터 등에서 사용할 때 자주 사용하는 전체 픽셀 수와는 다르다.

⑤ 해상도는 다음과 같이 구분한다.

구분		분류 및 설명
공간 해상도	공간 영역 표현 방식	화소 밀도로 표현하며, 수치가 클수록 선명하고, 7680×4320 등으로 표현
	공간 주파수 영역 표현 방식	두 화소 간의 거리로 표현하며, 수치가 작을수록 선명
시간 해상도	움직이는 동영상	시각적으로 부드럽게 보여주는 능력으로 영상 프레임 사이의 시간 간격
	펄스 해상도	펄스 식별 능력
주파수 해상도	인접한 주파수 성분들 사이에서 분해될 수 있는 척도로 ㎐로 표현	
양자화 해상도	양자화된 신호를 2진 부호로 나타내기 위한 비트 수	

4) 렌즈 ★ 중요합니다.

① CCTV 카메라에 연결하여 사진 필름이나 촬상 소자에 빛을 전달하는 역할을 하는 광학 도구이다.

② CCTV 카메라 렌즈는 보통 여러 장의 렌즈를 겹쳐 사용한다.

③ CCTV 카메라 렌즈에서 화각이란, 카메라로 포착하는 장면의 시야인 초점거리를 말한다.

④ CCTV 카메라 렌즈의 형식은 다음과 같이 일반적으로 트리플렛(triplet) 형식과 가우스(Gauss) 형식으로 나뉜다.

㉠ 트리플렛 형식

• 3개의 단일 렌즈로 구성된 혼합 렌즈
• 자이델 수차를 극복하기 위해 요구되는 자유도의 수를 부여하는 가장 간단한 형태로, 보석 감정사의 돋보기가 대표적

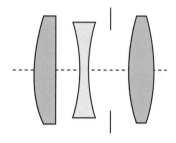

▲ 그림 2.2.11 트리플렛 형식

㉡ 가우스 형식

• 대부분 카메라에서 사용되는 렌즈로 한 쌍의 가우스 렌즈로 구성하여 광학 수차를 줄이는 혼합 렌즈
• 양의 렌즈의 굴절력이 우위를 차지하지만, 음의 렌즈는 색수차를 보정

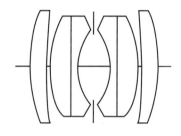

▲ 그림 2.2.12 가우스 형식

⑤ CCTV 카메라 렌즈의 구분에 의한 종류는 다음과 같다.

구분	종류	설명
두께에 의한 구분	얇은 렌즈	– 안경 렌즈, 돋보기 렌즈 등으로, 흡수 손실, 반사 손실, 수차가 없다.
	두꺼운 렌즈	– 두께가 영상에 영향을 주는 렌즈
구면(球面) 모양에 따른 구분	볼록(convex) 렌즈	– 확대 렌즈, 양(+) 렌즈 – 바깥보다 중심 부분이 더 두껍다.
	오목(concave) 렌즈	– 축소 렌즈, 음(–) 렌즈 – 바깥보다 중심 부분이 더 얇다.
렌즈 수에 따른 구분	단일 렌즈	– 렌즈가 하나
	복합 렌즈	– 카메라 렌즈와 같이 여러 개의 렌즈로 구성
화각에 따른 구분	표준 렌즈	– 화각이 표준
	광각 렌즈	– 화각이 넓은 렌즈
	협각 렌즈	– 화각이 좁은 렌즈
초점거리 변경 가능 여부에 따른 구분	고정 초점 렌즈	– 단 렌즈
	가변 초점 렌즈	– 줌 렌즈

구분	종류	설명
용도에 따른 구분	대물 렌즈	– 현미경이나 망원경과 같이 물체에 가까운 쪽의 렌즈 부착
	접안 렌즈	– 광학 기계에 있어서 눈을 대는 위치 바로 앞에 배치된 렌즈
	집속 렌즈	– 볼록 렌즈와 같이 광선이 한군데로 모이는 렌즈
기타	GRIN 렌즈	– gradient index lens – 광통신용 기기에 많이 사용하며, 작은 크기로 작은 초점길이 가능
	플라스틱 렌즈	– 렌즈 재료가 유리가 아닌 플라스틱

⑥ CCTV 카메라 렌즈의 종류는 다음과 같다.

  ㉠ 표준 줌 렌즈

    • 이미지 센서의 대각선 길이와 비슷한 초점길이를 가진 렌즈이다.

    • 보통 렌즈 화각이 50㎜ 정도 내외의 화각을 포함하는 초점거리 범위를 제공한다.

    • 풍경, 실내, 인물 등 다양하게 활용 가능하다.

    • DSLR에 장착하는 렌즈로, 렌즈 종류 중 가장 기본 사양에 해당한다.

  ㉡ 광각 렌즈

    • wide angle lens

    • 같은 거리에서 촬영해도 더 넓은 범위 촬영 가능하다.

    • 영상을 조금 왜곡하는 효과도 있고, 원근감이 과장되고 심도도 깊다.

    • 스냅이나 풍경 사진에 적합하다.

  ㉢ 어안 렌즈

    • 광각 렌즈보다 더 많은 화면을 촬영 가능하다.

    • fish-eye lens

    • 광각 렌즈와 달라 화상이 비뚤어지게 찍히는 성질이 더 크다.

    • 기상학 분야에서 많이 사용한다.

    • 어안 렌즈는 디워핑(de-warping) 기술을 사용한다. 이는 렌즈의 특성상 실제 영상이 원형으로 표현되는데, 이렇게 휘어진 형태의 원형 영상을 반듯하게 펴서 모니터링할 수 있게 하는 영상 보정 기능을 말한다.

  ㉣ 망원 렌즈

    • 표준 렌즈보다 초점거리가 길고, 멀리 있는 물체 촬영 가능하다.

- telephoto lens
- 원근감 약화로 실제보다 거리가 가까이 느껴진다.
- 스포츠 경기나, 연예인 사진 찍기 등에 사용한다.

ⓜ 핀홀 렌즈: 가늘고 긴 원통형 끝에 만든 아주 작은 구멍으로부터 빛을 받아 촬영하는 렌즈이다.

ⓑ 프리즘 렌즈: 렌즈 끝에 프리즘을 붙여 사용하며, 프리즘을 천장이나 벽면에 설치하여 사용하는 렌즈이다.

ⓢ 옵티컬 렌즈: 렌즈, 고정 밀러, 회전 밀러를 조합시켜 사용하여 카메라를 고정해 수평 방향의 시야를 확대하는 렌즈이다.

ⓞ 프리셋 줌 렌즈: 미리 정한 장소를 감시하기 위하여 사용하며 줌이나 포커스 조정이 어려운 경우에 사용하는 렌즈이다.

ⓩ 고정 초점 렌즈
- 피사체나 피사체 범위가 고정되면 사용하는 렌즈로, 수동 아이리스 렌즈와 자동 아이리스 렌즈가 있다.
- 줌 기능이 없다.

ⓩ 가변 초점 렌즈: 피사체나 피사체 범위가 가변적이면 경우 사용하는 렌즈로, 수동 아이리스 렌즈와 자동 아이리스 렌즈가 있다.

ⓚ 줌 렌즈: 줌 기능이 있는 렌즈로, 수동 줌 렌즈, 자동 줌 렌즈, 자동 아이리스 전동 줌 렌즈, 핀홀 렌즈 등이 있다.

⑦ CCTV 카메라 렌즈의 특성 항목은 다음과 같다.

ⓖ 조리개(아이리스, iris)
- 렌즈에 통과하는 빛의 양을 조절하는 기능을 말한다.
- 렌즈의 최대 조리개 개방 값이 클수록 렌즈가 밝다.
- 비 아이리스 타입은 아이리스 조절이 불가능한 경우에 사용하며, 주로 실내용으로 빛의 변화가 거의 없거나 미세한 경우에 사용한다.
- 수동 아이리스 타입은 일반적으로 F치 범위는 F1.4~22이다. F치가 커질수록 아이리스는 1/2씩 닫히고, 카메라의 촬상소자에 도달하는 빛의 양도 50%씩 줄어든다. F1.4, 2.0, 2.8, 4.0, 5.6, 8.0, 11, 16, 22 등이 많이 쓰인다.
- 자동 아이리스 타입은 크게 DC 타입과 비디오 신호제어 타입으로 구분되며, 실외나 광량의 변화가 큰 곳에 이용한다. 광의 레벨이 변화하면 렌즈의 아이리스가 자동 조절된다.
- DC 자동 아이리스 타입은 아이리스를 자동 조절하기 위하여 별도의 DC 구동 회로가 내장된 카메라가 필요하다.

- 비디오 신호제어 자동 아이리스 타입은 아이리스 구동용 코일이나 전자석 구동 회로가 렌즈에 내장된 타입으로 비디오 신호의 입력을 받아 작동한다.

ⓛ 밝기(F치, F value)

- 영상을 통과하는 빛의 양을 말한다.
- F치가 작을수록 밝아진다.
- 실제 배율에 반비례하고, 초점거리에 비례한다.
- 어두운 곳에서 F치가 낮을수록 영상이 좋고, F치가 한 단계씩 커지면 밝기도 2배씩 변화된다.

ⓒ 초점거리

- 볼록렌즈에 평행한 빛을 입사시키면 광축 상의 한 점에 빛이 집중되는 것을 렌즈의 초점이라 하고, 렌즈의 중심으로부터 초점까지의 거리를 초점거리라 한다.
- 초점거리는 화각을 결정하는 기준이다.

ⓔ 화각(w)

- 렌즈 전방으로부터 몇도 이내의 피사체를 촬상하는가를 말한다. 즉, 렌즈를 통하여 촬영이 가능한 범위를 각도로 나타낸 것이다.

ⓜ 피사계 심도

- 초점심도 내에서 상을 만드는 피사체의 범위를 말한다.
- 렌즈의 밝기(F치)가 클수록, 초점거리(f)가 짧을수록, 피사체 거리가 멀수록 피사체의 심도가 깊어 진다.

ⓗ 해상력과 선명도

- 해상력은 상(像)의 미세한 부분을 식별할 수 있는 렌즈의 능력이다.
- 선명도는 생의 강약을 나타내는 것으로 화질과 밀접한 관계가 있다.
- 해상력은 투영거리 2~3m 떨어진 곳에 여러 가지 선폭의 차트를 역투영하여 상면에 나타내서, 얼마나 세밀한 차트가 분리되어 재현 가능한가의 한계를 조정하기 위한 것이다.
- 선명도의 치수는 실내에서 2,000~20룩스(Lux)로 약 10배, 실외에서는 100,000(밝을 때)~10룩스(어두울 때)로 약 10,000배이다.

ⓢ 프리셋 기능(preset)

- Zoom, Focus, Iris를 미리 정한 위치에 이동하게 하고, 위치를 순차적으로 변환하도록 하기 위한 프리셋용 위치에 있는 렌즈의 기능을 말한다.
- 프리셋용 위치를 전압으로 기억한다.

⑧ CCTV 카메라 렌즈의 CCD 촬상면 크기와 렌즈의 적합성은 다음과 같이 구분된다.

    ㉠ 렌즈의 크기는 카메라 CCD 소자 크기와 같거나 큰 것을 사용한다. 예를 들면, 1/3" 렌즈는 1/2" 카메라에 장착하지 말아야 한다.

    ㉡ 1" 렌즈(이미지 크기=16㎜) 카메라에서 사용할 수 있는 가능한 렌즈: 2/3", 1/2", 1/3" 렌즈

- 1" CCD 카메라에서 사용할 수 있는 가능한 렌즈: 1" 렌즈
- 2/3" CCD 카메라에서 사용할 수 있는 렌즈: 1", 2/3" 렌즈
- 1/2" CCD 카메라에서 사용할 수 있는 렌즈: 1", 2/3", 1/2" 렌즈
- 1/3" CCD 카메라에서 사용할 수 있는 렌즈: 1", 2/3", 1/2", 1/3" 렌즈

⑨ CCTV 카메라 렌즈를 선정할 때 고려 사항은 다음과 같다.

    ㉠ 피사체의 크기나 카메라와 피사체 사이의 거리에 적합한 화각을 고려한다.

    ㉡ 카메라의 종류를 화면 치수, 자동 조리개, 렌즈의 구경 등을 고려한다.

    ㉢ 피사체의 감시 방식에 적합한 화각 가변의 필요성, 렌즈의 밝기 등을 고려한다.

    ㉣ 카메라의 설치조건에 적합한 원격 제어 여부 등을 고려한다.

    ㉤ 카메라의 적용 방법에 맞는 자동 조리개의 필요 여부 등을 고려한다.

5) 하우징 ★ 중요합니다.

① 하우징은 카메라를 먼지나 습기로부터 보호하는 역할을 하기 위하여 열 방출 등을 제공하는 외부 틀을 말한다.

② 하우징이 필요한 경우는 다음과 같다.

    ㉠ 주위 온도가 0~40℃의 범위를 넘는 경우

    ㉡ 직사광선이나 비바람을 맞는 경우

    ㉢ 먼지가 많은 경우

    ㉣ 습도가 높거나 부식성 가스가 있거나 염분이 있는 경우

    ㉤ 기계적 보호가 필요한 경우

    ㉥ 특수선 피복, 수중, 전기적 차폐가 필요한 경우

    ㉦ 방폭 조치 같은 특수한 환경의 경우

    ㉧ 극한 온도에서 발열 · 냉각 등으로 내부의 카메라를 보호해야 하는 경우

    ㉨ 배선을 외부로 노출되지 않도록 해야 하는 경우

③ 하우징의 종류는 다음과 같다.

    ㉠ 옥내형

        • 간이 방진 방수용

        • 밀폐형

        • 통풍형 등

    ㉡ 옥외형

        • 간이 방진 방수용

        • 밀폐형

        • 통풍형 등

    ㉢ 특수형

        • 공랭식형

        • 수냉식형

        • 방폭형

        • 특수선 보호형 등

6) PTZ ★ 중요합니다.

① PTZ는 카메라의 동작 옵션을 반영하여 방향과 확대·축소를 원격으로 제어하여 피사체의 움직임을 관찰하거나 따라가서 촬영할 수 있는 카메라이다.

② 고해상도 카메라가 카메라 움직임 없이 이미지의 일부에 줌이나 패닝을 수행하며, 사용자가 지정하는 영역을 더 높은 품질로 스트리밍하여 촬영할 수 있다.

③ PTZ 카메라는 방범, 화상회의, 생방송, 강의 녹화 등의 분야에 사용되고, 메모리에 저장하는 방식이기 때문에 저장 용량이 비교적 작고 화질이 일반적인 HD급 카메라에 비해 떨어진다.

④ PTZ 카메라의 동작 기능은 다음과 같다.

기능	설명
프리셋	특정 위치에 적용되는 카메라 영상 설정을 지정하는 기능
스윙	2개의 프리셋 위치를 왕복으로 운전하게 하는 기능
패턴	일정 시간 동안 카메라가 수행한 프리셋 운전, 조그 운전 형태를 저장하고 이를 다시 실행하도록 지원하는 기능
그룹	카메라의 스윙과 패턴, 그리고 프리셋 기능을 적절히 조합해 유의미한 역할을 하도록 저장하고, 이를 순차적으로 수행하게 지원하는 기능
오토 플립	이동 객체의 추적이 쉽게 틸트 운전이 90도를 넘으면 자동으로 팬 위치를 180도 회전하는 기능
파워 업 액션	카메라 전원이 공급되면 꺼지기 전 수행한 동작을 다시 실행하는 기능
프라이버시 존 마스크	특정 위치를 영상 촬영 시 마스킹 처리하는 기능

⑤ PTZ 카메라를 운영하는 과정에서 추적은 다음의 단계로 이루어진다.

단계	내용
추적 대상 선정	영상을 탐지하여 추적 대상이 되는 이벤트나 물체가 발견되면 추적 대상을 선정
추적	추적 대상이 선정되면 PTZ 기능을 이용하여 이벤트나 물체를 추적
PTZ 제어	추적 과정에서 PTZ의 기능(pan(회전), tilt(기울기 조절), zoom(확대))을 이용하여 제어하면서 영상을 촬영

7) 리시버 ★중요합니다.

① 리시버는 팬틸트(pan tilt) 드라이브를 작동하는 데 필요한 기구이며, 기능은 다음과 같다.

  ㉠ 수신 기능을 하는 원격 제어 수신기 장치로 RX라고 한다.

  ㉡ 카메라 CPU와 연결하는 제어신호를 받아 구동 신호를 변환

  ㉢ 팬, 줌 렌즈, 카메라 밝기, 초점, 전원 등을 제어

  ㉣ 동기통신 방식으로 전송 중 오동작 최소화

  ㉤ RS-422, RS-485로 연결

② 팬/틸트는 좌우 및 상하 회전을 이용하여 촬영하고자 하는 방향으로 움직일 수 있는 기능이 있는 기기이다.

  ㉠ 팬/틸트 드라이브 위에 카메라와 하우징이 장착되며, 과거에는 무거운 카메라가 많아 적재 용량이 중요했다.

  ㉡ 회전 속도가 빠른 스피드 돔 카메라 출시로 가격과 설치 편의성 때문에 사용이 줄어들고 있다.

▲ 그림 2.2.13 팬틸트

▲ 그림 2.2.14 리시버

8) 기타 촬영 관련 기술

① 카메라의 촬영과 관련된 기타 기술은 다음과 같다.

ㄱ 시야/시계(FOV; Field of View)

- 눈으로 넓게 볼 수 있는 범위·정도이다.

- 일반적으로 각도로 주어진다.

ㄴ 겉보기 시야각(viewing angle)

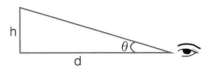

▲ 그림 2.2.15 시야각

- 겉보기 크기를 정하는 각도로 거리 대 높이의 탄젠트(tangent) 값이다.

- 만약, 서로 다른 크기의 물체들이라도 1/2 비례의 높이와 거리에 있다면, 동일 겉보기 크기(시야각)를 가질 수 있다.

ㄷ 디스플레이 시야각

- 정면에서는 선명하나, 좌우로 벗어날수록 화면이 어두워짐을 나타낸다.

- 통상적으로 콘트라스트(contrast) 비율이 10:1 이상이 되어야 하는 각도의 범위를 말한다.

ㄹ 가시 각도: 가시 가능 각도로 눈, 카메라, 촬상관, CCD 등이 물체를 볼 수 있는 각도이며, 보통 120° 정도이다.

ㅁ 시야 범위: 영상처리에서 시각화할 수 있는 영역으로, 너무 가까워서 안보이거나, 너무 멀어서 안 보이는 경우이다.

ㅂ 시청 거리(viewing distance): 시청 가능한 거리를 말한다.

② 촬영한 영상은 위치 인식을 위하여 다양한 투영 방식을 사용하는 방식에 따라 평행 투영(parallel projection)과 원근 투영(perspective projection)으로 구분된다.

ㄱ 평행 투영 방식: 3차원 객체를 2차원 평면으로 일정한 각도로 투영을 통하여 객체들 사이의 상대적 크기가 유지되도록 한다.

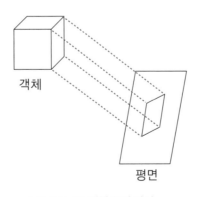

▲ 그림 2.2.16 평행 투영 방식

ⓒ 원근 투영 방식: 투영면에 직각 방향으로 투영되지 않는다. 촬영 시점에서 멀리 떨어져 있는 객체는 작은 모양으로 투영되고, 가까이 있는 객체는 상대적으로 크게 투영되어 사람의 눈으로 3차원 물체를 보는 것 같은 느낌을 준다.

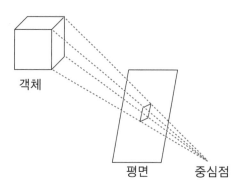

객체

평면   중심점

▲ 그림 2.2.17 원근 투영 방식

③ 영상은 카메라 자체나 네트워크의 신호 등에 의하여 잡음이 발생할 수 있으며, 잡음의 유형은 다음과 같다.

구분	잡음 유형	비고
카메라 렌즈 왜곡	– 술통 변형 왜곡(barrel distortion)	– 볼록 현상
	– 바늘꽂이 변형 왜곡(pincushion distortion)	– 오목 현상
네트워크 신호 등에 의한 잡음	– 임펄스 잡음(impulse noise) – 가우시안 잡음(Gaussian noise) – 백색 잡음(white noise) – 소금/후추 잡음(salt and pepper) – 라플라시안 잡음(Laplacian noise) – 균일(uniform) 잡음	– 카메라 자체 전기적 처리에서도 발생

④ 영상을 촬영하는 카메라에 최적화된 빛에 대한 색상을 조정하는 요인은 다음과 같다.

ⓐ 범위: 화면 색상 조정에 대한 설정값을 적용한 범위를 설정

ⓑ 밝기: 카메라 화면의 밝기를 조정

ⓒ 컨트라스트: 카메라 화면의 대비를 조정

ⓓ 포화도: 카메라 화면의 채도를 조정

ⓔ 색조: 카메라 화면의 색조를 조정

ⓕ 게인: 신호 증폭의 강도를 조정

ⓖ 선명도: 카메라 화면의 선명도를 조정

⑤ 영상을 촬영하기 위해서는 일정 수준의 조명이 필요하다. 태양의 자연광을 이용하거나, 백열등과 같은 인공조명을 사용하는데, 인공조명을 선정하는 경우 고려하는 조건은 다음과 같다.

　㉠ 발광 효율이 좋은 조명 기구를 사용한다.

　㉡ 순간적으로 점등이 가능한 조명 기구를 사용한다.

　㉢ 컬러의 경우에는 연색성이 좋은 조명 기구를 사용한다.

　㉣ 스폿라이트 등 국부 조명이 가능한 조명 기구를 사용한다.

　㉤ 밝기 조절이 쉬운 조명 기구를 사용한다.

3▶ 전송부

① 전송부는 영상 신호를 전송하는 장치를 말한다. 대부분의 전송 시스템이 유선 방식으로 이루어지고 있으나, 상황에 따라 무선 방식이 이용되기도 한다.

② 유선 방식은 케이블 등의 매체를 이용하여 영상 신호 그대로의 기본 대역에 의한 전송방식으로, 중 · 단거리에서 널리 사용되고 있다.

③ 무선 방식은 공간 전파에 의한 VHF나 마이크로파대, 밀리파대 등을 이용하는데, 무선 ITV 830~920㎒ 대의 26Ch이나 광대역 TV 전송의 12㎓ 대가 많이 이용되고 있다.

1) 전원 공급 장치

① 카메라의 전원은 DC 또는 AC 전원을 어댑터를 통해 직접 연결해 전기를 공급하는데, 어댑터 대부분은 DC 12V 정도의 규격을 사용한다.

② 야간에 적외선 램프를 사용하는 카메라의 경우 전류(암페어)가 더 많이 필요한 때도 있다.

③ PoE(Power over Ethernet) 방식은 이더넷 케이블을 통해 데이터 전송과 전원 공급을 함께하는 방식이다.

　㉠ 중앙 집중식 전원 관리가 가능하다.

　㉡ 일반적인 PoE는 CAT 5 케이블 이상의 케이블이 필요하다.

　㉢ 이더넷 케이블의 8가닥 심선 중에서 일부 심선을 급전용으로 지정하여 사용한다.

　㉣ IEEE 802.3af를 PoE 표준으로 확정하였다.

2) 전송매체(케이블)

① 전송매체는 카메라에서 발생한 영상 신호를 저장 매체로 전송한다.

② 전송매체의 종류는 다음과 같다.

ㄱ 동축 케이블

- 중앙에 내부 도체가 있고 외부를 절연체로 감싸고, 그 위에 외부 도체인 구리 그물과 피부 막으로 만들어져 내부 도체를 외부 간섭으로부터 보호한다.

- 내구성, 경제성, 다용성 측면에서 우수하다.

- 대역폭이 넓고 고속 정보 전송이 가능하며, 매체 간의 혼선은 무시할 수 있을 정도이고, 주파수에 따른 신호의 감쇠나 전송지연의 변화가 적다.

▲ 그림 2.2.18 동축 케이블

- 규격에 따라 고주파 신호의 전송이 가능한 케이블도 있다.

- 베이스밴드, 브로드밴드 동축 케이블로 구분된다.

ㄴ 이더넷 케이블

- CAT5e나 CAT6e 이더넷 케이블은 빠르고 많은 영상 신호 전송이 가능하다.

- 또한 CAT5e나 CAT6e 이더넷 케이블은 PoE 기능이 있어 비용이 경제적이다.

- 설치가 편리하다.

ㄷ 광케이블

▲ 그림 2.2.19 이더넷 케이블

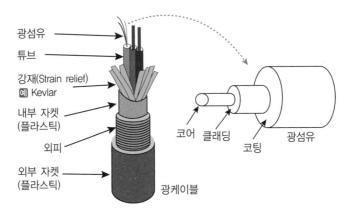

▲ 그림 2.2.20 광케이블

- 케이블 내부에 인장선을 삽입하여 장력을 강화하고, 쿠션이 포함된 버퍼 구조로 진동을 완충하며, 피복을 적용해 내습 및 내화학성을 강화한 동시에, 절단과 마모에 대한 저항력을 높인 케이블이다.
- 광케이블은 빛을 이용하는 통신 방식으로 정보 전송속도가 매우 빠른 성능을 제공한다.
- 광케이블은 장거리 신호 전송 능력, 전자기 간섭에 대한 내성이 증가한 대역폭으로 고품질의 전송을 할 수 있다.
- 수용심 형태로 단심(single) 케이블, 다심(muilti) 케이블로 구분되고, 수용 형태별로 튜브형, 슬롯형, 리본형 등이 있다.
- 가격이 비싸고, 관리하는 기술이 필요하다.

③ 전송매체 선택 시 고려해야 할 사항은 다음과 같다.

　　㉠ 전송 거리: 카메라와 저장 장치 사이의 전송 거리

　　㉡ 환경 조건: 카메라의 설치 환경(위치, 자연환경 등)

　　㉢ 카메라 기술과의 호환성: 카메라의 종류, 제공 기술 등

3) 동축 케이블 컨버터 및 광 컨버터 ★중요합니다.

① 동축 케이블 컨버터는 동축 케이블을 사용하여 장거리 전송 시 케이블의 연결이 필요한 경우나, 장비 간에 동축 케이블을 연결할 때 사용한다.

② 광 컨버터는 2km 이상의 장거리 네트워크를 구축하거나, 장치 간에 광케이블을 연결할 때 필요한 장비이다.

▲ 그림 2.2.21 동축 케이블 컨버터

▲ 그림 2.2.22 광케이블 컨버터

4) 기타 전송 관련 기술 지식

① 동축 케이블은 사양 및 임피던스에 따라 다양한 유형이 있고, RG 번호가 높을수록 중심 도체 코어가 얇아진다. CCTV에서 주로 사용하는 동축 케이블은 RG-59 혹은 RG-6이다.

② RG-6 동축 케이블은 RG-59보다 더 두꺼운 도체와 밀도가 높은 재킷을 제공하여 두 배의 속도로 데이터를 전송할 수 있어 CATV, 위성 TV 안테나 또는 광대역 인터넷에 적합하다.

③ RG-59 동축 케이블은 CCTV 시스템 및 50㎒ 미만의 기타 아날로그 신호에서 잘 작동한다.

④ 광케이블 전송에서 파장을 나누어 전송하는 파장 분할 다중화(WDM; Wavelength Division Multiplexing) 방식이 이용된다.

    ㉠ WDM은 여러 개의 빛(파장)을 하나의 광케이블에 함께 실어 전송하는 기술로 광케이블 하나에 여러 개의 파장으로 다중화하는 방식이다.

    ㉡ 장점으로는 통신 용량과 속도를 향상하고, 인터넷 정보, SONET 정보, ATM 정보 등 다른 정보들을 함께 전송할 수 있다.

⑤ WDM의 종류는 고밀도 파장 분할 다중화(DWDM; Dense Wavelength Division Multiplexing)와 저밀도 파장 분할 다중화(CWDM; Coarse Wavelength Division Multiplexing)가 있다.

    ㉠ 고밀도 파장 분할 다중화

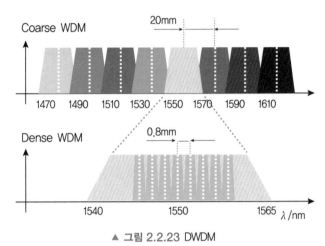

▲ 그림 2.2.23 DWDM

- 광케이블의 용량을 극대화하여 64개 이상의 파장을 광케이블에 실어 보낼 수 있는 기술이다.
- 장점은 전송용량을 늘릴 수 있는 확장성이 있으며, 새로운 광케이블의 추가 설치 없이 기존 네트워크를 그대로 사용 가능하고, 높은 수준의 보안 및 가용성을 보장한다.

    ㉡ 저밀도 파장 분할 다중화

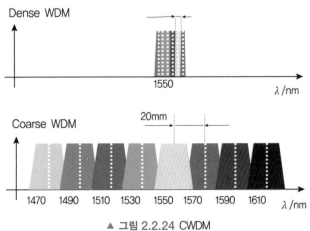

▲ 그림 2.2.24 CWDM

- DWDM과 유사하나, 파장 간격이 더 넓고(~10㎚ 이상) 16파장을 사용하여 전송하며, 단거리 전송에 주로 사용한다.
- 장점으로는 낮은 전력 소모, 크기가 작고 가격이 저렴하다.

⑥ 디지털 인터페이스(DI; Digital Interface)는 디지털 데이터를 송수신하는 인터페이스로, 음성 신호나 영상 신호를 디지털 데이터로 기록하여 디지털 인터페이스로 송수신하면 아날로그 변환 오차에 의한 결함 등이 발생하지 않고, 외부로부터 큰 잡음이 혼입되지 않는 한 디지털 데이터는 그대로 복원될 수 있어 장점이 많은 전송방식이다.

   ㉠ 직렬 디지털 인터페이스(SDI; Serial Digital Interface)
   - 전송속도 270Mb/S를 가진 디지털 비디오 인터페이스 표준 규격으로, SMPTE 259M으로 표준화된 규격
   - 하나의 동축 케이블을 이용한 간단한 전송방식이 필요하여 개발된 표준

   ㉡ 고선명 직렬 디지털 인터페이스(HD-SDI; High-Definition Serial Digital Interface)
   - 고선명 영상을 전송하기 위한 직렬 디지털 인터페이스 표준으로, SMPTE 292M 표준으로 제정
   - HD-SDI는 1.485 Gbit/S의 전송속도
   - 아날로그 카메라와 IP 카메라에 사용되며 메가 픽셀 화면(1280×720 이상) 전송

   ㉢ AV용 디지털 인터페이스(DIVA; Digital Interface for Video and Audio)
   - 가전제품 간 네트워킹이 가능한 비디오 오디오용 인터페이스
   - 디지털 텔레비전에 다양한 가전 기기를 연결하고 제어

   ㉣ 모바일 디스플레이 디지털 인터페이스(MDDI; Mobile Display Digital Interface)
   - 모바일 디스플레이 데이터 전송 기술 표준
   - 휴대폰의 모뎀과 액정 표시 장치(LCD) 간 병렬형 데이터 전송 방식을 직렬 방식으로 전환하여 회로를 간단히 하고 전력 소모를 줄인 데이터 전송 기술

   ㉤ 다중 채널 오디오 디지털 인터페이스(MADI; Multi-channel Audio Digital Interface)
   - 56채널 디지털 인터페이스로 개발된 표준 규격
   - 다중 녹음기나 대형 콘솔에 주로 장착되어 사용
   - 대용량을 전송해야 하므로 75Ω 동축 케이블이나 광케이블을 사용하여 신호를 쉽게 다중화

   ㉥ 전자 악기 디지털 인터페이스(MIDI; Musical Instrument Digital Interface)
   - 전자 악기나 전자 음원과 컴퓨터를 접속하여 연주할 때의 인터페이스 규격
   - 연주 데이터를 비동기 방식으로 직렬 전송하여 동작시키는 개념

4 ▶ 감시 및 제어부

감시 및 제어부는 영상녹화 장비인 저장기기(저장 장치 및 스토리지)와 영상 출력장치인 모니터 및 화면 조작을 위한 컨트롤러 등으로 구성된다.

1) 모니터 ★ 중요합니다.

① 실시간 영상이나 녹화된 영상을 보기 위하여 사용하는 모니터는 전기적 영상 신호를 실제 보이는 영상으로 변환시켜 주는 표시 장치이다.

② 컴퓨터에 사용되는 LED 등의 모니터를 저장기기에 연결하는 경우가 대부분이고, 큰 화면으로 영상을 보려면 대형 TV에 연결하기도 한다.

③ 대형 화면과 연결 시에는 모니터와 저장기기가 지원하는 해상도를 미리 확인해서 화면 품질을 높이도록 해야 한다.

④ 모니터는 발광 여부에 따라 발광형과 비발광형으로 구분된다.

구분	설명	제품
발광형	중심 물질이 직접 빛을 발광하여 영상을 구현하는 자체 발광 방법이다.	CRT, PDP, OLED, FED, LED 등
비발광형	다른 발광원으로부터 빛을 받아 그 빛의 세기를 조절하여 영상을 구현하는 방식이다.	LCD, TFT-LCD 등

⑤ 화면 해상도에서 사용하는 용어의 접두사는 다음과 같다.

접두사	설명
쿼터(Q)	기본 해상도의 쿼터로, VGA 해상도에서 가로 및 세로가 절반 크기이다.
와이드(W)	기본 해상도에서 가로가 늘어나며, 16:9나 16:10과 같은 화면 가로세로 비율을 갖는다.
풀(F)	해당 해상도의 큰 크기를 나타낸다.
쿼드러플(Quadruple)(Q)	기본 해상도의 4배 많은 화소를 말한다.
헥사데카터플 (Hexadecatuple)(H)	기본 해상도의 16배 많은 화소를 말한다.
울트라(U)	WQXGA, WHUXGA와 같이 사용하여 크다는 의미가 있다.
확장(X)	

⑥ 모니터의 화면 해상도를 구분하는 척도는 다음과 같다.

구분	수평×수직 픽셀
CGA(Color Graphics Adapter)	640×200, 320×200, 160×200
VGA(Video Graphics Array)	640×350, 640×480, 720×400(4:3)
SVGA(Super Video Graphics Array)	800×600, 832×624(4:3)
XGA(eXtended video Graphics Array)	1024×768(4:3)
SXGA(Super eXtended video Graphics Array)	1152×864, 1152×900, 1280×1024(5:4)
UXGA(Ultra eXtended video Graphics Array)	1600×1200(4:3)
WUXGA	1920×1200
일반 워크스테이션급	1280×1024
NTSC/PAL 아날로그 TV 수신기	480i, 575i
SDTV급	640×480, 704×480, 720×480(4:3)
HDTV(full HD)급	1280×720, 1920×1080(16:9)
QXGA	2048×1536(4:3)
QFHD(Quad Full HD)급	3840×2160
소형 디스플레이(PMP, PDA, 스마트폰 등)	240×320, 480×727
UHD(Ultra High Definition)	– 초고선명 영상 해상도(ultra high definition) – 3840×2160의 해상도(4K) 또는 7680×4320의 해상도(8K)
QHD(Quad High Definition)	– 2560×1440 이상의 픽셀 수를 지원 – 기존 일반 HD보다 약 4배 선명한 화질 – FHD 규격보다 약 2배 선명한 화질
FHD(Full HD)	– 1920×1080 해상도

2) 영상 압축 기술 ★중요합니다.

① 영상 압축 기술은 영상 신호에 들어있는 중복된 정보를 시각적으로 못 느낄 정도로 제거하여 압축하는 기술을 말한다.

② 영상 신호 중복성 제거 방식은 다음과 같다.

  ㉠ 시간적 압축 기술
    • 과거, 현재, 미래 비디오 프레임들을 예측하고, 그 차이를 보상하여 예측을 향상하는 방법이다.

- 출력은 오차 프레임, 움직임 벡터 등과 같은 일련의 모델 파라미터들을 이용한다.

ⓛ 공간적 압축 기술

- 프레임 내 인접한 화소 또는 블록 간에 상관관계(유사성)를 제거하는 등 전통적인 변환 부호화를 사용하는 방법이다.
- 출력은 일련의 양자화된 변환 계수 값들이다.

ⓒ 통계적 압축 기술

- 허프만 코딩 등 엔트로피 부호화를 이용한 정보이론에 기초하여 압축을 수행하는 방법이다.
- 출현 빈도 데이터 등의 통계적 특성을 활용한 방법으로 시간적 · 공간적 중복성 모두 활용이 가능하다.

③ 영상정보를 압축하고 복원하는 단계는 다음과 같은 절차에 따른다.

구분	단계 및 설명
압축	(영상 소스) → 예측 단계 → 변환 단계 → 양자화 단계 → 엔트로피 코딩 단계 → (압축 영상) – 예측: 수신기에서 예측할 수 있는 신호를 제거하는 과정 – 변환: 변환 영역에서 영상 신호를 달리 표현하는 과정(필요 데이터양이 줄어들 수 있다.) – 양자화: 인간이 인지하지 못하는 정보를 제거하는 과정 – 엔트로피 코딩: 데이터를 비트 단위로 표현하며 데이터양을 줄이는 과정
복원	– 압축된 데이터는 부호화된 움직임, 벡터, 파라미터, 오차 계수, 헤더 정보 등으로 구성 – 현재 프레임의 예측 프레임을 생성하기 위해 파라미터들을 활용하고, 현재 프레임에 오차 프레임을 더하여 복원

④ 주요 압축 기술의 분류는 다음과 같다.

구분	압축 기술 분류	압축 기술 설명
중복 요소를 제거하는 방식에 따른 분류	엔트로피 부호화	– 호프만 부호화, 산술부호화, LZW 부호화 등 통계적 중복 요소를 제거하는 압축 기술
	예측 부호화	– DPCM, MC(움직임 보상) 등 시공간적으로 전후 · 인접 신호로부터 현재의 신호를 예측하여 부호화하는 기법으로 압축하는 기술
	변환 부호화	– DCT, VQ 등 주로 주파수 변환 기술에 의한 압축 방식 – 변환 그 자체보다는 부호화 과정에 필요한 양자화 시에 압축이 주로 시행
	혼성 부호화	– MC + DCT, MC + VQ 등

구분	압축 기술 분류	압축 기술 설명
손실 여부에 따른 분류	무손실 부호화	– RLC, 호프만 부호화, VLC 등 시청각 특성을 고려하지 않음
	손실 부호화	– Sub-sampling, DPCM, DCT 등 시청각 특성 고려
	혼성 부호화	– JPEG, MPEG1, MPEG2, H.261, H.263 등
영상 성격에 따른 분류	정지영상 부호화 (still picture/ image coding)	– 공간상에서 중복성 제거에 초점을 맞추는 기술
	동영상 부호화 (moving picture/ video coding)	– 화면 사이 물체들의 움직임을 보상하기 위한 예측 부호화 등 여러 복합적 기법 응용 – 영상과 음성 부호화도 포함

⑤ 영상정보를 부호화하는 관련 표준은 다음과 같다.

구분	표준 분류	표준명
ITU-T 권고안 (통신용)	이진영상 팩시밀리 전송	– ITU-T T.4(1980년)
	ISDN 망	– H.261(64kbps~2Mbps 정도의 속도, 1990년)
	동영상 부호화	– H.262(MPEG-2와의 공동작업, 1995년)
	저 전송률 일반전화망	– H.263/H.263+ – H.263L(1996년)
	범용 고효율 압축 부호화	– H.264(MPEG-4 Part10 AVC, 2003년)
ISO/IEC 권고안 (정보/오락용)	이진영상 부호화	– JBIG(팩시밀리 등에 응용)
	정지영상 부호화	– JPEG – JPEG2000
	동영상 부호화	– MPEG-1(저장 미디어, 1992년) – MPEG-2(전송 미디어, H.262와의 공동작업, 1995년)
	합성형 영상 부호화	– MPEG-4(1999년)
위 두 기관의 협력		– MPEG-2/H.262 – H.264/AVC – HEVC 등

3) 저장 기술 ★중요합니다.

① 영상정보를 하드디스크 드라이브(HDD)에 저장하는 것으로, 고화질 영상녹화 수요에 따라 대용량화되고 있다.

② 네트워킹 기능이 탑재되어 인터넷을 통해 컴퓨터나 스마트폰 원격 모니터링이 가능하도록 제공하고 있다.

③ CCTV 영상정보는 주로 DVR과 NVR을 사용하여 저장하고, 비디오 저장 기술은 다음과 같다.

    ㉠ VCR(Video Cassette Recorder): 영상 및 음향을 동시에 기록하는 자기 테이프 기록 장치로, 주로 가정에서 TV 방송프로그램을 녹화하고 재생하는 장치

    ㉡ VTR(Video Tape Recorder): 방송 영상 설비로 사용되는 영상 저장 장치

    ㉢ DVR(Digital Video Recorder): CCTV 등의 디지털 비디오 신호를 저장하는 HDD 장치

    ㉣ PVR(Personal Video Recorder): 방송프로그램을 동영상 압축 기술을 이용하여 HDD에 저장시키는 저장 장치

    ㉤ NVR(Network Video Recorder): 웹서버를 내장한 IP 카메라에 연결하여 PC 등에서 구동하고 저장하는 녹화 장치

4) 스토리지 ★ 중요합니다.

① 영상정보를 저장하는 데이터 저장 장치로 조직의 스토리지 인프라 구축용으로 사용하여 저장, 백업, 재난복구, 보안 등을 모두 고려하는 전문화된 대용량 저장 기술을 말한다.

② 이전의 데이터 저장은 서버, LAN에 스토리지를 직접 붙여서 쓰는 DAS 방식을 이용하였으나, 데이터양이 많아지고 속도가 빠른 별도의 스토리지용 전용망을 갖는 SAN을 사용하는 경우가 많아지고 있다.

③ 스토리지를 한곳에 모아 놓고, 이를 분산된 여러 서버가 공유하여 자원 활용도를 높임으로써 스토리지를 통합하고 관리 비용은 절감하는 관리가 이루어지고 있다.

④ 스토리지를 다음과 같이 기술적으로 구분할 수 있다.

형태 구분	설명
내장 디스크형	– 컴퓨터 본체 내 기본으로 장착된 구조로 확장성이 제한적이거나 어려움
직접 부착형	– DAS(Direct Attached Storage)로 개별 호스트가 직접 연결을 통해 스토리지 소유
네트워크 활용형	– NAS(Network Attached Storage)로 스토리지를 LAN 등의 네트워크와 연결하여 사용 – 네트워크 기반의 파일 공유가 가능 – SAN(Storage Area Network)으로 스토리지 전용 네트워크를 가지며, 중앙화되고 응집시킨 스토리지에 대한 관리 가능 – FC-SAN은 스토리지 네트워킹을 위해 사용되는 기술인 FC(파이버 채널) 기술에 기반한 SAN – IP-SAN은 IP 프로토콜 기술에 기반한 TCP/IP 프로토콜을 이용하는 SAN으로 주로 사용
스토리지 가상화	– 네트워크 기반의 스토리지 가상화 기술

⑤ 스토리지 아키텍처는 서버 중심 모델에서 점차 정보 중심 모델로 진화하고 있는데, 공유 스토리지 기기에서 서버가 필요할 때마다 스토리지를 추가·조정하면서 정보 가용성에 영향을 주지 않는 아키텍처로 발전하고 있다.

⑥ 스토리지 선정 시 중요한 고려 사항은 다음과 같다.

　ⓐ 이기종 운영체제를 갖는 플랫폼에서도 데이터의 공유가 가능해야 한다.

　ⓑ 성능이 우수하고 가용성이 높으며, 확장성이 좋아야 한다.

　ⓒ 백업, 재난복구, 보안 등에 대한 문제 대처에 적절하게 대응해야 한다.

5) 제어장치 ★ 중요합니다.

① CCTV 영상정보를 촬영하고 이를 관리하는 데 필요한 각종 제어장치는 전원 제어장치, 카메라 제어장치 등으로 구분할 수 있다.

　ⓐ 전원 제어장치

　　• CCTV의 전원부와 연결하여 CCTV를 원격으로 관리할 수 있다.

　　• CCTV가 정상적으로 동작하지 않을 때 전원을 껐다가 켜는 것으로 CCTV가 복구되는 경우가 있어 유지보수 비용을 절감할 수 있다.

　　• 낙뢰로 인한 순간 정전이나 과전압, 과전류 유입으로 장비의 손실이 발생하는 경우를 방지할 수 있다.

　ⓑ 카메라 제어장치

　　• 원격에서 CCTV 카메라를 제어하여 카메라의 방향 이동이나 줌인/줌아웃 기능 등을 수행하는 제어장치이다.

　　• PTZ 카메라의 경우 원격 제어장치를 사용하는 경우가 많다.

6) 시리얼 통신 ★ 중요합니다.

① 시리얼 통신(직렬 통신, serial communication)은 연속적으로 통신 채널이나 컴퓨터 버스를 거쳐 한 번에 하나의 비트 단위로 데이터를 전송하는 통신을 말한다.

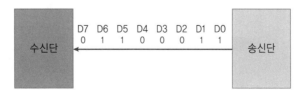

▲ 그림 2.2.25 시리얼 통신

② 시리얼 통신에서 데이터가 계속 전송되면 각 비트를 구별할 방법이 필요하다. 디지털 회로의 입장에서 수신된 데이터의 비트가 시간상으로 어디서부터 시작이고 끝인지를 알 필요가 있기 때문이다.

③ 데이터 비트를 복구하고 데이터의 시간적 위치를 알리기 위해 동기신호를 보내는 경우와 동기신호 없이 신호 자체에서 데이터 비트를 복원하는 방식으로 나눌 수 있다.

구분	설명	종류
동기 방식	– 데이터 신호와는 별도로 동기신호를 함께 보낸다. – 송수신 간에 시간 관계를 유지할 필요가 있으므로 별도의 클록 신호 제공을 갖는 방식으로 중앙집중형으로 사용한다. – 비교적 단순한 연결과 저속 연결이 가능하다.	– 직렬 주변기기 인터페이스(SPI) – I2C(Inter Integrated Circuit) 등
비동기 방식	– 데이터 신호만을 보내고 각각의 방식에 따라 데이터 비트를 찾아낸다. – 송수신 간에 시간 관계를 유지할 필요가 없어 클록/타이밍 신호가 필요 없다. – 비교적 저속에서 고속까지 전송속도로 구현할 수 있다.	– 직렬 저속: RS-232, RS-422, RS-485 등
		– 직렬 고속: Ethernet, IEEE1394 등

7) ONVIF ★ 중요합니다.

① ONVIF(Open Network Video Interface Forum)는 오픈 네트워크 비디오 인터페이스 포럼을 말한다.

② 포럼은 보안 목적의 물리적인 IP 기반 제품들의 인터페이스를 위한 개방형 표준의 개발 및 이용을 편리하게 하는 것을 목적으로 활동한다.

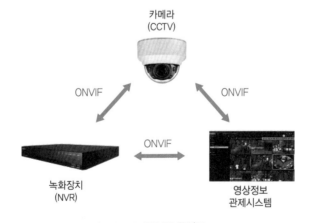

▲ 그림 2.2.26 ONVIF 구성도

③ ONVIF에 참여하여 활동할 수 있는 대상은 제조업체, 소프트웨어 개발자, 컨설턴트, 사용자, 그밖에 ONVIF의 활동에 참여하려는 관심 그룹들이다.

④ ONVIF가 지양하는 분야는 다음과 같다.

　　㉠ 네트워크 비디오 장치 사이의 통신에 대한 표준화

　　㉡ 제조업체와 무관한 네트워크 비디오 제품 사이의 상호 운용성

　　㉢ 모든 기업과 단체에 대하여 개방

⑤ ONVIF 프로파일은 장치들 사이의 특정 기능에 대한 상호 운용을 보장하는 기술적인 사양으로 구성된다.

프로파일 명칭	사양
프로파일 A	정보, 상태, 이벤트의 검색을 수행하고, 접근 규칙, 자격 정보, 스케줄 등의 물리 접근 제어 시스템 관련 항목들을 구성하는 기능이다.
프로파일 C	도어 상태 및 제어, 자격 관리, 이벤트 관리 등의 IP 접근 통제 시스템의 공통 기능을 설명한다.
프로파일 G	비디오 스토리지, 녹화, 검색을 설명한다.
프로파일 M	분석 애플리케이션을 위한 메타데이터 및 이벤트를 설명한다.
프로파일 Q	장치 발견, 구성, TLS 인증의 관리에 대해 설명한다.
프로파일 S	비디오나 오디오 스트리밍, PTZ 옵션, 릴레이 액티베이션 등의 IP 비디오 시스템의 공통 기능을 언급한다.
프로파일 T	H.264, H.265 인코딩 포맷, 이미징 설정, 알람 이벤트(모션, 부당 변경 감지 등) 등의 비디오 스트리밍 기능을 지원한다.

⑥ ONVIF 프로토콜은 기능에 따라 다음과 같은 종류가 있다.

프로토콜 종류	프로토콜 기능	기능 및 프로토콜 상세
RTP/RTSP	– 영상 송수신 – 음성 송수신 – 이벤트 송수신	ONVIF 영상을 보거나 음성을 들을 때나 이벤트 정보를 송수신하는 경우 사용한다.
WSDL, SOAP	– 제어 – 설정 – 조회	IP를 변경하거나 셔터 스피드 변경 또는 PTZ를 제어하는 등의 각종 기능을 수행하는 경우 사용한다.

8) 기타 감시 및 제어부 관련 기술 ★중요합니다.

① 브라켓은 카메라를 지지하는 지지대를 말한다.

② 벽부착형 브라켓은 하우징이나 하우징 일체형 카메라와 같이 사용하고, 약간의 가공을 하면 일반 적외선 카메라를 사용할 수 있으므로 외벽에 CCTV 설치 시 원활한 각도를 확보하기 위해 설치하는 경우도 있다.

③ 브라켓은 다양한 형태의 모양으로 출시되어 사용하고 있다.

▲ 그림 2.2.27 브라켓(1)　　▲ 그림 2.2.28 브라켓(2)　　▲ 그림 2.2.29 브라켓(3)

④ 기타 감시 및 제어부 관련 주변기기 장비나 장치들이 있다.

　ㄱ PoE 인젝터: 전원과 이더넷 신호를 동시에 보내는 장비로 전력선 설치가 어려운 곳에 설치하는 것이 특징이다.

　ㄴ PTZ 컨트롤러: 3D 조이스틱 제어가 가능한 원격 조정 장치이다.

　ㄷ 카메라 HD 전송 장치: 카메라 영상을 전송하는 전송 장치이다.

　ㄹ 카메라 노이즈 제거 증폭기: 카메라의 노이즈를 제거하고, 노이즈 유입을 방지하여 영상정보를 전송하는 장치이다.

　ㅁ 카메라 UTP 전송 장치 리피터: 평형 방식으로 전송된 카메라 영상 신호를 AHD의 영상 신호로 복원, 보정하여 UTP 신호로 재전송하는 장치이다.

　ㅂ 리피터: 영상정보를 장거리 전송하기 위하여 신호를 증폭하여 보내주는 장치이다.

　ㅅ 분배기: 한 가닥의 케이블로 여러 대의 카메라 신호를 전송하고, 수신 측에 분배하는 장치이다.

　ㅇ 랙 케이스: 카메라, 모니터 DVR 등을 케이스 안에 넣어 관리하는 장치이다.

　ㅈ 렌즈: 카메라에 장착하여 미세한 부분이나 원격 촬영하도록 하는 장치이다.

　ㅊ 폴: 카메라를 설치하기 위하여 지지하도록 세워주는 지지대 장치이다.

⑤ 영상정보 서버나 저장 장치에 오류가 발생하는 경우, 이에 대비하는 방안의 개념적 방법은 다음과 같다.

　ㄱ 페일 오버(fail over): 장애가 발생하면 미리 준비해 둔 여분의 시설(장비)로 대체하는 이중화 장애관리 방법이다.

　ㄴ 고장 허용(fault tolerant): 시스템을 구성하는 일부 장비가 고장이 나더라도 시스템이 계속 작동할 수 있도록 보장하는 성질이다.

5 ▶ 센서

센서(sensor)는 입력 부분에서의 정보를 전기적 신호로 변환하여 주는 장치로 외부의 자극을 물리적, 화학적, 생물학적 현상을 이용하여 전기적 신호로 변환하는 역할을 한다.

1) 센서의 종류 및 특징 ★ 중요합니다.

① 센서의 특징은 정적인 특징과 동적인 특징으로 구분된다.

㉠ 정적 특징: 감도, 동적 범위, 분해 능력, 직선적 성질, 히스테리시스, 선택성 등

㉡ 동적 특징: 시간 응답 특징, 주파수 응답 특징 등

② 센서의 종류는 물리 센서, 화학 센서, 바이오 센서 등으로 구분된다.

구분	종류	설명
물리 센서	광 센서	– 빛 또는 광자를 검출하여 전기적 신호로 바꾸어 주는 센서이다. – 광전관, 광증배관, 반도체 광다이오드(PIN-PD), 이미지 센서 등이 있다.
	자기 센서	– 전자유도 작용, 홀 효과 등을 이용하는 센서이다.
	온도 센서	– 접촉형: 열전대, 측온저항체, 볼로미터, 서미스터, 반도체 온도 센서 등이 있다. – 비접촉형: 적외선, 초전효과 등을 이용한다.
	음향 센서	– 마이크로폰, 초음파 센서 등이 있다.
	진동 센서	– 진동 신호를 감지하는 센서이다.
	압력 센서	– 압전효과 등을 이용하여 감지하는 센서이다. 기계식 압력 센서, 광학적 압력 센서, 반도체 압력 센서 등이 있다.
	무게 센서	– 용수철 저울의 탄성 이용 등의 기계식 센서이다.
	위치 센서	– 기준 위치로부터 변위, 방향, 속도를 측정하는 센서이다.
	근접 센서	– 근방 존재 여부를 광학, 전자기, 초음파 등을 이용하여 검출하는 비접촉식 센서로, 움직임 센서(모션 센서) 등이 있다.
	유량, 유속 센서	– 물이나 기름의 흐름과 속도를 감지하는 센서이다.
	터치 센서	– 물체에 접촉하면 이를 감지하는 센서이다.
화학 센서	연기, 가스, 알코올 센서	– 공기 중 특정 연기, 가스 및 알코올을 감지하는 센서이다.
	습도 센서	– 공기 중 습도를 감지하는 센서이다.

구분	종류	설명
화학 센서	적외선 센서	– 적외선 센서 또는 IR 센서는 근접 물체 감지 및 원격 제어를 위한 광 기반 센서이다.
	초음파 센서	– 물체의 거리나 속도를 측정하는 데 사용하는 비접촉식 센서이다. – 소음이 없고 은닉이 쉽다는 장점이 있다.
	가속도/각 가속도 센서	– 물체의 가속도나 각을 갖는 가속을 측정하는 센서이다.
	컬러 센서	– 색을 감지하여 판정하는 센서이다.
	기울기 센서	– 기울기에 대한 값을 감지하는 센서이다.
바이오 센서	바이오 센서	– 효소 및 미생물 등의 생체 물질을 탐지하여 분석하는 센서이다.

③ 센서에서 얻은 정보를 연동하는 네트워크 종류는 다음과 같다.

　㉠ 기기 사이 연동 네트워크: 이더넷, RS-232, RS-485, USB 등 연결 장치를 이용하여 장비에 연결하여 접속

　㉡ 인터넷 기반 네트워크: IP 주소를 이용하여 인터넷 프로토콜 기반으로 객체 접속

　㉢ 근거리 통신 네트워크: 블루투스, 지그비 등 근거리 통신 네트워크를 통하여 데이터 정보 전송

④ CCTV의 디지털 카메라에 장착된 이미지 센서는 필름 역할을 한다.

　㉠ 빛을 통해 피사체를 포함한 프레임 안의 정보들을 전기적 신호로 변화해 우리가 눈으로 보는 이미지의 형태로 구현할 수 있도록 해준다.

　㉡ 프레임 안의 정보를 얼마나 잘 받아들이고, 정보를 얼마나 전기적 신호로 변환한 후에 이미지 형태로 잘 구현될 수 있도록 하는지가 이미지 센서의 성능 기준이다.

　㉢ 현재 디지털 카메라에는 대부분 CMOS 이미지 센서를 사용하지만, CCTV용 카메라에도 점차 CMOS로 대체되고 있다.

　㉣ CCTV가 움직이는 대상을 인지하고 행동 패턴을 측정함으로써 정확한 알람 제공 및 데이터 통계 분석 기능까지 갖는 CCTV가 사용되고 있다. 이는 시각 구조를 이용한 지능형 영상정보처리 기술을 카메라에 탑재하고, 공간 측정과 알람 센서 기능을 이용하여 방문 고객의 동선 및 머무는 시간 등 관심 정보를 추출할 수 있는 기능을 제공한다.

2) 대기환경 센서(온도, 습도, 자외선, 미세먼지, 강우량 등) ★중요합니다.

① 대기환경 센서는 온도, 습도, 자외선, 미세먼지, 강우량 등을 측정하는 센서로, 센서의 종류와 측정 대상 등은 다음과 같다.

구분	종류	측정 방법
온도 센서	기체 센서	– 정적인 방법으로 온도 변화에 따라 기체의 압력이 변하는 성질을 이용한다.
	액체 센서	– 수은, 알코올을 이용하여 열팽창을 이용하는 센서이다.
	저항 센서	– 저항체의 저항 온도 의존성을 이용하여 측정한다.
	열전쌍 센서	– 서로 다른 금속의 양 끝 접합점의 온도 차에 따라 유기되는 열기전력의 원리를 이용하여 측정한다.
	반도체 센서	– 온도 변화에 따른 특성 변화를 이용하여 온도를 측정한다.
	복사 센서	– 적외선 감지 등 비접촉 복사열을 이용하여 측정한다.
	열상 센서	– 피사체가 발산하는 적외선(열선)을 가시화(可視化)시켜 열을 측정한다. – 검역, 질병 검사, 건축물의 단열 확인 등에 활용한다.
습도 센서	정전 용량형	– 유전체가 전하를 축적할 수 있는 능력을 이용하여 측정한다.
	저항 변화형	– 물체 변화나 흐름을 방해하려는 저항을 이용하여 측정한다.
	열전소자	– 열 및 전기와의 관계를 나타내는 효과인 제벡효과 등을 이용하여 측정한다.
	진동 발진식	– 공간에서의 떨림 반복 현상인 진동을 이용하여 측정한다.
자외선 센서	자외선 센서	– 10~397nm 정도의 전자기파인 자외선을 이용하여 빛의 자외선 세기 등을 측정한다. – 눈에 보이지 않는 짧은 파장의 자외선은 센서의 음극(P–)에 걸리게 되는 광전효과로 자외선을 감지한다.
미세먼지 센서	미세먼지 센서	– 직경이 10㎛보다 작은 입자인 미세먼지를 감지하는 센서이다. – 실내 공기 질을 측정한다.
강우량 센서	강우량 센서	– 시간당 대지에 내리는 비, 눈, 우박의 누적 강도를 측정하는 센서이다.

3) 위험물 감지 센서(화재, 연기, 불꽃, 가스 등) ★중요합니다.

① 위험물 감지 센서는 화재, 연기, 불꽃, 가스 등을 측정하는 센서가 있고, 센서의 종류는 다음과 같다.

구분	종류	측정 방법
화재 센서	정온식 센서	주위 온도가 일정한 온도 이상이 될 때 신호를 발생하는 센서이다.
	차동식 센서	주위 온도가 일정 상승률 이상이 될 때 열 효과에 의하여 작동하여 신호를 발생하는 센서이다.

구분	종류	측정 방법
연기 센서	이온화식 센서	주위의 공기가 일정한 농도의 연기를 포함하게 될 때 작동하는 센서이다.
	광전식 센서	주위의 공기가 일정한 농도의 연기를 포함하게 되면 연기에 의하여 광전소자에 접하는 광량의 변화로 작동하여 감지하는 센서이다.
불꽃 센서	자외선 불꽃 센서	불꽃에서 방사하는 자외선의 변화가 일정량이 되었을 때 작동하는 센서이다.
	적외선 불꽃 센서	적외선의 변화에 따라 불꽃이 변화하는 것을 감지하는 센서이다.
가스 센서	반도체 방식	가열한 금속산화물에 가스 접촉에 의한 저항값의 증감으로 측정하는 센서이다.
	접촉 연소 방식	가연성 가스가 촉매로 연소하고, 온도가 상승하면 저항값의 증가를 측정하는 센서이다.
	전기화학 방식	화학용제와 가스의 반응에 따라 생기는 전류·전도율의 변화를 측정하는 센서이다.
	광 간섭 방식	공기와의 굴절률 차이에 의해 생기는 간섭줄 무늬를 이용하여 측정하는 센서이다.
	열전도율 방식	열전도율의 차이를 방열에 의한 발열 소자의 온도 저하를 이용하여 측정하는 센서이다.
	적외선 흡수 산란 방식	적외선 조사에 의한 가스 분자의 공진에 의한 흡수 또는 산란량으로 측정하는 센서이다.

4) 기타 영상정보 연동 센서

① 최근의 CCTV는 영상을 센서와 연동하여 정보를 제공하는 융복합 서비스를 지원하고 있다. 특히 IoT 센서와 연동하여 융복합 서비스를 제공하여 다음과 같은 기능을 제공하고 있다.

    ㉠ 실내 제공 정보: 문 열림, 동작 감지, 유리창 깨짐, 온/습도, 연기 감지 센서를 이용한 정보 제공

    ㉡ 알람 기능: IoT 센서를 이용한 이벤트 발생 시 영상분석 기능을 실시하고, 모바일이나 PC로 실시간 정보 알람 기능

② 무선 센서 네트워크와 GPS를 이용한 CCTV 탐지 시스템들이 개발되어 보안과 방범 등에 활용되고 있고, 영상 방범과 같은 시스템들이 개발되어 사용하고 있다.

③ 이 시스템은 무선 통신 네트워크 기술을 기반으로 주 제어장치에서 CCTV로부터 이상 징후를 탐지하고, 카메라와 연동하여 제3자의 침입 경로, 현장 상황 등 각종 정보를 축적하여 범죄예방에 활용된다. 이는 영상 전송이 가능하므로 현장 상황을 직접 보면서 보안 요원의 출동 여부를 신속하게 판단할 수 있는 시스템이다.

6 주변기기

1) 양방향 방송시스템

① 양방향 방송 서비스는 기존의 단방향 DMB 방송 채널뿐만 아니라 와이파이 또는 이동통신망 같은 양방향 채널을 통해서 다양한 방송프로그램 및 부가 데이터 서비스를 제공하는 방송으로 텔레비전 쇼핑, 양방향 유선 텔레비전 등이 있다.

② 현재 양방향 방송시스템으로 제공하고 있는 방송시스템인 IPTV(Internet Protocol TV)의 기능은 다음과 같다.

 ㉠ IPTV는 정보통신망과 인터넷 프로토콜을 이용하여 일정한 서비스 품질이 보장되는 시스템이다.

 ㉡ TV 수상기 등을 통하여 이용자에게 실시간 방송프로그램을 포함하여 데이터·영상·음성·음향 및 전자상거래 등의 콘텐츠를 복합적으로 제공하는 방송이다.

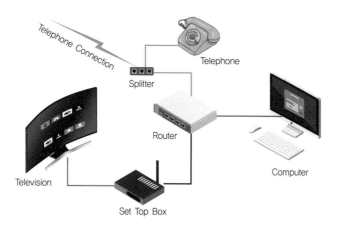

▲ 그림 2.2.30 IPTV 구성도

③ IPTV의 특징은 다음과 같다.

 ㉠ 방송과 통신이 융합되어 전송매체의 다양화, 무한의 방송 채널, 양방향성, 개인화, 고품질, 융합 서비스를 지향한다.

 ㉡ 단순 인터넷 TV와 달리 일정 수준 이상의 QoS가 보장되는 인터넷을 기반으로 하는 방송 서비스이다.

 ㉢ 폐쇄된 망을 보유하는 운영자로부터 라이브 TV 및 VoD 서비스를 동시에 제공하여 개인화가 진전된다.

 ㉣ 전용 셋톱박스를 이용하여 방송, 인터넷, 가전 제어, 전화 등 다기능 서비스를 제공하여 인터넷, 방송, 전화 구현을 위한 대안으로 인식되고 있다.

④ IPTV 서비스의 주요 기술은 다음과 같다.

분류	설명
헤드엔드 기술	– 방송 콘텐츠 제작 · 배포 – 수신 제한 시스템(CAS) 등
네트워크 기술	– 멀티캐스팅 – 동영상 압축 기술(H.264/AVC, VC-1 등) – QoS 보장 기술 등
단말 기술	– 양방향 데이터 전송을 위한 미들웨어 등

⑤ 기타 유사 서비스로 CATV, 디지털 TV 방송, 인터넷 TV 등이 있다.

분류	설명
CATV (광 · 동축 혼합망을 이용)	– 동축 케이블의 광대역성을 이용하거나 양방향 전송 기능을 부가하여 다채로운 서비스를 제공하는 텔레비전 시스템의 총칭을 말한다. – 고감도의 안테나로 수신한 양질의 방송 텔레비전 신호를 각 가정의 수신기에 분배하는 텔레비전 성격의 CATV나 특정 상호 간에만 텔레비전을 이용하는 CCTV 등이 있다.
디지털 TV 방송 (전파를 이용한 방송망에 의한 HDTV, UHDTV 등)	– 송출의 전 과정을 디지털화하여 기존의 방송 대역인 VHF 및 UHF 대역을 이용하여 송출하는 방송 서비스이다.
인터넷 TV 또는 인터넷 스트리밍 서비스 (TV 수상기 대신 주로 컴퓨터 만으로 사용)	– 인터넷 검색 기능을 갖춘 텔레비전 세트를 말하며, TV 세트에 고속 모뎀, 기억장치, 웹 브라우저 등 인터넷 검색 소프트웨어를 장착하여 TV 세트만으로 인터넷이나 PC 통신을 이용할 수 있다.

2) 비상벨 ★ 중요합니다.

① 비상벨이란 재해, 재난, 사건, 사고로부터 인명 및 재산 보호, 방범, 범죄예방 등의 목적으로 구축되는 장비로, 해당 비상 상황을 실시간으로 영상정보 관제센터 등에 전송하여 구조 등의 조치가 신속히 이루어질 수 있도록 하는 장비이다.

② 비상벨이 사용하는 기술 및 기능은 다음과 같다.

  ㉠ IoT 기술이나 무선 통신을 사용한다.

  ㉡ CCTV 네트워크와 연동하는 기능이 있다.

  ㉢ 비상 호출 및 비상 통화가 가능하다.

  ㉣ 자가 진단 기능이 있어 비상벨 시스템의 신뢰성을 높인다.

  ㉤ 터치 스위치를 적용하는 예도 있다.

ⓑ 무전원 비상 동작을 지원한다.

ⓐ 방수 방진 기능을 제공한다.

③ 「범죄예방 건축기준 고시」 제10조(100세대 이상 아파트에 대한 기준)에서는 비상벨 설치에 대한 규칙을 제시하고 있다.

> **제10조(100세대 이상 아파트에 대한 기준)**
>
> ⑤ 주차장은 다음 각호와 같이 계획하여야 한다.
>
> 1. 주차구역은 사각지대가 생기지 않도록 하여야 한다.
>
> 2. 주차장 내부 감시를 위한 영상정보처리기기 및 조명은 「주차장법 시행규칙」에 따른다.
>
> 3. 차로와 통로 및 출입구의 기둥 또는 벽에는 경비실 또는 관리사무소와 연결된 비상벨을 25미터 이내마다 설치하고, 비상벨을 설치한 기둥(벽)의 도색을 차별화하여 시각적으로 명확하게 인지될 수 있도록 하여야 한다.
>
> 4. 여성전용 주차구획은 출입구 인접 지역에 설치를 권장한다.

④ 또한 「건축물의 범죄예방 설계 가이드라인」 26번 주차장 항목에서 비상벨 설치에 대한 가이드를 하고 있다.

> **26. 주차장**
>
> 26.1. 지하 주차장의 주차구획은 기둥과 벽면은 가시권을 늘리고 사각지대가 생기지 않도록 배치한다.
>
> 26.2. 지하 주차장의 차로와 함께 주차구획 부분도 감시할 수 있도록 폐쇄회로 텔레비전을 설치한다.
>
> 26.3. 지하 주차장에는 경비실과 연결된 비상벨을 설치하되 차로 또는 통로에 25미터 이내마다 일정 간격으로 설치하며, 비상벨의 위치는 시각적으로 명확하게 인지될 수 있도록 계획한다.

3) 기타 주변기기 관련 지식

① 전원 설비

ⓐ 주 전원선 인입 작업 시 기기의 사용 전압 및 사용 전류 용량을 설계 용량과 검토한 후 기기의 사용 전압과 전류 용량을 확정한다.

ⓛ 전원선은 입선 전에 케이블의 굵기, 규격, 용도별로 구분하여 배관에 입선하여야 하며, 또한 배관의 크기도 결정한다.

ⓒ 카메라 등의 전원 설비는 정격 SMPS 또는 어댑터를 사용한다.

ⓔ 전력 소모량을 파악하여 장비 설치 후 전력 공급에 문제가 없도록 하여야 하며, 현장 상황 및 필요에 따라 휘발성 메모리나 프로세서 등이 내장된 주요 장비를 설치할 때 전원 전압 변환기, 정류 회로 장치, 고효율 UPS 축전지를 설치한다.

ⓜ 중요 시설을 감시할 때는 정전을 대비하여 발전기 또는 축전지 등 예비 전원을 확보하는 것을 고려한다.

ⓗ 3상 4선식 방식은 동력 전원과 전류 용량 소비가 많은 곳에 사용되는 전원 공급 방식으로, R · S · T · N 접지선 배선 색상은 각각 다른 배선으로 구분하여 입선한다.

ⓢ 단상 2선 방식은 일반적으로 사용되는 전원 공급 방식으로, 공통선과 접지선은 다른 색상으로 구분하여 입선한다.

구분	배선 방식	전압 측	접지 측	중심선
전원 (저압)	단상 2선식	적색 또는 흑색	녹색	백색 및 흑색
	단상 3선식	적색 또는 흑색	녹색	백색 및 흑색
	3상 3선식	적색, 흑색, 청색	녹색	백색 및 흑색
	3상 4선식	적색, 흑색, 청색	녹색	백색 및 흑색
	직류	−극 청색, +극 적색	녹색	백색 및 흑색

② 분전반

ⓐ 도면 및 설계설명서(시방서)에 명시되어 있는 규격을 따르고 전기 방식, 개폐기의 종별, 용량, 보호판, 함 규격, 외형은 설계도에 의거 제작 승인도를 작성하여 감리 또는 감독의 승인을 받고 제작한다.

ⓑ 재료 또는 부품은 KS 규격품을 사용하여야 하며, 규격품이 없을 때는 규격에 적합한 것으로 감리 또는 감독의 승인을 받고 사용한다.

③ 커넥터(connector)

ⓐ 커넥터 특징

• 커넥터는 내구성이 좋고 특성 변화가 없어야 하며, 특히 접촉 저항이 적고 결합 시 외부 충격으로부터 빠지거나 헐거워지지 않은 것을 사용하여야 한다.

• 방수 및 방습에 우수하고, 햇빛 등 외부의 영향을 받지 않는 견고한 제품을 선정하여 사용한다.

• 선로 감쇄가 적고 특성 임피던스 불균등에 의한 신호 반사가 적어야 한다.

ⓛ 커넥터의 종류 및 사용 용도

종류	사용 용도
BNC 커넥터 (BNC connector)	– 카메라의 영상 신호를 전송하기 위해 기본적으로 사용하는 동축 케이블 용 커넥터 – 카메라와 감시 장치 간 접속 시 접지부터 연결되는 구조의 장거리용 커넥터
RCA 플러그 (모노 커넥터)	– 저렴한 가격과 쉬운 접속 등의 장점 때문에 근거리 간 접속용으로 많이 사용 – 장거리 카메라와 감시 장치 간에는 대지 전위차로 인해 사용을 제한
RS-45 커넥터	– UTP 케이블을 위한 전용의 커넥터 – IP-CCTV, PoE 전송, 밸룬(balun) 전송을 위해 널리 사용되는 범용 커 넥터
광 커넥터	– 단거리용 멀티 모드와 장거리용 싱글 모드로 구분 – 접속 및 가공이 어려우나 고속 통신 및 장거리용으로 최적화된 접속 방식

ⓒ 커넥터의 접속법

종류	사용 용도
압착식 BNC형	– 커넥터 부품이 사용 케이블 용도와 부합되는지 확인한다. – 동축 케이블의 피복(sheath), 외부 도체(편조), 절연체를 잘라서 압착 슬리브(sleeve)를 케이블에 넣는다. – 중심 접점(contact)을 케이블의 내부 도체에 찔러 넣고 압착 공구로 압 착한다. – 편조를 나팔 모양으로 열고 본체를 넣기 좋게 한다. – 중심 접점을 본체에 넣고 딱 하는 느낌이 올 때까지 넣는다. 이 상태로 동축 케이블을 가볍게 빼봐서 빠지지 않는 것을 확인한다. – 압착 슬리브를 커넥터 본체 끝에 닿을 때까지 이동시켜서 압착 공구로 고정한다. 이때 압착 공구의 뒤쪽을 커넥터 본체에 꼭 붙인다.
압착식 RCA형	– 커넥터 부품이 사용 케이블에 맞는가를 확인한다. – 동축 케이블의 피복, 외부 도체(편조), 절연체를 잘라서 압착 슬리브를 케이블에 넣는다. – 편조를 나팔 모양으로 열고 본체를 끼워 넣기 좋게 한다. – 커넥터에 동축 케이블을 꽂는다. 이때 동축 케이블의 절연체가 중심 접 점에 닿을 때까지 집어넣는다. – 중심 접점을 압착 공구로 다진다. 이때 압착 공구의 중심 접점의 조인 부분을 커넥터 본체의 창에 맞춘다(잘못해서 본체를 압착하면 압착 다 이스(dies)가 파손되기 쉽다). – 압착 슬리브를 커넥터 본체 끝에 닿을 때까지 이동시켜서 압착 공구로 고정한다. 이때 압착 공구의 뒤쪽을 커넥터 본체에 꼭 붙인다.

④ 접지

  ㉠ 목적

    • 낙뢰, 과도 전류, 과도 전압으로부터 인명 및 시스템을 보호한다.

    • 낙뢰 및 전원 개폐기에서 발생하는 서지(surge)에 대한 방전로를 제공한다.

    • 정전기로부터 불요 전자파의 영향을 제거 또는 감소한다.

    • 랙 및 함체 외부로부터 불요 전자파의 영향을 제거 및 감소한다.

    • 대지에 대한 회로 기준 전위의 안정화

  ㉡ 설치 시 고려 사항

    • 접지 공사를 설계할 때는 관련 기술 기준을 반드시 준용하여야 한다.

    • 금속으로 된 함체와 배관, 강관, 랙, 트레이 등에 대해서 반드시 본딩을 한다.

    • 토양의 질(형태)

    • 토양의 습도

    • 이온화되는 물질의 함유량

    • 계절에 따른 온도 변화

⑤ 낙뢰 보호 시설

  ㉠ 설치 시 고려 사항

    • CCTV를 시공하는 데 있어 전원 선로와 영상 및 제어 신호용 통신 선로에 대해서는 현장 여건에 따라 낙뢰 보호 시설을 설치한다.

  ㉡ 보호기의 성능

    • 보호기는 서지 보호기(surge protector)와 신호 절연기(signal isolator) 등을 사용한다.

    • 서지 보호기는 VBS 영상 신호 전용의 보호기를 사용한다.

    • 신호 절연기는 송수신 단 사이에 대지 저항과 전위를 차단할 목적으로 사용한다.

    • 각각의 보호기는 개별형 또는 통합형을 사용해도 된다.

⑥ 음향 장비

  ㉠ 영상정보 관제센터 내 방송, 비상 알람 등을 위한 장비이다.

  ㉡ 음향 콘솔, 파워 앰프, 이퀄라이저, 유무선 마이크, 스피커 등으로 구성된다.

구분	내용	고려 사항
음향 콘솔	- 개요: 오디오 믹서라고도 하며, 소리 방향 설정, 소리 크기 변경, 소리의 음색 및 세기 등을 제어 - 기능: 입력 음향 신호를 해당 출력에 절체시켜 주는 장치로써 파워 앰프와 스피커를 통해 증폭	- 음향 콘솔: 입력 음원의 수량과 구역 또는 출력 방식 (모노, 스테레오)에 따라 입출력 채널 고려
파워 앰프	- 개요: 음원 소스로부터 나오는 음향 신호를 명료하게 들을 수 있도록 신호를 증폭 - 기능: 오디오 믹서를 거쳐 들어온 음향 신호는 파워 앰프를 거쳐 증폭되어 스피커로 출력	- 파워 앰프: 1개 채널에 연결되는 스피커 용량에 따라 앰프 출력 용량 고려 - 비상벨 긴급 상황 오디오 전달 가능
이퀄라이저	- 개요: 가청 주파수 대역을 그래프로 보면서 조절 - 기능: 소리의 특성을 바로잡거나 특정 대역의 음을 강조하기 위하여 사용	
유무선 마이크	- 기능: 유선 마이크는 소리의 압력을 전기적 신호로 바꾸어 전달 - 특징: 무선 마이크는 유선 마이크의 기능에 소형 무선 송수신기 기능을 결합한 구조로 마이크 케이블 없이 사용	- 회의실 마이크: 회의실 규모 및 참석인원에 따른 마이크 수량 고려 - 화상 회의 시스템과의 연동 고려
스피커	- 개요: 오디오 믹서로부터 전송되는 음향을 영상정보 관제센터 내에 고르게 전달	- 스피커는 개별, 그룹별 제어 - 센터 규모에 따라 복층은 월(wall) 타입 스피커를 활용하고, 단층은 천정 타입 활용

3 영상정보 관제시스템

영상정보 관제시스템(video management system)은 CCTV(Closed Circuit Television, 폐쇄 회로 텔레비전) 영상정보 등을 체계적이고 효율적으로 관리하기 위한 솔루션이다. 특히 범죄예방, 재난관리, 불법주정차 단속, 어린이 보호 및 위험 시설물 관리 등을 위해 사회 전반에 거쳐 사용되고, 다양한 기종의 CCTV와 업무 특징이 다른 CCTV를 하나로 통합관제하기 위해 개발된 프로그램이 통합관제시스템이다.

1 관제시스템 기초

1) 관제시스템 정의 ★중요합니다.

공공기관의 범죄예방, 재난관리, 불법주정차 단속, 시설물관리, 산불감시 및 철도, 항만 등 기관별 업무 특성에 맞게 최적화된 CCTV 관제(모니터링) 프로그램을 관제시스템이라 한다. 또한, 영상정보 관제시스템은 영상 데이터를 수집, 분석, 관리하는 솔루션을 말한다. 주로 CCTV나 영상 감시 시스템에서 사용되며, 영상 데이터를 실시간으로 감시하거나 분석하여 원하는 정보를 추출하거나 이상 징후를 탐지하여 이벤트로 알려준다.

① 공공기관 주요 관제시스템의 종류

제품명	개발사	운영제체(OS)
VURIX	이노뎁	Linux, Windows
XIDE	리얼허브	Linux, Windows
REDBACK	엠스톤	Windows
milestone XProtect	마일스톤	Windows
Leopard	네이즈	Linux
Guardian Enterprise	다누시스	Windows

2) 영상정보 관제센터의 구성(체계도) ★ 중요합니다.

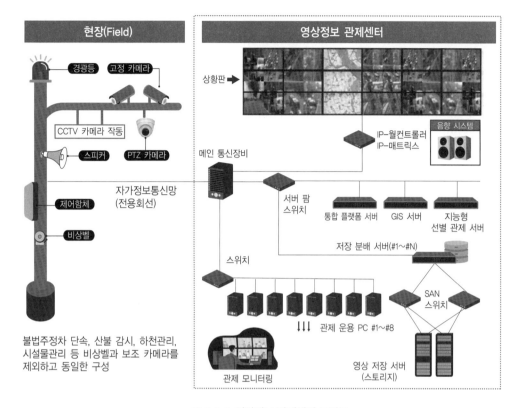

▲ 그림 2.3.1 영상정보 관제센터 구성도

3) 관제시스템 주요 기능 ★ 중요합니다.

① 이벤트 감지: AI(인공지능) 기술을 활용하여 과거에 발생한 다양한 범죄의 행동 패턴과 사물의 객체 특징 등이 입력된 데이터를 실시간 분석을 통해 유사점이 있는 객체 등을 식별하여 이벤트를 감지 및 기록한다.

② 실시간 모니터링: 다양한 기종의 CCTV와 업무 특징이 다른 CCTV를 실시간 관제(모니터링)를 통해 각종 사건·사고 및 재난·재해 발생 즉시 신속한 대응이 가능하다.

③ 사용자 신고 대응: 시민이 사건·사고 및 재난·재해 등을 목격하거나 발견하고 CCTV 폴(pool)에 설치된 비상벨을 통해 신고할 경우, 영상정보 관제센터에서는 경찰서, 소방서 및 관련 기관 등에 신속하게 확인하고 전파를 통해 조치한다.

④ 데이터 수집, 저장 및 분석: CCTV 영상 데이터를 수집하여 안전하게 저장하고 이를 분석하여 특정 객체를 추적하거나 감지하는 기능을 제공한다. 이러한 기능은 효율적인 자원관리와 정보 활용을 가능하게 한다.

⑤ 영상 검색 및 분류: 저장된 CCTV 영상정보를 날짜, 시간, CCTV 위치별로 검색하고 특정 조건에 맞는 영상을 분류할 수 있다. 이를 통해 필요한 정보를 신속하게 찾고 활용할 수 있다.

⑥ 사용자 규칙 설정: 관제시스템의 정책이나 규정에 따라 사용자가 적합한 규칙을 설정하고 관리할 수 있으며, 이는 시스템 운영에 대한 효율성과 일관성을 보장한다.

⑦ 보고 및 분석: 영상 데이터를 기반으로 다양한 보고서를 생성하고 비즈니스 인텔리전스를 제공하며, 이는 전략적 의사결정과 운영 개선에 기여한다.

4) 관제 모니터 형태의 변화 ★ 중요합니다.

관제 형태	주요 기능 설명
DVR (Digital Video Recorder)	– 하드웨어 방식 – 아날로그 카메라와 동축 케이블로 연결 – 카메라와 녹화기가 직접 연결되어야 사용 가능하며, 카메라가 증가할수록 케이블(동축) 길이도 늘어남 – DVR로 원격 조작을 위해서는 별도 회선 확보 및 기능 추가 – DVR은 소규모 사업장이나 소규모 사업장에 적합 – 조이스틱 장치로 CCTV 제어
NVR (Network Video Recorder)	– 하드웨어 방식 – IP 카메라의 영상을 전송받아 압축해서 저장하는 장치 – 저장한 영상을 재생 및 백업 등으로 사용할 수 있고, 여러 채널 지원 및 여러 대의 카메라 연결 가능 – 네트워크를 통한 원격 액세스 지원 및 동시에 여러 대의 CCTV 모니터링 가능 – NVR은 중간 규모의 사업장이나 초고화질 CCTV에 적합 – 키보드 또는 마우스를 통한 CCTV 제어 가능
VMS (Video Management System)	– 소프트웨어 개념의 관제시스템 – 대규모 사업장이나 초고화질 CCTV에 적합 – 서버 1대에 CCTV 500~1,000채널을 수용하고 다양한 기능을 제공해 관제요원(영상정보관리사)이 사용하기 편리 – 운영체제(OS)는 리눅스(Linux), Windows를 사용

2 관제시스템 주요 구성요소

1) IP-월 컨트롤러(wall controller) Matrix(매트릭스)

월 컨트롤러 · 매트릭스 스위처(matrix switcher)는 CCTV 영상 신호를 영상정보 관제센터 상황판에 분배하는 장치이다. 이 장치는 하나의 입력 신호를 여러 출력장치로 분배하여 동일한 영상 또는 비디오를 여러 장치에서 동시에 시청하거나 사용할 수 있게 하며, 주로 회의실, 강의실, 미디어 스튜디오, 디지털 사이니지, 영상정보 관제센터 등에서 사용된다.

> **사이니지:** 공공장소, 기업, 상업시설 등에 디지털 디스플레이 장치를 이용하여 정보를 전달하는 시스템으로, 광고, 안내 등을 시각적으로 표현하여 전달한다. 디지털 간판이라고도 한다.

영상정보 관제센터에서는 최근 발생했던 사건 · 사고나 사회적 이슈가 있는 경우, CCTV 집중 관제 및 선택 관제가 필요하다고 판단되는 CCTV를 선택하여 해당 관제요원(영상정보관리사) 및 영상정보 관제센터 근무자가 상황을 공동 대응할 수 있도록 영상정보 관제센터 상황판에 표출해 주는 장치를 월 컨트롤러 · 매트릭스 스위처라 한다.

① 월 컨트롤러(매트릭스) 주요 기능

  ㉠ 다중 입 · 출력 지원: 4, 8, 16, 32, 64, 128 등의 다중채널을 지원한다.
  ㉡ 고해상도 지원: HD(1280×720), FHD(1920×1080), UHD(3840×2160), 4K(4096×2160) 등의 해상도를 지원한다.
  ㉢ 원격제어 지원: Web 기반 소프트웨어를 통해 원격제어로 효율적인 운영 및 유지보수가 가능하다.

② 월 컨트롤러(매트릭스) 종류

  ㉠ IP-월 컨트롤러: 여러 개의 디스플레이를 하나의 큰 화면으로 통합하여 표출해 주는 장치이다.
  ㉡ IP-매트릭스: 디지털 방식으로 IP(Internet Protocol) 주소를 가지고 있어 원격지에서도 웹(web)에 접속하여 제어관리 및 유지보수가 용이해 대부분의 영상정보 관제센터에서 사용한다.
  ㉢ RGB 매트릭스: 아날로그 방식으로 과거에 규모가 작은 영상정보 관제센터에서 많이 사용했다.

2) Master/Main Server(사용자, DB, 영상정보 관리) ★중요합니다.

① 마스터 서버(master server): 관제요원(영상정보관리사)이 CCTV 영상정보를 관제할 수 있도록 사용자 계정(client user) 관리 및 영상저장 서버, 영상분배 서버, GIS 시스템 등에 접근 권한을 관장하는 서버를 마스터 서버 또는 메인 서버(main server)라 한다.

② 사용자(user): CCTV 영상정보에 대한 실시간 관제 또는 영상정보에 접근 권한이 인가된 관제요원(영상정보관리사) 및 해당 업무 종사자를 말한다.

③ 클라이언트(client): 관제요원(영상정보관리사)이 실시간 CCTV 영상정보를 모니터링을 위한 관제 운용 컴퓨터 또는 네트워크를 통하여 서버(server)로부터 제공되는 프로그램이나 자원을 받아서 서비스를 이용하는 사용자 단말이라 한다.

　㉠ 클라이언트 한 대가 CCTV 100대를 수용할 수 있다.

관제 운영 Client PC 사양

- CPU: Intel Core i7–9700K @ 3.60GHz
- 메모리: 16GB
- HDD: SSD 128GB or more
- VGA: Intel Quick Sync Video(디코딩 가속 지원)
  512MB PCI–Express×16, DirectX 9.0
- Network: 10/100/1000 Ethernet Network Interface Card

　㉡ 관제용 모니터(클라이언트) 화면 분할 구성은 2, 4, 8, 16, 20, 25, 30, 36, 64분할 등 센터 환경에 맞게 다양하게 선택하고 있으나, 최적의 모니터링 화면 구성은 16분할 또는 20분할로 구성하는 것이 적합하다.

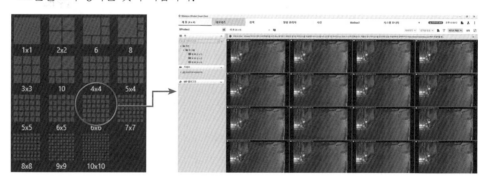

▲ 그림 2.3.2 화면 분할 구성(마일스톤 사용자 매뉴얼)

　㉢ 관제요원(영상정보관리사) 한 명당 최적화된 관제 모니터는 4~6대가 적합하다.

④ 데이터베이스 서버(DB server): 주로 마스터 서버와 같이 설치되며 모든 장치의 정보와 영상, 사용자, 이벤트 등의 정보를 보관한다.

⑤ 저장 서버(recording server): CCTV가 직접 연결되어 해당 영상을 저장하고 전송하는 역할을 하는 서버로서 CCTV 대수가 늘어남에 따라 더 많은 저장 서버가 필요하다.

⑥ 페일 오버(failover) 서버: 메인 통신장비와 영상분배 서버 사이에 있는 장치로서 영상분배 서버의 장애가 발생하여 이용할 수 없을 경우 대체 시스템을 가동시키는 것을 페일 오버라고 한다.

3) 영상저장 서버(video storage server) ★ 중요합니다.

① 특정 사건·사고 등 사회 안전과 질서유지에 필요한 상황에 따라 근거자료 확보 차원에서 현장에 설치된 CCTV의 영상정보는 개인정보보호지침에 의거 30일간 저장했다가 30일이 경과한 해당 영상정보는 선입선출(FIFO) 방식으로 자동 삭제하는 장치를 영상저장 서버라 한다.

> **Tip**
>
> 선입선출(First-In First-Out) 방식: 저장 공간에 자료를 저장하고 회수(삭제)하는 방법의 일종으로서 먼저 저장된 자료가 먼저 회수(삭제)된다.

대상	보관기간	관련법
공공기관, 지방자치단체, 병원, 공공시설, 아파트 등	30일	행정안전부 표준 개인정보보호지침 제41조(보관과 파기)
어린이집	60일	영유아보육법 제15조의4(폐쇄회로 텔레비전의 설치 등)
경비 보안업체(에스원, 캡스, KT텔레캅 등)	30일	행정안전부 표준 개인정보보호지침 제41조(보관과 파기)

② CCTV 영상정보 보관기간이 짧은 대표적인 이유

㉠ 개인정보보호 문제: CCTV 영상에는 개인정보가 그대로 담겨 있어 장기간 보관에 따른 사생활 침해사고가 우려되어 관련법과 표준지침으로 적정 기간을 정하여 운영한다.

㉡ 효율적 관리 문제: 장기간에 걸쳐 대용량의 영상을 보관하는 것은 데이터 저장공간과 유지관리 비용이 큰 부담으로 작용한다.

• 카메라 해상도별 스토리지(저장 서버) 저장공간 산출 내역

화소 종류	프레임	1일	30일	모션율 적용 (30%)	총용량
200만 화소	30	21GB	633GB	190GB	823GB
300만 화소	30	31GB	948GB	280GB	1.2TB
500만 화소	30	52GB	1.5TB	450GB	2TB
4K(800만 화소)	30	84GB	2,532GB	756GB	3.3TB

• 카메라 프레임 해상도 종류

해상도 종류	픽셀		픽셀 수 (가로×세로)	화소 수
	가로	세로		
SD (Standard Definition)	720	480	345,600	30만 화소
HD (High Definition)	1280	720	921,600	100만 화소
FHD (Full High Definition)	1920	1080	2,073,600	200만 화소
QHD (Quad High Definition)	2560	1440	3,686,400	360만 화소
UHD (Ultra High Definition)	3840	2160	8,294,400	800만 화소
2K	2048	1080	2,211,840	200만 화소
4K	4096	2160	8,847,360	800만 화소
8K	7680	4320	33,177,600	3,500만 화소
10K	10240	4320	44,236,800	4,400만 화소

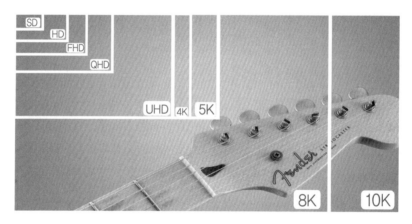

▲ 그림 2.3.3 카메라 해상도 도식도

4) 영상분배 서버

① 영상분배 서버(video distribution server): 현장 CCTV에서 영상정보 관제센터로 들어오는 CCTV 영상 데이터를 실시간으로 이용자의 요구에 따라 영상을 배분해 주거나, 영상저장 서버에 보관할 수 있도록 영상 데이터를 전송해 주는 장치를 영상분배 서버라 한다.

② 영상분배 서버의 처리 능력: CCTV 화소수 및 전송속도에 따라 약간의 차이는 있지만, 영상분배 서버 1대당 CCTV 500~1,000여 대를 수용 처리할 수 있다.

③ 영상분배 서버의 주요 역할은 다음과 같다.

　　㉠ 실시간 데이터 전송: 실시간으로 다수의 클라이언트와 저장 서버에 영상을 전송하여 필요시 즉각적인 모니터링과 분석이 가능하다.

　　㉡ 데이터 통합관리: 다양한 출처에서 들어오는 영상 데이터를 통합 관리하여 효율적인 시스템 운영을 돕는다.

5) 기타 관제시스템

① 영상분석 솔루션(video analytics solution): AI 기반의 영상분석 솔루션은 실시간으로 영상 데이터를 분석하여 특정 행동이나 패턴을 감지한다. 예를 들어, 침입 탐지, 얼굴 인식, 객체 추적 등의 기능을 제공하여 보안 및 감시 효율을 높인다.

② GIS 연계 솔루션: GIS(Geographic Information System) 연계 솔루션은 CCTV 위치 정보를 지도와 연동하여, 실시간으로 상황을 파악하고 대응할 수 있도록 돕는다. 이를 통해 사건 발생 위치를 정확히 식별하고 신속한 대응을 가능하게 한다.

③ 비상벨 연계 솔루션(emergency call integration solution): 비상벨과 연계된 솔루션은 긴급상황 발생 즉시 영상정보 관제센터에 경고를 보내고, 해당 지역의 CCTV 영상을 자동으로 표출하여 신속한 대응을 지원한다.

④ 모바일 연계 솔루션(mobile integration solution): 모바일 연계 솔루션은 스마트폰이나 태블릿을 통해 언제 어디서나 CCTV 영상을 실시간으로 모니터링하고 제어할 수 있도록 한다. 이를 통해 관제요원(영상정보관리사) 및 관리자들이 현장에서 즉각적인 대응을 할 수 있게 한다.

⑤ 환경 감시 솔루션(environmental monitoring solution): 이 솔루션은 공기질, 온도, 습도 등 환경 데이터를 수집하여 CCTV 영상과 함께 통합 관리한다. 이를 통해 환경 변화에 따른 위험 요소를 조기에 감지하고 대응할 수 있다.

관제시스템명	운영기관	설명
불법주정차 단속	주차관리과	불법주정차 단속(주정차 단속 구역에서 정차 시 5분 초과 시에 단속)
재난 재해(하천 침수, 범람)	치수과, 하수과, 재난안전과	하천관리, 도로 침수, 반지하 침수관리
산불 감시	공원녹지과, 산림과	산·녹지·공원 등 화재 감시
치매·어린이 실종자	사회복지과, 노인복지과	치매 어른신·아동(어린이) 실종관리

관제시스템명	운영기관	설명
쓰레기 무단투기 단속	청소행정과	쓰레기 무단투기 단속
군중 밀집 지역 인파관리	재난안전과	군중 밀집 지역 · 지역축제 인파관리 등
문제 차량 검색	경찰청 · 경찰서	도난, 대포차, 범죄 이용 차량 관리 등

6) 영상정보 관제센터의 기타 주요 설비 ★중요합니다.

① 현장 CCTV 구성설비에 대한 설명

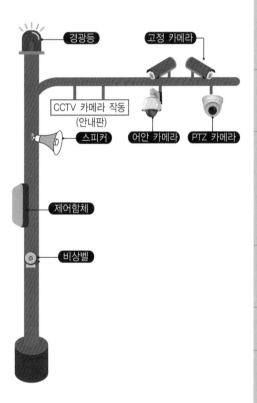

PTZ 카메라	– 골목길, 주택가 및 하천, 도로에 설치된 CCTV로, 일명 주 카메라를 말함 – 프리셋 설정에 따라 회전과 Zoom in/out (최적 거리 100m 이내)
고정 카메라	– PTZ 기능이 없으며, 일명 보조 카메라로 불림 – 좁은 골목길이나 특정한 지역만 관제할 때 필요하며, 가격도 저렴
어안 카메라	– 180° 이상 넓은 화각을 가진 어안 렌즈를 사용한 CCTV로, CCTV의 폴(pool) 하단 사각지대 문제 해결(PTZ 기능 안 됨) – 풍경 및 실내촬영, 예술적인 효과에 사용되고 있으나, 영상정보 관제센터에서 사용하기에는 적합하지 않음
안내판	– CCTV 작동 여부, CCTV 용도 등 표시 – CCTV 위치가 잘 보이도록 하기 위해 LED 전광판으로 설치
스피커	– 이벤트 발생 시에 경고 및 안내방송 송출 (영상정보 관제센터⇒현장 CCTV)
비상벨	– 위급상황 발생 시 비상벨을 통해 영상정보 관제센터에 도움 요청(양방향 통신 가능) – 핫라인을 통해 112,119상황실에 실시간 해당 영상과 상황 전송

▲ 그림 2.3.4 현장 CCTV 시설물 설명

② 통합관젠터 내부 구성설비에 대한 설명

구분		기능 및 역할
통신 장비	백본 (Back Bone)	네트워크 통신장비의 메인 장비로서 스위칭 허브를 통해 들어오는 정보를 각종 서버에 전달하고 중계하는 네트워크의 핵심 장비
	스위칭 허브	사용자와 단말장치가 주요 서버와 백본 장비에 네트워크 접속이 가능하도록 중계 장치 또는 1대의 서버에 다수 클라이언트의 접속 요구가 집중될 때 주로 사용하는 장치(24포트, 48포트)
	산업용 스위치	영상정보 관제센터에서 현장 CCTV 간의 네트워크에 접속하는 종단 통신장비(4포트, 8포트)
보안 장비	방화벽(F/W)	방화벽(Firewall)은 인터넷과 같은 외부 네트워크로부터 자사의 네트워크를 보호해 주는 시스템
	침입방지시스템 (IPS)	IPS(Intrusion Prevention System)는 외부 네트워크로부터 자사의 네트워크로 침입하는 다양한 패킷을 분별하여 유해 트래픽을 차단하고 제어하는 역할을 하는 시스템
	백신 프로그램	개인용 또는 업무용 컴퓨터의 바이러스 감염 여부를 주기적으로 검사하고 치료해 주는 소프트웨어
	출입 통제시스템	영상정보 관제센터가 출입 제한구역으로 지정되어 출입이 인가된 사람만 출입이 가능한 인증시스템
멀티 종합상황판		영상정보 관제센터의 관제실 중앙의 멀티 상황판(LED, DID 등)을 말하며, 각종 사건·사고 발생 시 신속한 상황처리를 위해 현장 영상화면 등을 띄워주는 영상표출 장치
관제용 PC		관제요원(영상정보관리사)이 CCTV를 모니터링하는 PC로, 1인당 6대의 컴퓨터와 1대당 CCTV 100대를 16분할 해서 관제 업무 수행
NTP 서버 (Network Time Protocol)		네트워크에 연결된 서버와 운영 장비의 날짜/시간에 오차가 생기면 영상자료에 대한 신뢰성 및 결정적 증거 확보에 문제가 발생하면서 NTP 서버를 통해 UTC(협정세계시)를 동기화하는 장치
항온항습기		주요 시스템실의 공기 온도와 습도를 일정하게 유지해 주는 장치 (적정 온도 18~24℃, 습도 40~70%)
소화설비		시스템실의 화재 발생 시에 화재 확산과 피해를 최소화하기 위해 불활성기체 소화설비(NFTC 106, 107, 107A) 설치, 수압용 스프링클러 설비(NFPC 103)는 미설치
무정전전원장치(UPS)		전원 전압, 주파수 변동으로 중요한 서버나 시스템 등 서비스가 중단되지 않도록 정전 시에도 일정 시간 전력을 계속 공급하는 장치(영상정보 관제센터, 정보통신실, 데이터센터 등)

③ 관제시스템 기능 설정

※ VMS 제조사에 따라 메뉴와 기능적인 부분이 일부 상이할 수 있으나, 공통적인 부분을 중심으로 설명한다.

1) 카메라 동작 환경설정(기본값/상황별 조정 기능) ★ 중요합니다.

① 실시간 영상 확인

ㄱ 실시간 영상 확인 기능은 현재 CCTV를 통해 저장되고 있는 영상들을 실시간으로 확인할 수 있는 기능으로 관제업무 수행에 필수적인 기능이다.

ㄴ 실시간 모니터링은 클라이언트의 대표적인 기능으로 현재 카메라를 통해 저장되고 있는 영상을 실시간으로 확인할 수 있다.

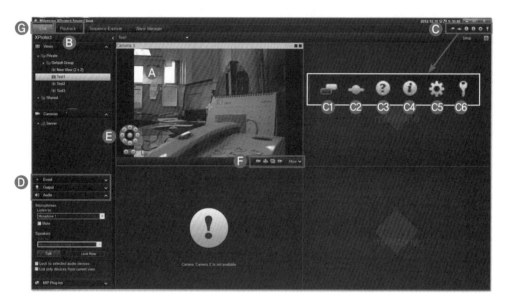

▲ 그림 2.3.5 CCTV 동작 설정화면(마일스톤 사용자 매뉴얼)

Ⓐ 실시간: 실시간 영상 모니터링(분할 모니터링 선택), PTZ 제어

Ⓑ 재생: 녹화된 영상 확인, 디지털 줌, AVI 등으로 파일 변환하기, 감시 보고서 출력

Ⓒ 설정: 분할 화면 구성, 핫스팟, 화면 순환 모니터링, 매트릭스 설정

Ⓓ 오디오: 선택한 화면의 음성 방송 기능('말하기' 버튼을 누르고 방송)

Ⓔ PTZ: PTZ 제어 화면을 이용하여 상하좌우 이동, 줌 사용 및 프리셋 설정

Ⓕ 재생 시작: 단일 화면 녹화 재생

Ⓖ Live: 실시간으로 돌아가기

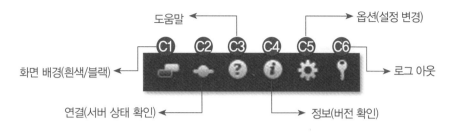

▲ **그림 2.3.6** 실시간으로 돌아가기

② PTZ(Pan Tilt Zoom) 카메라 제어

   ⊙ 사용자가 상황에 따라 CCTV를 실시간으로 조작 가능한 CCTV를 말한다.

   ⓒ PTZ는 P(Pan), T(Tilt), Z(Zoom)로, 여기서 Pan은 방위각이며, Tilt는 고도각, Zoom은 확대 배율을 의미한다.

   ⓒ 관제 대상이 많은 교차로나 주택가 골목길에서 고정형 카메라보다 PTZ 카메라의 설치 비중이 높다.

   ⓔ 관제 업무에 있어 PTZ 카메라 프리셋 기능을 통해 사용자가 원하는 지점, 위치, 시간 등을 미리 설정해 두면 일정 시간마다 사용자가 원하는 뷰(view)를 보여주는 기능을 프리셋 기능이라 한다.

▲ **그림 2.3.7** 카메라 제어 설정(이노뎁 사용자 매뉴얼)

③ 디지털 줌

   ⊙ 디지털 줌은 광학 줌 기능이 없는 카메라에 유용한 기능으로, 사용자가 실시간 및 재생 모드에서 필요시 디지털 줌을 사용하면 지정된 이미지의 일부를 확대하여 해당 부분을 더 자세히 볼 수 있는 기능이다.

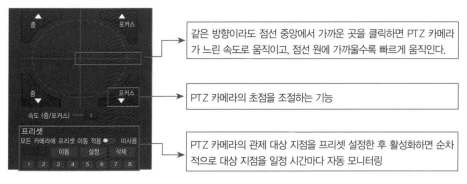

	같은 방향이라도 점선 중앙에서 가까운 곳을 클릭하면 PTZ 카메라가 느린 속도로 움직이고, 점선 원에 가까울수록 빠르게 움직인다.	
	PTZ 카메라의 초점을 조절하는 기능	
	PTZ 카메라의 관제 대상 지점을 프리셋 설정한 후 활성화하면 순차적으로 대상 지점을 일정 시간마다 자동 모니터링	

▲ 그림 2.3.8 디지털 줌

④ 키보드 단축키

　㉠ 사용자는 원하는 위치에 단축번호 할당, 실시간 관제 시 단축키를 사용하여 관제 업무를 수행할 수 있다.

　　예 비상벨 설치 위치에 단축번호 1번 비상벨, 3번 은행, 5번 공원, 7번 편의점, 9번 주유소 등 주요 시설물에 맞추어 설정할 수 있다.

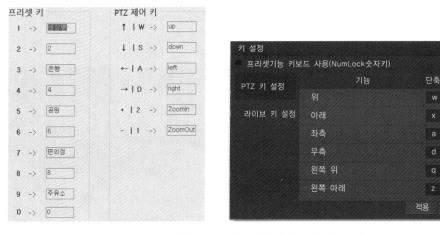

▲ 그림 2.3.9 키보드 단축키 설정화면(마일스톤 사용자 매뉴얼)

⑤ 프리셋(preset)

　㉠ 여러 대의 PTZ CCTV의 반복적인 조작/제어를 해결하기 위해 미리 주변 환경에 맞게 관제 지점, 위치, 회전 시간 등 필요한 상태가 되도록 소프트웨어에 조건을 설정하는 것을 말한다.

　㉡ 그림[2.3.9] 단축키 설정화면과 같이 사전에 저장된 프리셋 번호를 선택하고 [이동] 버튼을 누르면, 프리셋을 저장할 때의 카메라의 위치, 줌/포커스 값으로 한 번에 되돌아갈 수 있는 기능이다.

ⓒ PTZ 카메라의 프리셋 저장 기능은 다음과 같다.

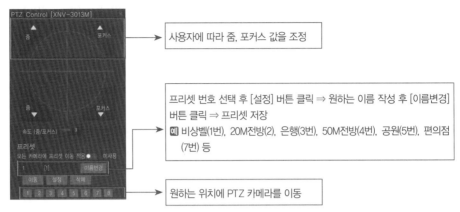

사용자에 따라 줌, 포커스 값을 조정

프리셋 번호 선택 후 [설정] 버튼 클릭 ⇒ 원하는 이름 작성 후 [이름변경] 버튼 클릭 ⇒ 프리셋 저장
예 비상벨(1번), 20M전방(2), 은행(3번), 50M전방(4번), 공원(5번), 편의점(7번) 등

원하는 위치에 PTZ 카메라를 이동

▲ 그림 2.3.10 프리셋 기능 설정화면(이노뎁 사용자 매뉴얼)

⑥ 영상 재생

㉠ 영상 재생 기능은 CCTV를 통해 녹화된 영상을 다시 보는 기능이다. 사용자가 원하는 CCTV와 재생할 시간을 설정한 후 해당 카메라의 영상을 확인할 수 있다.

㉡ 영상 재생 보기는 녹화영상 아이콘 클릭 ⇒ 카메라 목록에서 원하는 카메라 선택 ⇒ 검색 창으로 드래그(drag)한다. 녹화영상 창에 카메라를 더블 클릭 또는 드래그하여 해당 영상을 디스플레이 한다.

㉢ 영상 제어 기능인 재생/역재생, 프레임, 배속 기능(x1, x2, x4, x8, x16)으로 CCTV 영상제어가 가능하다.

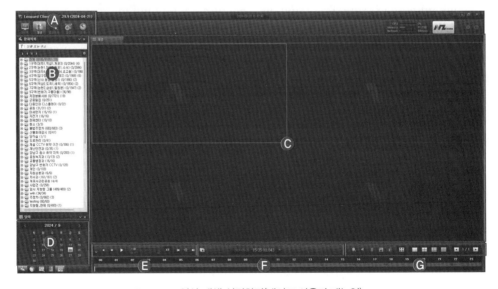

▲ 그림 2.3.11 영상 재생 설정화면(네이즈 사용자 매뉴얼)

Ⓐ 툴바: 라이브, 재생, 설정, 상태 기능 등을 선택한다.

Ⓑ 카메라 선택 창: 장치 목록으로 재생하는 카메라를 선택한다.

Ⓒ 재생 화면 창: 1, 4, 9, 16 화면으로 분할하여 재생화면을 확인할 수 있다.

Ⓓ 년, 월 선택 창: 재생하려는 카메라의 년, 월, 일을 선택한다.

Ⓔ 시, 분 선택 창: 재생하려는 카메라의 시간과 분을 선택한다.

Ⓕ 재생 컨트롤 창: 정회전, 역회전, 일시 멈춤, 속도 선택 등 재생에 필요한 버튼이다.

Ⓖ 간편 조작 및 화면 분할 바: 디지털 줌, 오디오, 북마크, 캡처 등 간단 조작과 분할 화면 버튼이다.

⑦ 영상 내보내기

ㄱ 영상 재생을 통해 확인된 CCTV 영상을 보관하기 위한 기능으로 영상 내보내기 기능이 있다.

ㄴ 영상 내보내기는 저장된 영상을 일반 플레이어나 사진 뷰어로 보거나 공유하기 위해 사용한다. 해당 기능은 AVI, MKV, VMS 전용 형식 등으로 영상을 내보낼 수 있으며, 내보낸 영상은 사용자가 원할 시 영상을 재생할 수 있는 기능이다.

▲ **그림 2.3.12** 영상 내보내기 설정화면(마일스톤 사용자 매뉴얼)

Ⓐ 시간 탐색: 녹화영상 날짜 검색   Ⓑ [내보내기] 클릭

Ⓒ [내보내기 이름] 지정   Ⓓ [내보내기 대상] 저장 경로 지정

Ⓔ [내보내기 형식 선택]

  – Xprotect 형식: 전용 플레이어 형식으로 내보내기

  – 미디어 플레이어 형식: AVI/MKV 형식으로 내보내기

Ⓕ [내보내기 시작] 클릭

⑧ AVI 비디오로 내보내기

　㉠ AVI로 내보낼 영상 화면을 클릭한 후 아래 그림과 같이 AVI 백업 버튼을 클릭한다.

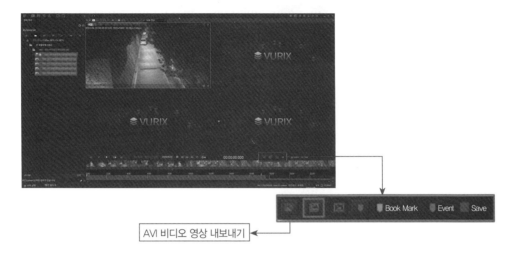

▲ **그림 2.3.13** AVI 비디오 영상 내보내기(이노뎁 사용자 매뉴얼)

　㉡ 다음 그림과 같이 AVI 저장 창이 팝업되며, 어느 시간대의 영상을 내보낼 것인지
설정한다.

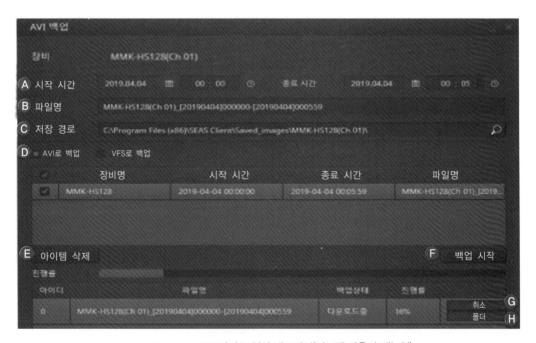

▲ **그림 2.3.14** AVI 비디오 영상 내보내기(이노뎁 사용자 매뉴얼)

Ⓐ 시작 시간과 종료 시간을 지정한다. 날짜 지정 시 캘린더 아이콘을 클릭하여 저장된 날짜를 선택하는 방법과 직접 날짜를 키보드 입력으로 설정이 가능하다.

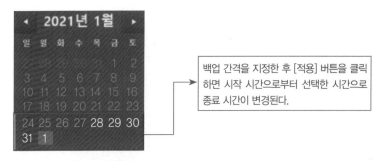

▲ **그림 2.3.15** 시작 시간과 종료 시간 설정

백업 간격을 지정한 후 [적용] 버튼을 클릭 하면 시작 시간으로부터 선택한 시간으로 종료 시간이 변경된다.

Ⓑ 파일명 부분을 클릭하면 파일명을 수정할 수 있다.

Ⓒ 저장 경로를 지정한다.

Ⓓ AVI로 백업할지, VFS로 백업할지 결정한다. VFS는 VURIX VMS(이노뎁)만의 고유 저장 방식이다. AVI 백업 시 마스킹 영역을 표출할지, 안 할지 설정할 수 있다. 그러나 마스킹 영역 표출을 설정할 경우, 백업 시 백업 시간이 오래 걸린다는 단점이 있다.

Ⓔ [아이템 삭제] 목록에서 클릭한 해당 녹화영상에 한하여 삭제할 수 있다.

Ⓕ [백업 시작] 버튼을 누르면 해당 경로에 사용자가 설정한 파일명으로 AVI 파일 생성 작업이 진행된다.

Ⓖ 백업 진행 중 [취소] 버튼을 클릭하면, 백업 진행이 취소된다.

Ⓗ 백업 파일이 생성되는 경로의 폴더가 표출된다.

⑨ JPG 이미지로 내보내기

　㉠ JPG로 내보낼 영상 화면을 클릭한 후 아래 그림과 같이 JPG 백업 버튼을 클릭한다.

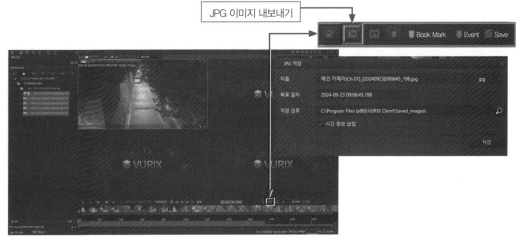

▲ **그림 2.3.16** JPG 이미지 내보내기(이노뎁 사용자 매뉴얼)

ⓒ 파일 이름과 형식, 시간, 경로를 설정한 후 [저장] 버튼을 눌러 저장한다.

ⓒ 시간정보 삽입을 체크하면 저장된 이미지에 시간정보가 표시되며, JPG 저장에서는 JPG 파일 포맷뿐만 아니라 PNG/BMP/TIF/GIF 파일 포맷으로도 저장할 수 있다.

2) 화면 구성 설정(구성/분할 등) ★중요합니다.

① 화면 분할

ⓐ 사용자가 실시간 CCTV 영상을 모니터링하기 위해 단일 분할 또는 다중 분할 등 사용자 정의에 따라 분할하여 관제 업무를 수행한다.

ⓑ 관제용 모니터(클라이언트) 화면 분할 구성은 2, 4, 8, 16, 20, 25, 30, 36, 64분할 등 다양하게 센터 환경에 맞게 선택하고 있으나, 최적의 모니터링 화면 구성은 16분할 또는 20분할로 구성하는 것이 적합하다.

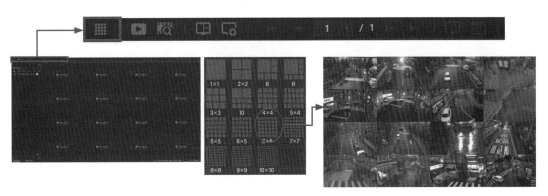

▲ 그림 2.3.17 화면 분할 구성(이노뎁 사용자 매뉴얼)

② 순환 보기

ⓐ 순환 보기 기능은 사용자가 다수의 CCTV 영상을 실시간 영상 모드에서 순차적으로 보기 위한 기능이다. 사용자는 CCTV 변경 시간과 순환 보기에 포함할 카메라를 지정하여 관제 업무를 수행할 수 있다.

ⓑ 순환 보기는 여러 카메라의 항목에서 차례대로 보는 데 사용된다. 카메라 변경 간격은 물론 순환 보기에 포함할 카메라를 지정할 수 있으며, 순환 보기는 도구 모음에 순환 보기 아이콘을 함께 표시할 수 있다.

ⓒ 순환 보기 뷰 항목을 두 번 클릭하여 순환 보기를 최대화할 수 있다. 이때 사용자가 선택한 이미지 화질 옵션과 관계없이 순환 보기에 포함된 카메라의 비디오가 기본적으로 최고 품질로 표시된다.

㉣ 카메라가 이 기능을 지원하는 경우 순환 보기에서 디지털 줌 및 PTZ 제어를 사용할 수 있다. PTZ 또는 디지털 줌 제어를 사용하는 경우 자동으로 순환 보기가 일시 중지된다.

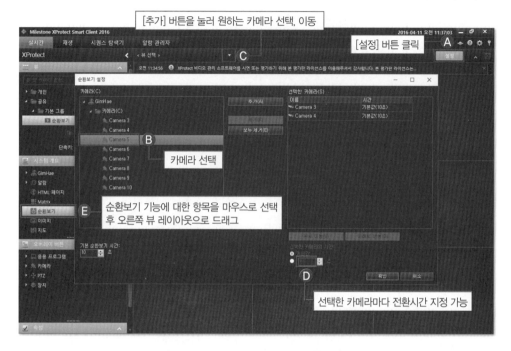

▲ 그림 2.3.18 순환 보기 화면(마일스톤 사용자 매뉴얼)

▲ 그림 2.3.19 순환 보기 화면(마일스톤 사용자 매뉴얼)

Tip 어안 렌즈 카메라(위 그림 갈색 테두리 박스)는 순환보기에 포함될 수 없다.

3) 이벤트 설정 및 검색 ★중요합니다.

① 이벤트 정의

㉠ 이벤트란 이벤트 감지 기능을 통해 발생하는 사전 정의된 이벤트를 말한다.

㉡ 이벤트 발생 조건으로는 이벤트 발생 장비와 관제시스템이 연계되었을 때 이벤트가 발생하며, 대표적 이벤트 기능 종류에는 비상벨 이벤트, 자동차 번호판 검색 기능, 외부 센서의 입력, 감지된 모션 등이 있다.

② 이벤트 설정

㉠ 사용자가 사전에 이벤트를 설정하고, 설정된 이벤트가 발생하면 관제 화면에 표출되는 기능이다. 필요시에 사용자는 이벤트 정보(이벤트 종류, 발생 시간, CCTV 영상)를 확인할 수 있다.

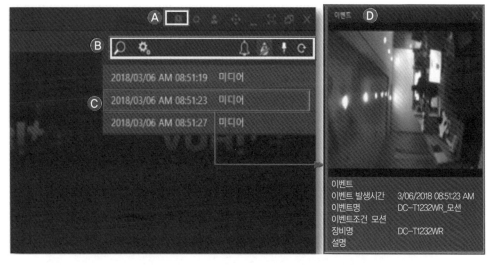

▲ 그림 2.3.20 이벤트 설정 및 검색 설정화면(이노뎁 사용자 매뉴얼)

㉡ 위 그림(Ⓐ) 사용자가 이벤트를 설정하고, 해당 이벤트가 발생하면 메인 화면의 우측 상단 메뉴의 [알람 보기] 버튼이 빨간색으로 깜빡인다. 이 버튼을 누르면 최근 발생한 이벤트 10개를 보여준다. 각 이벤트 항목(Ⓒ)에는 이벤트 종류와 발생 시각이 표시되며, 항목을 더블 클릭하면 영상과 상세한 정보(Ⓓ)를 확인할 수 있다.

© 위 그림(Ⓑ) 아이콘 메뉴에 대한 이벤트 설명은 다음과 같다.

아이콘	항목	설명
(돋보기)	이벤트 검색	이벤트 발생 시 나오는 팝업 영상을 기록하고 검색하는 버튼
(톱니바퀴)	이벤트 설정	이벤트가 발생하는 조건을 설정하는 버튼
(종)	이벤트 리스트 보이기	위와 같이 이벤트 목록을 표시하는 것을 켜거나 끄는 옵션
(종 취소)	이벤트 팝업 비활성	이벤트 발생 시 팝업 상태를 표시하거나 끄는 옵션
(압정)	이벤트 수신창 고정	우측 또는 하단에서 이벤트 로그기록을 고정하여 항상 표출하도록 하는 기능
(새로고침)	이벤트 로그 목록 지우기	기록 이벤트 로그를 지우는 버튼

③ 이벤트 검색

㉠ 사용자는 이벤트 기능을 통해 이벤트가 발생한 기록을 조건에 맞춰 검색할 수 있으며, 검색 결과에서 칼럼별로 정렬이 가능하며, 필요시에 상세 정보를 확인할 수 있다.

㉡ 조건별 검색된 이벤트 검색 결과 항목을 클릭하면 영상정보(비상벨 호출, 지능형 이벤트 등)와 상세 정보를 확인할 수 있다.

㉢ 이벤트 검색(🔍) 버튼 누르면 이벤트가 발생한 기록들을 날짜 조건으로 검색할 수 있다.

㉣ 이벤트 검색은 비상벨 SOS 호출, 시스템 장애, 네트워크 장애, CCTV 장애 등을 이벤트로 등록할 수 있다.

㉤ 등록된 모든 카메라에 대해 이벤트 발생 기록(접속, 제어, 변경)을 검색할 수 있다.

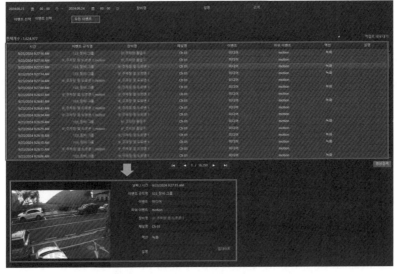

▲ 그림 2.3.21 이벤트 검색화면(이노뎁 사용자 매뉴얼)

4) 관제시스템 검색(녹화영상에 대한 조건/선택 재생) ★ 중요합니다.

① 관제시스템 검색 기능은 CCTV 실시간 영상 검색과 녹화된 영상 검색으로 구분된다.

　　㉠ 실시간 영상 검색: 관제요원(영상정보관리사)이 실시간으로 원하는 CCTV를 선택하여 해당 영상을 확인 관제하는 것을 말한다.

　　㉡ 녹화영상 검색: 현 시간이 지난 후에 사건·사고에 대한 당시의 CCTV 영상자료를 통해 사건·사고의 해결을 위해 CCTV 녹화영상을 조건 또는 선택하여 재생하는 것을 말한다.

　　　　• 조건 재생: 사건 장소, 사건 일자 및 시간

　　　　• 선택 재생: 해당 CCTV, 재생배속, 분할(최적은 2/4/9분할) 재생

▲ 그림 2.3.22 관제시스템 녹화영상 조건/선택 재생 화면(네이즈 사용자 매뉴얼)

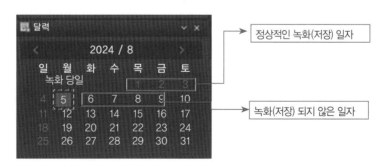

▲ 그림 2.3.23 관제시스템 녹화저장 달력(네이즈 사용자 매뉴얼)

CHAPTER

4

장애 조치

본 장에서는 영상정보처리기기 등에 장애가 발생하면 장애관리 접수부터 장애 프로세스를 통하여 장애를 극복하는 과정을 살펴보고, 장애를 예방하는 방법과 DB를 포함한 시스템 백업과 복구에 대하여 살펴본다.

1 ▶ 장애관리 ★ 중요합니다.

① 장애는 영상정보 관제시스템에서 요구된 기능을 수행하는 각 기능 단위의 능력이 없어지거나, 제대로 발휘되지 않거나, 영상정보 관제시스템 수행 중 회복할 수 없는 오류가 발생하여 영상정보 관제시스템의 수행을 계속할 수 없는 상태를 말한다.

㉠ 프로세스 관점에서 장애의 개념은 다음과 같다.

구분	설명
장애	– 영상정보 운영 서비스에 영향을 주는 예상치 못한 사건 – 미약하더라도 영상정보 운영 서비스에 영향 발생
문제	– 단순한 사고에 의해 발생하지만, 근본 원인을 파악할 수 없는 사건 – 장애의 근본 원인을 파악할 수 없는 상황에 해당
알려진 오류	– 문제에 대한 근본 원인이 밝혀져서 향후 재발생할 때 참조할 수 있는 상태의 사건

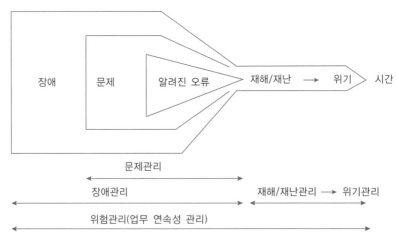

▲ **그림 2.4.1** 장애, 문제, 알려진 오류 개념도

② 장애를 관리하는 목적은 발생한 장애를 신속하게 파악하여 기능을 복원하거나 서비스를 복구하여 영상정보 관제시스템 사용자의 서비스 요구에 대응하기 위한 것이다.

③ 장애가 발생하기 전에 장애를 예방하는 대비를 하고, 장애가 발생하면 이를 해결하는 프로세스를 통하여 장애를 해결하고 같은 장애가 발생하지 않도록 대비하는 것도 중요하다.

④ 영상정보 관제시스템에 대한 재해가 발생할 경우, 이를 복구하는 과정에서 사용하는 용어에 대한 설명은 다음과 같다.

> ㉠ 복구 목표 시간(RTO; Recovery Time Objective): 영상정보 관제서비스가 재해로 인하여 중단되었을 때, 서비스를 복구하는 데까지 걸리는 최대 허용 시간
>
> ㉡ 목표 복구 시간(RPO; Recovery Point Objective): 재해로 인하여 중단된 영상정보 관제서비스를 복구하였을 때, 유실을 감내할 수 있는 데이터의 손실 허용 시점
>
> ㉢ 업무 연속성 계획(BCP; Business Continuity Planning): 장애 및 재해를 포괄하여 조직의 생존을 보장하기 위한 예방 및 복구 활동 등을 포함하는 계획
>
> ㉣ 재해 복구 계획(DRP; Disaster Recovery Planning): 재해가 발생하는 경우를 대비하여, 이의 빠른 복구를 통해 업무에 대한 영향을 최소화하기 위한 제반 계획
>
> ㉤ 재해 복구 시스템(DRS; Disaster Recovery System): 재해 복구 계획을 지원하기 위하여 평상시에 인적, 물적 자원 및 이들을 관리하는 통합된 체계

1) 장애 식별/접수, 장애 등록, 해결, 문제관리, 프로세스 점검 및 보고

① 영상정보 관제시스템에 장애의 발생 원인 관점에서 구분하여 다음과 같이 분류할 수 있다.

장애 구분	장애 요인 및 설명
시스템 장애	영상정보 관제 서버 운영체제 결함, 영상정보 관제시스템의 결함, 통신 프로토콜의 결함, 통신 소프트웨어의 결함, 기타 하드웨어의 손상 등 통제할 수 있는 시스템 요인에 의한 기능 저하, 오류, 고장 등이 있다.
기반구조 장애	정전, 설비(항온항습, 통신시설, 발전기 등) 장애, 건물의 손상 등 통제할 수 있는 기반구조 요인에 의한 기능 저하, 오류, 고장(설비 장애 포함) 등이 있다.
자연 장애	서버실이나 사무실의 화재, 지진 및 지반침하, 장마 및 폭우 등의 수해, 태풍 등에 의한 고장이 있다.
기술적 장애	영상정보 관제시스템 및 기반구조 등 통제할 수 있는 기술적 요인에 의한 기능 저하, 오류, 고장 등이 있다.
운영 장애	영상정보 관제시스템 운영과 관련된 통제 가능한 기술적 및 인적 요인에 의한 기능 저하, 오류, 고장 등이 있다.
인적 장애	영상정보 관제시스템 운영 실수, 단말기나 하드웨어 등의 파괴, 해커의 침입, 컴퓨터 바이러스의 피해, 자료 누출 등 통제할 수 있는 인적 요인에 의한 기능 저하, 오류, 고장 등이 있다.

② 장애가 발생하면 이를 식별하여 접수하고, 장애를 해결하는 일련의 프로세스를 통하여 장애를 해결하고 관리한다. 다음은 국무조정실에서 발간한 「정보시스템 장애관리 지침」에서 제시한 장애관리 절차와 단계별 수행 내용이다.

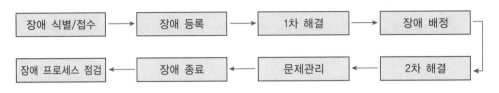

▲ **그림 2.4.2** 장애관리 절차

㉠ 장애 식별/접수 단계

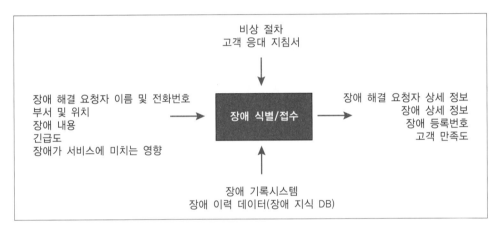

▲ **그림 2.4.3** 장애 식별/접수 업무 절차도

- 업무 사용자로부터 유·무선 전화, 이메일 및 인터넷, 방문 등 다양한 방법을 통해 접수될 수 있다.
- 모니터링 도구에 의해 감지되어 서비스 데스크 요원에게 자동으로 통보될 수 있다.
- 접수한 모든 장애는 향후 관리 및 추적을 위해 기록한다.
- 주요 관리 항목: 사용자의 장애 등록 요청 건수 대비 장애 등록 수 등

ⓛ 장애 등록 단계

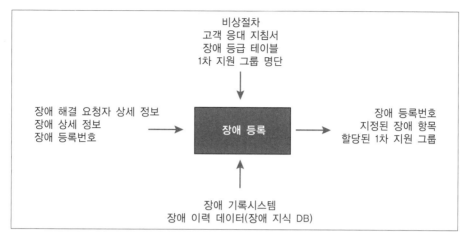

▲ 그림 2.4.4 장애 등록 업무 절차도

- 접수된 정보는 장애관리 DB에 기록되어야 한다.
- 이때 기록되어야 할 사항으로는 장애 해결 요청자 정보, 장애 내용, 장애 영향, 장애 등급 등이 있다.
- 주요 관리 항목: 등록된 장애의 건수, 등록된 장애의 오류 정보 확인 수

ⓒ 1차 해결 단계

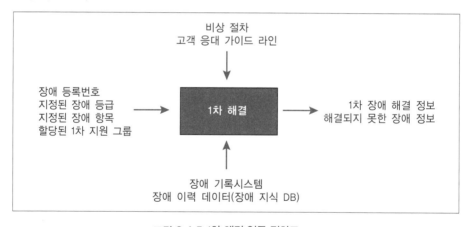

▲ 그림 2.4.5 1차 해결 업무 절차도

- 서비스 데스크 요원은 영상정보 관제시스템 사용자의 요청을 접수하여 해당 장애를 해결하려고 시도한다. 이는 관련된 정보를 장애 지식 DB 검색을 통해 찾아 해결책이 존재하면 즉시 사용자에게 해결책을 통보하여 해당 장애를 종료한다.
- 장애 해결을 위해 사전에 정의된 시간 범위 내에서 해결하는 것을 원칙으로 한다.

– 만일 정해진 시간 내에 해결하지 못하거나 영상정보 관제시스템 사용자가 해결책에 만족하지 못하는 경우, 장애는 2차 지원 그룹(운영조직, 개발조직 및 영상정보 관제시스템 공급업체)으로 전달되어 해결하도록 한다.

– 주요 관리 항목: 총등록 장애 건수 대비 해결된 장애 수, 1차 해결 담당자가 장애 해결에 할당한 시간, 사용자 만족도

㉣ 장애 배정 단계

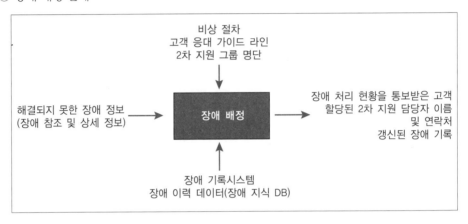

▲ **그림 2.4.6** 장애 배정 업무 절차도

– 장애가 1차 지원에서 해결되지 못한 경우, 장애 등급 및 장애와 연관된 상태에 따라 장애 해결 과정이 실행된다.

– 서비스 데스크 요원은 장애 해결 과정에 대해 최종 해결 시까지 지속적인 관리 책임을 지며, 해당 장애에 대한 진행 상황을 영상정보 관제시스템 사용자에게 알릴 수 있는 체계를 갖추고 있어야 한다.

– 서비스 데스크 요원이 해결하지 못하는 장애는 2차 지원그룹으로 재할당된다.

– 주요 관리 항목: 등록된 장애 건수 대비 2차 배정된 장애 수, 2차 배정된 장애의 재배정 수

㉤ 2차 해결 단계

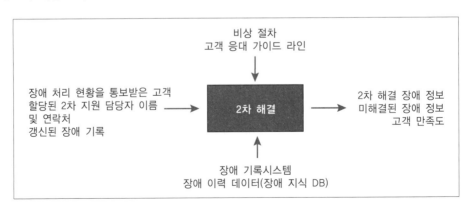

▲ **그림 2.4.7** 2차 해결 업무 절차도

- 장애를 할당받은 2차 지원 담당자는 장애 번호, 장애 등급, 장애 상세 정보, 과거 장애 해결 이력에 대한 정보를 넘겨받아 해결책을 찾는 데 참조한다.
- 이러한 행위는 자동화된 도구를 이용하거나 수작업 형태로 진행할 수 있다.
- 주요 관리 항목: 총등록 장애 건수 대비 해결된 장애 수, 해결 담당자가 해결에 노력한 시간

ⓑ 문제관리 단계

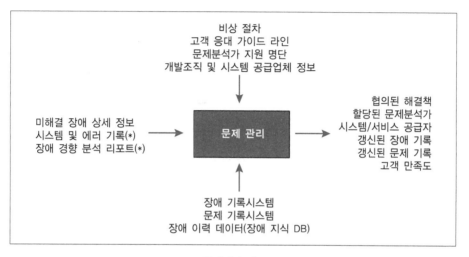

▲ 그림 2.4.8 문제관리 업무 절차도

- 장애가 2차 지원그룹에서도 해결되지 못할 때 장애의 근본적인 해결 및 복구를 위해 장애에 대한 조사 및 분석이 뒤따라야 한다.
- 이러한 장애는 '문제'로 별도로 분류하여 등록되며, 문제해결을 위한 담당자는 서비스 지원 그룹뿐만 아니라 외부의 협력업체로부터 적절한 인력을 제공하도록 요청해야 한다.
- 주요 관리 항목: 해결된 장애 수, 해결에 걸린 시간, 사용자 만족도

ⓒ 장애 종료 단계

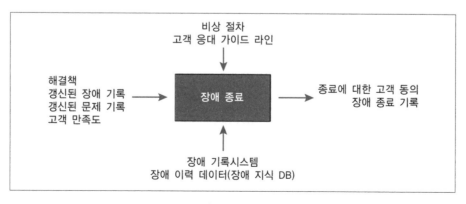

▲ 그림 2.4.9 장애 종료 업무 절차도

– 장애에 대한 해결책을 성공적으로 찾으면, 서비스 데스크 요원은 사용자와의 협의를 거쳐서 해당 장애를 종료한다.

– 장애가 다수의 사용자로부터 발생한 내용일 경우, 그룹 메시지를 보내어 해결 결과를 통보할 수도 있다.

– 주요 관리 항목: 전체 장애 건수 대비 종료된 장애 수, 사용자 만족도

◎ 장애 프로세스 점검 단계

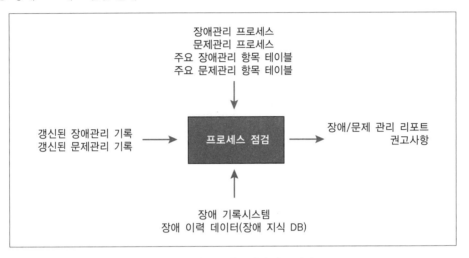

▲ **그림 2.4.10** 장애 프로세스 점검 업무 절차도

– 장애관리 책임자는 주기적으로 장애 처리 데이터를 보고한다.

– 보고된 장애 처리 정보에 대해 검토하고, 이를 통한 장애관리 프로세스 전반에 걸친 향상을 도모하는 것이다.

– 장애관리 책임자는 장애 및 문제의 이력 데이터가 일치하는지에 대해 점검해야 한다.

– 장애 발생에 대비하여 신속하고 정확한 대응을 위해 장애관리 업무에 대한 담당자의 의식 교육과 기술 훈련을 위한 조직학습을 수시로 시행하여, 장애관리 프로세스를 견고하게 운영할 수 있도록 해야 한다.

– 주요 관리 항목: 장애관리 프로세스, 문제관리 프로세스, 주요 장애관리 항목, 주요 문제관리 항목

③ 영상정보 관제시스템의 장애는 다음의 분야에서 발생하고, 장애의 내용은 다음과 같다.

장애 분야	종류 및 장애 특징		장애 내용
운영 시스템	영상 검출	정확도	영상 검출의 일정한 횟수 반복 수행 시 정확히 검출한 횟수
		복잡도	영상에서 실내외 환경 요인을 표현한 지수로 낮음, 보통, 혼잡으로 산정
		미검출	검출 못 하는 실패 원인의 반복 횟수
		오검출	잘못된 결과 검출 실패의 원인으로 여러 번 반복한 횟수 반복
	접근 권한	패스워드 오류	패스워드 오류 입력 횟수
		접속 성공 여부	비인가 패스워드 오류 횟수로 접속 오류 입력 검출 횟수
	인적 장애	운영 오류	시스템 운영 실수, 단말기 파괴, 컴퓨터 바이러스의 피해, 해커의 침입, 자료 유출 등 통제할 수 있는 인적 운영 오류에 의한 기능 저하, 오류, 고장
통신	외부 원인	정전	정전에 의한 장애
	내부 원인	네트워크	한정된 대역폭 내에서 동시 작업자가 수행하거나 바이러스 등에 의한 네트워크 단절
		통신선	케이블 접지 상태 오류 및 작업자 실수에 의한 통신선 절단 등
		IP 충돌	같은 IP 주소를 사용하는 경우 네트워크 단절
서버	HDD 임계치 장애		HDD 파티션의 디스크 임계치 사용률이 높아 시스템 알람 발생
	네트워크 통신 장애		통신 장애가 발생하면 ping 명령어로 확인하여 네트워크 장애 여부를 확인
	프로세스 탐지		ps 명령어를 통해 프로세스를 확인하고 실행 여부 확인
	미수집 로그 탐지		일정 기간 로그 저장 여부를 파악하여 시스템 상태를 확인
관제 시스템 연계	연계 서버 미작동		영상정보 연계 서버 미가동이나 IP 변경 등으로 정보 송수신 오류
	연계 프로그램 오류		영상정보 변환 시 등록되지 않은 코드 이용 등으로 오류
	유효하지 않은 연계 데이터		유효하지 않은 기간의 영상정보 연계 등의 오류
	영상정보 변환 시 예외 발생		DB 저장 시 포맷 변환에서 미처리 등으로 오류 발생

④ 영상정보 관제시스템에서 장애관리는 하드웨어 장애가 대부분이며, 하드웨어 장애를 해결하는 처리 방법은 다음과 같다.

   ㉠ 네트워크로 연결된 IP 카메라의 정보(CCTV의 위치, CCTV의 현재 상태 정보 등)를 관리하여 장애 발생 시 영상정보 관제센터에 알려주고, CCTV의 정보를 DB에 정보로 등록하여 사용자가 검색 및 정보를 백업할 수 있는 기능을 수행한다.

   ㉡ 카메라를 IoT로 연결하여 원격으로 자동복구 해주는 장애관리를 수행한다. 또한, 전원 리셋, 쿨링 팬 제어 등으로 최적의 상태를 유지해 주는 등 다양한 설정이 가능하도록 구성한다.

   ㉢ 원격지 함체 보안을 위한 CCTV 함체 문 열림을 제어하고, 전원제어 기능을 제공하며, 함체 내부에 문제가 발생하면 실시간 알림을 통하여 영상정보 관제센터에서 관리할 수 있도록 한다.

⑤ 영상정보 관제시스템에 대한 장애관리 절차는 다음과 같다.

   ㉠ 장애관리 계획
- 장애 예방 계획 수립
- 장애 점검 항목 도출
- 장애 복구 절차 계획 수립

   ㉡ 예방 점검
- 예방 점검 전 필요시 데이터 백업
- 예방 점검 시 점검 항목 도출 및 상황 대처를 위한 유지 보수 업체 연락망 확보
- 예방 점검 및 결과 보고

   ㉢ 장애 처리 및 복구: 하드웨어, 영상정보 관제시스템, 기반 시설 관련 장애 처리 및 복구

⑥ 백업 시스템의 구성 방식에 따라 다음과 같이 분류할 수 있다.

백업 방식		수행 내용
로컬 백업	단독형 로컬 백업	– 서버와 저장 장치를 직접 연결한 백업 환경에서 직접 백업 – 용량이 작은 시스템에서 수행 – 백업 정책 적용이 어렵고, 유연성이 낮음
	집중형 로컬 백업	– 단독형 로컬 백업의 단점을 해결한 방법 – 고속으로 백업 및 복구 수행 – 중앙 집중 제어 및 관리가 쉬워 확장성이 좋음
네트워크 백업	공용 네트워크 백업	– 존재하는 네트워크를 이용하여 중·소 용량의 데이터를 백업 – 백업 수량이 많거나 용량이 큰 데이터베이스 백업은 부적절
	전용 네트워크 백업	– 전용 네트워크를 이용하여 백업하므로 고속 백업 가능 – 중앙 집중 제어 및 관리를 할 수 있고 확정성이 좋음

백업 방식	수행 내용
SAN (Storage Area Network)	– 서로 다른 데이터 공유를 위해서 구성하는 네트워크 – 특수 목적용 고속 네트워크로 분산된 저장 장치를 하나의 데이터 서버에 통합 운영 – 업무 효율성을 높이고, 인프라 장비에 대한 중복 투자를 방지

⑦ 영상정보 관제시스템에 대한 백업 대상은 다음과 같다.

　㉠ 파일/폴더 백업

　　• 파일, 폴더 등의 시스템 일부만 백업

　　• 복구 작업에 순서 필요

　　• 데이터베이스 구동과 관련 없는 특정 파일시스템 백업

　㉡ 시스템 백업

　　• 시스템의 운영체제나 응용 소프트웨어가 있는 시스템 전체를 백업

　　• 복구할 때는 시스템 전체를 복원

　　• 복구 작업에 순서가 많지 않은 것이 특징

　㉢ 데이터베이스 백업: 데이터베이스 전체 및 변경 로그 파일 백업

⑧ 영상정보 관제시스템에 장애가 발생하면 신속하게 대응할 수 있는 백업의 종류는 다음과 같다.

구분	종류	백업 설명
인프라 백업	운영체제 백업	영상관제 서버의 운영체제를 백업한다.
	네트워크 설정 백업	영상관제 서버나 장비들의 IP 주소, 서브넷 마스크, 게이트웨이, DNS 서버 등의 정보를 백업한다.
	영상 관제시스템 백업	영상정보 관제시스템의 설정 환경 정보 등을 백업한다.
	영상 DB 백업	영상정보를 저장하고 있는 DB를 백업한다.
영상 데이터 백업	백업 후 분리 보관	영상 데이터를 백업하여 분리 보관한다.
	복원 후 백업 안전 파기	영상 데이터의 복원 후 안전하게 삭제한다.

⑨ 영상정보 관제시스템의 백업 관리 절차 등을 확인하고, 재해로 인한 장비의 훼손이나 악성코드에 의한 데이터의 손실 등에 대비하여 일정한 주기로 중요 데이터에 대한 백업을 수행한다.

　㉠ 백업 설정 요소

　　• 백업 대상 데이터, 자원 백업 현황, 복구 목표 시간 설정, 백업 주기 및 보관 기간 등 결정

• 백업 설정 요소의 변경은 충분한 검토 및 승인을 거쳐 반영

ⓒ 백업 무결성 확인: 백업 데이터에 대한 무결성 확인을 위해 복구 작업을 통하여 백업된 데이터의 정상적 가동 여부를 정기적으로 점검

2 ▶ 장애 예방 ★ 중요합니다.

1) 이중화 시스템, 동작 지속, 고장 분리, 고장 전염

① 이중화(dual) 시스템은 시스템의 신뢰성을 향상하기 위하여 하드웨어 또는 소프트웨어를 중복으로 구성하여 하나의 시스템으로 동작하는 시스템을 의미한다. 완전한 컴퓨팅 시스템을 포함하여 전원 공급장치나 네트워크 인터페이스의 이중화 구성을 의미하기도 한다.

② 이중화 시스템은 사용하고 있는 시스템에 장애가 생겼을 때 순간적으로 전환하는 것이 가능한 구조를 가진다.

③ 이중화 시스템을 구성하여 운영하는 방식은 액티브-액티브(active-active) 방식과 액티브-스탠바이(active-standby) 방식이 있다.

구분	설명
액티브-액티브 방식	– 동시 접근(concurrent access) 방식으로 이루어진다. – 같은 두 개의 시스템을 같이 운영하는 형태이다. – 하나의 시스템에 장애가 생기면 장애가 발생하지 않은 나머지 하나의 시스템으로만 가동하고, 하나의 시스템으로 버티는 동안 장애가 생긴 시스템을 복구하여 장애 대응뿐만 아니라 시스템의 부하를 줄이는 데 사용한다. – 액티브-스탠바이 방식보다 효율적이나, 초기 구성과 운영의 복잡성 및 비용이 많이 든다.
액티브-스탠바이 방식	– 상시 대기(hot-standby) 방식으로 이루어진다. – 같은 두 벌의 시스템을 만들어 두되, 하나의 시스템으로만 운영하여 운영 시스템에 장애가 발생할 때 다른 시스템으로 즉시 전환한다. – 전환 시 단절 현상이 발생할 수 있다. – 한 벌의 시스템이 대기 상태로 있어 자원의 비효율성이 발생하므로, 상호 인수(mutual takeover) 방식을 이용해 활용성을 높일 수 있다.

④ 이중화 시스템의 종류는 서버 이중화, 회선 이중화, DB 이중화 등으로 구분된다.

구분	설명
서버 이중화	– 같은 동작을 하는 두 개의 서버를 이용하여 서버 부하 분산을 구성하는 방식이다. – 주로 중요 시스템에 대해 고가용성을 실현하기 위해 구현한다.
회선 이중화	– 네트워크 회선을 두 개(운영, 대기)로 운영하여 가용성을 높인다. – 실시간 처리를 시스템에서 주로 사용한다.
스위치 이중화	– 스위치 장비를 이중화하여 사용한다. – 많은 카메라가 있거나 사용자들에게 고가용성의 정보를 제공할 때 구축하여 사용한다.
방화벽 이중화	– 강력한 보안을 요구하는 시스템의 경우 방화벽을 이중화해서 사용한다.
DB 이중화	– 데이터의 중요성이 대두되고 있는 경우에 DB를 분산하여 저장하거나 두 개의 DB로 구축하여 사용한다. – DB 이중화를 위하여 멀티 클라우드(multi cloud)를 구성하고 여기에 DB를 구축하는 사례도 있다.

⑤ 서버 이중화에서 하드디스크(HDD)에 장애가 발생할 때를 대비하여 취하는 방법이 디스크 미러링(disk mirroring), 디스크 이중화(disk duplexing), RAID(Redundant Array of Inexpensive Disks) 방법이 있다.

구분	설명
디스크 미러링	– 물리적 디스크를 두 개 이상 구성하여 가용성을 높이는 방식이다. – 고장 허용 시스템(fault tolerant system)을 실현하는 데 필요한 입출력장치 다중화의 한 방법으로, 여러 대의 다른 디스크 장치에 같은 정보를 기록해 놓았다가 오류가 발생했을 경우 다른 곳에 기록해 놓은 정보를 즉시 교체하는 방법이다.
디스크 이중화	– 디스크 컨트롤러를 이중화하는 방식이다. – 디스크 미러링의 일종으로 2대의 하드디스크가 고유의 하드디스크 제어 장치를 가지고 있으므로 장애 허용성을 더 높인 처리 방식이다.
RAID	– RAID 시스템은 여러 드라이브의 집합을 하나의 저장 장치처럼 사용할 수 있게 하고, 장애가 발생했을 때 데이터가 손상되지 않도록 각각 독립적으로 동작할 수 있도록 한다. – 기본적인 RAID의 개념은 작고 값싼 드라이브들을 연결해서 크고 비싼 드라이브(SLED; Single Large Expansive Disk) 하나를 대체하는 것이다. – RAID 레벨의 종류는 RAID 0, RAID 1, RAID 3, RAID 5, RAID 6 등이 있다.

⑥ 서버 등의 인프라에 대하여 동작 지속은 장애가 발생했을 때, 시스템이 고장 나더라도 지속해 동작해야 하며, 복구 작업을 하는 동안 성능 간섭이 없어야 한다.

    ㉠ 하드웨어나 소프트웨어(영상정보 관제시스템)가 동작을 계속해 운영되고 유지할 수 있도록 발생 가능한 재해에 대하여 예상하고, 이에 대처방안을 수립하는 것이라 할 수 있다.

    ㉡ 서버 등의 인프라 장애에 대비하는 분야와 이에 대해 대비하는 사항은 다음과 같다.

구분	설명
인프라 플랫폼	– 컴퓨터가 얼마나 손상되는가? – 모든 컴퓨터가 작동이 안 되는가? 혹은 일부가 작동이 안 되는가?
컴퓨터 관련 서비스	– 통신시스템이 작동하는가? – 정보서비스가 작동 불능인가? 얼마나 지속될 것인가?
영상정보 관제시스템 및 데이터	– 데이터가 손상을 받아 무결성이 지켜질 수 없는가? – 영상정보 관제시스템이 다른 장비에서 작동될 방법은 없는가?
기타 인프라	– 설비 장치가 작동 가능한가?

⑦ 인프라 플랫폼이 동작 지속을 위하여 취하는 방법은 다음과 같다.

구분	설명
이중화	– 서버 이중화, 네트워크 이중화, DB 이중화 등을 이중화한다.
백업 및 복구	– 영상정보 관제시스템이나 DB에 대한 백업과 복구 정책을 수립하고 운영한다.
페일 오버 (fail over)	– 장애가 발생하면 미리 준비해 둔 여분의 시설(장비)로 대체하는 방법이다.
고장 허용(결함 지속) 시스템 (fault tolerant)	– 시스템을 구성하는 부의 일부에서 결함(fault)이나 고장(failure)이 발생하여도 정상적 혹은 부분적으로 기능을 수행할 수 있는 시스템으로 구축하는 것이다. – 장애 복구 방식은 다중화(redundancy), 다양화(diversity), 리플리케이션(replication) 등이 있다. – 다중화는 같은 시스템을 복수로 준비하여 장애가 일어나면 보조 시스템으로 전환한다. – 다양화는 같은 사양에 다른 하드웨어 시스템을 복수로 준비하여 복제화와 같이 운용하는 것으로, 시스템이 똑같은 장애를 일으키지 않는다. – 리플리케이션은 같은 시스템을 복수로 준비한 후 병렬로 실행시켜 다수를 만족한 결과를 올바른 결과로 적용한다.

⑧ 고장 분리는 결함이 있는 구성 요소나 처리상의 오류가 발견되면 이의 발생 원인이나 위치를 확인하여 원래의 구성 요소에서 떼어 내는 행위이다.

　　㉠ 고장이 발생할 때 하드웨어나 영상정보 관제시스템은 고장과 분리되어 정상적인 구성 요소에 영향을 주지 말아야 한다.

　　㉡ 이것은 고장 감지 메커니즘이 고장과 분리를 목적으로 하는 것이다.

⑨ 고장 전염은 어떤 고장 메커니즘이 다른 시스템을 고장 나게 하는 원인이 될 수 있는데, 나머지 시스템에 고장을 전파하는 것이다. 예를 들면, 불량송신기는 정상적인 통신 상태를 문제로 만들 수 있으므로 송신기를 격리하거나 불량 요소를 제거하여 전체 시스템을 보호하는 것이 필요하다.

⑩ 고장 검출은 장비의 오동작이나 고장의 유무를 검출하기 위하여 시험 등을 통해 고장을 판별하는 행위를 말한다.

　　㉠ 고장 검출 방법은 다음의 두 가지가 있다.

종류	설명
하드웨어 중복 기법	− 단순하게 고장의 발생 유무를 결정하는 정성적 방법 − 같은 기능을 갖는 장비를 두 개 이상 사용하여 고장에 대비하는 방법으로, 비교적 비용이 많이 들고, 더 넓은 설치 장소가 필요한 단점 존재
해석적 중복 기법	− 대상 시스템의 모델을 기준으로 해석적 모델을 구성하고, 이를 활용하여 고장을 검출하는 정량적 방법

3 ▶ DB 백업 및 복구 ★중요합니다.

1) DB 백업

① DB 백업은 데이터와 트랜잭션에 수행되는 작업에 대한 모든 내용을 주기적으로 저장해 두는 작업으로, 백업 방법 및 백업 주기 등의 백업 정책을 결정하고 백업 데이터를 별도의 저장 장치에 관리하는 작업을 말한다.

② 저장된 영상정보 등의 DB를 안전하게 보관하여 위험한 일이 발생했을 때를 대비하는 행위이며, 전산 장비의 고장이나 사고에 대비하여 주기적/비주기적으로 백업을 수행한다.

③ DB 백업의 종류는 다음과 같다.

구분	방법	설명
방식별 구분	물리적 백업	DBMS가 사용하는 데이터 원본 파일을 직접 복사하여 백업하는 방식
	논리적 백업	원본 DB와 동등한 DB를 구축하기 위하여 DML을 추출하는 방식
상태별 구분	온라인 백업 (hot 백업)	DBMS가 운용되고 있는 상태에서 데이터 백업을 진행하는 방식
	오프라인 백업 (cold 백업)	DBMS를 정지시킨 상태에서 데이터 백업을 진행하는 방식
	혼합 백업	시스템은 종료하지 않고, 외부 사용자가 내부 시스템을 사용하지 못하게 막아 접근하지 못하게 하고 백업을 진행하는 방식
대상별 백업	전체 백업(full 백업)	DB에 존재하는 모든 데이터를 백업하는 방식
	증분 백업 (incremental 백업)	전체 백업 이후 일정 기간에 발생한 변경된 데이터만을 백업하는 방식
	차등 백업 (differential 백업)	전체 백업을 받은 상태에서 그 이후 수행하는 백업 시점과 비교해서 변경된 모든 형상들을 백업하는 방식으로, 증분 백업과 거의 유사
장소별 백업	로컬 백업	백업을 수행하는 컴퓨터에 설치되어 있는 DB를 백업하는 방식
	원격 백업	백업을 수행하는 공간과 백업 본을 저장하는 공간을 다르게 백업하는 방식

④ DB 로그 파일은 DB에서 처리되는 트랜잭션의 내용을 모두 기록한 것으로, DB 복구를 위한 가장 기본적인 자료이다.

　㉠ 로그 파일을 사용하여 DB를 과거의 상태로 복귀시키거나, 과거의 상태로부터 현재 상태로 재생성할 수 있다.

　㉡ 로그 파일은 다음과 같은 작업이 발생할 때 기록된다.

　　• 트랜잭션 시작 시점

　　• 데이터의 입력, 수정, 삭제 시점

　　• 트랜잭션 rollback 시점

⑤ DB 로그 파일에 기록되는 내용은 다음과 같다.

　㉠ 트랜잭션이 발생할 때마다 commit이나 rollback과 관계없이 모든 내용을 기록

　㉡ 트랜잭션 식별

　㉢ 트랜잭션 레코드

ⓔ 데이터 식별자

ⓜ 갱신 이전 값

ⓗ 갱신 이후 값

⑥ DB 백업을 위한 지침은 다음과 같다.

　ⓖ 정기적인 전체 백업을 수행

　ⓛ DB 구조적 변화가 생긴 전후 전체 백업을 수행

　ⓒ 테이블 스페이스의 생성 또는 삭제가 발생하면 백업을 수행

　ⓔ 테이블 스페이스에 데이터 파일을 추가하거나 변경했을 때 백업을 수행

　ⓜ 로그 파일을 변경했을 때 백업을 수행

　ⓗ 아카이브(archive) 로그 상태로 전환 시 컨트롤러 파일만이라도 백업을 수행하며, 비아카이브 로그 상태로 전환할 때는 전체 백업을 수행

　ⓢ 알고 쓰기 수행이 많은 테이블 스페이스는 자주 온라인 백업을 수행

　ⓞ 백업 파일은 2본 이상을 보관

　ⓩ 분산 DB는 동일 상태에서 백업을 수행

⑦ 영상정보 관제시스템에 대한 백업은 다음의 내용을 백업한다.

　ⓖ 영상정보 관제시스템 카메라 정보

　ⓛ 영상정보 관제시스템 사용자 및 계정 정보

　ⓒ 영상정보 관제시스템 영상정보

　ⓔ 영상정보 관제시스템 장애 로그

2) DB 복구

① DB 복구는 특정 시점의 데이터를 저장하고 있는 백업 데이터와 백업 이후에 발생한 사용자의 작업을 통한 데이터 수정 과정을 기록한 이진 로그를 사용하여, 두 정보원인 백업 데이터와 로그를 이용하여 특정 시점의 DB 상태로 복귀시키는 작업으로, 접근할 수 없거나 손상된 DB 파일을 복구하고, 테이블, 테이블 공간, 내포된 객체 형식, 내포된 테이블 등의 재저장을 도와주는 행위를 말한다.

② DB를 복구하는 수행 관점을 유형별로 설명하면 다음과 같다.

구분	설명
undo	트랜잭션 장애에 대하여 로그를 이용하여 모든 변경을 취소하여 DB 상태를 복원하는 기법
redo	오류와 연관된 트랜잭션을 재실행하여 DB 상태를 복원하는 기법

③ DB 복구 기법 종류는 다음과 같다.

구분		설명
로그 기반 회복기법	지연 갱신 회복기법 (deferred update)	– 트랜잭션이 부분 완료(partially committed) 상태에 이르기 전까지 발생한 모든 변경 사항을 로그 파일에만 저장하고, DB에 저장하는 것을 지연시키는 방법으로 회복 시 로그 파일에 저장된 내용만 폐기하면 되는 방법이다.
	즉시 갱신 회복기법 (immediate update)	– 트랜잭션이 수행 도중 발생하는 변경 내용을 즉시 DB에 반영하는 방법이며, 갱신정보는 로그 파일에도 저장된다. – 회복 시 로그 파일에 저장된 내용을 참조하여 undo를 실행하는 방법이다.
검사점 회복기법		– 트랜잭션 수행 중 검사점(check point)을 기준으로 작업을 수행하고 로그에 저장한 후 회복 시 검사점 이전에 처리된 트랜잭션들은 회복 대상에서 제외되도록 하는 방법이다. – 검사점 이후에 처리된 트랜잭션에 대해서만 회복 작업을 수행하는 방법이다.
그림자 페이징 기법		– 트랜잭션 수행 시 두 개의 페이지 테이블을 이용하는 기법으로, 현재 페이지 테이블은 주기억장치에 위치하고, 그림자 페이지 테이블은 하드디스크에 저장한다. – 트랜잭션의 변경 내용은 현재 페이지 테이블만 갱신한다. – 트랜잭션이 성공적으로 완료되면 현재 페이지 테이블 내용은 그림자 페이지 테이블로 저장되며, 만약 장애에 대한 회복 시에는 그림자 페이지 테이블의 정보를 현재 페이지 테이블로 적재하는 방식이다. – 로그 기반 회복기법에서 사용하는 redo/undo 연산이 불필요한 방법이다.

④ DB 복구 알고리즘은 로그 파일을 이용하여 유효한 트랜잭션 처리 데이터를 복구하기 위한 알고리즘이다. 복구 알고리즘의 종류는 다음과 같다.

구분	설명
no-undo/redo	– DB 버퍼의 내용을 비동기적으로 갱신한다는 의미는 트랜잭션이 성공적으로 수행되어 완료 시점에 도달할 때까지 DB 변경 내용이 기록되지 않는다는 것을 의미한다. – 즉, 트랜잭션이 완료되기 이전에는 변경 내용이 DB에 기록되지 않으므로 완료되지 않은 트랜잭션은 취소할 필요가 없다. – 그러나 트랜잭션이 완료된 후 DB 버퍼에 기록되고 저장 매체에 기록되지 않는 상태에서 시스템이 파손되었다면 트랜잭션의 내용을 재실행해야 하는 알고리즘을 말한다.

구분	설명
undo/no-redo	- DB 버퍼의 내용을 동기적 갱신하는 경우, 트랜잭션이 완료되기 전에 DB 버퍼 내용을 모두 동시적으로 기록하므로 완료된 트랜잭션들은 어떤 연산도 재실행할 필요가 없다. - 그러나 트랜잭션들이 완료되기 이전에 시스템 파손이 발생하면 변경된 내용을 취소해야 하는 알고리즘을 말한다.
undo/redo	- DB 버퍼의 내용을 동기/비동기적으로 갱신할 때 모든 갱신이 DB에 기록되기 전에 트랜잭션이 완료될 수 있으므로 완료된 트랜잭션이 DB에 기록되지 못했다면 재실행을 해야 한다. - 이 복구 방법은 가장 일반적인 기법이지만, 가장 복잡한 기법이기도 하다.
no-undo/ no-redo	- DB 버퍼 내용을 동시적으로 저장 매체에 기록하나 DB와는 다른 영역에 기록하는 경우이다. - 항상 트랜잭션의 실행 상태와 DB의 내용이 일치하며, DB 버퍼의 내용을 취소하거나 재실행할 필요가 없는 방식의 알고리즘이다.

영상정보
관리실무

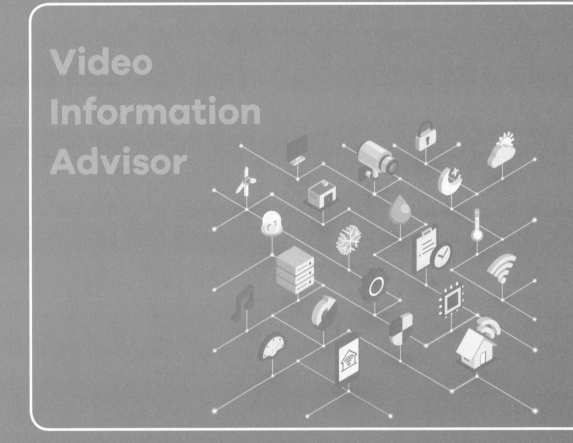

Video
Information
Advisor

영상정보 관리실무는 영상정보관리사 자격증 준비자나 영상정보 관제센터 근무자에게 필수적인 분야이다. 총 5장으로 구성되어 있으며, 효율적인 영상정보 관제센터 운영을 위한 다양한 관제 기법 적용과 첨단 기술이 접목된 관제시스템의 활용 범위를 다룬다. 또한 긴급 및 특이 사항 대응과 모니터링 결과 보고서 작성 능력도 중요한 내용이다. 이러한 실무 지식은 영상정보 관제센터 업무의 전문성을 높이는 데 필수적이다.

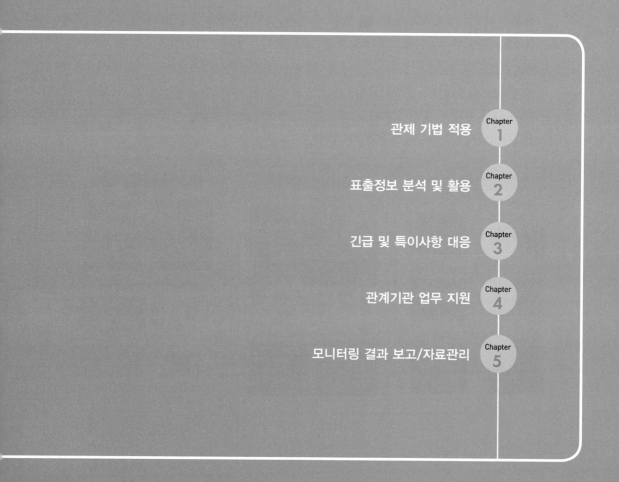

1 관제 기법 적용

공공기관의 영상정보 관제센터는 시민의 안전과 재산 보호를 최우선 목표로 삼고 범죄예방, 재난관리, 산불감시, 하천관리, 위험 시설물 관리 등의 목적으로 CCTV 설치가 증가함에 따라 관제 기법이 개발되어 운영되고 있다. 특히 지방자치단체에서는 범죄예방과 재난관리 등에 순환 관제, 선별 관제, 투망 관제, 선택 관제, 추적 관제 등의 기법을 적용하여 영상정보 관제센터 업무의 효율성을 높이고 있다.

1 영상정보 관제센터의 변천 과정

① 산업화가 진행되면서 산업체의 위험 시설물 관리 및 공공기관의 재난 재해 등 국민의 안전을 위해 CCTV가 설치되고 운영되어 왔다. 증가하는 CCTV를 더 효율적으로 운영하기 위해 영상정보 관제센터도 시대 흐름에 맞게 발전을 거듭하고 있다.

② 방범 CCTV는 2002년 강남구 논현동에 5대가 설치되면서 소규모의 영상정보 관제센터가 운영되기 시작하였다. 이후 2007년 서초구가 전국 최초로 분야별(방범, 불법주정차 단속, 재난 재해) 상황실을 하나의 영상정보 관제센터로 구축하였고, 현재 전국 230여 개 지방자치단체에서 구축되어 운영하고 있다.

272 | **PART 3** 영상정보 관리실무

• 업무별 관제상황실 운영 • 아날로그 CCTV, 100만 화소 이하 카메라 사용 • 동축케이블, DVR, 조이스틱, 코덱을 통한 CCTV 제어 • 강남구가 지방자치단체 최초 방범 CCTV 설치 및 관제 실시(2002.12.30)	• 업무별 관제상황실을 통합관제센터로 통합 운영 • IP CCTV로 전환 및 100만 화소 이상 카메라 사용 • 광케이블, NVR, VMS, PC 마우스를 통한 CCTV 제어 • 서초구가 지방자치단체 최초 영상정보 관제센터 구축 (2007.10.18.)	• 영상정보 관제센터 · 경찰서 112 상황실 · 소방서 119 상황실을 도시통합관제센터에 통합 운영 • AI, 로봇, 첨단센서 등 IT 신기술 집합체가 모여 통합 • 200만 화소 이상 4K, 8K 등 고화질의 CCTV 사용 • 현재는 2.5세대 관제센터

▲ 그림 3.1.1 관제센터의 변천

2 순환 관제 기법(경로에 따른) ★중요합니다.

1) 순환 관제 정의

① 사회 전반에 안전한 환경 조성에 맞추어 CCTV가 증가하면서 관제요원(영상정보관리사) 1인당 CCTV 모니터 적정 대수보다 많은 CCTV 모니터링 관제로 낮아지는 관제 업무의 효율성을 높이기 위해 관제시스템의 매크로 등록을 통해 관제 화면을 순차적으로 보여주는 것을 순환 관제라 한다.

② 관제의 범위(지방자치단체 영상정보처리기기 통합관제센터 구축 및 운영규정 제16조)

통합관제센터에서 관리하는 영상정보처리기기를 실시간 관제하여야 한다. 다만 실시간 관제 및 신속한 조치가 특별히 요구되지 않은 영상정보처리기기는 해당 부서 또는 관리 주체 기관과 협의를 통하여 탄력적으로 운영할 수 있다.

2) 순환 관제(순환보기) 기법 및 활용

① 공공기관의 CCTV가 설치되는 속도에 비해 관제요원(영상정보관리사) 인원 증가가 더디게 진행되고 있다.

② 관제요원(영상정보관리사) 1인당 관제 적정 대수보다 15배가 더 많은 CCTV를 모니터링하고 있기에 집중력이 떨어져 실효성과 기대효과가 낮아지고 있다.

③ 최근 사회적 이슈(재난사고, 범죄 사건 등)가 발생하여 CCTV 집중관제의 필요성이 높아지고 있고, 이러한 문제점 등을 해결하기 위해 순환 관제 기법을 활용하고 있다.

④ 참고로 지방자치단체 영상정보처리기기 통합관제센터 구축 및 운영 규정(행정안전부)에 따르면 관제 인력 산정은 1인당 50대의 CCTV를 기준으로 두고 있다.

3) 순환 관제(순환보기)

① 순환 보기 기능은 사용자가 다수의 CCTV 영상을 실시간 영상 모드에서 순차적으로 보기 위한 기능이다. 사용자는 CCTV 변경 시간과 순환 보기에 포함할 카메라를 지정하여 관제 업무를 수행할 수 있다.

② 순환 보기는 여러 카메라의 항목에서 차례대로 보는 데 사용된다. 카메라 변경 간격은 물론 순환 보기에 포함할 카메라를 지정할 수 있으며, 순환 보기는 도구 모음에 순환 보기 아이콘을 함께 표시할 수 있다.

③ 순환 보기 뷰 항목을 두 번 클릭하여 순환 보기를 최대화할 수 있다. 이때 사용자가 선택한 이미지 화질 옵션과 관계없이 순환 보기에 포함된 카메라의 비디오가 기본적으로 최고 품질로 표시된다.

④ 카메라가 이 기능을 지원하는 경우 순환 보기에서 디지털 줌 및 PTZ 제어를 사용할 수 있다. PTZ 또는 디지털 줌 제어를 사용하는 경우 자동으로 순환 보기가 일시 중지된다.

⑤ 순환 관제 기법은 주로 관제요원(영상정보관리사) 인원보다 모니터링 CCTV를 감당하기 어려울 때 매크로 그룹 설정(구역별, 기능별, 이슈별 등)을 통해 순차적으로 카메라 순서대로 순환하면서 관제하는 기법을 순환관제 기법이라 한다.

> **Tip**
>
> 매크로(macro): 시스템에서 하나의 명령으로 여러 가지 명령을 일괄적으로 수행하도록 하는 조작. 동일하게 반복되는 입력 작업에서 반복 작업의 횟수를 줄여서 작업을 효율적으로 하는 것을 말한다.

⑥ 그룹별 최적의 모니터 화면분할은 16분할 또는 20분할로 설정하는 것이 효율적이다.
⑦ 그룹별 순환타임(cycle time) 시간은 4~6초로 설정한다.
⑧ 그룹 설정은 CCTV가 중복 또는 누락되지 않도록 분배하여 설정한다.

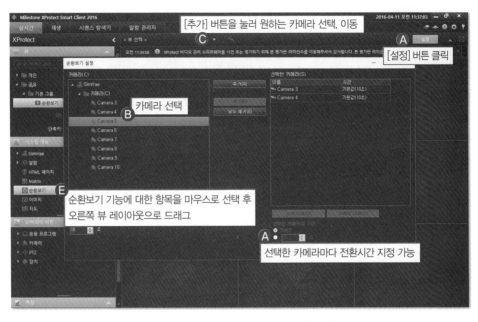

▲ **그림 3.1.2** 순환 관제 설정화면(마일스톤 사용자 매뉴얼)

▲ **그림 3.1.3** 순환 관제 화면(마일스톤 사용자 매뉴얼)

Tip

어안렌즈 카메라(위 그림 갈색 테두리 박스)는 순환보기에 포함될 수 없다.

▲ 그림 3.1.4 순환 관제 화면(이노뎁 사용자 매뉴얼)

③▶ 선별 관제 기법 ★ 중요합니다.

1) 선별 관제 정의

① 선별 관제는 사람과 사물의 객체 인식을 통해 침입 감지, 출입 감지, 배회 감지, 이동 방향 감지, 방치되거나 사라진 물체 감지, 객체 분류, 속도 필터, 객체 카운팅, 임의 조작 감지 등 편리한 기능을 사전에 정의하여 더 지능화된 영상 감시를 수행하는 지능형(AI) 관제 기법이다.

② 범죄자(수배자), 실종자 및 문제 차량 등 특징이 등록된 데이터베이스(DB)를 인공지능 분석을 통해 유사성을 감지하고, 관제요원(영상정보관리사)에게 해당 CCTV 영상 화면을 표출하여 신속한 대응을 지원하는 것을 선별 관제 기법이라 한다.

2) 선별 관제 기법 및 활용

① 선별 관제 기법

    ㉠ 객체 감지 및 분석을 통해 실시간으로 선별 관제할 수 있다.

    ㉡ 실시간 모니터링 시 이벤트 영상만 선별하여 관제하므로 관제 효율을 극대화한다.

    ㉢ 지능형 영상분석 대비 기존보다 1/10 수준으로 더 많은 채널을 더 적은 장비로 관제할 수 있다.

    ㉣ 상시 녹화된 영상에서 스마트 관제 이벤트만 재생(playback)이 가능하다.

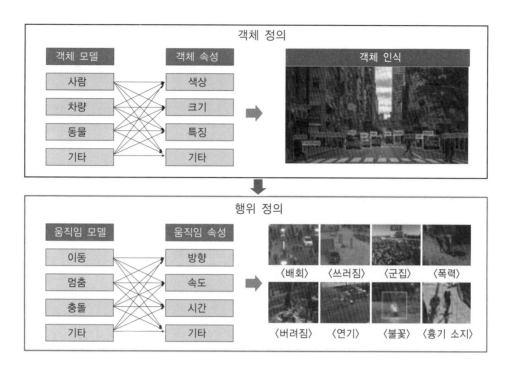

▲ 그림 3.1.5 선별 관제 객체모델과 속성

② 지능형(AI) 선별 관제 활용

　㉠ 범죄예방: 사람, 차량의 움직임 및 객체(크기, 색상 등) 패턴 분석(침입, 배회, 폭행) 활용

　㉡ 실종자 검색: 아동 및 치매 이르신 실종 시 사전 등록된 사진 이미지와 실종 당시 객체 및 패턴 분석 활용

　㉢ 침수예방: 과거의 침수 데이터를 기반으로 장마 또는 게릴라성 폭우로 인한 도시 침수, 하천 범람, 지하도로 침수 등 예·경보시스템 적용

　㉣ 화재관제: 초고층 건물(옥상), 산불감시 초소의 CCTV로 연기 및 불꽃 감지를 통해 화재 예·경보시스템 적용

　㉤ 불법주정차 단속: 현장에서 주차단속원이 단속하던 것을 IT의 발전에 따라 영상정보 관제센터에서 시스템에 의해 불법 주정차된 차량만 선별해서 단속하는 시스템

　㉥ 군중 밀집도 분석: 지역행사 및 축제 등 군중 밀집 대상 지역에 지능형(AI) CCTV를 이용하여 단위($1m^2$) 면적당 사람 수, 경사도 등을 자동 분석하여 안전사고를 예·경보해 주는 지능형 군중 밀집도 분석 시스템

　　• 2022년 이태원 사고 이후 공공기관에서 다중 밀집 지역을 중점 관리 대상 지역으로 지정하여 운영하고 있다.

　　• $1m^2$당 군중 밀집도에 따라 1단계(주의, 2~3인 이상), 2단계(경계, 4~5인 이상), 3단계(심각, 6인 이상)로 분류한다.

③ 선별 관제 적용 화면(범죄예방)

번호	화면 구성	세부기능 설명
Ⓐ	비디오 화면	관제 중인 카메라 영상을 출력
Ⓑ	비디오 박스	화면에 이벤트가 발생한 카메라 영상을 박스 형태로 출력
Ⓒ	카메라 목록	현재 관제 중인 카메라 목록과 검지된 카메라 목록을 출력
Ⓓ	실시간 이벤트 목록	실시간 발생한 이벤트 목록 표시
Ⓔ	메인 툴바	영상 화면을 분할하고 여러 기능들을 실행시킬 수 있다.
Ⓕ	관제 일시 중지/ 종료	관제화면을 일시 중지/종료

▲ **그림 3.1.6** 선별 관제 설정화면(쿠도 사용자 매뉴얼)

4 투망 관제 기법 ★중요합니다.

1) 투망 관제 정의

특정 지역에 사건 · 사고가 발생할 경우 GIS(지리정보시스템)에서 근처에 있는 CCTV 범위를 설정한 후 투망 관제 기법을 적용하면 근처에 있는 CCTV가 팝업되면서 현장의 상황을 여러 측면에서 대처할 수 있다. 또한 사건 발생 지점의 CCTV 위치와 특정인 및 문제 차량의 이동 경로 등을 추적 및 예측할 수 있는 관제 기법이다.

> **Tip**
>
> GIS(Geographicl Information System, 지리정보시스템): 지도에 관한 속성 정보를 컴퓨터 데이터로 변환하여 효율적으로 활용하기 위한 정보시스템을 이용해서 해석하는 시스템으로, 지도 정보시스템이라고도 한다. (출저 TTA 정보통신용어사전)

2) 투망 관제 기법 및 활용

① 투망 관제 기법

　㉠ 특정 사고 지점을 중심으로 4개 또는 8개 방향의 CCTV 영상 화면이 팝업되며, 경고음이 발생한다.

　㉡ GIS(지리정보시스템) 상에 이벤트 이동 경로가 표시된다.

　㉢ 용의자를 특정하지 못한 경우 지속적인 투망 감시 이벤트가 발생한다.

　㉣ 투망 관제 기법은 실시간 영상관제 시 필요한 기법으로 이미 사건 · 사고가 지난 녹화된 영상에서는 사용할 수 없다.

② 투망 관제 기법 활용

　㉠ 범죄예방: 긴박한 사건 · 사고 발생 시 특정인의 도주 방향이 예상되는 지역의 CCTV를 모니터링하며, 예상 도주 범위를 벗어난 경우 점증적으로 확대 지정하여 모니터링을 실시한다.

　㉡ 실종자 검색: 아동 또는 치매 어르신 등 실종자 발생 지역을 중심으로 실종자 검색 및 이동 경로 추적에 활용한다.

　㉢ 문제 차량 추적: 불법주정차 단속 CCTV에 인식된 차량번호를 경찰청 WASS(Wanted Automobile Scanning System) 서버와 문제 차량 DB(데이터베이스)와 연동하여 실시간으로 문제 차량을 검색하고 이동 경로를 추적하는 데 활용한다.

③ 투망 관제 기법 적용 화면(범죄예방)

▲ 그림 3.1.7 투망 관제 이벤트 발생화면(지오멕스 사용자 매뉴얼)

㉠ CCTV 카메라 목록에서 사건·사고 등 이벤트가 발생한 해당 카메라(Ⓐ)를 클릭한다.

㉡ Ⓑ 사건 발생 지점을 중심으로 최근 거리에 있는 4개 또는 8개 방향의 CCTV가 Ⓒ 화면처럼 디스플레이 된다.

㉢ 투망 관제(감시)는 실시간 CCTV 영상을 제공하며, 비상벨 핫라인(hot line)처럼 이벤트 발생 시 녹화된 영상은 제공하지 않는다.

5 ▶ 선택 관제 기법(미리 카메라 목록 등록) ★중요합니다.

1) 선택 관제 정의

선택관제 기법은 순환 관제 기법과 유사하게 생각할 수 있으나 인재(人災) 또는 자연재해(自然災害)가 발생했거나 발생징후가 있는 경우 해당 지역의 CCTV를 선택하여 집중관제하는 것을 말한다.

2) 선택 관제 기법 및 활용

① 선택 관제 기법

㉠ 인재(人災) 및 자연재해(自然災害)가 발생될 때 기능별 CCTV와 관계없이 우선 사고 수습을 위해 선택 관제한다.

ⓛ 과거에 발생한 인재 또는 자연재해 빅데이터(big date)를 활용하여 재발생 가능성이 높은 대상 지역 CCTV를 그룹화시켜 집중관제하는 것을 선택 관제라 한다.

ⓒ 한 개 그룹은 CCTV 16대를 기본으로 하고, 대상 그룹이 많은 경우 순환 관제 기법을 활용한다.

② 선택 관제 활용

ⓐ 범죄예방: 최근 주요 사건이 발생한 지역의 CCTV를 선택하여 집중관제한다.

ⓛ 침수예방: 장마, 태풍 등 국지성 집중호우 기간에 과거 침수 피해가 발생한 지역을 중심으로 침수가 예상되는 주변 CCTV를 선택하여 집중관제를 실시한다.

ⓒ 산불예방: 과거 산불 발생이 잦은 지역의 CCTV 중에서 산불관제가 용이한 CCTV를 선택하여 봄철과 가을철 등 산불예방 기간에 집중관제를 실시한다.

③ 선택 관제 기법 적용 화면(어린이 보호 지역, 침수 예상 지역)

▲ **그림 3.1.8** 선택 관제 설정 화면(네이즈 사용자 매뉴얼)

ⓐ 좌측은 어린이 보호 지역(초등학교, 어린이집, 유치원)에서 교통사고가 발생한 지역의 CCTV를 선택하여 관제하는 선택 관제 화면이다.

ⓛ Ⓐ, Ⓑ, ⓒ처럼 그룹핑(매크로)하여 순차적으로 화면이 전환되면서 디스플레이 하는 것은 순환 관제라 한다.

ⓒ 우측 이미지는 장마나 국지성 집중호우 및 태풍 등으로 침수가 예상되는 지역(하천 둔치, 지하보도, 저지대 도로 등)을 그룹핑(매크로)하여 선택 관제하는 화면이다.

6 ▶ 추적 관제 기법

① 기존 CCTV에 LPR(자동차 번호판 인식) 모듈을 탑제하여 문제 차량을 추적하는 관제 기법 중 하나이다.

② 특히 범죄에 악용된 대포차, 뺑소니차 등을 추적하기 위해 경찰청 문제 차량 DB(데이터베이스)인 WASS 시스템과 연동하여 차량의 객체 특징 등을 인공지능(AI) 시스템에 사전 등록해 두면, 해당 문제 차량이 감지될 때 이벤트를 발생시키면서 계속 추적하는 기능을 추적 관제 기법이라 한다.

③ 이 기법은 유동 인구와 차량 운행이 적은 골목길이나 한적한 도로에 적합하며, 점차 확대될 가능성이 높다.

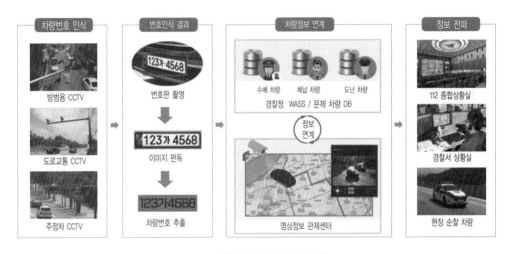

▲ 그림 3.1.9 추적 관제 시나리오 화면

7 ▶ 구역 관제 기법

① 관제요원(영상정보관리사)이 CCTV 모니터링을 효율적으로 관제할 수 있도록 CCTV 기능별(방범, 불법주정차 단속, 재난관리, 어린이 보호, 스쿨존 등)이 아닌 관할지역을 관제요원(영상정보관리사)의 근무 인원에 맞게 관제 구역(동(洞)별, 도로 블록별)을 나누어 모니터링하는 것을 구역 관제 기법이라 한다.

② 관제요원(영상정보관리사)이 B 구역을 관제하는 중에 사건·사고 현장을 확인하고 도주하는 용의자를 발견하고 추적하는 과정에서, 인근 A·C·D 구역의 관제요원(영상정보관리사)이 예상 도주 경로를 사전 파악하여 협동 모니터링을 통해 신속한 대응체계를 구축할 수 있다.

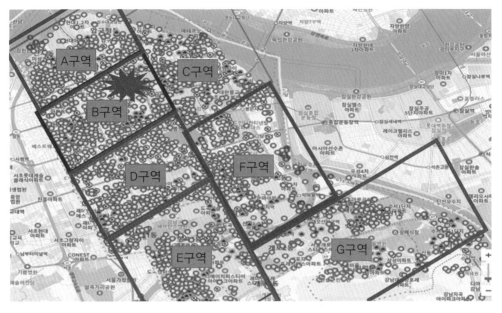

▲ **그림 3.1.10** 강남구 사례 구역 관제 기법

③ 강남구의 사례를 살펴보면 관제요원(영상정보관리사) 32명이 4조(조별 8명) 2교대 근무 체제로 유지되며, 관내에 설치된 8,000여 대의 CCTV를 7~8개 관제 구역으로 나누어 24시간 실시간 관제를 하고 있다.

④ 구역 관제는 관제요원(영상정보관리사)이 맡은 구역의 CCTV 위치정보, 도로정보 및 지역의 특징 등을 파악한 상태에서 책임 모니터링을 실시함으로써 효율성을 극대화할 수 있다.

8▶ 인공지능(AI) 기반의 스마트 관제시스템 종류

1) 인공지능(AI) 홍수(침수) 관제시스템

① 솔루션 주요 기능

　　㉠ 최근 기후변화로 인해 잦은 국지성 집중호우로 저지대 주택가 및 도심 도로가 침수되어 많은 인명피해와 재산피해가 증가하는 추세를 보이면서 관련 광역시도 및 지방자치단체를 중심으로 인공지능 기반의 스마트 홍수 관제시스템이 개발되고 있다.

　　㉡ 홍수(침수) 관제시스템은 CCTV의 영상정보와 AI 딥러닝 기술을 활용하여 계곡 및 하천, 도심 저지대의 수위·유속·유량을 실시간으로 계측한 결과와 합성한 영상 등을 영상정보 관제센터로 전송한다.

© 영상정보 통합관제센터로 전송된 데이터를 인공지능 기반의 분석시스템을 통해 분석하며, 임계치에 도달하게 되면 단계별(주의/경고/위험) 이벤트를 발생시켜 신속하게 대응할 수 있도록 한다.

② 솔루션 적용 사례

㉠ 현재 적용 사례가 많지는 않지만, 행정안전부(소하천 스마트 계측시스템), 영산강 홍수통제소, 경기도(성남시, 안산시), 공공기관(수자원공사, 농어촌공사 등) 등 전국 23개 지역에 설치하여 영상정보 관제센터에서 관제하고 있다.

㉡ 행정안전부 소하천 스마트 계측시스템과 도심 침수(유수장) 적용 사례

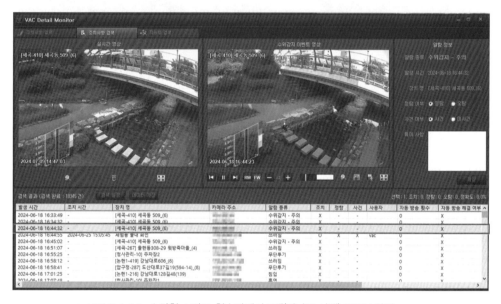

▲ 그림 3.1.11 소하천 스마트 침수관제시스템(강남구 사례) CCTV 화면

유속 측정

수위(유량계)
2.30m

▲ 그림 3.1.12 소하천 유속계측시스템(행정안전부 사례) CCTV 화면

2) 인공지능(AI) 실종자 검색 솔루션

① 솔루션 주요 기능

㉠ 인구 고령화로 1인 가구 증가, 아동 · 치매환자, 지적 · 자폐성 장애인 등 실종자 증가 추세로 인해 국민안전 관련 대책 마련의 일환으로, 지방자치단체 방범용 CCTV 인프라를 활용하여 대상인의 인상착의 특징을 기반으로 영상 검색 및 이동 경로 추적 인공지능 솔루션이다.

㉡ 아동 · 치매 어르신 실종자의 특징(객체 정보, 헤어 스타일, 옷차림, 액세서리 등 인상착의) 정보를 CCTV 영상 검색을 통해 객체를 식별하는 인공지능(AI) 모델 적용 실종자 이동 경로 추적 및 이동 경로 등을 관제요원(영상정보관리사)에게 전송한다.

〈대상 속성 분석〉	〈대상 객체 식별〉	〈대상 객체 추적〉
실종자 속성 정보를 인공지능이 CCTV에서 검색	CCTV에서 대상 객체 식별	실종자 경로 시각화

▲ 그림 3.1.13 실종자 검색 솔루션 구성 화면

② 솔루션의 적용 사례

㉠ 아동 및 치매 어르신 실종 사고가 빈번하게 발생함에 따라 중앙정부는 지방자치단체와 AI(인공지능) 솔루션 개발업체와의 공모사업 형태로 실종자 검색 솔루션을 개발하여 지방자치단체에 적용하는 사업을 추진하고 있다.

㉡ 실종자가 발생했을 때 솔루션 진행 절차는 다음과 같다.

실종자 신고 접수 → 실종자 정보 입력(시간, 장소, 인상착의 등) → 실종 발생 시점 과거 영상 검색 → 실시간 영상 검출 → 발견 지점에 인근 지구대 출동 → 보호자 인계 → 사건 종결 처리

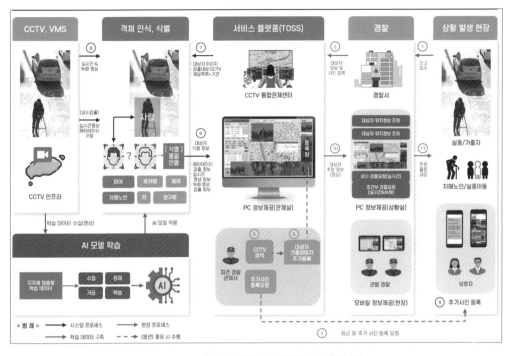

▲ **그림 3.1.14** 실종자 검색시스템 운영 사례(강남구)

ⓒ 실종자 검색 솔루션은 지방자치단체와 경찰서 연계를 기반으로 시스템을 구축하여 실종자 정보 연계 및 영상 검색을 통해 실종자의 동선 추적 결과 등을 경찰서에 동시에 전송한다.

3) 인공지능(AI) 군중 밀집도 분석 솔루션

① 솔루션의 주요 기능

ⓐ 2022년 10월에 발생한 이태원 참사를 계기로 주최자가 없는 축제나 군중 인파가 밀집된 지역에 대한 안전관리 대책이 요구되면서 광역시도 및 지방자치단체 중심으로 군중 밀집도 분석 솔루션이 개발되었다.

ⓑ 군중 밀집 지역에 설치된 CCTV의 영상정보를 AI 딥러닝 기술과 단위 면적당(m^2) 객체 분석, 그리고 지역 특성(도로 폭, 경사도, 시간대별 밀집 인원) 등을 통해 도로별 군중 밀집 예상인원을 도출하여 단계별(주의/경계/심각) 이벤트를 발생시킨다.

1단계(주의)	(노란색)	m^2당 2~3인 이상
2단계(경계)	(주황색)	m^2당 4~5인 이상
3단계(심각)	(빨간색)	m^2당 6인 이상/인명사고 발생 우려가 있는 경우

ⓒ 단계별(주의/경계/심각) 이벤트는 관제요원(영상정보관리사)이 쉽게 인지할 수 있도록 지리정보시스템(GIS)과 도식화된 화면으로 제공된다.

② 솔루션의 적용 사례

ㄱ 2023년 1월 서울특별시 강남구가 전국 지방자치단체 최초로 인공지능(AI) 군중 밀집도 분석시스템을 도입한 것을 시작으로 현재 대부분의 광역시도 및 지방자치단체에서 도입하여 영상정보 관제센터에서 실시간 관제를 실시하고 있다.

ㄴ 평상시에는 관제요원(영상정보관리사)이 인공지능(AI) 군중 밀집 모니터링 및 대응체계를 운영한다.

위험지역 파악 (영상정보 관제센터)	− CCTV를 통해 관내 밀집 위험지역 집중 모니터링 − 인파 밀집 이벤트 발생 시 대응체계(주의/경계/심각) 발령 ㆍ평일: 영상정보 관제센터 ⇒ 지방자치단체 담당 부서 ㆍ야간 및 주말: 영상정보 관제센터 ⇒ 종합상황실 ⇒ 담당 부서

↓

현장상황 판단 (재난 총괄 부서)	− 통보받은 즉시 현장 방문하여 상황판단 후 해당 동주민센터와 인사 담당 부서에 상황 전달 ㆍ1단계(주의), 2단계(경계), 3단계(심각)

↓

단계별 대응 (조직 총괄 부서)	− 단계별 비상근무자 즉시 현장 투입 − 3단계(심각) 발령 시 재난 문자 발송 및 112ㆍ119에 통보 (유관기관과의 긴밀한 협조로 현장 대응 지원)

▲ **그림 3.1.15** 군중 밀집 모니터링 및 대응체계

ㄷ 군중 밀집도 분석시스템 운영 사례(강남구)

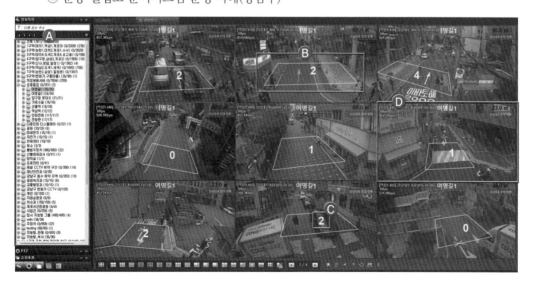

Ⓐ 군중 밀집 대상지역의 CCTV 리스트   Ⓑ 밀집도 분석영역(10㎡~20㎡ 설정)
Ⓒ 분석영역의 사람 및 객체 현황   Ⓓ 경계, 심각 단계 시에 붉은색으로 점등

▲ 그림 3.1.16 군중 밀집도 분석시스템 운영화면(강남구 사례)

4) 초고층 CCTV AI 스마트 관제시스템

① 솔루션 주요 기능

ㄱ 재건축과 재개발로 인한 고밀도 초고층 건물이 증가하면서 재난·재해 및 긴급상황 발생 시에 기존 CCTV로는 건물과 구조물에 가려 실시간 상황 관제에 어려움이 있다.

ㄴ 최근 10년간 서울특별시 강남구의 화재 발생 현황을 살펴보면 소방서 집계 8,000여 건의 크고 작은 화재가 발생했으며, 고밀도 도시에서는 초기 진화가 매우 중요하다.

ㄷ 초고층 건물(옥상)에 설치된 초고속 광학용 CCTV와 국가재난안전정보시스템 (NDMS)과의 연계를 통해 실시간 재난 재해 발생 위치정보(GPS 좌표)를 받아 초고층 CCTV가 스마트 상황 관제를 할 수 있도록 영상자료를 영상정보 관제센터에 전송한다.

ㄹ 영상정보 관제센터에서는 재난상황 이벤트(화재, 산불, 하천 범람, 도시 침수 등) 정보를 경찰서(112), 소방서(119) 및 지방자치단체 재난상황실 등에 실시간으로 해당 영상과 이벤트 정보를 신속하게 제공한다.

② 솔루션의 적용 사례

ㄱ 서울특별시(강남구, 서초구, 송파구) 등 대도시 고층빌딩이 밀집된 지방자치단체를 중심으로 초고층 CCTV 스마트 관제시스템이 도입되어 운영되고 있다.

ㄴ 강남구의 사례를 살펴보면 관내 지역 8개소에 관제 범위가 1.5㎞까지 PTZ(Pan-Tilt-Zoom)가 가능한 초고속 광학용 CCTV를 설치하여 실시간 상황 관제를 실시하고 있다.

ㄷ 강남구 초고층 CCTV, AI 스마트 관제시스템 적용 사례

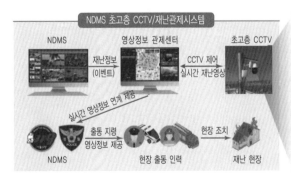

▲ 그림 3.1.17 강남구 초고층 스마트 관제 사례

표출정보 분석 및 활용

영상정보 관제센터에서 운영되고 있는 시스템에서 수집된 다양한 정보들을 분석하여 양질의 빅데이터를 생성하고, 이를 GIS 시스템과 관제시스템에 매핑 또는 도식화를 통해 관제요원(영상정보관리사)이 쉽게 이해하고 편리하게 사용할 수 있게 하고, 효율적인 영상정보 관제센터 운영과 향후 정책 결정에 적극 활용함으로써 신뢰성을 확보할 수 있다.

1 빅데이터(Big Data) 기초 개념

1) 빅데이터 정의 ★ 중요합니다.

① 빅데이터란 복잡하고 다양한 대규모 데이터 세트 자체는 물론, 이 데이터 세트로부터 정보를 추출하고 결과를 분석하여 더 큰 가치를 창출하는 기술을 뜻한다. 수치 데이터 등 기존에 정형화된 정보뿐만 아니라 텍스트·이미지·오디오·로그기록 등 여러 형태의 비정형 정보가 데이터로 활용된다.

② 최근 클라우드 컴퓨팅 등의 발전으로 데이터 처리·분석 기술도 발전하면서 빅데이터 활용 여건은 계속 개선되고 있다. 빅데이터 관련 기술은 데이터 수집·저장하는 데이터 '처리기술'과 데이터를 분석·시각화하는 데이터 '분석기술'로 구성된다.

③ 영상정보 관제센터에서 빅데이터가 많이 사용되고 있다. 즉 인공지능(AI) 기법에서 범죄 유형, 패턴 분석, 객체 인식 등의 오류를 줄이기 위해 딥러닝(deep learning) 기술을 활용한다. 딥러닝 학습을 통해 정확도와 신뢰성을 높이기 위해서는 양질의 빅데이터가 필수적인 요소로 작용한다. 이처럼 빅데이터는 대량(high-volume), 초고속(high-velocity), 고다양성(high-variety), 고가변성(high-variability)의 특성을 지니며, 고정확성(high-veracity)을 확보해야 하는 정보 자산이다.

> **Tip**
>
> 딥러닝(deep learning): 사물이나 데이터를 분류하거나 군집하는 데 사용하는 기술을 말한다. 사람의 뇌가 사물을 구분하는 것처럼 컴퓨터가 사물을 분류하도록 훈련(학습) 시키는 기계학습(machine learning)의 일종이다. (출저 TTA 정보통신용어사전)

Part 1 · 영상정보 관리일반

Part 2 · 영상정보 관제시스템

Part 3 · 영상정보 관리실무

Part 4 · 기출문제

④ 빅데이터는 단순히 새로운 용어나 개념이 아니라 데이터와 데이터 처리 기술의 진화에 따른 패러다임 전환이다. 이는 기존의 개념이나 용어를 새롭게 정의하는 것이 아니라 데이터의 규모와 다양성, 그리고 이를 처리하고 분석하는 기술의 발전을 통해 기존의 데이터 처리 방식을 넘어서는 새로운 접근 방식을 제시한다.

분류	주체	정의
데이터 규모 자체 특성 변화	McKinsey(2011)	일반적인 데이터베이스 소프트웨어로 처리하기 어려운 대규모의 데이터
	가트너그룹(2012)	데이터양, 유형, 소스의 다양성과 데이터 수집 및 처리 속도가 급격히 증가하는 현상
분석비용 기술적 변화	IDC(2011)	다양한 종류의 데이터로부터 가치를 추출하는 데 저렴한 비용으로 지원하고, 초고속으로 데이터를 수집, 발굴, 분석할 수 있도록 설계된 차세대 기술과 아키텍처
인재·조직 포괄적 변화	노무라 연구소	데이터 처리, 저장, 분석 기술뿐만 아니라 의미 있는 정보 도출에 필요한 인재와 조직을 포함
	메이어–쇤베르그& 쿠키어(2013)	대용량 데이터를 활용하여 기존에 얻을 수 없었던 새로운 통찰과 가치를 추출하는 일

※ 출처: 과학기술정보통신부 · 한국정보화진흥원, 알기 쉬운 빅데이터 세상

2) 빅데이터 특성 ★ 중요합니다.

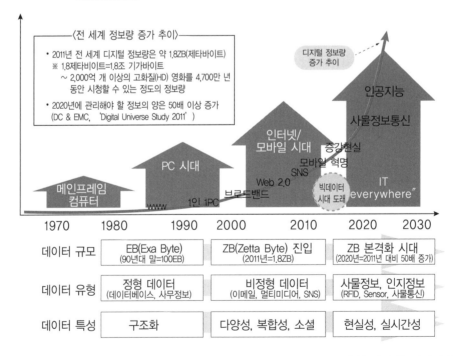

▲ 그림 3.2.1 디지털 정보량 증가 추이(출처: 과학기술정보통신부 · 한국정보화진흥원, 알기쉬운 빅데이터 세상)

① 빅데이터 특징

물리적·기술적 특성으로는 ICT의 일상화가 이루어지는 지능형·스마트 시대가 도래함에 따라, 우리는 빅데이터의 물리적 및 기술적 특성에 주목하게 되었다. 소셜 네트워크, 사물인터넷(IoT) 디바이스, 라이프로그 데이터 등의 결합으로 인해 데이터양이 기하급수적으로 증가하며 빅데이터 시대가 본격적으로 도래했다.

② 빅데이터 정의

빅데이터는 사용 분야마다 그 개념이 다르게 인식될 수 있어, 분석과 활용 과정에서 필요한 사항을 설명할 수는 있지만, 하나의 정의로 묶기는 어렵다. 시간이 흐르면서 3V, 4V, 5V 등 기존의 3V 특징에 새로운 속성이 추가되고 있지만, 여전히 가장 기본적인 속성인 3V는 변하지 않고 빅데이터의 대표적인 특징으로 정의되고 있다. 3V는 다음과 같다.

    ㉠ 크기/규모(Volume): 데이터 크기는 단순히 생성 및 저장되는 물리적 데이터의 양을 의미하며, 빅데이터의 가장 기본적인 특징이다. 데이터의 크기는 그 가치와 잠재적 통찰력을 판단하는 기준이 될 수 있으며, 보통 테라바이트(TB)에서 페타바이트(PB) 수준의 규모로 측정된다. 이러한 방대한 데이터양은 고도의 분석 및 처리 기술을 필요로 한다.

    ㉡ 속도(Velocity): 데이터 속도는 데이터의 실시간 처리와 분석의 필요성을 의미하며, 생성된 데이터가 얼마나 빠르게 분석되고 처리되는지를 나타낸다. 이는 데이터의 생성, 처리, 저장, 시각화 과정이 얼마나 신속하게 이루어지는지를 측정한다. 데이터 속도는 적시에 의사결정을 내리고 즉각적인 대응을 위해 중요한 요소이다.

    ㉢ 다양성(Variety): 데이터 다양성은 다양한 형태의 데이터를 포함한다는 의미이다. 이는 구조화된 정형 데이터뿐만 아니라 사진, 동영상, 소셜 플랫폼 게시물, 트위터 등의 비정형 데이터를 포함한다. 따라서 정형, 반정형, 비정형 데이터를 모두 아우르는 다양한 데이터 소스를 의미한다. 이러한 다양성은 데이터 분석과 활용의 폭을 넓히며 더 풍부한 인사이트를 제공할 수 있다.

③ 빅데이터 종류

    ㉠ 정형 데이터: 정형 데이터는 일정한 규칙과 고정된 필드에 저장된 데이터를 의미한다. 이러한 데이터는 구조화된 형식을 가지고 있어 쉽게 관리되고 분석될 수 있다. 대표적인 예로는 스프레드시트, 관계형 데이터베이스(RDBMS), CSV 파일 등이 있다. 이 데이터들은 행과 열로 구성되어 있어 일관된 형식으로 저장되며, 이를 통해 검색, 분석, 업데이트 작업이 용이하다.

    ㉡ 반정형 데이터: 반정형 데이터는 고정된 필드에 저장되지 않지만, 메타 데이터를 포함하는 데이터를 의미한다. 이러한 데이터는 정형 데이터처럼 고정된 구조를 가지고 있지 않지만, 일정한 패턴이나 태그를 통해 일부 구조를 가진다. 대표적인 예로는 HTML, XML, 웹 시스템 로그 파일 등이 있다.

ⓒ 비정형 데이터: 비정형 데이터는 고정된 필드에 저장되지 않은 형식이 없는 상태의 데이터를 의미한다. 이러한 데이터는 구조화되지 않아 전통적인 방식으로는 쉽게 관리하거나 분석하기 어렵지만, 그 자체로 풍부한 정보를 담고 있다. 대표적인 예로는 텍스트, 이미지, 동영상 등이 있으며, 음성 데이터 또한 비정형 데이터의 범주에 속한다.

ⓔ 빅데이터 종류 비교표

구분	정형 데이터	반정형 데이터	비정형 데이터
특징	스키마 구조 ○ 고정 필드 ○	스키마 구조 ○ 메타 데이터 ○ 고정 필드 ×	스키마 구조 × 메타 데이터 × 고정 필드 ×
예시	RDBMS(Oracle, MS-SQL), 스프레드시트(Excel) 등	XML, JSON, HTML, RSS, 웹/시스템로그, 이메일, 센서 데이터 등	텍스트, 이미지, 동영상, 오디오, 이진파일 등
저장시스템	RDB	RDB, NoSQL	NoSQL, HDFS

3) 빅데이터 수집 기술 및 방식

빅데이터 수집에는 다양한 기법들이 존재하며, 새로운 기술들도 계속해서 개발되고 있다. 일반적으로, 빅데이터 수집에 사용되는 대표적인 기술과 방식은 다음과 같다.

구분	내용
ETL(Extract, Transform, Load)	원본 데이터를 데이터 웨어하우스(DW) 및 데이터 마트(DM)로 이동시키기 위해 필요한 기술
스크래파이 (Scrapy)	데이터 마이닝, 정보 처리, 이력 기록 등의 다양한 애플리케이션에 사용되는 파이썬 기반의 웹 크롤링 애플리케이션
크롤링 (Crawling)	인터넷상의 다양한 웹사이트로부터 소셜 네트워크 정보, 뉴스, 게시판 등의 웹 문서 및 콘텐츠를 자동으로 수집하는 기술
RSS(Rich Site Summary)	뉴스, 쇼핑몰 등의 웹사이트에 게시된 새로운 글을 공유하기 위해 XML 기반으로 정보를 배포하는 프로토콜을 활용하여 데이터를 수집하는 기술
Open API	응용프로그램을 통하여 실시간으로 데이터를 수신할 수 있도록 공개된 API를 이용하여 데이터를 수집하는 기술
API(Application Programming Interface)	시스템 간 연동을 통해 실시간으로 데이터를 수신하고 기능을 호출할 수 있도록 하는 인터페이스 기술
Rsync(Remote Sync)	서버-클라이언트 방식으로 로컬 또는 원격 시스템 간에 파일과 디렉터리를 효율적으로 동기화하는 응용프로그램
센싱(Sensing)	센서로부터 수집 및 생성된 데이터를 네트워크를 통해 중앙 시스템으로 전송하고, 이를 분석 및 활용하는 기술

구분	내용
스트리밍 (Streaming)	네트워크를 통해 센서 데이터, 오디오, 비디오 등의 미디어 데이터를 실시간으로 수집하고 전송하는 기술
CEP(Complex Event Processing)	여러 이벤트 소스로부터 발생한 이벤트를 실시간으로 추출, 분석, 처리하여 대응되는 액션을 수행하는 기술
EAI(Enterprise Application Integration)	기업 내 다양한 플랫폼과 애플리케이션의 정보 전달과 통합을 원활하게 해주는 기술
CDC(Change Data Capture)	데이터 백업이나 통합 작업 시 최근 변경된 데이터를 감지하고, 이를 다른 시스템으로 이동시키는 처리기술
ODS(Operational Data Store)	다양한 데이터 원천(source)으로부터 데이터를 추출, 변환, 통합하여 저장하는 데이터베이스로, 데이터 분석 및 추가 작업을 위해 최적화된 환경을 제공

4) 빅데이터 활용 사례 ★중요합니다.

① 공공기관의 영상정보 관제센터가 범죄예방 및 시설물관리에만 목적을 두지 않고 첨단 정보통신기술(ICT)과 인공지능(AI) 기술을 통해 수집된 다양한 정보들을 분석해 지리정보(GIS) 상에 도식화를 통해 쉽게 이해하고 편리하게 사용할 수 있도록 제공하고 있다.

② 범죄 수사목적으로 CCTV 영상을 제공할 때 기초 작성(발생지역, 계절, 범죄 유형, 발생 시간 등) 자료를 빅데이터화하여 향후 CCTV 설치 장소 선정이나 집중 화상 순찰지역으로 지정 운영한다.

  ㉠ 공공기관의 빅데이터 활용 사례

구분	GIS 도식화된 화면	내용
화재 발생		• 최근 10년간 화재 발생 히트맵 • NDMS(국가재난안전관리시스템)와 소방서에 화재 신고된 내역 DB(데이터베이스)화 • 화재 발생지역 CCTV 영상 데이터 제공(경찰서, 소방서 등)
교통사고		• 최근 10년간 교통사고, 범죄 발생 건수를 히트맵 • 경찰서 등 수사기관에서 CCTV 영상 제공 데이터 맵핑화 • 긴급상황 비상벨 발생 데이터 등

구분	GIS 도식화된 화면	내용
CCTV 현황		• CCTV 현황을 GIS 시스템에 맵핑(Mapping)을 통해 히트맵 ✓ 🔵 전체 ✓ 🔵 방범 (1,593개소 5,863대) ✓ 🔵 치수과 (74개소 80대) ✓ 🔵 불법주정차 (406개소 683대) ✓ 🔵 산불감시 (8개소 9대) ✓ 🔵 자전거보관소 (15개소 15대) ✓ 🔵 승강기관리 (9개소 11대) ✓ 🔵 스쿨존 (258개소 937대) ✓ 🔵 공원 (8개소 22대)
소방서(119) 긴급 지원		• 최근 2년간 소방서 긴급 지원 및 출동 실제 현황을 GIS에 히트맵 • NDMS(국가재난안전관리시스템)와 소방서에서 출동 지원 내역 DB(데이터베이스)화 • 2022~23년 출동 지원 약 4,355건
경찰서(112) 긴급 지원		• 경찰서 긴급 지원 및 출동 실제 현황을 GIS에 히트맵 • NDMS(국가재난안전관리시스템)와 경찰서에서 출동 지원 내역 DB(데이터베이스)화

▲ 그림 3.2.2 강남구 GIS 빅데이터 활용 사례

Tip

GIS 히트맵(GIS Heatmap)
• 특정 지역 내 데이터 밀도를 시각적으로 표현하는 지도 형태의 그래픽이며, 히트맵은 데이터의 분포를 쉽게 파악할 수 있도록 색상 변화를 이용해 밀도가 높은 지역(빨간색)과 낮은 지역(파란색)을 구분한다.
• 영상정보 관제센터에서는 범죄 발생 분석, 화재발생지수, 다중인파 밀집도 분석, 침수지역 분석 등에 사용되고 있다.

5) 빅데이터 분석 시각화 화면 이해

영상정보처리 기기와의 연동을 통해 통합과제를 수행하는 과정에서 빅데이터를 활용하여 재난과 재해를 시각화하는 사례가 점차 증가하고 있다. 다양한 분야에서 이러한 시각화 기술은 AI와 빅데이터의 결합을 통해 구현되고 있다. 아래는 빅데이터와 AI를 활용한 시각화 사례이다.

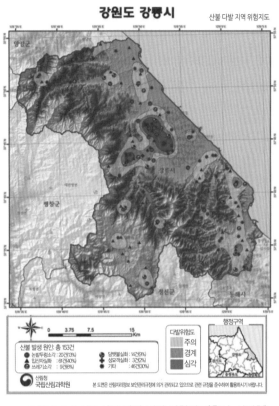

▲ 그림 3.2.3 VR 산불 다발 지역 위험지도(출처: 산림청)

2 GIS(공간정보시스템) 이해와 활용

1) GIS 개념

① GIS(Geographic Information System, 지리정보시스템)는 지도에 관한 속성 정보를 컴퓨터 데이터로 변환하여 효율적으로 활용하기 위한 정보시스템이다. 이 시스템은 인구밀도나 토지 이용 등의 인위적 요소, 기상 조건이나 지질 등의 자연적 환경 요소 등 다양한 정보를 취급한다. 속성 정보를 가공하여 특정 목적을 위해 해석하고 계획 수립을 지원하는 것을 목적으로 하며, 도시계획, 토지관리, 기업의 판매 전략 계획 등 여러 가지 용도에 활용된다.

② 현재 지리정보시스템(GIS)은 영상정보 관제센터 운영의 핵심기술로 자리 잡고 있으나 영상정보 관제센터 초기에는 비트맵(bit map) 형태의 단순 GIS 시스템을 사용하고 있었다. 2007년 서울시 서초구에서 전국 지방자치단체 최초로 영상정보 관제센터를 구축하면서 GIS 시스템이 영상정보 관제센터 구축의 핵심기술로 채택되었고, 이로 인해 양적·질적으로 발전하게 되었다.

ⓐ 지리정보시스템(geographic information system): 전통적인 GIS는 지리적 데이터에 초점을 맞추며 지리학적 문제 해결에 중점을 둔다. 이 개념은 위치 데이터와 그 위치와 관련된 정보를 수집, 저장, 분석, 관리, 그리고 표현하는 컴퓨터 기반 시스템으로 데이터 캡처, 데이터 관리, 데이터 조작, 쿼리 및 분석, 그리고 시각화 등 다양한 기능을 포함한다.

ⓑ 지형공간정보시스템(geo-spatial information system): 지형공간정보시스템은 좀 더 포괄적인 개념으로 '공간'이라는 넓은 개념을 포함하여 지리적 데이터뿐만 아니라, 모든 종류의 공간 데이터를 다룬다.

2) GIS 구성요소

GIS의 구성요소는 하드웨어(hardware), 소프트웨어(software), 자료(database), 사람과 조직(people, network), 애플리케이션(application)이 유기적으로 결합하여 조직화된 시스템이다.

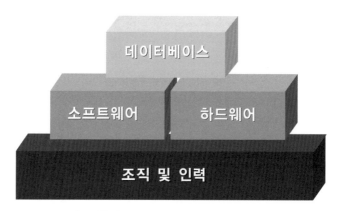

▲ 그림 3.2.4 GIS 구성요소(출처: GIS의 소개와 기술, 울산대학교 과학영재교육원)

① 하드웨어: 데이터 수집, 저장, 분석 및 처리, 그리고 출력을 위한 컴퓨터 및 기타 장치

ⓐ 수집장치: 키보드, 마우스, 디지타이저, 스캐너, GPS 수신기, CCTV 등

ⓑ 저장장치: 하드디스크, SSD, 스토리지 등

ⓒ 분석 및 처리장치: 데스크톱, 노트북, 서버 등

ⓓ 출력장치: 모니터, 프린터, 멀티상황판, 플로터 등

② 소프트웨어: 데이터 입력, 분석/처리, 출력 등의 기능을 수행하는 GIS 소프트웨어

  ㉠ 데이터 입력: 디지타이징, 데이터 변환, 속성 입력 등의 기능

  ㉡ 데이터 관리: 공간 데이터 및 속성 데이터 편집, 저장 및 검색 등의 기능

  ㉢ 데이터 분석 및 처리: 좌표 변환, 공간 연산 등의 질의 및 처리 기능

  ㉣ 디스플레이 및 출력: 지도 레이어 출력, 확대/이동/축소 등의 기능

③ 데이터베이스: GIS의 핵심요소로 다양하게 수집된 공간 및 비공간(속성) 데이터

  ㉠ 공간 데이터: 지도, 항공사진, 위성영상, 도면, 사진, 측량 결과 등 같은 위치에 관련된
    자료 및 위치정보를 포함한 자료

  ㉡ 속성 데이터: 공간 데이터와 연계하여 활용할 수 있는 부가적인 자료,

    예 건물명, 층수, 소유주, 건물 구분(아파트), CCTV 위치 등

④ 조직 및 인력: GIS를 구성하는 가장 중요한 요소로서 데이터를 구축하고 실제 업무에
  활용하는 사람을 말하며, 전문인력과 GIS를 활용하는 사용자를 모두 포함

3) GIS 유형

GIS는 사용하는 플랫폼의 접근성과 사용자의 편의성을 고려하여 크게 데스크톱 GIS, 웹 GIS, 모바일 GIS로 나눌 수 있으며, 이는 GIS 소프트웨어와 데이터가 실행되고 활용되는 환경에 따라 결정된다.

① 플랫폼에 따른 GIS 분류

구분	장점	단점
데스크톱 GIS	– 고급 분석 기능과 데이터 처리 능력 – 복잡한 GIS 작업과 맞춤화 지원 – Off-Line 상태에서도 작업 가능	– 높은 하드웨어 비용 – 사용자의 GIS SW 설치와 관리 요구 – 협업과 공유가 다소 제한적
웹 GIS	– 인터넷으로 어디서나 접근 가능 – 사용자의 SW 설치 불필요 – 다수 사용자가 실시간 협업, 공유 가능	– 인터넷 의존도가 높음 – 보안 문제 발생 가능 – 데스크톱에 비해 제한적인 분석 기능
모바일 GIS	– 현장에서 데이터 수집과 접근성 용이 – 휴대성과 즉각적인 업데이트 가능 – 위치기반서비스와 통합 용이	– 화면 및 성능 제한으로 작업 제약 – 데이터 보안과 무결성 유지가 어려움 – 배터리 소모량 높음

② GIS 데이터 유형 ★ 중요합니다.

㉠ 벡터(vector): 점, 선, 면을 위치 좌표로 표현하여 지도를 구성하는 방식은 객체 관점이
적용된다.

구분	설명
 점(포인트)	점(point): X, Y 좌푯값이 하나의 대상물을 표현 예 가로수, 소화전, 가로등, 맨홀, CCTV 등
 선(라인)	선(polyLine): 좌표가 쌍으로 모여서 하나의 대상을 표현 예 도로중심선, 상수관로, 지하철노선 등
 면(폴리곤)	면(polygon): 좌표가 쌍으로 모여서 하나의 대상을 표 현하며, 시작점과 끝점의 좌표가 일치하는 공간 형성 예 건물, 하천, 녹지, 공원,

㉡ 래스터(raster): 지도의 최소 단위(픽셀, 셀 등으로 불림)로 이루어진 격자 형태로
표현하는 방식이다. 이 방식은 연속 면 관점이 적용된다.

③ GIS의 파일 확장자

구분	확장자 설명
Esri Shapefile	*.shp: 공간 데이터의 파일 유형(점, 선, 면)의 도형정보 파일 *.shx: 객체의 빠른 검색을 위한 색인(index) 파일 *.dbf: 속성값을 가진 데이터베이스 파일 *.prj: 좌표계 정보를 가지고 있는 파일 *.qpj: 좌표계 정보 파일
GeoJSON	*.geojson: 웹 기반의 공간 표현에 많이 사용
TopoJSON	*.json: 중복 제거 파일, 크기를 최소화
GML	*.gml: XML 형태로 공간정보 저장
KML/KMZ	*.kml: 구글에서 기본적으로 사용하는 XML 형태의 공간 데이터 유형 *.kmz: WGS84 형태로 공간정보 정의

4) GIS 주요 기능(화면 저장, 확대/축소, 이동, 이전/다음, 거리 산출, 면적 산출, 이미지 저장 등) ★ 중요합니다.

GIS는 지도정보와 관련 데이터를 관리, 분석, 시각화하는 강력한 도구로 지도 화면을 조작하기 위한 다양한 기능을 제공한다. GIS 소프트웨어별로 구현 방식은 다를 수 있지만, 다음과 같은 주요 기능을 제공하고 있다.

① 일반적인 GIS 시스템의 기본 주요 기능

항목	설명	항목	설명
①	범례 ON／OFF	⑧	다음 움직였던 좌표 또는 축적으로 이동
②	등록된 레이어 객체 검색	⑨	거리 측정
③	CCTV 검색	⑩	면적 측정
④	설정된 중심 좌표로 이동	⑪	스케치 기능
⑤	지도에 띄운 정보 초기화	⑫	지도 저장(이미지 저장)
⑥	마우스 드래그 지도 이동	⑬	근무일지 작성
⑦	직전 움직였던 좌표 또는 축적으로 이동	⑭	지도 동기화

▲ 그림 3.2.5 지오멕스 GIS 시스템 주요 기능

② 지방자치단체 통합플랫폼 GIS 시스템 주요 기능

▲ 그림 3.2.6 강남구 GIS 시스템의 주요 기능

㉠ 주요 기능 설명

구분	기능	설명
Ⓐ	확대/축소	– 화면 확대 및 축소로 원하는 영역을 자세히 확인 가능 – 일반적으로 마우스 휠을 이용하거나 줌 버튼(+/−) 이용
Ⓑ	거리 계산	– 두 지점 또는 여러 지점의 거리를 계산 – 마우스를 이용하여 지도에 시작점과 끝점을 그려서 거리를 계산
Ⓒ	면적 계산	– 지도상에서 그린 영역의 면적을 계산 – 마우스를 이용하여 면적을 지도 화면에 그려서 면적을 계산
Ⓓ	반경 계산	– 선택 지점을 중심으로 마우스를 드래그하면 반경 내 면적과 거리 계산
Ⓔ	위치정보 보기	– 시설물의 위치정보(설치 위치, 행정동, 도로명, 위 · 경도 좌푯값) – GIS에 등록된 기본 정보와 CCTV와 같은 신규 등록 정보도 제공
Ⓕ~Ⓖ	투망 감시	– 선택 지점을 중심으로 반경 100m 이내, 또는 첫 지점과 끝 지점 간의 CCTV 영상 표출 – Ⓖ 옵션 기능을 통해 탐색 반경, 영상 표출 개수, 좌−우 영상 배치 위치 등을 설정
Ⓗ	알림 설정	– 이벤트 발생 시 사건 유형을 소리로 알 수 있도록 알림 설정 – 사건 유형(112 · 119 긴급 지원, 군중 밀집, 비상벨, 재난상황 등)

구분	기능	설명
ⓙ	로드 뷰	– 다음 또는 네이버 지도 서비스와 동일한 로드 뷰 제공
ⓚ	추적선	– 사건 발생 시 도주자 예상 지점의 CCTV를 선택하고 실행하며, 해당 CCTV 영상을 표출(투망 감시 기능과 유사)

5) 지도 해석 ★중요합니다.

① 지도 기본 요소: 지도 해석을 위한 기본 요소에는 방위표, 기호와 범례, 축척이 있다.

▲ 그림 3.2.7 지도 화면 구성 예시

② 방위표: 동서남북을 이용해 위치를 나타내는 것을 방위라고 하며, 이런 방위를 지도에 나타내는 것을 방위표라고 한다. 방위표가 없거나 일반적인 경우 지도의 위쪽이 북쪽, 아래쪽이 남쪽이다.

③ 기호와 범례: 기호는 땅 위에 있는 건물이나 도로와 같은 것들을 점, 선, 면, 심벌 이미지 등으로 표현한 그림을 의미하며, 범례는 지도에 쓰인 기호와 그 뜻을 알기 쉽게 정리한 것이다.

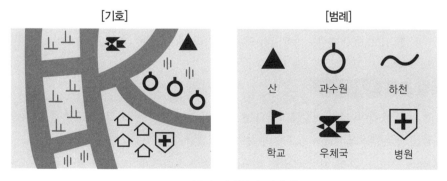

▲ 그림 3.2.8 기호와 범례(출처: 미래엔)

④ 축척

　ㄱ 축척의 정의

　　• 축척이란 지구 표면의 두 지점 간의 거리를 줄여서 지도에 표시한 축소비율을 말한다.

　　• 지도는 축척에 따라 표현할 수 있는 정보의 양과 내용이 달라진다.

　　• 축척이 커질수록 좁은 지역의 모습을 더 자세히 표현할 수 있다.

　　• 지도는 축척에 따라 대축척 지도와 소축척 지도로 구분한다. 일반적으로 축척이 1:100,000보다 작으면 소축척 지도, 1:50,000보다 크면 대축척 지도라고 한다.

　ㄴ 대축척 지도

　　• 대축척 지도는 좁은 지역을 조금 축소한 지도를 말한다.

　　• 일반적으로 1:1,000이나 1:5,000 정도의 축척을 가지고 나타낸 지도이다.

　　• 소축척 지도보다 실제의 모습을 덜 축소하였기 때문에 좁은 지역을 자세하게 나타낼 수 있다.

　ㄷ 소축척 지도

　　• 소축척 지도는 넓은 지역을 많이 축소한 지도를 말한다.

　　• 일반적으로 1:1,000,000이나 1:6,000,000 정도의 축척으로 넓은 지역을 간단하게 축소하여 나타낸 지도이다.

　　• 넓은 지역의 모습을 좁은 지도 위에 나타내야 하기 때문에 지역 전체의 대략적인 형태나 여러 지역의 위치, 배치 상태, 중요한 산과 강의 모습을 알 수 있다.

　ㄹ 축척 표현 방법

| 비례식으로 표현된 축척 | 분수식으로 표현된 축척 | 막대자료로 표현된 축척 |

　　• 실제 거리=지도상의 거리×축척의 연수

　　예 1:50,000 지형도에서 4cm의 실제 거리: 4cm×50,000=200,000cm=2,000m=2km

6) 심벌 조회 ★중요합니다.

GIS 소프트웨어에서는 속성데이터에 저장된 내용을 바탕으로 지도상에 피처를 표시하는 방법을 바꾸거나 보조할 수 있다. 이 작업을 심벌화 작업이라고 한다.

① 범주 심벌화: 유형 및 종류별로 피처를 지도상에 다르게 표시하는 방법으로, 속성값에 따라 색상(또는 이미지)으로 속성을 표현한다.

예 경기도, 강원도, 구로구, 동대문구, 서초구, 강남구 등

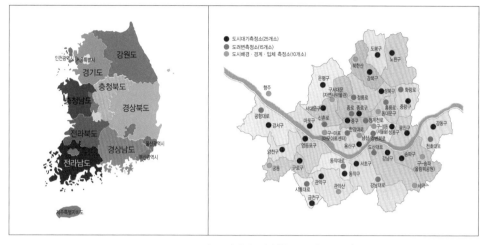

▲ 그림 3.2.9 범주 심벌화 예시(출처: 서울특별시)

② 정량 심벌화: 양과 순위에 따라 피처를 지도상에 다르게 표시하는 방법이다.

예 인구밀도가 높은 지역은 짙은 색상으로, 인구가 적은 지역은 옅은 색상으로 표시한다.

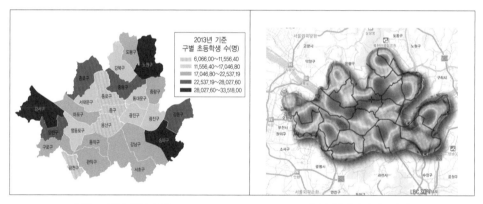

출처: 교육부 공식 블로그   출처: 통계지리정보서비스

▲ 그림 3.2.10 정량 심벌화 예시

7) 좌표/주소 검색 ★중요합니다.

GIS는 다양한 데이터 소스를 활용하여 지리적 위치를 파악하고 관리할 수 있다. 특히 위·경도, 도로명 주소, 국가지점번호 등의 정보를 이용하면 위치를 효율적으로 확인할 수 있다.

① 위도(latitude)와 경도(longitude): 지구상의 모든 위치를 고유하게 식별할 수 있는 좌표 체계이며, 지도상의 정확한 점을 찾거나 위치 데이터를 교환하는 데 가장 기본이 되는 정보이다.

㉠ 위도(latitude)
- 지구상에서 적도를 기준으로 북쪽 또는 남쪽으로 얼마나 떨어져 있는지 나타내는 위치이다.
- 적도를 기준으로 '북위 또는 남위 0~90도'로 표현한다.
- 적도보다 위쪽은 북반구, 아래쪽은 남반구라고 한다.
- 같은 위도를 연결하여 가로 선을 '위선'이라고 한다.

㉡ 경도(longitude)
- 지구상에서 본초 자오선을 기준으로 동쪽 또는 서쪽으로 얼마나 떨어져 있는지 나타내는 위치이다.
- 본초 자오선을 기준으로 '동경 또는 서경 0~180도'로 표현한다.
- 본초 자오선보다 오른쪽은 동반구, 왼쪽은 서반구라고 한다.
- 같은 경도를 연결하여 세로 선을 '경선'이라고 한다.
- 그리니치 천문대를 지나는 본초 자오선이 표준이다.

㉢ 위ㆍ경도 표기법

표기법	설명	예시
도 (DD, °)	- [도] 포맷(DD; Decimal Degrees) - 가장 간단하고 소수점 형태로, 표기법 도(°) 단위 정수 이하는 소수로 표현 - 데이터 처리와 계산이 간단하여 프로그래밍에서 쉽게 사용 - GPS, GIS 등 디지털 시스템에서 주로 활용	37.42013°N 126.99172°E
도, 분 (DMM, °′)	- [도분] 포맷(DMM; Degrees Minutes) - DDM으로 표기하는 경우도 존재 - [도분초]와 [도] 표기법의 중간 형태의 표기법으로, 도 단위 소수를 대신하여 분 단위(′)를 사용하고, 1도(°)는 60분(′) - 분 단위 정수 이하는 소수로 표현하고, 항공과 해양에서 일부 사용	37°25.2078′N 126°59.503′E
도, 분, 초 (DMS, °′″)	- [도분초] 포맷(DMS; Degrees Minutes Seconds) - 도를 더 작은 단위로 나눈 표기법으로, 1°는 60′, 1′은 60″ - 높은 정밀도가 요구되는 항해와 항공 및 인쇄매체, 공식 문서에서 주로 사용	37°25′12.468″N 126°59′30.2″E

② 도로명 주소: "도로명 주소"란 도로명주소법에 따라 부여된 도로명, 건물번호 및 상세 주소에 의하여 표기하는 주소를 말한다(도로명주소법 제2조).

구분	지번	도로명 주소
구성	동, 리 + 지번, 토지 중심	도로명 + 건물번호, 건물 중심
주된 용도	토지관리	주소 안내

㉠ 주소 표기 방법

- 도로명주소 부여 기준: 도로구간은 서→동, 남→북으로 설정하고, 건물번호는 도로 시작점에서 20m 간격으로 설정한다.
- 도로명 주소로 길 찾는 방법은 예를 들어 "증산로5길 12번"의 경우, 도로명과 건물번호를 이용하여 위치를 확인할 수 있다.

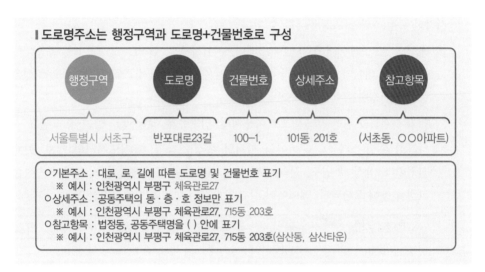

▲ 그림 3.2.11 (출처: 행정안전부)

③ 국가지점번호: 국가지점번호는 국토와 이와 인접한 해양을 격자형으로 일정하게 구획한 지점마다 부여한 번호이다(도로명주소법 제2조). 이 시스템은 사물이나 시설의 위치 확인 및 긴급구조 등의 상황에서 주소가 없는 지역의 위치를 효과적으로 찾기 위해 도입되었다. 스마트폰으로 행안부 도로명주소 사이트(juso.go.kr)에 접속한 뒤 '국가지점번호' 아이콘을 클릭하면 자신이 있는 위치의 국가지점번호를 확인할 수 있다.

8) 데이터별 레이어 구성

레이어는 공간 데이터를 구성하는 기본 단위이다. 각 레이어는 특정 주제(㉞ 도로, 건물, 하천 등)에 대한 정보를 포함하며 여러 레이어를 겹쳐서 복잡한 지도를 구성한다. 레이어는 점, 선, 면 등의 기하학적 형태로 데이터를 표현하는 벡터 레이어와 픽셀 그리드로 데이터를 표현하는 래스터 레이어로 구분할 수 있다.

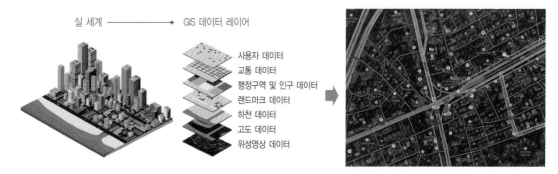

실 세계 ──────▶ GIS 데이터 레이어

사용자 데이터
교통 데이터
행정구역 및 인구 데이터
랜드마크 데이터
하천 데이터
고도 데이터
위성영상 데이터

▲ **그림 3.2.12** 레이어 개념(출처: Caliper)

① 레이어 구성요소: 레이어 구성요소는 레이어를 구성하는 데이터 소스와 데이터를 표현하는 시각화 속성(스타일)으로 구분할 수 있다.

ㄱ 데이터 소스: 레이어 공간 데이터베이스, 위성사진, 현장(측정) 데이터, 공공데이터 포털 등 다양한 데이터 소스로부터 정보를 가져온다. 데이터 소스의 정확성과 신뢰성은 지도의 품질을 결정하는 핵심 요소이다.

예 도시계획을 위한 지도는 토지이용계획, 인구통계, 교통 정보 등의 정보 필요

ㄴ 시각화 속성(스타일): 레이어의 시각화 속성(스타일)은 지도에서의 정보 표현 방식을 결정한다. 색상, 투명도, 선의 굵기 등이 시각화 속성에 해당한다. 시각화 속성은 심벌화 과정을 통해 표현되며, 레이어별 시각화 속성은 범례 화면에서 확인할 수 있다.

데이터 유형	시각화 속성
점(poin)	점 모양(원, 별, 박스 등), 점 색상, 라벨(Text, 이미지)
선(polyline)	선 모양(점선, 실선 등), 선색, 선두께 등, 라벨(Text, 이미지)
면(polygon)	채우기 색상, 외곽선(모양, 색, 두께 등), 라벨(Text, 이미지)

② 레이어 관리: 레이어의 추가, 삭제, 순서 변경, 보이기, 감추기 등을 통해 사용자는 명확하고 효과적인 지도 화면을 확인할 수 있다.

ㄱ 레이어 추가/삭제

• 사용자는 필요에 따라 레이어를 추가하거나 삭제할 수 있다. 새로운 레이어를 추가할 때는 데이터 소스를 연결하고 필요한 시각화 속성(스타일)을 설정한다.

• 레이어를 삭제하는 경우 그 레이어가 제공하는 정보를 지도에서 제거하여 지도를 간소화할 수 있다.

• 일반적으로 레이어 추가 및 삭제는 지도 관리자에 의해서 수행된다.

ⓛ 레이어 순서

- 레이어 순서는 지도상에서 각 레이어가 어떻게 표시되고 서로 겹치는지를 결정한다. 사용자는 레이어 관리 화면에서 레이어의 순서를 변경할 수 있다.
- 레이어 순서는 지도를 표현하는 데 매우 중요한 요소이다. 일반적으로 도로나 건물 레이어는 토지 레이어보다 상위에 배치되어야 한다. 만약 도로 레이어가 토지 레이어보다 하위에 배치된다면, 도로 레이어는 토지 레이어에 의해 가려져 정보를 명확히 파악할 수 없게 된다.
- 이와 같이 지도에 표현하는 데이터 소스의 특성과 겹침을 고려하여 레이어 순서를 정해야 한다.

ⓒ 레이어 보이기/감추기

- 레이어 보이기/감추기는 물리적으로 레이어를 지도에서 제거하는 것이 아니라 사용자가 필요에 따라 특정 레이어를 지도 화면에 일시적으로 보이기/감추기를 설정하는 것이다.
- 복잡한 지도 화면에서 정보를 더 명확하게 보이게 하거나 표현하기 위해 사용한다.

9) 카메라 정보 수신 및 GIS 연동

GIS 기반 CCTV 영상관제 프로그램은 효율적인 도시 안전 및 감시활동을 위해 설계된 현대적인 솔루션이다. GIS를 활용하여 CCTV 위치를 정확하게 매핑하고 카메라에서 수집된 영상을 실시간으로 확인할 수 있다.

특히 순환 감시, 투망 감시, 선택 감시 기능을 이용할 때 카메라의 위치와 해당 영역의 지리적 특성을 명확하게 시각화할 수 있어 필요한 감시 작업을 더 적절히 설정하고 배치할 수 있다. 예를 들어 순환 감시에서는 중요 지점을 놓치지 않고 지속적으로 모니터링할 수 있으며, 선택 감시에서는 관심 있는 특정 지역을 더 집중적으로 관찰할 수 있다.

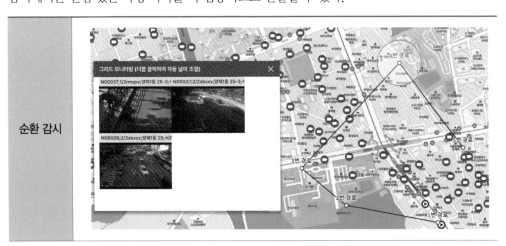

투망 감시	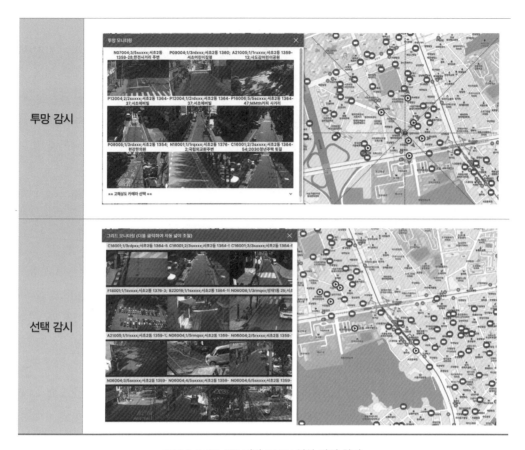
선택 감시	

▲ 그림 3.2.13 GIS 기반 CCTV 영상 감시 화면

① 향상된 상황 인식

    ㉠ 카메라와 GIS를 연동하면 CCTV 카메라와 해당 영역의 지리적 특성을 명확하게 시각화할 수 있다.

    ㉡ 사용자는 지도상에서 각 카메라의 위치를 볼 수 있으며, 해당 지역의 상세한 레이아웃과 주변 환경을 쉽게 이해할 수 있다.

    ㉢ CCTV 아이콘을 클릭하여 해당 카메라의 정보를 조회하거나 실시간 영상을 바로 볼 수 있다. 이는 모니터링을 강화하며, 카메라의 상태를 빠르게 확인하고 효과적인 유지보수 계획을 세우는 데 도움을 줄 수 있다.

② 신속한 응답 및 조정: GIS 화면에서 감시를 수행하면 사건에 대한 신속한 대응을 가능하게 한다. 예를 들어 투망 감시를 통해 동시에 여러 지역의 상황을 파악하고, 특정 사건이 발생하면 선택 감시로 신속하게 전환하여 그 지역의 상세한 상황을 파악할 수 있다. 이를 통해 영상정보관리사는 필요한 정보를 빠르게 얻고 적절한 조치를 취할 수 있다.

③ 전략적 자원 배분

    ㉠ 관제요원(영상정보관리사)은 GIS 화면을 통해 모든 CCTV 카메라의 상태와 영상을 한눈에 확인할 수 있으며, 필요한 조치(CCTV장애, 범죄, 사고발생 등)를 취할 수 있다. 이를 통해 자원을 효율적으로 활용하고, 운영 비용을 절감할 수 있다.

    ㉡ 관리자는 각 카메라의 범위와 감시 효율성을 평가하여 감시가 필요한 지역에 자원을 집중하고, 비효율적인 감시지역을 식별하여 필요한 개선 조치를 취할 수 있다.

④ 데이터 기반 의사결정 지원

    ㉠ GIS 화면에 표시된 모니터링 데이터는 의사결정 과정에서 활용될 수 있다.

    ㉡ 사건 발생 패턴이나 특정 지역 및 시간대의 범죄 발생률을 분석하여 감시 전략을 조정할 수 있다. 이러한 데이터 기반 접근은 전체적인 보안계획을 향상시키고 효과적인 예방조치를 촉진한다.

10) 기타 GIS 분석 시각화 화면 이해

GIS 분석 시각화는 공간 데이터를 시각적으로 표현하는 기술로 데이터의 패턴과 추세를 이해하는 데 도움을 줄 수 있다. 다양한 차트, 그래프, 지도 등을 사용하여 데이터를 시각화할 수 있다.

① 시각화 과정

    ㉠ 데이터 수집 및 통합: 다양한 출처로부터 텍스트, 이미지, IoT 장치, 센서 데이터 등의 데이터를 수집한다. 다른 형식과 구조를 가진 데이터를 하나의 저장소 또는 데이터 플랫폼에서 통합하여 관리한다.

    ㉡ 데이터 처리: 저장소에 저장된 데이터는 Geo-tagging 및 Geo-coding 프로세스를 통해 처리된다.

구분	내용
지오 테깅 (geo-tagging)	− 각 데이터 항목에 지리적 위치를 할당하는 과정으로, 사진에 촬영 위치 좌표를 추가하는 것이 한 예이다. − 위성 위치 확인 시스템(GPS) 정보가 자동으로 기록되는 기능으로, 사용자가 GPS 기능이 내재된 디지털카메라나 휴대 전화로 촬영한 사진의 촬영 장소를 사진 파일의 교환 이미지 파일 형식(EXIF)에 기록한다. − 따라서 사용자는 나중에 사진을 촬영 장소별로 정렬할 수 있고, 구글 어스와 같은 웹 서비스와 연동해 지도상에 사진을 나열할 수도 있다.
지오 코딩 (geo-coding)	− 텍스트 형식의 주소 또는 지리적 위치를 위도 · 경도 좌표로 변환하는 과정으로, 이를 통해 데이터를 지도상의 특정 위치에 연결할 수 있다.

ⓒ 공간분석: 지리적 정보를 사용해 위치 기반 쿼리, 공간적 패턴 분석, 경로 최적화 등을 수행한다. 이 과정은 서로 다른 데이터 세트 간의 공간적 상관관계를 분석하여 깊은 통찰을 제공한다.

ⓓ 시각화: 수집 및 분석된 데이터를 기반으로 2D 지도 또는 3D 지형 모델을 생성한다. 이러한 시각화는 데이터의 지리적 분포와 공간적 패턴을 명확하게 보여주어 사용자의 이해를 돕는다.

ⓔ 서비스: 분석된 데이터와 시각화 결과는 웹이나 모바일 애플리케이션을 통해 제공된다. 이를 통해 사용자는 실시간으로 정보를 받고 필요한 의사결정을 할 수 있다.

② 시각화 이점

ⓐ 데이터의 접근성 향상
- 시각적 도구는 통계적 수치, 지리적 정보, 시계열 데이터 등 다양한 형태의 복잡한 데이터를 직관적인 그래픽(예 막대 그래프, 선 그래프, 히트맵)으로 변환한다.
- 이러한 변환은 비전문가도 전문적인 데이터를 이해할 수 있게 해주며, 누구나 데이터의 의미를 쉽게 파악할 수 있도록 해준다.

ⓑ 의사결정 과정의 개선: 시각적 표현은 중요한 데이터 패턴과 트렌드를 눈에 띄게 강조한다. 이는 정책 결정자가 더 빠르고 효과적인 결정을 내리는 데 도움을 주며, 정책의 예상 결과를 시뮬레이션하여 보여주는 경우 그 효과를 예측하는 데도 유용하다.

ⓒ 소통의 효율성
- 복잡한 데이터는 종종 해석이 어렵고 이해관계자 간의 의사소통을 방해하는 원인이 된다.
- 시각적 도구를 사용함으로써 데이터의 주요 메시지를 간단하고 명확하게 전달하여 토론을 촉진하고, 회의나 프레젠테이션에서 시간을 절약하며 미팅의 질을 향상시킬 수 있다.

③ 공간분석-버퍼 분석
- 버퍼 분석은 공간분석에서 가장 기본적인 기술 중 하나로 일반 사용자도 쉽게 접근하고 이해할 수 있다.
- 특정 지점이나 경로 주변에 일정 거리 안에 있는 영역을 시각화하거나 데이터를 분석하는 데 사용된다.

3 이벤트 검출 여부 판단

1) 이벤트 정의 및 발생 조건 ★중요합니다.

① 영상정보 관제센터는 다양한 시스템을 구축 및 운영하고 있으나 독자적으로 운영되는 개별 시스템보다는 영상정보 관제시스템(VMS)과 지리정보시스템(GIS) 및 스마트시티 통합플랫폼에 인터페이스를 연계하여 하나의 통합 시스템으로 운영하고 있다.

② 플랫폼에 따라 다양한 이벤트가 존재한다. 즉 기획된 이벤트와 돌발적인 이벤트로 구분할 수 있다.

㉠ 기획된 이벤트: 시스템 특성에 따라 이벤트 발생 조건을 설정하고 설정값이 충족되었을 때 발생하는 것을 말한다.

유형	정의	발생 조건
침입 감지	보호구역 내에 무단으로 사람이 진입한 경우	– 지정된 보호구역 내에 움직임을 감지한다. – 지정된 시간 외에 보호구역 진입을 확인한다.
움직임 감지	카메라의 시야 내에서 움직임이 발생한 경우	– 일정 크기 이상의 움직임을 감지한다. – 움직임의 지속 시간이 일정 시간을 초과한다.
물체 제거 감지	특정 위치에 있던 물체가 사라진 경우	– 지정된 물체가 카메라의 시야에서 사라진다. – 물체가 이동되거나 제거된 것으로 확인된다.
물체 방치 감지	특정 위치에 물체가 일정 시간 방치된 경우	– 카메라 시야 내에 새로운 물체가 감지된다. – 물체가 일정 시간 이상 같은 위치에 머무른다.
차량 번호 판 인식	등록된 차량의 번호판을 인식한 경우	– 카메라가 차량의 번호판을 인식한다. – 인식된 번호판이 사전에 등록된 목록에 있다.
소리 감지	특정 소리가 발생한 경우	– 고음, 폭발음 등 특정 소리를 일정 데시벨 이상 감지한다.
화재 감지	화재의 징후가 감지된 경우	– 연기나 불꽃이 카메라에 감지되거나 열 감지 센서가 일정 온도 이상을 감지한다.

㉡ 돌발적인 이벤트: 시스템의 내부적·외부적 환경에 따라서 비정상적으로 운영되면서 발생하는 이벤트를 말한다.

2) 이벤트 정상 검출, 오류 검출, 미검출 여부 판단 ★중요합니다.

① 정상 검출

㉠ 정의: 실제상황에서 이벤트가 발생했을 때 시스템이 이벤트를 감지하는 경우

㉡ 판단 방법: 이벤트가 발생할 때 시스템이 이를 정확하게 감지하고 경고를 발생시키는지 확인하여, 일반적으로 이벤트 데이터와 CCTV 영상 데이터를 비교하여 이벤트 감지가 올바르게 이루어졌는지 평가한다.

② 오류 검출

　　㉠ 정의: 실제로 이벤트가 발생하지 않았는데 시스템이 이벤트를 감지하는 경우

　　㉡ 판단 방법: 이벤트가 발생하지 않았을 때 시스템이 잘못된 경고를 발생시키는지 확인하며, 시스템이 비정상적인 동작(예 그림자나 작은 동물의 움직임)을 이벤트로 잘못 감지하는 경우를 찾아낸다.

③ 미검출

　　㉠ 정의: 실제상황에서 이벤트가 발생했는데 시스템이 이를 감지하지 못하는 경우

　　㉡ 판단 방법: 실제로 이벤트가 발생했으나 시스템이 이를 감지하지 못한 경우, 이벤트 데이터와 CCTV 영상 데이터를 비교하여 감지가 누락된 부분을 찾아낸다.

④ **연동 검출**: 여러 CCTV 카메라가 서로 연동되어 움직임이나 특정 이벤트를 감지하는 기능으로, 한 카메라에서 움직임이 감지되면 다른 카메라가 해당 영역을 확대하거나 추적하는 등의 기능을 말한다.

3) 상황별 이벤트 상세 내용 및 검출 내역 기록

① 관제요원(영상정보관리사)이 관제 모니터링 중에 상황별 이벤트가 발생했을 때 VMS 상에서 이벤트 검색 창을 통해 발생한 이벤트를 검색한 후, 긴박한 상황(비상벨 호출, 실종자 이벤트 등)에 대해서는 신속한 상황 전파 및 대응하며, 장비의 장애 발생 등은 상세 내용을 검토해서 최대한 빠르게 장애 원인 등을 파악한 후 유지보수 요원 등을 출동시켜 신속하게 조치한다.

② 영상정보 관제센터에서는 상황별 발생하는 이벤트의 상세 내용과 검출 내역에 대해 실시간 기록 및 관리하고 있다. 또한, 이를 통해 사건 발생 시 신속하고 효율적으로 대응할 수 있다.

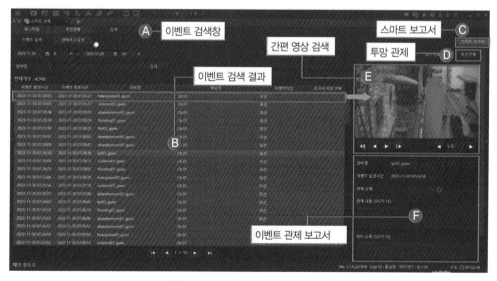

▲ 그림 3.2.14 상황별 이벤트 검색화면(이노뎁 사용자 매뉴얼)

㉠ Ⓐ(이벤트 검색 창): 검색에 필요한 조건을 설정할 수 있다. 종료일은 시작일보다 빠를 수 없으며, 달력 아이콘을 통해서만 날짜를 선택할 수 있다. 또한 검색 조건은 '장비명', '채널명'을 선택하여 검색한다.

㉡ Ⓑ(이벤트 검색 결과): 이벤트 검색 결과가 표출된다. 한 페이지에 100개의 이벤트가 한 번에 표출되며, 이벤트 발생 시간, 이벤트 종료 시간, 장비명, 채널명, 이벤트 타입, 보고서 저장 여부가 표시된다.

㉢ Ⓒ(스마트 보고서): 스마트 보고서 버튼을 누르면 "보고서 내보내기" 팝업 창이 표출된다. 상세 데이터를 엑셀 문서로 내보낼 수 있으며, '당일', '1주일', '1개월' 시점으로 기간을 지정할 수 있다. 달력 아이콘을 통해 사용자가 날짜를 설정할 수 있다.

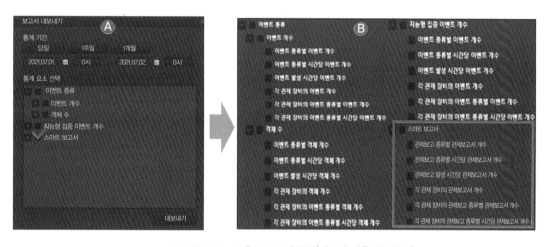

▲ 그림 3.2.15 스마트 보고서 화면(이노뎁 사용자 매뉴얼)

㉣ Ⓓ(투망 관제): 이벤트 검색 결과에 투망 관제 이벤트 항목을 클릭하면 최초 실행 시 기존 녹화 영상과 동일한 화면이 표출된다.

㉤ Ⓔ(간편 영상 검색): 이벤트 검색 결과 목록에서 이벤트 항목을 클릭하면 Ⓔ(간편 영상)가 선택된 시간만큼 재생할 수 있다.

㉥ Ⓕ(이벤트 관제 보고서): 이벤트를 선택하면 선택된 이벤트의 장비명, 이벤트 발생 시간, 관제 상태, 관제 내용, 처리 상세 내용을 확인할 수 있다. 또한 관제 상태를 변경할 수 있고, 태그 버튼을 통해 태그를 추가할 수 있으며, 관제 내용과 처리 상세를 512자 내로 작성하여 저장할 수 있다.

③ 범죄 발생(절도 사건) 및 실종자 발견(실종 아동 발생)에 대한 예를 들어 설명한 내용이다.

절도 사건	실종 아동 발생
– 발생 시간: 2024. 12. 01. 22:15 – 사건 위치: 000동 000상가(홍길동로 123) – 이벤트 상세 내용 　• 사건 유형: 귀금속 절도 　• 용의자: 남성(1명), 검은색 후드 착용 　• 피해 물품: 고가의 귀금속 다수 – 검출 내역: 용의자 얼굴 및 도주 경로 기록 　(CCTV 영상) – 대응조치 내역 　• 22:16 경찰 출동 요청 　• 22:20 경찰 현장 도착 　• 22:25 인근 CCTV 추가 분석을 통한 도주 　　경로 추적	– 발생 시간: 2024. 12. 01. 15:30 – 사건 위치: 000동 000공원(홍길동로 456) – 이벤트 상세 내용 　• 실종자 정보: 5세 남자 아동, 노란색 모 　　자, 파란색 상위, 노란색 가방(어린이집 　　용) 착용 　• 발견 사항: 공원에서 울고 있는 아이 발견 – 검출 내역: 아이의 공원 내 이동 경로 기록 　(CCTV 영상) – 대응조치 내역 　• 15:32 경찰에 실종 아동 발견 알림 　• 15:35 경찰 현장 도착 　• 16:00 부모에게 연락 후 아이 인계

CHAPTER 3

긴급 및 특이사항 대응

관제요원(영상정보관리사)이 모니터링 화면을 통해 긴급상황(데 화재, 범죄 발생, 사고 등)을 확인한 경우, 관련 내용을 전파하고 신속한 상황 대응체계에 돌입해야 하며, 상황 종료 후 상황 발생과 대응 과정을 상세히 기록하고 관련 보고서를 작성하여 보고 체계를 거친 후 긴급 및 특이사항에 대응한다.

1 이벤트 신호 관제

1) 정상 검출 이벤트에 대해 매뉴얼에 따른 대응 ★중요합니다.

① 알림 전송: 이벤트 발생 시 즉시 영상정보 관제센터 및 관련 담당자에게 알림을 전송한다. 전자우편(E-Mail), 핸드폰 문자 발송(SMS), 관제요원(영상정보관리사) 모니터링 단말기 화면에 팝업 알림 등을 활용한다.

② 자동 녹화: 이벤트 발생 시 자동으로 해당 시간과 구역의 영상을 녹화한다.

③ 경고 시스템 활성화: 경고음, 사이렌, 경광등 등을 활성화하여 현장에서 경고를 발령한다.

④ 경찰 및 보안 인력 호출: 필요시 경찰이나 보안 인력을 현장으로 출동시킨다.

⑤ 현장 확인: 영상정보 관제센터에서 해당 영상을 즉시 확인하여 상황을 판단하고 추가 조치를 결정한다.

2) 오검출 이벤트에 대해 매뉴얼에 따른 대응(오경보 이벤트 신호) ★중요합니다.

① 관제요원(영상정보관리사)은 오검출 이벤트(비상벨, 유관기간 이벤트) 발생 시 정확한 대응을 통해 불필요한 긴급 대응을 방지하고 시스템의 신뢰성을 유지할 수 있다. 아래는 관제요원(영상정보관리사)의 오검출 이벤트 대응 절차에 대한 간단한 설명이다.

㉠ 이벤트 감지: 이벤트가 발생하면 즉시 해당 상황을 인식하고 대응 절차를 시작한다.

㉡ 초기 확인 절차를 거쳐 신속하게 정상 또는 비정상 이벤트 여부를 확인해야 한다.

• 이벤트 위치 확인: 이벤트가 발생한 정확한 위치를 확인한다.

• CCTV 화면 전환: 먼저 이벤트가 발생한 위치의 인근 CCTV 화면을 모니터링하여 이벤트 여부를 판단한다.

- 상황 확인: CCTV를 통해 현장 상황을 신속하게 파악하여 실제 긴급상황인지 확인한다.

ⓒ 이벤트 오탐 여부 확인

- 현장 상황을 모니터링하여 이벤트 오탐 발생 원인을 확인한다.

  예 실수로 비상벨을 누른 경우 또는 시스템 오류 등

- 유지보수 점검 요청: 현장 설비 또는 시스템 장애 및 오류 발생으로 오탐 이벤트가 탐지된 경우에는 신속하게 유지보수 요원을 출동시켜 점검 및 수리를 요청한다.

ⓓ 이벤트 확인 기록

- 오탐 이벤트에 대한 발생 시간, 원인, 조치 내용 등을 관제시스템 및 관제일지에 기록으로 남긴다.

ⓔ 사후 처리 및 보고

- 피드백 수집: 관제요원(영상정보관리사)은 피드백을 수집하여 향후 오탐 대응 및 예방에 반영한다.

- 매뉴얼 업데이트: 오탐 대응 과정에서 얻은 경험을 바탕으로 주기적으로 매뉴얼을 업데이트한다.

3) 미검출 이벤트에 대해 매뉴얼에 따른 대응(환경 특성 파악, 미검출 신호) ★중요합니다.

① 관제요원(영상정보관리사)은 관제 업무 중 CCTV 장애가 발견되면 보고 절차에 맞추어 업무를 수행하여야 한다. 아래는 일반적인 CCTV 관제요원(영상정보관리사)의 장애 보고 절차에 대한 간단한 설명이다.

ⓐ 장애 인식

- CCTV 모니터링 중 화면 이상(화면 정지, 깜박임, 화질 저하 등)을 감지하거나 시스템 경고 알림을 통해 인식한다.

- 장애가 발생한 CCTV 카메라의 위치와 장애 유형(영상 신호 없음, 네트워크 연결 문제 등)을 확인한다.

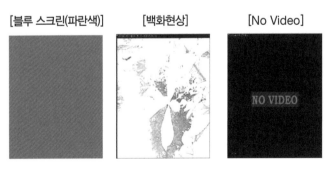

[블루 스크린(파란색)]　　　[백화현상]　　　[No Video]

▲ 그림 3.3.1 CCTV 장애 유형

ⓛ 초기 대응: 장애가 발생한 CCTV에 대한 정보를 유지보수 업체에 전달하여 현장 점검을 요청하고, 장애 조치가 완료된 후에 유지보수 업체에서 장애보고서 등을 피드백 받아 정리해 둔다.

ⓒ 장애 보고: 관제요원(영상정보관리사)은 미검출된 이벤트(장애 발생)에 대한 초기 확인 내용을 바탕으로 관제일지를 작성한다.

• 관제일지에는 장애 발생 일시, 장애 발생 위치(CCTV 연번), 장애 유형 및 증상, 초기 대응 결과 등이 포함되어야 한다.

ⓔ 모니터링 및 장애 복구 확인

• 유지보수 요원은 장애 처리 진행 상황을 계속 모니터링하고 필요한 경우 추가 정보를 제공한다.

• 유지보수 요원은 장애를 해결한 후 장애 조치 결과를 확인하고 CCTV 시스템이 정상적으로 작동하는지 확인해야 한다.

• 장애 발생 원인, 대응 과정, 장애 복구일 등을 포함한 관제일지를 작성해야 한다.

2 긴급상황 대응(경찰 또는 경비 담당자와 협업 대응) ★중요합니다.

1) 상황별(교통/방범/방재/에너지/환경/사회적 약자 등) 긴급상황 대응 절차

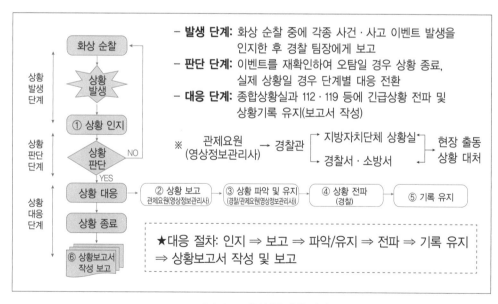

▲ 그림 3.3.2 긴급상황 대응 절차

① 관제요원(영상정보관리사)은 CCTV 화상 순찰 중에 상황별 긴급상황을 인지한 후 경찰관(팀장)과 상황을 판단하여 긴급상황으로 인지될 경우 신속한 상황 대응체계에 돌입한다.

    ㉠ 경찰서(112 상황실): 폭행, 실종, 교통사고, 도난 등 긴급상황 전파

    ㉡ 소방서(119 상황실): 화재, 산불, 응급구조 등 긴급상황 전파

    ㉢ 지방자치단체 종합상황실: 화재, 산불, 침수, 도로 파손(싱크홀, 포트홀), 건물 붕괴 등 긴급상황 전파

② 관제요원(영상정보관리사)은 화상 순찰 또는 시스템의 이벤트 발생 시 긴급 대응조치를 한다.

    ㉠ 긴급출동 상황: 현장 확인이 필요할 경우 유관 기관(112, 119) 및 지방자치단체 종합상황실에 현장 출동을 요청하고, 지속적으로 화상 순찰을 통해 동향을 파악하여 현장 출동 관계자와 상황을 공유한다.

    ㉡ 미출동 상황: 이벤트 특성상 단순한 사건·사고로 판단될 경우, 출동하지 않고 안내방송으로 조치하고 관제 기록 대장에 기록한 다음 종결 처리한다.

③ 시스템 이벤트 발생의 종류

    ㉠ 객체 이벤트: 지능형 CCTV와 인공지능(AI) 기반의 시스템에서 사람과 동물, 사물의 움직이는 객체를 식별하여 상황 대응 시나리오에 따라 이벤트가 발생하면 관제요원(영상정보관리사) 모니터 화면에 해당 CCTV 영상과 이동 경로가 표시된다.

    ㉡ 환경 이벤트: 스마트 센서 기반의 침수(저지대, 반지하, 하천)와 화재(산불, 주택가 화재), 지진 등 자연재해 예상 시나리오 임계점에 도달할 경우, 단계별(주의/심각/경계) 이벤트 및 경고음이 발생한다.

2) 긴급상황 대응 절차(비상벨 알람 시)

도시 또는 농·어촌을 막론하고 마을과 주택가 골목길에 방범용 CCTV에 긴급(SOS) 비상벨이 설치되어 시민들이 위급상황에 처했거나 목격하였을 경우, 긴급 비상벨을 통해 영상정보 관제센터에서 도움을 요청할 수 있다. 또한 긴급(SOS) 비상벨 대응체계에는 두 가지 방법이 존재한다.

첫째, 신고자가 비상벨을 발생시키면 영상정보 관제센터에 해당 CCTV 영상과 음성통화가 자동 연결되어 상황대응 방법이 가능하다.

둘째, 영상정보 관제센터의 관제요원(영상정보관리사)이 핫라인(hot-line)을 클릭하면 경찰서(112)·소방서(119) 및 관할 지방자치단체 종합상황실로 해당 영상과 주변 CCTV 영상이 동시에 전송되어 신속한 상황 대응이 가능하다.

① 비상벨이 설치된 CCTV 종류

    ㉠ 범죄예방과 주민의 안전을 위해 주택가 및 후미진 골목길 등에 설치된 방범용 CCTV

    ㉡ 등하굣길 안전사고 예방을 위해 초등학교 주변 스쿨존 CCTV

    ㉢ 유치원과 어린이집 출입구에서 기준반경 300m 이내의 도로에 설치된 어린이 보호구역 CCTV

> **Tip**
>
> 어린이 보호구역: 어린이 · 노인 및 장애인 보호구역의 지정 및 관리에 관한 규칙에 의해 관할 초등학교의 장이 광역시장 · 도지사 또는 지방자치단체장(시장, 군수)에게 해당 구역 도로의 통행량과 사고현황 등을 조사해 어린이 보호구역으로 지정 · 관리가 필요하다고 인정되는 경우, 학교 주 출입문 기준반경 300m 이내의 도로 중 일정 구간을 어린이 보호구역으로 지정을 요청할 수 있다.

② 비상벨 알람 시 대응 절차

    ㉠ 긴급(SOS) 비상벨 알람 시에는 관제요원(영상정보관리사)이 실시간 모니터링을 통해 상황을 파악한다.

    ㉡ 상황의 경중을 판단하여 영상정보 관제센터 경찰관(팀장)에게 즉시 보고하고 그 상황을 함께 재확인한다.

    ㉢ 긴급상황에 맞게 해당 기관에 상황 전파(유선 또는 무전기)

       • 경찰서(112 상황실 · 지구대): 폭행, 실종, 교통사고, 도난 등 긴급상황 전파

       • 소방서(119 상황실): 화재, 산불, 응급구조 등 긴급상황 전파

       • 지방자치단체 상황실: 화재, 산불, 침수, 도로 파손(싱크홀, 포트홀), 건물 붕괴 등 긴급상황 전파

    ㉣ 지방자치단체에서 신속한 긴급상황 대응을 위해서 핫라인(hot-line) 시스템을 도입하여 유관 기관(경찰서 · 소방서 등)과 긴급상황 정보를 공유한다.

③ 긴급(SOS) 비상벨과 핫라인(hot-line) 연계

    ㉠ 핫라인 호출 서비스 연계: 현장에서 비상벨을 발생시키면 현장의 CCTV 영상과 음성이 영상정보 관제센터 · 경찰서(112) · 소방서(119) · 관할 지방자치단체 종합상황에 동시 전송되어 즉시 상황대처가 가능하다.

    ㉡ 비상 연계서비스 연계: 경찰서(112) · 소방서(119) 상황접수 시 경찰서와 소방서의 상황실에 설치된 CCTV 전용 지리정보시스템(GIS)을 통해 사건 · 사고 지점의 CCTV 영상을 요청하게 되면 해당 현장의 CCTV 영상과 비상 방송이 지원된다.

ⓒ 모바일 서비스 기능 강화: CCTV 위치 및 화각을 즉시 볼 수 있으며, 현장 민원 응대 및 증거자료 확보에 용이하고 사건현장 영상 송출이 가능한 모바일 기능이 강화된다.

④ 일반 비상벨과 핫라인시스템 서비스 체계도

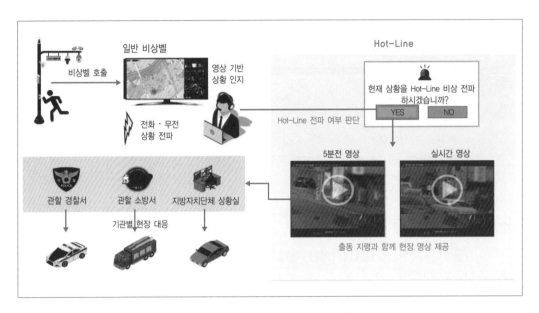

▲ 그림 3.3.3 긴급상황 대응 절차

3▶ 긴급 및 특이사항 기록 ★중요합니다.

1) 긴급 및 특이사항 관제 내역서 작성

① 긴급상황 발생 시 신속한 상황 전파 및 대처가 중요한 만큼 상황 보고서 작성도 매우 중요하다.

② 특히 상황기록은 누락되거나 과장하여 작성되어선 아니 되며 육하원칙에 따라 사실만을 기록한다.

③ 아래 제시된 서식은 지방자치단체나 관련 기관에 따라 다소 차이가 있을 수 있다.

ⓐ 긴급상황 동향 보고(작성 예시)

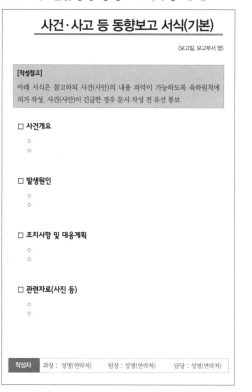

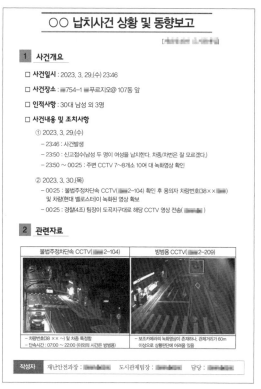

▲ 그림 3.3.4 긴급상황 동향 보고 작성 예시

ⓑ 관제 모니터링 상황업무 보고서(작성 예시)

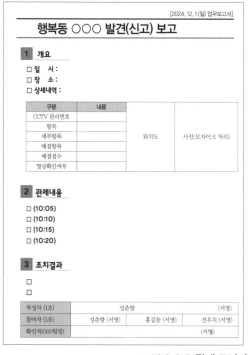

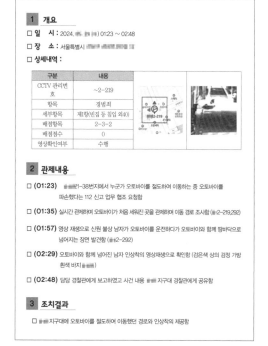

▲ 그림 3.3.5 관제 모니터링 상황업무 보고서 작성 예시

ⓒ 모니터링 상황일지(작성 예시)

관제 시 주요 모니터링 사항

2024.12.01.

주요	행정동	CCTV 관리번호 (방향)	시간대	관제내용	기타사항
예시)	○○동	○○1-210(0)	23시~21시	주취자 쓰러짐	관제 시 중점사항 기재
		○○1-210(1)	상시	공원 내 음주 및 주취자	
		○○1-210(2)	08~09시	어린이 보호지역(스쿨존)	
		○○1-210(3)	07~09시	버스 정거장 등 다중 운집시설	

▲ 그림 3.3.6 모니터링 상황일지 작성 예시

ⓓ CCTV 및 시설물 장애 발생 일지(작성 예시)

일일 CCTV 장애 보고서

2024. 12. 1.(일)

순번	관리번호	대분류	분류	장애내역	접수시간	접수/확인자	처리시간	처리내용
예시	001-117	방범	회전	PTZ제어 불량	오전 9:30	홍길동(1조)	오전 9:40	회전 카메라 리부팅
	001-207	재난관리	회전	네트워크 장애	오전 9:50	박문수(1조)	오전 11:20	(현장출동) 통신장비 재부팅
	002-11	불법주정차	회전	단속 전광판 장애	오후 5:00	박문수(1조)	오후 7:20	(현장출동) 시설물 점검 등 조치
	001-111	방범	회전	비상벨 작동 안됨	오후 9:20	성춘향(2조)	오후 11:50	(현장출동) 비상벨 장치 교체

▲ 그림 3.3.7 CCTV 및 시설물 장애 발생 일지 작성 예시

4 관계기관 업무 지원

국토교통부에서 2015년부터 공공기관 등에 사회안전망으로 설치된 CCTV를 활용하여 각종 재난·재해 및 사건·사고 발생 즉시 신속하게 상황을 파악하고 대응조치를 취할 수 있도록 스마트시티 통합플랫폼을 개발하였다. 이 통합플랫폼은 전국 232개 지방자치단체를 대상으로 서비스를 제공하고 있다.

1 스마트시티 통합플랫폼 서비스

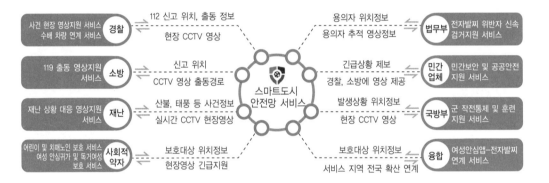

▲ 그림 3.4.1 스마트시티 통합플랫폼 서비스 구성도

1) 스마트시티 통합플랫폼 서비스 및 이벤트 관제 대응 ★중요합니다.

① 지방자치단체(시·군·구)는 관할지역 경찰서(112)와 소방서(119) 등과 핫라인(hot-line)을 설치하여 지방자치단체에서 관할지역에 발생하는 재난·재해 및 각종 사건·사고에 신속히 대응하고 조치를 취하기 위해 직통 긴급 통신망(CCTV 통신망)을 운영하고 있다.

② 핫라인(hot-line)은 각종 재난·재해 및 사건·사고에 해당하는 CCTV 영상을 실시간 제공하여 시민의 생명과 재난 피해를 최소화하고 신속한 상황처리를 가능하게 한다.

구분	서비스 종류	관제 주체	지방자치단체 영상정보 관제센터 대응 절차
경찰청 (경찰서)	112 긴급 지원	– 경찰 상황실(112) – 지방자치단체 영상정보 관제센터	– 경찰 상황실의 요청 대응 및 CCTV 제어 지원
	112 다매체 신고	– 경찰 상황실(112) – 지방자치단체 영상정보 관제센터	– 사건 모니터링 후 112 신고 – 센터 경찰에게 사건 전달 – 센터 경찰이 확인 후 다매체 신고 접수 및 대응 – 경찰 상황실의 요청 대응
	112 수배 차량	– 경찰 상황실(112) – 지방자치단체 영상정보 관제센터	
소방방재청 (소방서)	119 긴급 지원	– 소방서 상황실(119) – 재난안전 상황실(지방자치단체, 행정안전부) – 지방자치단체 영상정보 관제센터	– 소방서 상황실의 요청 대응 및 CCTV 제어 지원
법무부	전자발찌	– 법무부 영상정보 관제센터 – 지방자치단체 영상정보 관제센터	– 법무부 상황실의 요청 대응 및 CCTV 제어 지원
국방부	작전통제, 훈련	– 군부대 상황실 – 지방자치단체 영상정보 관제센터	– 국방부 상황실의 요청 대응 및 CCTV 제어 지원
여성가족부 광역시·도	사회적 약자	– 여성가족부 영상정보 관제센터 – 지방자치단체 영상정보 관제센터	– 이벤트 발생 주변 CCTV 제어 지원 – 상황 파악 후 관련 부서에 내용 전달
	안심귀가	– 광역시도 영상정보 관제센터(안심이 관제요원) – 지방자치단체 영상정보 관제센터	– 긴급호출 이벤트 주변 CCTV 관제 – 사용자 SOS 신고 시 경찰출동 요청
에스원 SK쉴더스 KT텔레캅	민간보안	– 보안업체 영상정보 관제센터 – 지방자치단체 영상정보 관제센터	– 이벤트 발생 주변 CCTV 관제 – 상황 파악 후 조치 필요시 관련 부서에 내용 전달
행정안전부 소방방재청	재난 재해 등	– 재난안전 상황실(지방자치단체, 행정안전부) – 소방서 상황실(119) – 지방자치단체 영상정보 관제센터	– 재난 이벤트 주변 CCTV 관제 – 상황 파악 후 조치 필요시 관련 부서에 내용 전달

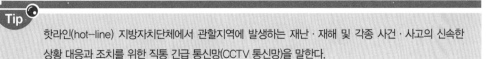

Tip

핫라인(hot-line) 지방자치단체에서 관할지역에 발생하는 재난·재해 및 각종 사건·사고의 신속한 상황 대응과 조치를 위한 직통 긴급 통신망(CCTV 통신망)을 말한다.

2) 스마트도시 안전망 서비스 ★중요합니다.

① 112 출동 및 현장 영상 지원 서비스(경찰)

ㄱ 납치·강도·폭행 등 긴박한 사건 신고를 받은 경찰관(112센터, 현장)이 신속한 현장 상황 파악 및 조치할 수 있도록 영상정보 관제센터에서 CCTV 영상을 제공한다.

ㄴ 경찰청과 관내 경찰서 상황실(112)에서 관할지역에 발생한 각종 사건·사고의 신속한 현장 상황 파악 및 현장 대처를 위해 지방자치단체의 해당 CCTV의 영상정보를 실시간 또는 녹화 영상을 열람할 수 있다.

ㄷ 서비스 지원 흐름도 및 지원 서비스 시나리오는 다음과 같다.

기존	스마트시티 보급 이후
• 경찰청 수배 차량 검색시스템(WASS) 연계 주요 간선도로 CCTV(1.2만 대)만 활용되어 도심지에선 사각지대 발생 • 지역 단위 검색으로 타 지역으로 진출입 시 추적에 한계 발생	• 전국에 산재된 지방자치단체 CCTV(방범용 51만 대 등)를 활용하여 기존보다 촘촘한 검색망 구축 • 전국 단위 검색으로 끊김 없이 수배 차량의 실시간 위치 적발 및 경로 추적 가능

▲ 그림 3.4.2 112 출동 지원 서비스 적용(출처: 스마트시티 도시협회)

시나리오 순서

112 종합상황실에서 현장정보 요청

광역 통합운영센터에서 영상정보 관제센터로 요청 내역 전달

영상정보 관제센터에서 현장 영상과 사진을 광역 통합운영센터를 통하여 112 종합상황실에서 제공

이를 기반으로 현장 상황 파악 및 세부적인 출동지령 하달

경찰 본청을 경유하여 LTE 망으로 순찰차에 영상 제공

현장 출동 경찰관의 신속한 대처

▲ 그림 3.4.3 112 출동 지원 시나리오(출처: 스마트시티 도시협회)

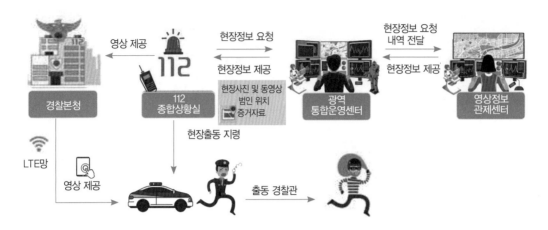

▲ 그림 3.4.4 112 출동 지원 서비스 체계도(출처: 스마트시티 도시협회)

② 수배 차량 검색 지원 서비스(경찰)

    ㉠ 강력 사건 피의자 검거 등을 위해 영상정보 관제센터와 수배차량검색시스템(WASS)을 연계하여 CCTV로 수배 차량을 실시간 검색 및 적발한다.

    ㉡ 경찰청과 관내 경찰서 상황실(112)에서 관할지역에 문제 차량(도난, 범죄 이용 차량, 대포 차량 등)을 이용한 강력 사건 발생 시에 문제 차량 도주로 파악 및 신속한 현장 대처를 위해 지방자치단체의 해당 CCTV의 영상정보를 실시간 또는 녹화 영상을 열람할 수 있다.

    ㉢ 서비스 지원 흐름도 및 지원 서비스 시나리오는 다음과 같다.

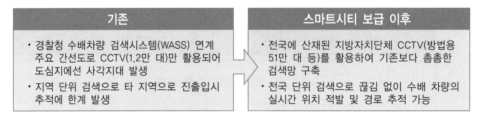

기존	스마트시티 보급 이후
• 경찰청 수배차량 검색시스템(WASS) 연계 주요 간선도로 CCTV(1.2만 대)만 활용되어 도심지에선 사각지대 발생 • 지역 단위 검색으로 타 지역으로 진출입시 추적에 한계 발생	• 전국에 산재된 지방자치단체 CCTV(방법용 51만 대 등)를 활용하여 기존보다 촘촘한 검색망 구축 • 전국 단위 검색으로 끊김 없이 수배 차량의 실시간 위치 적발 및 경로 추적 가능

▲ 그림 3.4.5 수배차량 지원 서비스 적용(출처: 스마트시티 도시협회)

시나리오 순서

수배 등록된 차량 정보를 경찰청에서 광역 통합운영센터로 전송

⬇

광역 통합운영센터에 수배 차량 정보 저장 후 하위 지방자치단체로 정보 전파

⬇

지방자치단체 CCTV를 통하여 수배 차량 발견 시 기초 지방자치단체에서 광역 통합운영센터를
통하여 경찰청으로 실시간 정보 전달

⬇

광역 CCTV를 통하여 수배 차량 발견 시 경찰청으로 실시간 정보 전달

⬇

경찰청은 제공된 영상으로 문제 차량의 위치, 이동 방향 등 파악

⬇

경찰청은 검거를 위하여 인근 순찰차에 출동 지령

▲ 그림 3.4.6 수배 차량 지원 서비스 시나리오(출처: 스마트시티 도시협회)

▲ 그림 3.4.7 수배 차량 지원 서비스 체계도(출처: 스마트시티 도시협회)

③ 119 출동 및 현장영상 지원 서비스(소방)

　㉠ 화재 발생 시 영상정보 관제센터에서 화재 지점의 실시간 CCTV 영상, 교통소통 정보
　　등을 제공받아 화재 진압 및 인명 구조를 위한 골든타임을 확보한다.

　㉡ 소방방재청과 관내 소방서 상황실(119)에서 관할지역에 긴급한 재난 · 재해 및 화재 등이
　　발생할 경우, 신속한 현장 상황 파악 및 현장 대처를 위해 지방자치단체의 해당 CCTV
　　영상정보를 실시간 또는 녹화 영상을 열람할 수 있다.

ⓒ 서비스 지원 흐름도 및 지원 서비스 시나리오는 다음과 같다.

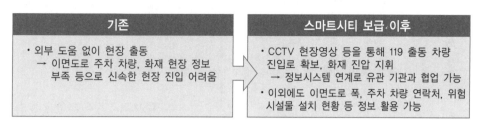

기존	스마트시티 보급·이후
• 외부 도움 없이 현장 출동 　→ 이면도로 주차 차량, 화재 현장 정보 　　부족 등으로 신속한 현장 진입 어려움	• CCTV 현장영상 등을 통해 119 출동 차량 　진입로 확보, 화재 진압 지휘 　→ 정보시스템 연계로 유관 기관과 협업 가능 • 이외에도 이면도로 폭, 주차 차량 연락처, 위험 　시설물 설치 현황 등 정보 활용 가능

▲ 그림 3.4.8 119 출동 지원 서비스 적용(출처: 스마트시티 도시협회)

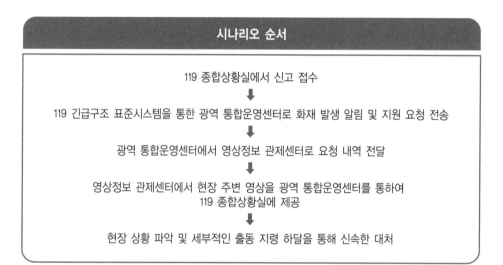

시나리오 순서

119 종합상황실에서 신고 접수

⬇

119 긴급구조 표준시스템을 통한 광역 통합운영센터로 화재 발생 알림 및 지원 요청 전송

⬇

광역 통합운영센터에서 영상정보 관제센터로 요청 내역 전달

⬇

영상정보 관제센터에서 현장 주변 영상을 광역 통합운영센터를 통하여
119 종합상황실에 제공

⬇

현장 상황 파악 및 세부적인 출동 지령 하달을 통해 신속한 대처

▲ 그림 3.4.9 119 출동 시나리오(출처: 스마트시티 도시협회)

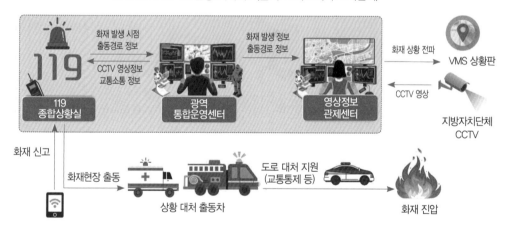

▲ 그림 3.4.10 119 출동 서비스 체계도(출처: 스마트시티 도시협회)

④ 재난상황 대응 영상 지원 서비스(지방자치단체)

  ㉠ 대형 재난·재해 발생 시 영상정보 관제센터에서 재난상황실에 실시간 현장 CCTV 영상 등을 제공하여 신속한 상황 파악 및 상황 전파, 피해복구를 지원한다.

  ㉡ 각종 재난·재해가 예고 없이 찾아와 수많은 생명과 재산 피해를 최소화하고 신속한 현장 상황 파악 및 대처를 위해 지방자치단체 영상정보 관제센터에 실시간 현장 CCTV 영상을 제공한다.

  ㉢ 행정안전부, 소방방재청, 광역시도 및 지방자치단체가 국가재난관리시스템(NDMS) 단일 통신망으로 재난 상황 등을 공유하고 있어 사고 피해를 최소화하고 있다.

> **Tip**
>
> NDMS(국가재난관리시스템): 정부 62개 기관에서 376종의 사건·사고를 입력 중이며, NDMS(국가재난관리시스템)에 수집된 재난·사고·질병 등의 정보를 영상정보 관제센터에 제공하여 VMS, 안내방송으로 시민들에게 알려 사고 피해를 최소화할 수 있다.

  ㉣ 서비스 지원 흐름도 및 지원 서비스 시나리오는 다음과 같다.

기존		스마트시티 보급 이후
·재난·재해 시 일부 CCTV 영상(8천대) 활용, 구두·서면보고 의존 ·NDMS에 수집된 정보 지방자치단체 비활용	➡	·전국 곳곳의 CCTV를 활용하여 신속한 상황 파악 및 조치 가능 ·신속한 상황 전파 및 조치 가능

▲ 그림 3.4.11 재난상항 지원 서비스 적용(스마트시티 도시협회)

시나리오 순서

대형 재난에 의한 동시다발적 피해 상황 발생

재난상황실은 재난 상황에 따라 영상정보 관제센터에 CCTV 영상 요청

영상정보 관제센터는 주요 피해지역의 실시간 영상을 제공

신속히 상황 파악 및 구급·구조·복구

▲ 그림 3.4.12 재난 상황 대응 시나리오(출처: 스마트시티 도시협회)

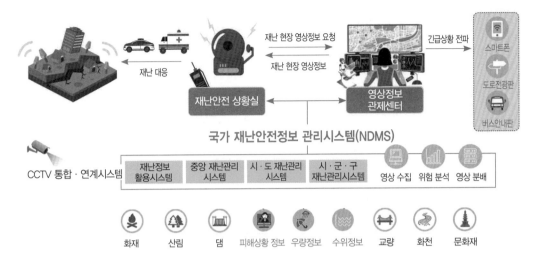

▲ 그림 3.4.13 재난상황 대응 체계도(출처: 스마트시티 도시협회)

⑤ 사회적 약자(어린이 및 치매 노인) 보호 서비스(통신사, 민간)

ㄱ 치매, 중증장애인 등은 사전 신상정보 확보 등 비상대응체계를 구축하여 아동·치매환자 등 긴급상황 발생 시, 영상정보 관제센터가 통신사로부터 위치 정보를 제공받아 신속한 소재를 확인하여 긴급구조 등 골든타임을 확보한다.

ㄴ 어린이, 치매 노인 등의 사회적 약자의 실종 또는 긴급상황 발생지역 지방자치단체 영상정보 관제센터에 실시간 현장 CCTV 영상을 제공한다.

ㄷ 행정안전부, 여성가족부, 광역시도의 영상정보 관제센터와 지방자치단체의 영상정보 관제센터가 스마트시티 통합플랫폼으로 연계되어 있다.

ㄹ 서비스 지원 흐름도 및 지원 서비스 시나리오는 다음과 같다.

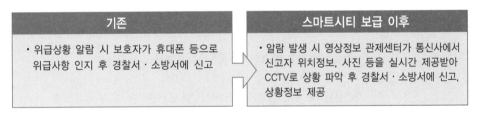

기존	스마트시티 보급 이후
·위급상황 알람 시 보호자가 휴대폰 등으로 위급사항 인지 후 경찰서·소방서에 신고	·알람 발생 시 영상정보 관제센터가 통신사에서 신고자 위치정보, 사진 등을 실시간 제공받아 CCTV로 상황 파악 후 경찰서·소방서에 신고, 상황정보 제공

▲ 그림 3.4.14 사회적 약자 지원 서비스 적용(출처: 스마트시티 도시협회)

시나리오 순서
위급상황 시(실종, 범죄 등) 통합위치분배시스템(가칭)에서 광역 통합운영센터로 알람과 함께 보호 대상자의 신상정보(사진, 보호자 연락처 등), 위치정보를 전송
↓
광역 통합운영센터에서 영상정보 관제센터로 요청 내역 전달
↓
영상정보 관제센터는 본인 통화 및 인근 CCTV 영상을 확인하여 상황 파악
↓
112 상황실, 119 상황실 등에 긴급출동 요청
↓
현장 상황을 지속 추적하여 출동 경찰관 등에 상황정보 전달, 구조

▲ 그림 3.4.15 사회적 약자 지원 시나리오(출처: 스마트시티 도시협회)

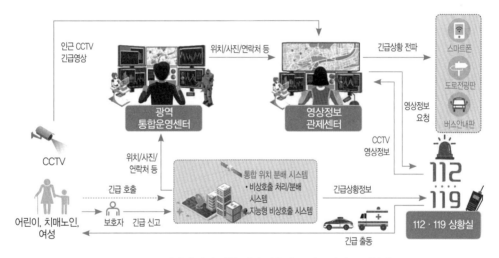

▲ 그림 3.4.16 사회적 약자 지원 체계도(출처: 스마트시티 도시협회)

⑥ 여성 안전 지원 서비스(여성가족부)

　㉠ 귀가 중이거나 홀로 사는 여성에게 긴급상황 발생 시, 영상정보 관제센터가 통신사로부터 위치정보를 제공받아 신속히 소재를 확인하여 상황 파악 및 긴급구조 등 골든타임 확보를 지원한다.

　㉡ 여성가족부, 광역시도의 통합관제센터와 지방자치단체의 영상정보 관제센터가 스마트도시 통합플랫폼으로 연계되어 긴급상황 발생지역 지방자치단체 영상정보 관제센터에 실시간 현장 CCTV 영상을 제공한다.

ⓒ 서비스 지원 흐름도 및 지원 서비스 시나리오는 다음과 같다.

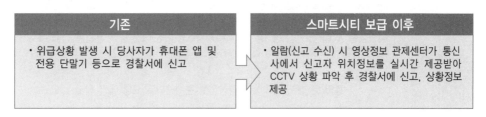

▲ 그림 3.4.17 여성 안전 지원 서비스 적용(출처: 스마트시티 도시협회)

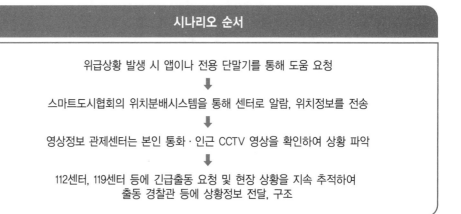

▲ 그림 3.4.18 여성안전 지원 시나리오(출처: 스마트시티 도시협회)

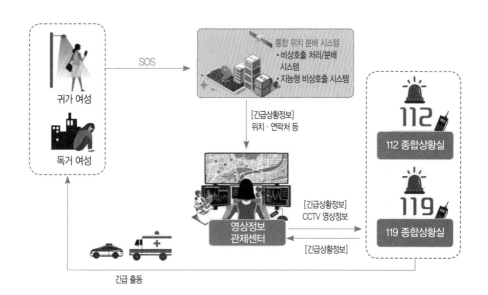

▲ 그림 3.4.19 여성안전 프로세스(출처: 스마트시티 도시협회)

⑦ 전자발찌 위반자 신속 검거 지원 서비스(법무부)

   ㉠ 법무부 서비스는 전자발찌 훼손, 금지 행위 발생 시 위치추적 영상정보 관제센터가
     신속히 상황 파악 및 조치할 수 있도록 영상정보 관제센터의 CCTV 영상을 제공한다.

   ㉡ 법무부는 전자발찌 착용 대상자의 문제 발생 시 법무부 영상정보 관제센터에서 해당
     지방자치단체의 CCTV 영상정보를 실시간 또는 녹화영상을 열람할 수 있다.

   ㉢ 서비스 지원 흐름도 및 지원 서비스 시나리오는 다음과 같다.

기존	스마트시티 보급 이후
• 전자발찌 이상징후 알람 시 관할 보호관찰소 직원이 GPS 신호추적 신병 확보 → 관리인력 과다(1인 331명), GPS 오차, 전자발찌 훼손, 출동시간 등으로 소재 확인 및 검거에 애로(필요시 경찰 지원 요청)	• 영상정보 관제센터에서 인근 CCTV 영상, 도주 경로 등을 지원받아 신속 검거 → 전자발찌 부착자 관리 효율화 등으로 신속한 현장 확인과 검거 등 상황 대처에 효과 (지방자치단체, 경찰, 소방 등 상시 지원)

▲ 그림 3.4.20 전자발찌 위반자 지원 서비스 적용(출처: 스마트시티 도시협회)

시나리오 순서

전자발찌 착용자가 위반 행위 시 위치추적센터에 알람 발생

광역 통합운영센터에서 영상정보 관제센터로 요청 내역 전달

즉시 영상정보 관제센터에 GPS 위치의 실시간 CCTV 영상을 요청·확보

위치추적센터는 현장 상황 파악 후 관할 보호관찰소에 출동 명령

영상정보 관제센터는 현장 상황을 지속 추적하여 출동 보호관찰관 지원

▲ 그림 3.4.21 전자발찌 위반자 시나리오(출처: 스마트시티 도시협회)

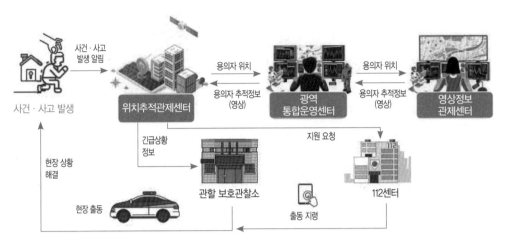

▲ 그림 3.4.22 전자발찌 위반자 지원 체계도(출처: 스마트시티 도시협회)

⑧ 민간 보안 및 공공안전 지원 서비스(민간보안업체)

   ㉠ 민간 보안(에스원, SK쉴더스, KT텔레캅 등) 업체 및 공공안전 간 연계시스템을 구축하여 범죄, 화재 등 긴급상황 발생 시 신속히 협력하여 안전조치 강구를 위해 지원한다.

   ㉡ 민간 보안업체의 스마트시티 통합플랫폼을 통해 해당 지방자치단체의 영상정보 관제센터에 CCTV 영상을 요청한 후 CCTV의 영상정보를 실시간 또는 녹화영상 열람이 가능하다.

   ㉢ 서비스 지원 흐름도 및 지원 서비스 시나리오는 다음과 같다.

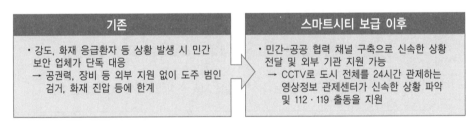

▲ 그림 3.4.23 민간보안 지원 서비스 적용(출처: 스마트시티 도시협회)

시나리오 순서
민간 보안업체가 강·절도 등 외부인의 침입 상황 인지 ↓ 민간 보안업체는 영상정보 관제센터에 사건 발생 사실을 알리고 사건 시간, 위치정보, 사건 내용 등을 제공 ↓ 영상정보 관제센터는 인근의 CCTV 영상을 통해 건물 밖으로 나오는 범인을 확인·추적하고 실시간 영상(도주 경로)을 112 상황실에 제공 ↓ 긴급 출동하는 경찰관은 영상정보 관제센터에서 알려주는 위치로 출동하여 범인 확인 및 검거

▲ 그림 3.4.24 민간보안 지원 시나리오(출처: 스마트시티 도시협회)

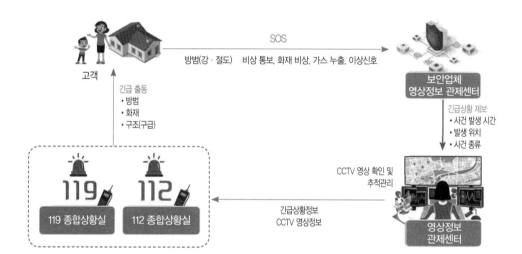

▲ 그림 3.4.25 민간 보안 지원 체계도(출처: 스마트시티 도시협회)

⑨ 군 작전통제 및 훈련 지원 서비스(국방부)

㉠ 탈북·작전·훈련 등 상황 발생 시 영상정보 관제센터에서 군부대 상황실에 실시간 현장 CCTV 영상을 제공하여 신속한 현장 상황 파악 및 현장 대처, 주 진입로 감시 대응을 지원한다.

㉡ 군(軍) 작전통제 및 훈련 등 상황 발생 시에 해당 지방자치단체의 CCTV 영상정보를 실시간 또는 녹화영상을 열람할 수 있다.

ⓒ 서비스 지원 흐름도 및 지원 서비스 시나리오는 다음과 같다.

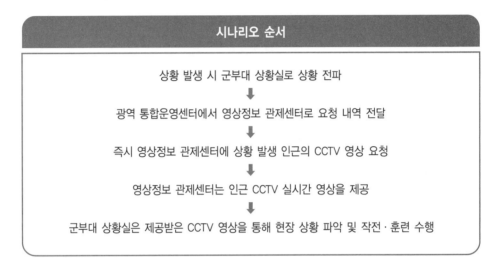

기존	스마트시티 보급 이후
• 상황 발생 시 영상정보 관제센터에 방문하여 군부대 상황실과 유선상으로 통화 및 대응	• 영상정보 관제센터에서 인근 CCTV 영상을 지원받아 신속한 현장상황 파악, 군 작전 훈련 수행

▲ 그림 3.4.26 군 작전통제 및 훈련지원 적용(출처: 스마트시티 도시협회)

시나리오 순서

상황 발생 시 군부대 상황실로 상황 전파

⬇

광역 통합운영센터에서 영상정보 관제센터로 요청 내역 전달

⬇

즉시 영상정보 관제센터에 상황 발생 인근의 CCTV 영상 요청

⬇

영상정보 관제센터는 인근 CCTV 실시간 영상을 제공

⬇

군부대 상황실은 제공받은 CCTV 영상을 통해 현장 상황 파악 및 작전 · 훈련 수행

▲ 그림 3.4.27 군 작전통제 및 훈련지원 시나리오(출처: 스마트시티 도시협회)

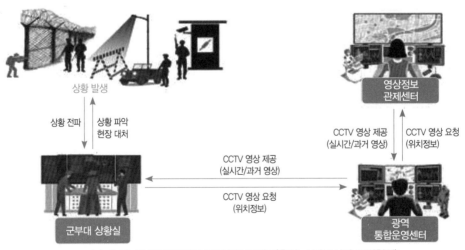

▲ 그림 3.4.28 군 작전통제 및 훈련지원 체계도(출처: 스마트시티 도시협회)

3) 기관별(재난 등) 상황 전파 및 전달

① 경찰서(112), 소방서(119) 긴급상황 전파 및 전달

　　㉠ 영상정보 관제센터의 관제요원(영상정보관리사)이 모니터링 중 긴급상황 또는 이상
　　　 징후를 인지할 경우, 파견근무 중인 경찰관(팀장)에게 상황을 보고하여 관할 경찰서 및
　　　 소방서에 신속하게 상황 전파가 이루어져야 한다.

　　㉡ 서비스 지원 흐름도

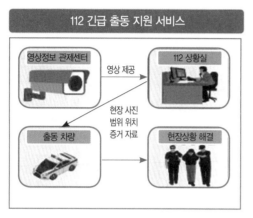

▲ 그림 3.4.29 긴급상황 전파 흐름

② 유관 기관(재난 등) 상황 전파 및 전달

　　㉠ 공공기관의 업무 특성에 따라 영상정보 관제센터의 관제 대상 및 관제 범위가 조금씩
　　　 차이가 있으나 대부분의 지방자치단체의 경우 방범 관제 업무, 주정차 단속 관제 업무,
　　　 재난 재해 관제 업무, 실종자 관제 업무 등 CCTV를 통해 다양한 관제 업무를 수행하고
　　　 있다.

　　㉡ 관제요원(영상정보관리사)이 관제 업무에서 벗어나지만, 시민의 생명과 재산 피해 등
　　　 안전사고가 발생한 현장을 CCTV 모니터링 중에 인지할 경우에는 팀장(파견경찰관)에게
　　　 상황을 보고하여 유관 기관과 소속 재난상황실에 신속하게 상황 전파가 이루어져야 한다.

③ 서비스 지원 흐름도

▲ 그림 3.4.30 상황 전파 흐름도

④ 상황 전파 절차

㉠ 지방자치단체: 관제요원(영상정보관리사) → 경찰관(팀장) → 구청(재난상황실, 당직실) → 전담 부서 전파 → 현장 출동(조치)

전담 부서	상황 전파 대상 내용
하수과, 치수과	하천 범람, 도심 침수
도로관리과	도로 파손(씽크홀, 포트홀), 도로 결빙, 공동구 사고 등
공원녹지과	산불, 산사태 발생, 급경사지 붕괴 등
건축과, 주택과	건축물 붕괴, 건물 파손 등
환경과	가스관 화재, 파손 등

㉡ 유관 기관: 관제요원(영상정보관리사) → 경찰관(팀장) → 유관 기관(상황실, 당직실) → 현장 출동

대상 기관	상황 전파 대상 내용
상수도관리사업소	상수도 파열
가스안전공사	도시가스관 화재, 파손 등
한국전력	전주 파손, 변압기 화재, 정전 등
지역난방공사	온수관 파열, 누수 등
도로관리사업소	도로 파손(씽크홀, 포트홀)
KT, SKT	공동구 화재(통신케이블 장애)

모니터링 결과 보고/자료관리

관제요원(영상정보관리사)이 뛰어난 역량을 발휘해 각종 재난·재해 및 사건·사고로부터 시민의 생명과 재산을 보호하는 것만큼 보고서 작성과 자료관리가 매우 중요하다. 보고서 작성은 사실에 근거하여 작성되어야 올바른 의사소통과 의사결정이 이루어질 수 있다.

1 ▶ 보고서 작성 기준 및 보고 체계 파악

1) 보고서 작성 기준

① 영상정보 관제센터의 설치·운영 목적인 각종 재난·재해 및 사건·사고에서 시민의 안전과 재산 보호를 위한 것이다. 이에 따라 근무일지 및 모니터링 결과 보고서 작성이 매우 중요하다.

② 사건·사고 결과 보고서는 육하원칙에 따라 신속하고 정확하게 작성해야 한다.

    ㉠ 누가(Who): 대상자 또는 대상 인물, 누가 관련되어 있는지, 누기 주체인지 명확하게 설명한다.

    ㉡ 언제(When): 시간(날짜), 사건이나 상황이 언제 발생했는지 설명한다.

    ㉢ 어디서(Where): 장소, 사건이나 활동이 어디에서 일어났는지 설명한다.

    ㉣ 무엇을(What): 행동/말투/상황 등 핵심사건, 무엇이 일어났는지, 무슨 일이 벌어졌는지를 설명한다.

    ㉤ 어떻게(How): 방법, 사건이나 상황이 어떻게 발생했는지, 어떤 방식으로 진행됐는지 설명한다.

    ㉥ 왜(Why): 이유/원인, 사건이나 상황이 왜 발생했는지, 어떤 원인이 있는지 설명한다.

2) 보고 체계 이해와 절차 ★ 중요합니다.

보고 체계는 조직 내에서 정보나 이슈 등을 사실에 입각해 보고서를 작성하고 전달하는 시스템 또는 절차를 가리키는 용어이다. 정확한 보고 체계를 갖추고 이를 잘 활용하는 것은 조직 내 소통과 의사결정에 매우 중요하다.

① 보고 체계 이해: 조직 내의 보고 체계를 이해하는 것이 중요하다, 각 레벨의 관리자나 담당자에게 어떻게 보고해야 하는지 보고 주기나 방법 등을 파악해야 한다.

② 보고 주기와 형식: 어떤 주기로 어떤 형식으로 보고해야 하는지 파악한다. 정기적인 회의, 보고서 작성, 전자우편 보고 등이 이에 해당한다.

③ 중요 정보 및 이슈 식별: 보고해야 할 중요 정보나 이슈 등을 식별하는 것이 중요하다. 필요한 정보를 정확하고 명확하게 보고해야 한다.

④ 보고자 선택: 정보나 이슈 등을 보고할 때 보고자를 선택해야 한다. 정보가 필요한 사람에게 정확하게 전달해야 한다.

⑤ 문제해결 제시: 보고할 때 문제점만 제시하는 것이 아니라 가능한 문제를 해결할 방안도 함께 제안하는 것이 중요하다.

⑥ 적시성: 보고는 적시에 이루어져야 한다. 문제가 발생한 즉시 알리는 것이 중요하며 늦지 않게 보고하는 것이 중요하다.

⑦ 투명성과 정확성: 보고할 때는 투명하고 정확하게 보고해야 한다. 사실에 기반한 정보를 제공하고, 오해나 오류를 최소화할 수 있다.

2 관제 보고서 작성

1) 시스템 이벤트 분석자료 정리 ★중요합니다.

① 영상정보 관제센터는 각종 사건·사고 처리 및 유관 기관에 자료를 제공하는 등의 시스템에서 발생하는 이벤트를 종합적으로 관리하고 있다.

② 스마트시티 통합플랫폼 구축 이전에는 기록을 페이퍼로 작성해 왔으나 통합플랫폼 구축 이후부터 모든 기록이 시스템화되었으며, 오프라인으로 수집된 이벤트에 대해서도 사후 등록을 통해 데이터베이스의 정확성을 높이고 있다.

③ 기관에 따라 차이가 있지만, 서울특별시 강남구의 스마트시티 통합플랫폼 사례를 예로 들 수 있다.

　㉠ 이벤트 관리: 스마트시티 통합플랫폼 10대 서비스에 대한 각종 사건·사고 이벤트를 관리한다.

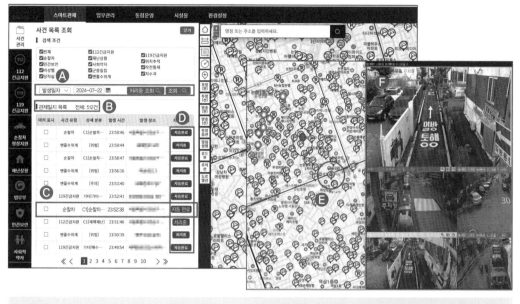

Ⓐ 사건 · 사고 등 이벤트 발생일 및 처리결과 조회

Ⓑ 이벤트 발생 전체 건수(목록수)

Ⓒ 이벤트 목록에서 Ⓒ 박스를 클릭하면 Ⓔ와 Ⓕ가 실행

Ⓓ 처리결과에 따라 처리 중, 처리 완료, 자동 완료 상태 표시

Ⓔ Ⓒ를 클릭하면 GIS 상에 해당 이벤트 장소로 이동 화면

Ⓕ 이벤트 중심으로 투망 감시 모드로 전환, CCTV 영상 표출

▲ 그림 3.5.1 스마트 관제 사건조회 화면

ⓛ 업무관리: 업무관리에는 스마트 관제일지, 업무일지, 선별 관제일지 등이 포함된다.

• 스마트 관제일지: 스마트시티 통합플랫폼에 연계된 이벤트 목록과 전화로 접수된 각종
사건 · 사고의 목록이 포함되어 있다.

Ⓐ 비상벨 이벤트 수신

Ⓑ Ⓐ의 등록을 클릭해 Ⓑ창에 상
세 이력을 작성한 후 등록

▲ 그림 3.5.2 스마트 관제일지 화면

• 업무일지: 관제요원(영상정보관리사)이 플랫폼 시스템에 접수된 이벤트와 직접 접수된 이벤트를 직접 수행 절차를 거쳐 처리한 이벤트를 말한다.

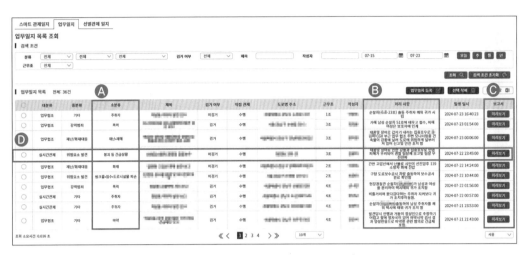

Ⓐ 소분류: 사건·사고나 재난 재해 등을 구체적으로 분류 (폭력, 마약, 화재, 주취자, 재난 재해 등)

Ⓑ 처리사항: 보고서 서식에 맞게 사건 개요, 관제 내용, 조치 결과 등을 객관적이고 사실에 입각해서 작성

Ⓒ 보고서: 보고서에서 Ⓓ의 미리보기를 클릭하면 Ⓔ창처럼 작성된 업무보고서를 출력할 수 있다.

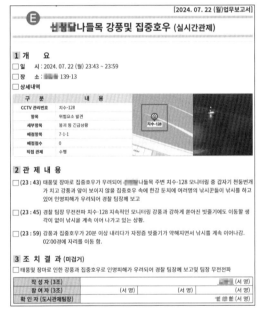

▲ 그림 3.5.3 스마트 업무일지 화면

ⓒ 통합운영: 신고 접수된 사건·사고 통계 및 영상 반출, 실시간 관제, 업무협조 등 업무통계를 관리한다.

사건 통계 - 종합 현황

| 금일 현황

합계	사건 완료	사건 진행	영상 활용 사건	주요 사건
157	157	0	9	0

| 당해 연도 현황

구분	합계	사건 완료	사건 진행	영상 활용 사건	주요 사건
112긴급지원	2878	2560	318	885	1
119긴급지원	13940	12667	1273	108	0
순찰차	16657	15531	1126	23	0
재난상황	904	840	64	1	0
민간보안	1	1	0	1	0
짝진통제	108	104	4	0	0
배상별	2192	2191	1	383	0
군중밀집	140	104	36	41	0
차수과	2	2	0	1	0
당직실	103	77	26	22	0

▲ 그림 3.5.4 통합운영의 사건통계 화면

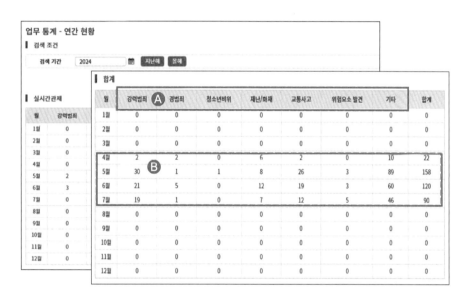

▲ 그림 3.5.5 통합운영의 업무통계 화면

Ⓐ 중점 관제 대상 분류는 영상정보 관제센터 지역 특성을 고려해 다빈도 수가 높은 대상을 선정한다.

Ⓑ 실시간 관제 업무협조 등의 통계 데이터이다. 또한 시인성을 높이기 위해 데이터 표현은 막대 그래프 또는 원반 그래프 등 다양한 그래프로 도식화가 가능하다.

2) 각종 보고서 작성 ★중요합니다.

① 업무 보고서

ㄱ 긴급상황 동향 보고(그림 3.3.4 참고)

ㄴ 관제 모니터링 상황업무 보고서(그림 3.3.5 참고)

② CCTV 관제 시 주요 모니터링 일지(그림 3.3.6 참고)

③ 일일 CCTV 장애 보고서(그림 3.3.7 참고)

④ 근무상황 일지

ㄱ 오프라인 상태의 출·퇴근 근무상황 일지(양식)

영상정보 관제센터 근무상황 일지

조장	담당자	팀장

2022년 01월 15일(토)	주간 1조 8명 중 0명 근무	– 영상 제공/반출 : 0건	특이사항 : 0건

가. 근무현황

근무조	성명	출근	퇴근	근무조	성명	출근	퇴근

나. 연가 · 병가 · 출장 · 특가 등

성명	항목	시작	종료	연가(시간)/병가(일)	누적시간	사유

다. 영상 제공/반출

연번	성명	관제항목	배점	시간	CCTV 관리번호	사건요약	승인여부

라. 특이사항(사건, 사고 등)

연번	성명	관제항목	배점	시간	CCTV 관리번호	사건요약	승인여부

▲ 그림 3.5.6 근무상황 일지(예시)

ⓒ 지문과 사원증으로 출 · 퇴근 인증 시에 스마트시티 통합플랫폼을 통해 복무관리(사례)

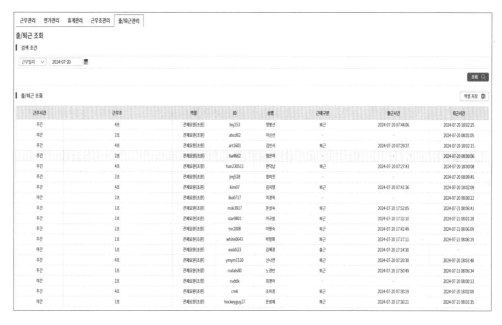

▲ 그림 3.5.7 스마트시티 통합플랫폼 복무관리(예시)

3▶ 관제 내역 자료관리

1) 자료의 종류 및 자료관리 방법 ★중요합니다.

지방자치단체의 영상정보 관제센터에서 취급하는 자료의 종류는 업무 특성에 따라 다양하게
나타나며 획일적이지 않다.

자료 종류	자료관리 방법
CCTV 영상정보 저장	– 공공기관의 CCTV 영상자료는 30일간 보관 – 어린이집 CCTV 영상자료는 60일간 보관 – 영상저장은 스토리지(백업 장치)에 안전하게 보관
CCTV 영상정보 열람 · 반출	– 영상정보 열람 및 반출 관리(일간, 주간, 월간, 연간 등) – 경찰 또는 민원이 해당 영상에 대한 보존 신청할 경우 사건 종료 시까지 별도의 백업 장치에 보관

자료 종류	자료관리 방법
사건 통계	– 스마트시티 통합플랫폼 10대 대국민서비스 제공관리 (119 긴급 지원, 112 긴급 지원, 재난 상황, 민간 보안, 작전통계, 전자발찌, 사회적 약자 등) – 자료관리의 경우 일별, 주간별, 월별, 연도별 관리 – 관할지역의 범죄 발생률, 교통사고율, 화재 발생률 등을 GIS 상에 히트맵 표출
CCTV 설치 및 장비현황	– 영상정보 관제센터 관할지역 CCTV 현황관리 – 기능별(고정형, 회전형), 업무별(방범, 재난 재해, 산불 감시, 불법주정차 단속, 어린이 보호구역 등) CCTV 현황관리 – CCTV 장애 발생 및 조치 현황, 네트워크 장비 현황
CCTV 비상벨 호출 건수	– 방범 CCTV의 비상벨 호출 건수 및 대응 건수 – 비상벨 장애 발생 조치 건수 등
각종 대장관리	– 출입자 대장 및 보안문서: 5년 보관 – 각종 업무일지 및 장애 처리 일지: 1년 보관 – 개인영상정보 반출, 열람 대장, 보안서약서: 5년 보관 　개인영상정보(존재 확인/열람) 청구서: 5년 보관

2) 자료 생성, 보관, 파기 ★중요합니다.

① 영상정보 관제센터에서는 수많은 자료가 생성되어 보관되며 일정 기간이 지나면 파기되는 생애주기(life cycle)를 가지고 운영되고 있다.

② 공공기록물 관리에 관한 법률은 공공기관에서 생성하거나 수집한 기록물의 관리, 보존 및 활용에 관한 규정을 제정한 법률로써 공공기관에서 생성되는 모든 기록물을 관리한다.

　㉠ 공공기록물 관리에 관한 법률 시행령 제26조(보존기간)

　　• 기록물의 보존기간은 영구, 준영구, 30년, 10년, 5년, 3년, 1년으로 구분하며, 보존기간별 책정 기준은 별표 1과 같다. 다만, 수사 · 재판 · 정보 · 보안 관련 기록물은 소관 중앙행정기관의 장이 중앙기록물관리기관의 장과 협의하여 보존기간의 구분 및 그 책정 기준을 달리 정할 수 있다.

　　• 보존기간의 기산일은 단위 과제별로 기록물의 처리가 완결된 날이 속하는 다음 연도의 1월 1일로 한다.

3) 영상자료 열람/반출 관리 ★중요합니다.

① 영상자료 존재 확인 및 열람청구

　㉠ 개인정보 보호법 제35조에 따라 정보 주체가 CCTV 영상을 열람하려면 정보 주체

자신의 영상만을 제공받을 수 있다. 만약 제공될 영상에 제3자의 개인정보가 포함되어 있다면 개인정보처리자는 마스킹 등 비식별조치를 해서 이미지를 제공해야 한다.

ⓛ 정보의 주체(영상에 촬영된 당사자)는 [별지 서식2]를 작성한 후 지방자치단체(시청, 군청, 구청)에 민원 접수 또는 인터넷을 통해 정보공개(https://www.open.go.kr) 사이트에서 온라인 신청을 할 수 있다.

ⓒ 개인정보 보호법 제35조(개인정보의 열람)에 의해 열람청구 시에 특별한 거부 사유가 없는 한 10일 이내에 열람할 수 있도록 해당 영상을 제공해야 한다.

ⓔ 정보공개(https://www.open.go.kr) 사이트에서 개인영상정보(존재 확인/열람) 청구가 가능하다.

- 마스킹(masking): 제3자에게 CCTV 영상정보를 제공할 경우 민감한 정보를 숨기거나 가리는 기술로, 중요한 데이터의 전체 또는 일부를 감추어 원본 데이터를 보호하는 데 사용된다.

- 암호화(encryption): 허가받지 않은 사용자로부터 데이터를 보호하는 기술이다. 암호화된 데이터는 인가된 사람이나 시스템만이 복호화(decryption) 키를 사용해 원래의 데이터로 변환할 수 있다.

- 라운딩(rounding): 숫자를 일정한 자릿수에서 반올림, 버림, 올림 등의 방법을 사용하여 간소화하는 과정으로 수학, 통계, 금융 등 다양한 분야에서 자주 사용되는 기법이다.

- 범주화(categorization): 나이를 10대, 20대, 30대 등의 대푯값 또는 구간 단위로 변환하여 수치형 자료 형태의 의미를 잃게 만들고 고유 정보 추적 및 식별을 방지하는 기법이다.

- 표본 추출(sampling): 전체 집단(모집단)에서 일부를 선택하여 분석하는 과정으로 통계학에서 중요한 과정이며, 데이터 분석, 설문조사, 실험 연구 등 다양한 분야에서 사용된다.

- 토큰화(tokenization): 신용카드 정보를 비롯해 고객 이름, 주소, 비밀번호 등 개인정보를 토큰으로 만들어 사용하는 것으로, 식별 위험 요소를 제거해 개인정보를 보호하는 기술이다.

▲ 그림 3.5.8 정부 정보공개청구 사이트

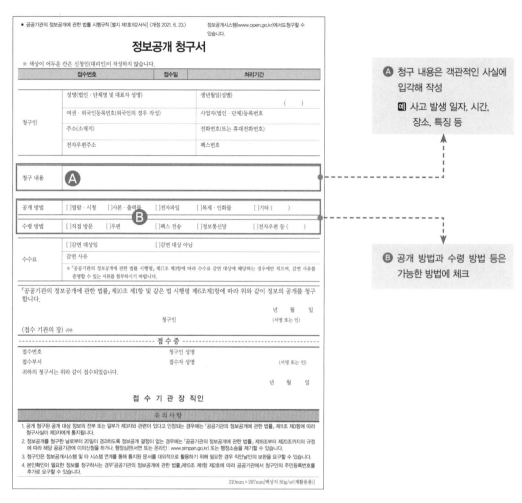

▲ 그림 3.5.9 정보공개 청구서(별지1호의2 서식)

② 개인영상정보 열람 및 반출

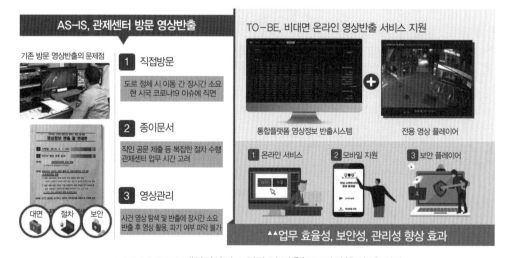

▲ 그림 3.5.10 개인영상정보 열람 및 반출(오프라인/온라인) 절차

ⓐ 개인의 경우는 정보 주체인 자신의 영상만을 제공받을 수 있는 반면, 경찰·검찰 등 사건 해결 및 증거 확보를 위해 개인영상정보의 열람/반출이 가능하다.

ⓑ 경찰서, 법원 등 유관 기관에서 영상반출 및 열람 시에 스마트시티 통합플랫폼을 통해 온라인 신청한 후 영상정보 관제센터에 방문하여 열람/반출이 가능하다.

ⓒ 개인영상정보를 반출할 경우에는 14일이 경과하면 자동 비밀번호(password)가 중지되어 영상정보 파일을 재생할 수 없다. 다만 스마트시티 통합플랫폼의 영상정보 반출시스템에서 열람 기간을 연장신청(최대 1년)과 증거신청(1년/3년/5년)을 선택할 수 있으며, 연장신청 기간이 경과 되지 않았더라도 사건이 종료되면 파기 결과를 공문으로 통보해야 한다.

ⓓ 개인정보 보호법 제35조(개인정보의 열람)에 의해 열람청구 시에 특별한 거부 사유가 없는 한 10일 이내에 열람할 수 있도록 해당 영상을 제공해야 한다.

ⓔ 범죄 및 사건 수사 시에 영상정보를 활용할 경우, 수사 종결 후 파기 결과를 통보(공문서) 해야 한다.

ⓕ 오프라인(방문) 영상정보 열람 및 반출 시에는 별지3호 서식(개인영상정보 관리대장)에 기록하고, 파기 결과 또한 공문으로 확인하여야 한다.

개인영상정보 관리대장

번호	구분	일시	파일명 /형태	담당자	목적/사유	소속 신청자 연락처	이용·제공 근거 (문서번호 등)	이용·제공 형태	기간 및 파기예정 일자	파기 등 결과 및 처리일자	안전 관리 요청 및 결과
	□이용 □제공 □열람 □파기	년 월 일 시 분					□형사소송법 □개인정보보호법 □기타( )	□자료열람 □자료복제 □기타( )	제공일로부터 14일 후 자동파기 □기타( )		
	□이용 □제공 □열람 □파기	년 월 일 시 분					□형사소송법 □개인정보보호법 □기타( )	□자료열람 □자료복제 □기타( )	제공일로부터 14일 후 자동파기 □기타( )		

▲ 그림 3.5.11 개인영상정보 관리대장(별지3호 서식)

ⓐ 영상정보 열람/반출 시 시스템(off-line, on-line)상에 비교

▲ 그림 3.5.12 영상정보 열람/반출 시 시스템(오프라인/온라인) 절차 비교

[별지 제2호 서식] (앞 쪽)

<table>
<tr><td colspan="4">개인영상정보(□ 존재확인 ■ 열람) 청구서
※ 아래 유의사항을 읽고 굵은 선 안쪽의 사항만 적어 주시기 바랍니다.</td><td>처리기한
10일 이내</td></tr>
<tr><td rowspan="3">청구인</td><td>성명</td><td>홍길동</td><td>전화번호</td><td></td></tr>
<tr><td>생년월일</td><td></td><td>정보 주체와의 관계</td><td></td></tr>
<tr><td>주소</td><td colspan="3"></td></tr>
<tr><td rowspan="3">정보 주체의 인적사항</td><td>성명</td><td>홍길동</td><td>전화번호</td><td></td></tr>
<tr><td>생년월일</td><td colspan="3"></td></tr>
<tr><td>주소</td><td colspan="3"></td></tr>
<tr><td rowspan="3">청구 내용 (구체적으로 요청하지 않으면 처리가 곤란할 수 있음)</td><td>영상정보 기록 기간 Ⓐ</td><td colspan="3">(예 : 2024.12.01. 10:30~2024.12.01. 11:00)</td></tr>
<tr><td>영상정보 처리기기 설치 장소</td><td colspan="3">(예 : ○○시 ○○구 ○○대로 ○ 인근 CCTV</td></tr>
<tr><td>청구 목적 및 사유</td><td colspan="3">교통사고 CCTV 영상 확인</td></tr>
<tr><td colspan="5">「표준 개인정보 보호지침」 제44조에 따라 위와 같이 개인영상정보의 존재 확인, 열람을 청구합니다.
2024년 12월 03일
청구인 홍길동 (서명 또는 인)
평화시장 귀하</td></tr>
<tr><td colspan="2">담당자의 청구인에 대한 확인 서명</td><td colspan="3"></td></tr>
</table>

※ Ⓐ 안의 내용은 자세하게 작성하고 영상기록 기간은 30분 이내로 신청하는 것이 바람직하다.

▲ 그림 3.5.13 개인영상정보(존재확인/열람) 청구서(별지2호 서식)

보 안 서 약 서

본인은   년   월   일 영상정보처리기기 영상자료 수령 시 다음 사항을 준수할 것을 엄숙히 서약합니다.

1. ○○○시 ○○○구 ○○○관제센터 근무자로부터 제공받은 영상자료를 제3자에게 재제공할 수 없음을 고지받았음.

2. 영상자료를 제공받은 당사자는 업무상 알게 된 개인정보를 누설하거나 권한 없이 다른 사람이 이용하도록 제공하지 아니한다.

   ※ 개인정보 보호법 제59조

   ➡ 업무상 알게 된 개인정보를 누설하거나 권한 없이 다른 사람이 이용하도록 제공하는 행위

3. 영상자료 수령자는 사용 목적 달성 등 개인정보가 불필요할 경우 즉시 제공받은 자료를 파기하여야 한다.(14일 이내 파기)

   ※ 개인정보 보호법 제21조

   ① 개인정보처리자는 보유기간의 경과, 개인정보의 처리 목적 달성 등 그 개인정보가 불필요하게 되었을 때는 지체 없이 그 개인정보를 파기하여야 한다.

4. 위 사항을 위반할 때는 아래의 관계 법규에 따라 엄중한 처벌을 받을 것을 서약한다.

   ※ 개인정보 보호법 제21조(개인정보의 파기), 제59조(금지행위), 제71조(벌칙), 제75조(과태료)

5. 분기별 영상정보 파기 실적 ○○○과 영상정보처리기기 담당에게 통보

년   월   일

서약자 소속 :   계급 :   생년월일 :

성명 :   서명 :   (HP :   )

○○○시 ○○○구 ○○○관제센터장 귀하

▲ 그림 3.5.14 영상정보 열람/반출 신청 시에 보안서약서 제출

4) 관제요원(영상정보관리사)의 관제 업무 매뉴얼(지방자치단체) ★중요합니다.

① 관제요원(영상정보관리사)의 기본 준수사항

　㉠ 출·퇴근 시간 엄수, 근무 중 게임 금지, 식사 및 휴게시간 외 장시간 이석 금지

　㉡ 근무시간 10분 전까지 출근하여 다음 근무자와 업무 인수인계(모니터링 중 특이사항 및 CCTV 이상 유무 등) 및 근무 지시를 받은 후 업무 수행

　㉢ 비상 상황 발생 시 파견경찰관(이하, '경찰팀장'이라고 함)의 비상 해제 통보 시까지 정위치 근무

② 관제요원(영상정보관리사)의 주요 수행업무(기관에 따라 상이함)

　㉠ 위험 발생의 사전 발견 및 사건·사고 방지를 위한 실시간 모니터링 및 신속 대응 태세 유지

　㉡ 모니터링 업무 시작 전 CCTV 이상 유무(카메라 방향, 영상 상태, 파손 등) 확인

　㉢ 실시간 영상자료 모니터링 중 화재, 재난사고 등 긴급을 요하는 사태가 발생하거나 예상될 때 관제팀장과 경찰팀장에게 즉시 상황 전달(부재 시 112 및 119 신고)하고 그 지시에 따라 대처

　㉣ 재난 재해 사건 관련하여 관제팀장과 경찰팀장에게 즉시 보고 후 사건 발생지 주변 CCTV 집중 모니터링 및 상황 전달

　㉤ 중요 사건(살인·강도·납치·날치기 등) 발생 시 경찰팀장의 지휘에 따라 범죄 발생지 CCTV 화상 순찰을 통한 용의자 위치 확인이나 도주로 파악, 현장 검거를 위한 공조 체제 유지

③ 관제요원(영상정보관리사)의 평상시·긴급 시 관제 요령

구분	상황별 관제 요령
평상시	- 순찰지역 지리 숙지 - 범죄 유형별, 계절별, 날씨별, 시간대별 모니터링 요령을 숙지 - 영상을 통해 CCTV의 상태를 수시로 확인하고 기기 고장 등을 발견할 때는 지방자치단체 담당자나 유지보수 직원에게 즉시 연락하는 등 CCTV의 상태를 최적으로 유지토록 노력 - CCTV의 이상 유무 등 특이사항을 일일 업무보고서에 상세하게 작성
긴급 상황 시	- 관제팀장과 경찰팀장의 지휘에 따라 모니터링 실시 - 용의자 인상착의 숙지 및 메모 - 주변 모니터 요원과의 공조를 통한 모니터링 실시 - 용의자 확인 시 즉시 보고 및 근무자 상호 간 전파 - 용의자 지속 close-up 및 인상착의 특정 화면 확보 - 인상착의 및 도주 방향 전파 - 수사자료 및 증거자료의 확보를 위해 용의자를 특정할 수 있을 정도의 화면 확보

④ 관제요원(영상정보관리사)의 용의자 선별 방법 및 관제 요령

구분	상황별 관제 요령
태도로 발견하는 방법	– 타인의 집안을 엿보거나 타인의 집 문을 만지고 다니는 자 – 빈 차량 내부를 기웃거리거나 차량 문을 만지고 다니는 자 – 도망치는 것처럼 보이는 자 – 주택가 주변에 숨어 주위를 둘러보고 있는 자 – 야간에 빌딩, 공장, 창고, 사무실 등의 부근을 배회하는 자 – 필요 이상으로 주위를 경계하며 다니는 자 – 도보 또는 오토바이, 차량 등을 활용해 거리를 두고 누군가를 뒤따르는 행위 – 공포에 질려있거나 흥분한 태도를 보이고 있는 자를 발견한 때는 경찰관에게서 즉시 연락하는 등 CCTV 화상 순찰 강화
의복으로 발견하는 방법	– 옷이나 신발에 혈흔이 있거나, 더럽혀지고 찢기는 등 훼손이 심한 자 – 옷이 기후와 어울리지 않거나, 체격에 비해 많이 크거나 작은 자 – 모자, 선글라스, 마스크 등으로 얼굴을 감추듯 하는 자
정황으로 발견하는 방법	– 사람들이 많지 않은 장소에 숨어서 무엇인가 물색하는 자 – 사람이 붐비는 장소 등에서 용무 없이 장시간 배회하는 자 – 야간에 상가, 시장, 공사장 등에서 상품이나 자재 등을 싣고 있는 자 – 범죄사건 현장 주변에서 지속적으로 경찰의 상황을 파악하는 자

⑤ 범죄 유형별 모니터링 요령 및 방법

구분	상황별 관제 요령
강도/절도	– 입체적인 검거 작전을 위해 추격 상황에 따라 유동적으로 대응 – 도주 등을 대비한 인접 구역에 대한 공조 유지 및 공동 모니터링 – 용의자의 조속한 확인 및 특정 – 도주로의 조속한 파악 및 전파 – 화상 순찰 시 도주로 주변 카메라의 집중 모니터링 – 도주 방향 확인 또는 도보 도주 시 은신 가능한 장소의 화상 수색, 거동 수상자 및 유사 용의자 조기 발견
치기 등 (차량 및 오토바이)	– 가방을 들고 가는 여성의 주변에서 움직이는 오토바이 및 창문을 열어두고 서행하는 차량 등에 대하여 확대 모니터링 실시 – 용의자 인상착의가 확인될 수 있도록 촬영 또는 차량번호 인식, 기타 용의자를 식별할 수 있는 화면을 촬영하여 확보 – 도주 방향 확인 및 도보 도주 시 은신 가능한 장소의 화상 수색 – 거동 수상자 및 기타 차량 이용 도주 등을 착안하여 차량번호판 확인 – 도주로 주변 카메라의 집중 모니터링 – 도주로의 조속한 파악 및 전파

구분	상황별 관제 요령
골목길 귀가 등 부녀자 상대 범죄	- 심야 범죄 취약 시간 등 골목길에 여성과 부녀자 혼자서 귀가하는 경우 주변을 따라오는 사람, 오토바이, 차량 등을 면밀히 관찰 모니터링
취객을 상대로 하는 범죄	- 유흥가, 술집 밀집 지역, 골목, 인도, 공원 등에서 술에 취해 쓰러져 있거나, 잠을 자는 취객을 상대로 한 부축빼기, 퍽치기 등의 범죄예방을 위한 모니터링
폭력 (집단폭력 등)	- 폭력 상황의 영상 확보를 위한 면밀한 모니터링 실시 - 도주 시를 대비한 가담 인물을 특정할 수 있는 영상 확보 - 가담 인원, 흉기 등 위험물 소지 여부, 조직폭력배 개입 여부 등 - 현장 상황 등 지리적 특이성, 기타 상황 등에 대한 즉시 전파

⑥ 계절별 범죄 유형에 따른 모니터링 요령 및 방법

구분	상황별 관제 요령
봄 (3月~5月)	- 대로변, 골목, 유흥가 주변에서 도보, 오토바이를 이용한 날치기 등의 범죄 증가 - 주말, 공휴일, 국경일 또는 도로에서 교통혼잡 및 사고를 유발하는 폭주족 등 - 주말 가족들의 교외 나들이로 빈집털이 등 절도 범죄의 발생
여름 · 가을 (6月~11月)	- 다양한 범죄가 집중해서 발생하는 계절 - 성추행, 성폭행, 부녀자 납치 - 야간 귀갓길 부녀자 상대 날치기 등 범죄 - 취객 상대로 한 퍽치기, 부축빼기 등의 범죄 - 오토바이치기 등의 범죄 - 여름철 더운 날씨로 인해 창문을 열어두는 등 시건장치 소홀로 인한 침입 강 · 절도, 성폭력 관련 범죄의 증가
겨울 (12月~2月)	- 성추행, 성폭행, 부녀자 납치

실기＋필기
기출문제

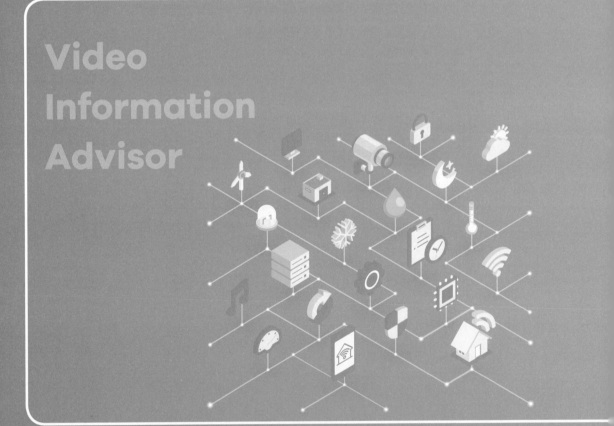

Video
Information
Advisor

영상정보관리사

영상정보 관리일반

01 한국직업사전에 제시된 'CCTV 통합관제요원'의 수행직무에 대한 설명으로 옳지 않은 것은?

① 관계기관 등에서 추적자 동선 파악 등의 요청이 올 경우, 관련된 전반적인 업무를 수행한다.

② 범죄, 안전, 환경오염, 재난·재해, 어린이 보호(스쿨존) 등 각종 사건 발생이 의심되는 경우 조치 사항을 파악하여 보고한다.

③ CCTV 통합관제센터 등 스마트시티 통합관제센터에서 CCTV 등 모니터링 장비를 실시간으로 감시하고 경찰관, 소방관, 보호 감찰관 등 유관 기관과 업무 협조를 통해 각종 사건 사고의 예방과 지원 및 사후 조치를 한다.

④ CCTV 등 시설물 고장 및 오작동 여부를 주기적으로 확인하여 직접 수리한다.

해설

한국직업사전에서 CCTV 등 시설물의 직접적인 수리를 'CCTV통합관제요원'의 수행직무로 하지 않는다.

02 지방자치단체 'CCTV 통합관제센터'의 운영 목적에 대한 설명으로 옳지 않은 것은?

① 자율방범대, 녹색 어머니 연합회, 초등학교 운영위원회 등 주민을 대상으로 관제센터 주민 홍보 시행

② 관내 어린이집, 유치원 원아, 초등학생을 대상으로 시청각 교육과 체험학습을 병행한 어린이 안전 체험관 운영

③ 정보 주체 유무와 상관없이 시민에게 CCTV 영상정보를 손쉽게 열람 또는 제공 등의 주민 편익 도모

④ 분산·운영 중인 CCTV 시스템의 공간적·기능적 통합 및 사건·사고 발생 시 신속한 대응

해설

개인정보 보호법 제35조(개인정보의 열람)에 따라 영상정보 열람 시 반드시 '정보주체'의 유무 확인이 필요하다.

03 '개인정보 보호법 제2조(정의)'에서 제시한 용어에 대한 설명으로 옳지 않은 것은?

① 개인정보처리자는 업무를 목적으로 개인정보 파일을 운용하기 위하여 스스로 또는 다른 사람을 통하여 개인정보를 처리하는 공공기관, 법인, 단체, 개인 등을 말한다.

② 가명정보는 개인정보를 가명 처리함으로써 원래의 상태로 복원하기 위한 추가 정보의 사용·결합 없이는 특정 개인을 알아볼 수 없는 정보이다.

③ 익명정보는 개인정보 일부를 삭제하거나 일부 또는 전부를 대체하는 등의 방법으로 추가 정보 없이는 특정 개인을 알아볼 수 없도록 처리하는 것을 말한다.

④ 개인정보 파일은 개인정보를 쉽게 검색할 수 있도록 일정한 규칙에 따라 체계적으로 배열하거나 구성한 개인정보의 집합물을 의미한다.

정답 01. ④ 02. ③ 03. ③

익명정보가 아닌 "가명처리"에 대한 내용이다.

※ '익명정보'란 개인정보 보호법 제35조(개인정보의 열람)에 따라 시간·비용·기술 등을 합리적으로 고려할 때 다른 정보를 사용하여도 더 이상 개인을 알아볼 수 없는 정보이다.

04 '개인정보 보호법'에서 제시한 '이동형 영상정보처리기기'에 대한 설명으로 옳지 않은 것은?

① 이동형 영상정보처리기기는 사람이 신체에 착용 또는 휴대하거나 이동 가능한 물체에 부착 또는 거치하여 사람 또는 사물의 영상 등을 촬영하거나 이를 유·무선망을 통하여 전송하는 장치를 말한다.

② 이동형 영상정보처리기기로 사람 또는 그 사람과 관련된 사물의 영상을 촬영하는 경우에는 불빛, 소리, 안내판 등 촬영 사실을 표시하고 알려야 한다.

③ 인명의 구조·구급 등을 위하여 필요한 경우 이동형 영상정보처리기기로 사람 또는 그 사람과 관련된 사물의 영상을 촬영하여서는 아니 된다.

④ 누구든지 불특정 다수가 이용하는 목욕실, 화장실, 발한실, 탈의실 등 개인의 사생활을 현저히 침해할 우려가 있는 장소의 내부를 볼 수 있는 곳에서 이동형 영상정보처리기기로 사람 또는 그 사람과 관련된 사물의 영상을 촬영하여서는 아니 된다.

개인정보 보호법 제25조의 2(이동형 영상정보처리기기의 운영 제한)의 단서 조항으로 인명의 구조·구급 등은 제한 예외이다.

05 '영상정보처리기기의 운영 제한'을 위반하였을 경우 벌칙과 과태료 대상에 포함하지 않는 것은?

① 고정형 영상정보처리기기의 설치 목적과 다른 목적으로 고정형 영상정보처리기기를 임의로 조작하거나 다른 곳을 비추는 자 또는 녹음 기능을 사용한 자

② 이동형 영상정보처리기기로 사람 또는 그 사람과 관련된 사물의 영상을 촬영한 자

③ 고정형 영상정보처리기기의 설치·운영에 관한 사무를 위탁받아 수행한 자

④ 직무상 알게 된 비밀을 누설하거나 직무상 목적 외에 이용한 자

영상정보처리기기의 위탁사항은 법령 위반이 아니다.

06 공공기관에 소속된 공무원의 출장 여비 및 초과근무수당의 부당 수령 등에 대한 제보나 의심 정황 발생 시, 제보 내용의 진위 여부를 확인하기 위해 청사에 방호 목적으로 설치된 CCTV 영상정보 이용 가능 여부에 대한 설명으로 올바르지 않은 것은?

① 소속 직원의 동의 또는 노사협의를 거쳐야만 한다.

② 공공감사법에 근거하여 자체 감사에 이용할 수 있다.

③ CCTV를 확인할 때는 다른 정보 주체 등의 이익을 부당하게 침해하지 않아야 한다.

④ 공공감사법에 따라 자체 감사를 위하여 공무원 및 소속 직원에게 자료 제출을 요구할 수 있다.

공공감사법 제20조(자료 제출 요구)에 따른 감사직무 수행으로, 소속 직원의 동의 또는 노사협의 사항이 아니다.

07 다음 중 '영상정보처리기기를 설치 및 운영'을 하고자 할 때 정보 주체에게 동의받아야 하는 경우에 해당하는 것은?

① 사람의 왕래가 빈번한 공개된 병원의 채혈실

② 직원의 근태를 파악하기 위한 통근버스 내부 블랙박스

③ 건물의 현관, 복도 등 불특정 다수가 출입하고 이용하는 공개된 장소

④ 택시, 버스 등 영업용 차량 내부에 설치되어 외부를 촬영하는 블랙박스

해설
정보 주체가 통근버스 이용 직원으로 대상을 특정할 수 있으므로 정보 주체의 동의를 받아야 한다.

08 금융기관에서 '영상정보처리기기를 설치·운영' 시 주의해야 할 사항으로 옳지 않은 것은?

① 영상정보처리기기 운영자는 영상정보처리기기의 설치 목적과 다른 목적으로 임의 조작할 수 없다.

② 영상정보처리기기 운영자는 영상정보처리기기로 지정된 곳 이외의 장소를 비출 수 없다.

③ 범죄예방 및 시설 안전을 위해 은행의 현금인출기 부스 천장에도 CCTV를 설치할 수 있다.

④ 범죄예방을 위해 고객의 계좌번호, 비밀번호를 촬영 가능하나 녹화는 금지된다.

해설
금융기관은 '시설 안전 및 화재예방, 고객의 안전을 위한 범죄예방, 금융거래 사고 예방, 차량 도난 및 파손 방지'의 목적으로 영상정보처리기기를 설치 및 운영이 가능하다. 다만 고객의 계좌번호, 비밀번호까지 과도하게 촬영되지 않도록 해야 한다.

09 '영상정보처리기기 설치·운영 가이드라인'에서 설명하는 임의 조작·녹음에 대한 설명으로 옳지 않은 것은?

① 영상정보처리기기 운영자는 녹음 기능을 사용할 수 없다.

② 영상정보처리기기 책임자는 영상정보처리기기의 설치 목적과 특정 용도의 이용을 위해 다른 목적으로 영상정보처리기기를 임의로 조작할 수 있다.

③ 영상정보처리기기 운영자는 영상정보처리기기의 설치 목적과 다른 목적으로 다른 곳을 비출 수 없다.

④ 영상정보처리기기의 줌 기능과 촬영방향 전환 기능은 당초 설치 목적 범위 내에서 이용하는 것은 가능하다.

해설
영상정보처리기기의 임의 조작은 할 수 없다.

10 데이터 및 저장 매체, 시설 등 물리적인 구성 요소에 대한 피해를 최소화하기 위해 관제센터(방재실)에서 수행하는 출입 통제 물리적 보안 처리 방안에 해당하는 것은?

① 무정전 전원 설비, 항온항습기, 공기정화 설비 유지 관리

② 화재 초기 진압을 위한 자동 소화기 설치 및 방화 구역 설치

③ 보호구역에 잠금장치를 설치하여 허가된 인원만이 진입할 수 있도록 감시 및 접근 통제

④ 생성된 문서는 별도의 시건장치가 존재하는 곳에 안전하게 보관

해설
①,②는 '보호 설비 운영', ④는 '업무환경보안(문서보안)'이다.

11 '국가 정보보안 기본지침'에 제시한 '휴대용 저장 매체 보안대책'에 대한 설명으로 옳지 않은 것은?

① 관리책임자는 사용자의 휴대용 저장 매체 무단 반출 및 미등록 휴대용 저장 매체 사용 여부 등 보안관리 실태를 주기적으로 점검하여야 한다.

② 관리책임자는 휴대용 저장 매체를 비밀용, 일반용으로 구분하고 주기적으로 수량 및 보관 상태를 점검하며 반출·입을 통제하여야 한다.

③ 관리책임자는 사용자가 USB 메모리를 PC 등에 연결 시 자동실행 되지 않도록 하고, 최신 백신으로 악성코드 감염 여부를 수동 검사하도록 보안 설정하여야 한다.

④ 보안담당관은 비밀자료가 저장된 휴대용 저장 매체는 매체별로 비밀등급 및 관리번호를 부여하고 비밀관리기록부에 등재 관리하여야 한다. 이 경우에는 매체 전면에 비밀등급 및 관리번호가 표시되도록 하여야 한다.

> **해설**
> USB 연결 시 자동으로 백신프로그램이 악성코드 여부를 검사하도록 보안 설정하여야 한다.

12 관제센터 기록물 및 문서보안과 관련된 내용으로 잘못된 것은?

① 생성된 문서는 별도의 시건장치가 된 곳에 안전하게 보관하여야 한다.

② 폐기되는 문서는 안전한 방법으로 폐기한다.

③ 문서의 보안 등급을 부여하고 등급에 따라 차별화된 권한 관리를 한다.

④ 관제센터에서 생산되는 기록물(수사협조 의뢰 공문, 개인영상정보 관리대장 등)은 보안과 관련된 중요한 문서로 10년 동안 보관하여야 한다.

> **해설**
> 공공기록물 관리에 관한 법률은 공공기관에서 생성하거나 수집한 기록물의 관리, 보존 및 활용에 관한 규정을 제정한 법률로써 공공기관에서 생성되는 모든 기록물을 관리한다.
>
> 1. 공공기록물 관리에 관한 법률 시행령 제26조(보존기간)
>   ① 기록물의 보존기간은 영구, 준영구, 30년, 10년, 5년, 3년, 1년으로 구분하며, 보존기간별 책정기준은 별표 1과 같다. 다만, 수사·재판·정보·보안 관련 기록물은 소관 중앙행정기관의 장이 중앙기록물관리기관의 장과 협의하여 보존기간의 구분 및 그 책정기준을 달리 정할 수 있다.
>   ③ 보존기간의 기산일은 단위과제별로 기록물의 처리가 완결된 날이 속하는 다음 연도의 1월 1일로 한다.

13 고정형·이동형 영상정보처리기기 및 DVR, NVR 등 산업 발전에 따른 지능형 영상보안 주요 신기술 분야가 아닌 것은?

① AI 영상 기반 이동 물체 검출 및 추적 기능

② 데이터 처리를 위한 흑백 CCD 소자 개발

③ 딥러닝 영상보안 시스템 구축

④ 영상 기반 개인 인식 및 자동식별

> **해설**
> • 흑백 CCD(Charge-Coupled Device)는 RGB 필터가 없고, 색상이 아닌 밝기 정보만을 수집하기 때문에 높은 감도와 정밀한 밝기 해상도를 제공하여 저조도 환경에서 성능이 우수하고, 고해상도 영상을 촬영하는 데 유리하지만, 일반적인 영상 데이터 처리를 위한 기술이기에 최신 기술 분야라고 보기 어렵다.
> • ①, ③, ④번은 지능형(AI) 선별 관제시스템에 대한 설명이다.

14 클라우드 기반 보안 서비스로 침입탐지, 안티바이러스, 인증, 이벤트 관리 등 다양한 보안 기능을 제공하는 클라우드 서비스는?

① Iaas(Infrastructure as a Service)

② Paas(Platform as a Service)

③ Saas(Software as a Service)

④ SECaaS(Security as a Service)

해설

SECaaS(SECurity as a Service, 보안 서비스형)

• 클라우드 서비스 제공자가 각종 보안 솔루션을 사용자에게 제공하는 서비스로, 사용자는 보안 장비를 도입하지 않아도 된다.

• 사이버 위협 환경에 신속하게 대응할 수 있는 장점이 있어 지속적인 보안 투자가 어려운 기업에 알맞은 서비스라 할 수 있다.

15 영상 데이터의 암호화와 보안을 위해 사용되는 기술로, 카메라와 저장장치 간의 데이터 전송을 안전하게 보호하는 기술에 해당하지 않은 것은?

① HTTP

② SSL

③ FTPS

④ VPN

해설

HTTP(Hyper Text Transfer Protocol)는 월드 와이드 웹(WWW)에서 정보를 주고받을 수 있는 프로토콜로, 그 자체로 데이터 전송을 안전하게 보호하지는 않는다.

16 IPv4에서 IP Address에 대한 설명으로 옳지 않은 것은?

① Network ID 부분과 Host ID 부분으로 되어 있다.

② 인터넷상에서 컴퓨터를 찾기 위한 주소이다.

③ '000.000.000.000'부터 '255.255.255.255'까지이다.

④ 64bit의 숫자 조합으로 표현된다.

해설

IPv4의 IP Address는 32bit 주소 체계이다.

17 무선 영상정보처리기기(CCTV)의 네트워크에서 사용되는 Wi-Fi 암호화 프로토콜 중 가장 안전한 것은?

① WEP

② WEP3

③ WPA

④ WPA3

해설

WPA3(2019년 제정, WPA2 확장으로 192비트의 암호키 사용)는 가장 최근에 발표된 프로토콜로 안전하게 사용할 수 있다.

18 다음 설명하는 특수 렌즈의 종류는?

– 1대의 카메라로 넓은 시야를 얻기 위하여 화각을 크게 얻을 수 있는 렌즈

– 180° 이상의 화각을 갖는 렌즈

① 어안 렌즈

② 핀홀 렌즈

③ 프리즘 렌즈

④ 옵티컬 렌즈

해설

어안 렌즈(fish-eye lens)

• 광각 렌즈보다 더 많은 화면을 촬영할 수 있다.

• 광각 렌즈와 달라 화상이 비뚤어지게 찍히는 성질이 더 크다.

• 기상학 분야에서 많이 사용한다.

19 '지능형 CCTV 카메라 구성 부문'에 대한 설명으로 올바르지 않은 것은?

① 영상센서 부문은 영상을 포착하기 위한 렌즈를 포함하며, 아날로그 영상을 디지털로 변환하는 A/D 컨버팅 기능을 수행한다.

② 데이터 처리 부문은 이미지 프로세싱 유닛으로 구성되어 있으며, 입력하는 영상 데이터를 처리하고, 다양한 이벤트를 생성한다.

③ 인터페이스 부문은 중앙의 관제시스템과의 통신 역할을 수행하며, IP 패킷화된 디지털 영상과 이벤트를 전달하고 센터의 명령을 수신한다.

④ 영상센서 부문은 렌즈에 포착된 영상을 A/D 컨버팅 기능을 수행하지 않고, 아날로그 영상을 바로 전송한다.

> **해설**
>
> 렌즈에서 얻은 영상은 A/D 컨버팅을 거친 후 디지털로 전송된다.

20 다음 중 해상도의 규격에 해당하지 않는 것은?

① UHD   ② QHD

③ FHD   ④ AHD

> **해설**
>
> AHD(Analogue High Definition)는 감시 시스템에서 FHD 디지털 비디오를 전송하기 위해 새로 개발된 솔루션으로 아날로그 CCTV 시스템에서 주로 사용되며, 고화질 영상을 전송할 수 있는 비디오 전송 기술이다.

21 피사체가 물체나 동물인 경우, 몸(물체)의 온도에 따라 해당 파장의 빛을 방출되는 원리를 이용하여 감지하는 센서의 종류에 해당하는 것은?

① 열상 센서

② 양방향 음성 센서

③ 광케이블 센서

④ 가시광 센서

> **해설**
>
> 열상 센서는 다음과 같은 기능이 있다.
> • 피사체가 발산하는 적외선(열선)을 가시화(可視化)시켜 열을 측정한다.
> • 검역, 질병 검사, 건축물의 단열 확인 등에 활용한다.

22 다수의 CCTV를 효율적으로 감시하기 위해서 소규모 설비에서는 2, 4, 16 화면 분할 또는 멀티플렉서를 사용한다. 해당 기능을 이용하기 위해 사용되는 장치에 해당하지 않는 것은?

① 영상신호 커넥터 장치

② 영상신호 분배 기능 장치

③ 영상신호 개선 기능 장치

④ 영상신호 선택 기능 장치

> **해설**
>
> 영상신호 개선 기능 장치는 화면 분할이나 멀티플렉서를 사용하는 기능이 아니다.

23 PoE를 이용한 전송방식에 대한 설명으로 옳은 것은?

① 동축 케이블을 BNC 커넥터로 연결해서 영상 데이터를 전송하는 방식이다.

② 영상 케이블과 전원 케이블이 분리된 형태이다.

③ 영상 전송과 전원 공급을 UTP 케이블 하나로 공급하는 형태이다.

④ 고화질 직렬 디지털 신호 전송 방식을 의미한다.

> **해설**
>
> PoE(Power over Ethernet) 방식은 이더넷 케이블을 통해 데이터 전송과 전원 공급을 함께하는 방식이다.
> • 중앙 집중식 전원 관리가 가능하다.
> • 일반적인 PoE는 CAT 5 케이블 이상의 케이블이 필요하다.
> • 이더넷 케이블의 8가닥 심선 중에서 일부 심선을 급전용으로 지정하여 사용한다.
> • IEEE 802.3af를 PoE 표준으로 확정하였다.

정답 20. ④ 21. ① 22. ③ 23. ③

24 다음은 '영상분배서버' 설정 화면 중 일부의 예이다. 다음을 통해 확인할 수 있는 카메라 정보가 아닌 것은?

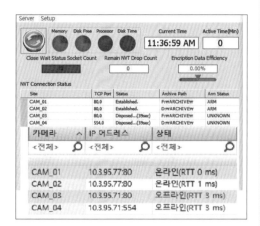

① CAM_01 카메라 영상은 'F drive'에 저장한다.

② CAM_04 카메라의 포트는 554이다.

③ CAM_03 카메라는 실시간 영상을 확인할 수 없다.

④ CAM_02 카메라 영상은 'F drive'에 저장한다.

해설

- CAM_01~02는 온라인 상태이며, CAM_03~04는 오프라인 상태이다.
- CAM_01, CAM_03는 F drive에 CAM_02, CAM_04는 D drive에 카메라 영상이 저장되어 있다.
- CAM_04는 TPC Port를 554번을 사용하고 있으며, 나머지 카메라는 80번 TPC Port를 사용하고 있다.
- CAM_03~04번 실시간 영상 상태(Status)가 Disposed(폐기)된 상태로 재생이 불가능하다.

25 다음은 '영상저장서버'에 등록된 카메라의 정보를 보여주는 화면 중 일부의 예이다. 화면을 통해 확인할 수 있는 내용으로 옳은 것은?

① 카메라 서버 이름은 'uid_mapo_cam_04'이다.

② 카메라 저장영상 서버는 두 개의 스트림으로 연결되어 있다.

③ 카메라의 저장 경로는 'D:Archive'이다.

④ 해당 카메라는 PTZ 제어를 할 수 없다.

해설

- ① NVR의 UID는 'uid_mapo_cam_04'이다.
- ③ 레코딩 저장 경로는 '/vol1/Archive'이다.
- ④ 해당 카메라는 PTZ 제어를 할 수 있다.

26 다음 중 영상정보처리기기에서 방향, 확대 및 축소를 원격으로 제어할 수 있는 기능(A)은?

(A) 기능은 현대의 방범 시스템에 필수적인 요소로 이상행위에 대한 이벤트에 집중할 수 있으며, 추적이 필요한 대상의 움직임을 관찰하거나 감시할 수 있다.

① PPP
② PTZ
③ PDP
④ POP

PTZ(Pan Tilt Zoom) 카메라 제어

• 사용자가 상황에 따라 CCTV를 실시간 조작이 가능한 CCTV를 말한다.
• Pan은 방위각이며, Tilt는 고도각, Zoom은 확대 배율을 의미한다.
• 관제 대상이 많은 교차로나 주택가 골목길에서 고정형 카메라보다 PTZ 카메라의 설치 비중이 높다.

27 CCTV 네트워크 장애 진단 명령어와 내용이 올바르게 짝지어진 것은?

① ping – 도메인 네임을 확인하거나 IP 주소 매핑 혹은 특정한 DNS 레코드를 질의할 때 사용

② tracert – 출발지 네트워크 인터페이스와 도착지 인터페이스 사이에 몇 단계의 라우터를 통과하는지 정보를 표시할 때 사용

③ netstat – 네트워크 상태를 확인하려는 대상 컴퓨터 혹은 네트워크 장치를 향해 일정 크기의 패킷을 보낸 후, 대상 장치가 이에 응답하는 메시지를 보내오면 이를 수신, 분석하여 대상 장치까지 도달하는 네트워크 상태를 진단할 때 사용

④ nslookup – 네트워크 인터페이스와 프로토콜 상태를 위한 네트워크 연결을 보여줄 때 사용

• ping은 컴퓨터와 네트워크의 상태를 판단하는 명령어이다.
• tracert는 컴퓨터에 도달할 때까지 통과하는 경로의 정보와 각 경로에서의 지연 시간을 추적하는 명령어이다.
• netstat는 서버의 연결 상태, 프로토콜, IP 주소, 포트 번호 등의 네트워크 인터페이스 통신 상태를 보여주는 명령어이다.
• nslookup은 서버에게 특정 호스트의 정보에 대한 질의를 주고 IP 주소 및 도메인 정보를 얻는 명령어이다.

28 다음 중 하나의 영상 저장 분배 서버에서 장애가 발생하였을 때, 설정해 놓은 예비 백업 서버로 자동 전환되는 기능은?

① 카메라 검색 기능
② 핫픽스 기능
③ 영상반출 기능
④ 페일 오버 기능

페일 오버 기능은 장애가 발생하면 미리 준비해 둔 여분의 시설(장비)로 대체하는 방법으로, 영상 저장 분배 서버에서 장애가 발생하였을 때, 설정해 놓은 예비 백업 서버로 자동 전환된다.

29 IP카메라 SD카드가 인식 불량이다. 원인 및 해결 방안으로 적절하지 않은 것은?

① 네트워크 카메라 사용 방법에 제시된 SD카드 일정 기간 사용 후 교체 권장

② 사용 방법에 제시된 주기마다 SD카드 Format 권장

③ SD카드 구매 시 권장 제조사 제품 사용

④ 윈도 계정을 관리자 권한을 가진 계정으로 사용 권장

윈도 계정을 관리자 권한을 가진 계정으로 사용을 권장하는 것은 SD카드 불량과 관계없다.

30 다음은 '관제시스템 검색 기능 화면' 중 일부의 예이다. 아래의 빨간색 테두리가 나타내는 화면의 검색 기능에 해당하는 것은?

① 속도 검색　　　　　　　　② 지도 검색
③ 영상반출　　　　　　　　④ 날짜 및 시간 검색

해설

관제시스템에 따라 기능이 상이할 수 있지만, 위 문제의 빨간색 테두리는 날짜 및 시간 검색 기능을 제공한다.

영상정보 관리실무

31 편의점 앞에서 배회하며 의심스러운 행동을 하는 사람을 발견했을 때, 해당 객체를 지정하여 움직임이 있을 때마다 집중적으로 모니터링하도록 설정하는 관제 기법은?

① 집중 관제　　　　② 투망 감시 관제
③ 순환 관제　　　　④ 선택 관제

해설

선택 관제 기법은 순환 관제 기법과 유사하게 생각할 수 있으나 인재(人災) 또는 자연재해(自然災害)가 발생했거나 발생징후가 있는 경우 해당 지역의 CCTV를 선택하여 집중 관제하는 것을 말한다.

32 영상 이벤트 발생 시 대응 절차 및 방법으로 잘못된 것은?

① 담당 관제사가 영상을 확인 후 위험지수의 수준에 따라 상황에 대응한다.
② 정상 단계의 경우 모니터링할 필요가 없으므로 상황을 종료한다.
③ 관심 및 주의 단계의 경우 관련자들에게 발생 상황에 대해 전달한다.
④ 경계 및 심각 단계의 경우 관련자 또는 이해관계자들에게 전달하여 상황을 해결하도록 한다.

정답 **30.** ④ **31.** ④ **32.** ②

관제요원(영상정보관리사)은 이벤트가 발생하지 않는 시간에도 지속적으로 모니터링을 실시하며, 근무 여건에 따라 순환 관제, 선택 관제 등 지속적으로 모니터링을 실시하여야 한다.

33 가명처리 항목 중 나이를 10대, 20대, 30대 등의 대푯값 또는 구간 단위로 변환하여 수치형 자료 형태의 의미를 잃게 만들고, 고유 정보 추적 및 식별을 방지하는 기술에 해당하는 것은?

① 마스킹   ② 암호화

③ 라운딩   ④ 범주화

• 마스킹(masking): 제 3자에게 CCTV 영상정보를 제공할 경우, 민감한 정보를 숨기거나 가리는 기술로 중요한 데이터의 전체나 일부를 감추어 원본 데이터를 보호하는데 사용된다.

• 암호화(encryption): 허가받지 않은 사용자로부터 데이터를 보호하는 기술이다. 암호화된 데이터는 인가된 사람이나 시스템만이 복호화(decryption) 키를 사용해 원래의 데이터로 변환할 수 있다.

• 라운딩(rounding): 숫자를 일정한 자릿수에서 반올림, 버림, 올림 등의 방법을 사용하여 간소화하는 과정으로 수학, 통계, 금융 등 다양한 분야에서 자주 사용되는 기법이다.

34 다음 그림과 같이 싸움, 배회, 쓰러짐 등 이상 징후가 있는 상황을 신속히 감지하여 범죄 및 사고 예방에 선제적으로 대응이 가능하게 만드는 것을 목적으로 적용하는 관제 기법에 해당하는 것은?

① 선별 관제   ② 순환 관제

③ 투망 감시 관제   ④ 초기 설정 관제

선별 관제: 범죄자(수배자), 실종자 및 문제 차량 등 특징이 등록된 데이터베이스(DB)를 인공지능 분석을 통해, 유사성을 감지해서 관제 화면에 신속하게 표출해 주는 인공지능(AI) 관제 기법이다.

35 출동 경찰관 요청 시 관제센터에서 현장사진, 범인위치, 증거자료 등을 제공하여 신속한 범인 검거 및 사건 처리를 가능하게 하는 서비스에 해당하는 것은?

① 112 긴급출동 지원 서비스
② 119 긴급출동 지원 서비스
③ 재난 상황 긴급 대응 지원 서비스
④ 사회적 약자 지원 서비스

> **해설**
>
> 국토교통부에서 2015년부터 전국 232개 지방자치단체를 대상으로 스마트시티 통합플랫폼을 구축한 10대 서비스이다. 지방자치단체의 CCTV를 활용해 각종 재난 · 재해 및 사건 · 사고 발생 즉시 신속하게 상황을 파악하고 대응을 목적으로 운영되고 있다.

36 '지능형 영상정보 솔루션 이벤트 표출 화면'의 한 예이다. 아래 제시된 화면과 오검출 판단 기준을 바탕으로 영상정보관리운영자가 CCTV 영상 알람 정보 기록을 올바르게 작성한 것은?

이벤트 표출 화면	
오검출 판단 기준	① 정탐 여부 • 사람의 손이 얼굴 부위에 올려졌을 경우 'O', 아닌 경우 '×' 체크 ② 이벤트 여부 • 실제 흡연인 경우 'O', 아닌 경우 '×' 체크

① 정탐 여부 'O', 이벤트 여부 'O'
② 정탐 여부 'O', 이벤트 여부 '×'
③ 정탐 여부 '×', 이벤트 여부 'O'
④ 정탐 여부 '×', 이벤트 여부 '×'

> **해설**
>
> 지능형(AI) 선별 관제시스템에 대한 문제로써 흡연 금지구역에서 흡연자 검색을 요청하였으나, 이벤트 결과가 핸드폰 통화 중인 화면이 검색되어 오검출 사례가 발생되었다. 따라서 오검출을 판단할 수 있는 관제요원(영상정보관리사)의 역할이 중요하다.

37 '5대 국민 안전서비스' 중 하나인 112센터 긴급 영상지원 서비스를 통하여 개선된 사항은?

① 사건 · 사고 신고 접수한 112센터 경찰관이 사건 · 사고 신고 접수 후 현장에 도착하여 신고자 확인 및 현장 상황 파악 가능
② 납치 · 폭행 등 급박한 사건의 경우 신고자 구조에 한계 발생
③ 상황 파악을 신고자 진술에 의존하여 상황 판단 및 조치
④ 관제센터에서 제공한 신고자 주변 CCTV 영상을 보고 상황을 파악하여 정확한 상황 판단 및 신속한 조치

> **해설**
>
> 35번 해설 참고

38 다음 중 영상정보 반출(제공)에 대한 설명으로 올바르지 않은 것은?

① 영상정보 제공 시 일시, 목적/사유, 영상자료 요구자 등을 정확히 기록한다.
② 긴급한 상황일 경우 경찰 또는 소방상황실에 실시간 영상정보 제공도 가능하다.
③ 정보 주체의 본인 영상이더라도 영상정보 제공은 최소화해야 한다.
④ 경찰 등 영상정보를 제공받은 기관이 자체적으로 영상정보를 폐기 처분하였는지의 여부를 유선상으로 확인해야 한다.

정답 35. ① 36. ② 37. ④ 38. ④

경찰, 법원 등 제공받은 기관에서는 해당 사건·사고가 종결되었을 경우, 제공받은 영상정보의 파기(폐기) 여부를 공문서로 제출하여야 하며, 별도 개인영상정보 관리대장에 기록해야 한다.

39 통합관제센터에서 근무 중 CCTV 스마트 폴에 설치된 비상벨로 동행자가 실종되었다는 신고가 접수되었다. 다음 중 가장 적합한 처리 순서는?

> 가. 근무자는 CCTV영상을 활용해 대상자를 탐색한다.
> 나. 보호자에게서 인상착의를 확인한다.
> 다. 현장 대응 및 확인을 위해 경찰과 협조한다.
> 라. 사건 해결 시 종결 처리하고 관련 내용을 업무기록양식에 기재한다.

① 가 - 나 - 다 - 라   ② 가 - 다 - 나 - 라
③ 나 - 가 - 다 - 라   ④ 나 - 다 - 가 - 라

매뉴얼 진행 절차
실종자 신고 접수→실종자 정보 입력(시간, 장소, 인상착의 등)→실종 발생 시점 과거 영상 검색→실시간 영상 검출→발견 지점에 인근 지구대 출동→보호자 인계→사건 종결 처리

40 한국직업사전에 제시된 'CCTV 통합관제요원'은 상황 관제 실시 후 관제 내역을 기록해야 한다. 다음 중 관제 내역에 반드시 포함될 내용이 아닌 것은?

① 일시
② 목적/사유
③ 처리 결과
④ 정보 주체와의 관계

관제요원(영상정보관리사)은 근무 중에 발생했던 상황 등을 관제일지, 업무일지 및 동향보고서 등에 기록으로 남겨야 하며, 모든 기록은 육하원칙에 맞게 작성하여야 한다. 특히 '정보주체와 관계'와 같은 불필요한 정보는 기록에 남겨서는 아니 된다.

2023년 4회

수검자 유의사항

※ **[문제1~문제13]은 실기 문제이며, 제한 시간은 40분입니다.**

1. 시스템이나 네트워크 오작동 등 장애가 발생할 경우 응시 위치 이동이 허용될 수 있으며, 이때 제한 시간은 연장됩니다.

2. 수검 중 문제에 대한 질문은 일체 받지 않습니다.

3. 작업형 문제는 에뮬레이터 창에서 해결 가능한 방법으로 푸셔야 합니다.

4. 수검 종료 전에 작업 중 열어 놓은 에뮬레이터 창을 닫은 후에 '종료' 버튼을 누르십시오.

5. 문항수 및 유형: 단답/서술/분석/드래그 앤 드롭 형: 7점*7문항, 작업형: 8점*3문항, 작업(영상)형: 9점*3문항

※ 문제 1~3번 화면은 원본 영상 확보의 어려움으로 인해, 문제 유형 이해를 돕고자 자체적으로 만든 영상 화면이기에, 발췌한 영상에서 중요한 장면을 발췌한 화면만으로는 문제를 풀기 어려울 수도 있습니다. 다만, 이미지를 통해 수험자가 문제 풀이를 참고하고 기출문제 상황을 이해할 수 있도록 구성하였습니다.

문제 1

다음 〈제시상황〉에 따라 CCTV 영상을 분석한 후 〈영상정보조사 의뢰 내용〉 중 일치하지 않는 항목을 모두 선택하시오.

※ [문제1]~[문제3] 제한 시간은 15분이며, 제한 시간이 지나면 자동 종료되고, 답안 선택은 불가능합니다.

제시상황	답안작성요령
사건 신고 내역을 바탕으로 관할 경찰서에서 CCTV 관제실에 영상정보분석을 통한 진위 여부 확인 요청	〈영상정보조사 의뢰 내용〉 중 일치하지 않는 항목을 모두 선택하시오.

⚙️ 버튼을 통해 [재생속도], [화질] 수동조정 가능

영상정보조사 의뢰 내용

1. 가해자는 남성 3명으로 확인
2. 가해자는 전동킥보드를 타고 피해자에게 접근함을 확인
3. 사건 발생 시점 전 피해자는 핸드폰으로 통화하고 있음을 확인
4. 피해자 성별은 여성이며, 절도를 당한 것으로 확인
5. 사건 발생 시점 전 경찰이 순찰하며 지나간 것으로 확인
6. 가해자는 긴팔과 긴바지, 어두운 색 계통의 모자를 쓴 것으로 확인
7. 피해자는 흰색 계통의 상의와 검은색 신발을 신은 것으로 확인

화면

해설

▶ 정답: 1, 2, 5, 7

– 틀린 항목: 1, 2, 5, 7
- 1: 가해자는 1명으로 영상에서 확인됨.
- 2: 가해자는 전동킥보드를 타고 접근하지 않았으며, 영상에서는 도보로 접근하였음.
- 5: 사전 시점 전후로 경찰차는 영상에서 보이지 않음.
- 7: 피해자는 희색 계통의 상의와 흰색 계통의 운동화를 착용함.

<table>
<tr><td>문제
2</td><td>다음 〈제시상황〉에 따라, CCTV 영상을 분석한 후 〈영상정보의뢰 조사표〉의 빈칸에 알맞은 내용을 〈답안 입력 항목〉 범위 내에서 답안을 입력하시오.

※ [문제1]~[문제3] 제한 시간은 15분이며, 제한 시간이 지나면 자동 종료되고, 답안 입력은 불가능합니다.</td></tr>
</table>

제시상황	답안작성요령
사건 신고 내역을 바탕으로 관할 경찰서에서 CCTV 관제실에 영상정보 조사 의뢰	**〈답안 입력 항목〉** A 장소: 공원, 지하철, 공항, 항구, 놀이터, 　　　　아파트단지, 보도, 화장실 B 상황: 도청, 납치, 추행, 방화, 투기, 상황 없음 C 사건지점 행인/참고인: 유, 무 D 사건지점 인근 차량(주차/주행 등) 존재 여부: 　유, 무

⚙ 버튼을 통해 [재생속도], [화질] 수종조정 가능

영상정보 의뢰 조사표

시간대	장소	상황	사건지점 행인/참고인	사건지점 인근 차량 (주차/주행 등) 존재 여부
21:00:00 - 21:01:00	(A)	상황 없음	무	유
21:01:01 - 21:02:00		(B)	무	유
21:02:01 - 21:03:00			(C)	(D)
21:03:01 - 21:04:00				

※ 아래 제시된 장소, 상황, 행인/참고인 등 〈답안 작성 항목〉 범위 내에서 답안 입력

〈답안 입력 항목〉

A 장소 : 공원, 지하철, 공항, 항구, 놀이터, 아파트단지, 보도, 화장실

B 상황 : 도청, 납치, 절도, 방화, 투기, 상황 없음

C 사건지점 행인/참고인 : 유, 무

D 사건지점 인근 차량(주차/주행 등) 존재 여부 : 유, 무

화면

해설

▶ 정답: (A) 보도, (B) 절도, (C) 유, (D) 유

- 장소: 답안 입력 항목에 제시된 장소 중 사건 발생이 일어난 곳은 '보도'임.
- 상황: 21:01:01~21:04:00 시간 동안에 사건 발생 상황은 제시된 항목 중 '절도'가 가장 상황에 부합됨.
- 사건지점 행인/참고인: 21:02:01~21:03:00 시간 동안에 행인/참고인이 지나갔으므로 '유'를 작성함.
- 사건지점 인근 차량(주차/주행 등) 존재 여부: 21:02:01~21:04:00 시간 동안에 주차 차량은 계속 존재하여 '유'를 작성함.

참고하세요!

"문제 유형 이해를 돕고자 자체적으로 만든 영상에서 중요한 장면을 발췌한 화면이기에, 발췌한 영상 화면만으로는 문제를 풀기 어려울 수도 있습니다. 다만, 이미지를 통해 수험자가 문제 풀이를 참고하고 기출문제 상황을 이해할 수 있도록 구성하였습니다."

<table>
<tr><td>문제
3</td><td>다음 〈제시상황〉에 따라 CCTV 영상을 분석한 후 〈영상정보조사 의뢰 내용〉 중 일
치하지 않는 항목을 모두 선택하시오.
※ [문제1]~[문제3] 제한 시간은 15분이며, 제한 시간이 지나면 자동 종료되고, 답안 선택은
불가능합니다.</td></tr>
</table>

제시상황	답안작성요령
사건 신고 내역을 바탕으로 관할 경찰서에서 CCTV 관제실에 영상정보 조사 의뢰	〈답안 선택 항목〉 상황 : 절도, 납치, 싸움, 방화, 투기, 실신, 상황 없음

⚙ 버튼을 통해 [재생속도], [화질] 수종조정 가능

영상정보조사 의뢰 내용

※ 아래 제시된 상황 범위 내에서 카메라별로 답안 선택

　– 상황 : 절도, 납치, 싸움, 방화, 투기, 실신, 상황 없음

[영상출처 : 한국지능정보사회진흥원]

화면

참고하세요!

"문제 유형 이해를 돕고자 자체적으로 만든 영상에서 중요한 장면을 발췌한 화면이기에, 발췌한 영상 화면만으로는 문제를 풀기 어려울 수도 있습니다. 다만, 이미지를 통해 수험자가 문제 풀이를 참고하고 기출문제 상황을 이해할 수 있도록 구성하였습니다."

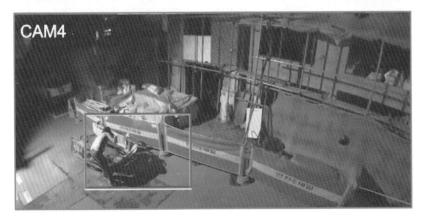

21:00:39:06

해설

▶ 정답: CAM1: 상황 없음, CAM2: 상황 없음, CAM3: 투기, CAM4: 절도

– 틀린 항목: 1, 2, 5, 7
  • CAM1: 영상이 재생되는 동안 이상행위 상황이 발생하지 않음. – 상황 없음
  • CAM2: 영상이 재생되는 동안 이상행위 상황이 발생하지 않음. – 상황 없음
  • CAM3: 여자친구를 기다리기 전 담배를 피우고 담배꽁초를 버리는 상황이 영상에서 확인됨. – 투기
  • CAM4: 늦은 밤 공사장에 한 중년의 남성이 공사장에 있는 물건을 가져가는 모습이 영상에서 확인됨. – 절도

문제 4

영상정보 관제실 유지보수 담당자인 Han 씨는 최근 사옥 이전으로 각 부서에 네트워크 환경을 재설정하려고 한다. 아래 〈제시 문제〉와 같이 네트워크 주소를 설정하시오.

제시상황	문제 해결 후 시스템 상태
1. IPv4 : 192.168.127.100 2. 서브넷 마스트 : 255.255.255.128 3. 기본 게이트웨이 : 192.168.127.1 4. 기본 DNS 서버 : 192.168.127.1 5. 끝날 때 설정 유효성 검사	• 제시 문제와 같이 정상적으로 설정되어 있다.

풀이 과정 및 답안

[로컬 영역 연결 속성]에서 Internet Protocol Version 4(TCP/IP v4) 더블 클릭

– [다음 IP 주소 사용] 체크박스 체크 후 IP 주소 '192.168.127.100' 입력→서브넷 마스크 '255.255.255.128' 입력 →기본 게이트웨이 '192.168.127.1' 입력

– [다음 DNS 서버 주소 사용] 체크박스 체크 후 기본 설정 DNS 서버 '192.168.127.1' 입력

– [끝날 때 설정 유효성 검사] 체크박스 체크

– [확인]을 눌러 적용

문제 5

영상정보 관제실 담당자는 A팀에서 사용 중인 컴퓨터의 시스템 속성 정보를 변경하고자 한다. 아래 〈제시 문제〉와 같이 설정하시오.

제시상황
1. 컴퓨터 이름 : 영상보안과 2. 작업그룹 : 영상관제실 3. 이 컴퓨터에 대한 원격 지원 연결 허용 4. windows의 모양 및 성능 최적 성능으로 조정

문제 해결 후 시스템 상태
• 제시 문제와 같이 정상적으로 설정되어 있다.

풀이 과정 및 답안

[시스템 등록 정보] 내 [컴퓨터 이름] 탭에서 [변경] 클릭

[시스템 등록 정보] 내 [고급] 탭에서 [성능] 설정 A클릭

– [컴퓨터 이름] '영상보안과' 입력
– [작업 그룹] 체크 후 '영상관제실' 입력
– [확인]을 눌러 적용

– [시각효과] '내 컴퓨터에 가장 좋은 설정을 자동으로 선택' 체크
– [확인]을 눌러 적용

– [시스템 등록 정보] 내 [원격] 탭으로 이동
– [원격 지원] '이 컴퓨터에 대한 원격 지원 연결 허용' 체크
– [확인]을 눌러 적용

문제 6

국립의료원에 설치되어 있는 영상정보 저장장치를 관리하는 A 팀장은 고용량 SSD를 설치하기 전 가상디스크를 활용하여 중요정보를 따로 보관하려고 한다. GPT(GUID 파티션 테이블)를 만드는 도중 가상디스크가 비활성화 상태여서 디스크를 초기화하지 못하고 있다. 아래 〈제시 문제〉와 같이 설정하시오.

제시문제	문제 해결 후 시스템 상태
1. 가상디스크 서비스 상태 : 중지→시작 2. 부팅 시 자동으로 시작	• 제시 문제와 같이 정상적으로 설정되어 있다.

풀이 과정 및 답안

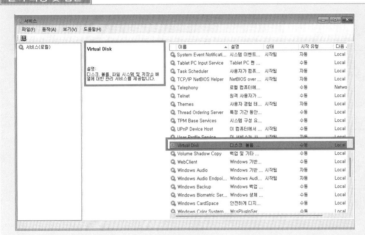

[서비스 관리자]→[Virtual Disk]로 이동

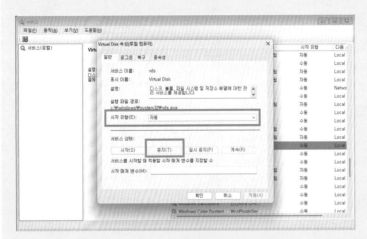

– [시작 유형] '자동'으로 변경
– [서비스 상태] '중지'로 변경
– [확인]을 눌러 적용

문제 7

다음 〈제시 문제〉의 그림은 '영상 취득, 전송, 저장, 관제, 사용자' 모니터링을 파악할 수 있는 '지능형 영상정보처리시스템' 구성도이다. 각 부분에 알맞은 장비를 선택하여 해당 번호의 위치로 드래그 앤 드롭하시오.

(그림을 더블 클릭하면 확대 가능)

제시문제

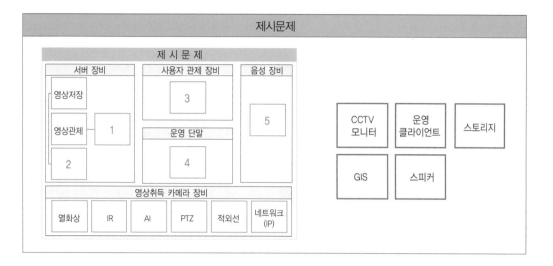

풀이 과정 및 답안

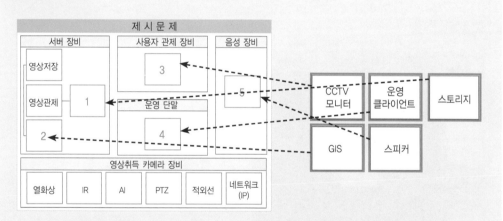

- 1번: '스토리지'가 위치한 부분으로, 이 장비는 영상 데이터를 저장하고 관리하는 역할을 수행한다. 저장된 영상은 이후 분석이나 검토 시 활용된다.
- 2번: 'GIS'가 위치한 부분으로, 지도 기반의 위치 정보를 활용하여 CCTV 설치 위치와 감시 구역을 시각적으로 확인하고 관리할 수 있는 장비이다.
- 3번: 'CCTV 모니터'가 위치한 부분으로, 실시간으로 전송되는 영상 및 저장된 영상을 출력하여 관제 요원이 모니터링할 수 있도록 돕는 장비이다.
- 4번: '운영 클라이언트'가 위치한 부분으로, 사용자가 시스템을 통해 영상을 관제하고 조작할 수 있는 장비이다. 이 장비를 통해 시스템의 전체적인 관리와 조작이 이루어진다.
- 5번: '스피커'가 위치한 부분으로, 음성 장비를 통해 현장에 경고 방송을 하거나 양방향 소통을 가능하게 하는 장비이다.

다음 〈제시 문제〉의 그림은 'VMS 관제시스템'의 한 예이다. 각 기능과 연관된 알맞은 명칭을 선택하여 1~3 위치로 드래그 앤 드롭하시오. (그림을 더블 클릭하면 확대 가능)

제시문제

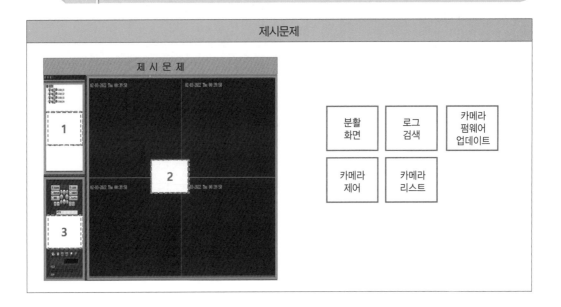

풀이 과정 및 답안

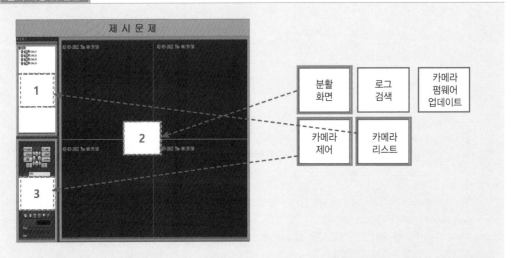

- 'VMS 관제시스템' 중 1번은 '카메라 리스트'를 표시하는 부분으로, 관제시스템에 연결된 모든 카메라의 목록을 보여주며, 카메라를 선택하여 관제할 수 있는 기능이다.
- 'VMS 관제시스템' 중 2번은 '분할 화면' 영역으로, 선택된 카메라들의 영상을 동시에 여러 화면으로 분할하여 표시하는 기능이다. 이를 통해 다수의 카메라 영상을 한눈에 모니터링할 수 있다.
- 'VMS 관제시스템' 중 3번은 '카메라 제어' 기능으로, 선택한 카메라의 방향을 조정하거나 줌 기능을 활용하여 특정 지역을 확대하거나 축소할 수 있는 조작 패널이 위치한 부분이다.

문제 9

다음은 영상정보처리기기 설치 시 고려 및 파악해야 할 환경요인에 대한 내용이다. 아래의 보기를 참고하여 빈칸(A, B)에 해당하는 용어를 답안란에 입력하시오.

(답안 입력 예: A XXX, B YYY)

제시문제	
설치 환경	**내용**
실내 · 실외 설치	카메라 설치 위치가 실내인지 실외인지 확인
야간 촬영 여부	카메라의 촬영에서 야간 촬영의 적용을 확인하여 (A) 기능 적용 검토
유무선 통신	카메라 설치 위치에 따른 유선, 무선 통신 환경 사용 여부 확인
특수 기능 탑재 필요 여부	열화상 카메라, 온도 체크 등의 특수 기능 사용 여부 확인
PTZ 기능	PAN, TILT, ZOOM의 제어기능 수행 여부 확인
기타 환경	1. 카메라 설치 각도 2. 저조도 등의 조명 관련 3. (B), 역광, 조명 등 빛의 영향 요소 4. 객체가 배경과 유사한 밝기 또는 색상인 환경 5. 여러 객체가 모여 이동하거나, 서로 다른 객체를 가리는 환경 6. 고속 움직임이 있는 환경 7. 객체가 화면 내에 차지하는 비율이 너무 높거나 작을 경우 등

보기: 진동, 창문, 직사광선, 자외선, 적외선, 색조, 채도, 대비

해설

▶ 정답: (A) 적외선, (B) 직사광선

A. 적외선: 야간 환경에서의 적합한 감지를 위해 CCTV에 적외선(IR) 기능이 적용되는지 확인하는 것이 중요하다. 적외선 기능은 어두운 환경에서도 영상을 선명하게 촬영할 수 있도록 도와주므로, 야간 감시 시 필수적인 요소이다. 따라서, 보기에 주어진 항목을 살펴보았을 때 A에는 '적외선'이 정답이다.

B. 직사광선: '직사광선, 역광, 조명 등 빛의 영향 요소'의 하나로, 이러한 빛의 조건은 CCTV 영상의 품질에 큰 영향을 미칠 수 있다. 직사광선이 강하게 비칠 경우, 화면이 과도하게 밝아지거나 이미지 왜곡이 발생할 수 있다.

〈제시 문제〉에서 설명하는 용어(A)를 답안란에 입력하시오.

제시문제

(A)는 데이터 활용을 가로막는 요인을 해소하고 암호화, 익명화 등 개인정보를 보호하거나 재식별 위험을 극복할 수 있는 기술이다.

(A)의 종류로 가명처리, 익명처리, 동형암호, 합성데이터, 영지식 증명, 차분 프라이버시 등이 있다.

그림

개인정보

살아있는 개인에 관한 정보로 성명, 주민등록번호, 영상 등 개인을 알아볼 수 있는 정보

성명	홍길동
나이	32세
전화번호	010-1234-5678
주소	서울 종로구 한글길 12

가명정보

개인정보의 일부 또는 전부를 삭제·대체하는 등 가명처리를 통해 추가 정보 없이는 특정 개인을 알아볼 수 없는 정보

성명	홍○○
나이	30대 초반
전화번호	010-****-****
주소	서울특별시

익명정보

시간·비용·기술 등을 합리적으로 고려할 때 다른 정보를 사용하여도 더 이상 개인을 알아볼 수 없는 정보

성명	(삭제)
나이	30대
전화번호	(삭제)
주소	대한민국

출처: 가명정보 개념(자료: 개인정보보호위원회 '가명정보 처리 가이드라인'

해설

▶ 정답: PET(Privacy Enhancing Technology)

가명처리란 개인정보의 일부를 삭제하거나 일부 또는 전부를 대체하는 등의 방법으로 추가정보(이하 '추가정보'라 함) 없이는 특정 개인을 알아볼 수 없도록 처리하는 것으로, 가명정보 처리 가이드라인에 따라 가명처리를 위한 개인정보 강화 기술을 총칭하여 PET(Privacy Enhancing Technology)라고 한다.

문제 11

'개인정보 보호법 제18조'에 의거 고정형 영상정보처리기기로 촬영한 개인영상정보는 제시된 각호의 경우에만 목적 외 이용 또는 제공이 가능하도록 제시되어 있다. 공공기관에만 해당하는 것을 모두 선택하시오.

보기 1 | 정보 주체로부터 별도의 동의를 받은 경우

보기 2 | 다른 법률에 특별한 규정이 있는 경우

보기 3 | 명백히 정보 주체 또는 제3자의 급박한 생명, 신체 재산의 이익을 위하여 필요하다고 인정되는 경우

보기 4 | 개인정보를 목적 외의 용도로 이용하거나 이를 제3자에게 제공하지 아니하면 다른 법률에서 정하는 소관 업무를 수행할 수 없는 경우로서 보호위원회의 심의·의결을 거친 경우

보기 5 | 조약, 그 밖의 국제협정의 이행을 위하여 외국 정부 또는 국제기구에 제공하기 위하여 필요한 경우

보기 6 | 범죄의 수사와 공소의 제기 및 유지를 위하여 필요한 경우

보기 7 | 법원의 재판업무 수행을 위하여 필요한 경우

보기 8 | 형(形) 및 감호, 보호처분의 집행을 위하여 필요한 경우

보기 9 | 공중위생 등 공공의 안전과 안녕을 위하여 긴급히 필요한 경우

해설

▶ 정답: 보기 4, 보기 5, 보기 6, 보기 7, 보기 8

① 개인정보처리자는 개인정보를 제15조 제1항에 따른 범위를 초과하여 이용하거나 제17조 제1항 및 제28조의8 제1항에 따른 범위를 초과하여 제3자에게 제공하여서는 아니 된다. ② 제1항에도 불구하고 개인정보처리자는 다음 각호의 어느 하나에 해당하는 경우에는 정보 주체 또는 제3자의 이익을 부당하게 침해할 우려가 있을 때를 제외하고는 개인정보를 목적 외의 용도로 이용하거나 이를 제3자에게 제공할 수 있다. **다만, 제5호부터 제9호까지에 따른 경우는 공공기관의 경우로 한정한다.**

1. 정보 주체로부터 별도의 동의를 받은 경우

2. 다른 법률에 특별한 규정이 있는 경우

3. 명백히 정보 주체 또는 제3자의 급박한 생명, 신체, 재산의 이익을 위하여 필요하다고 인정되는 경우

4. 삭제

5. 개인정보를 목적 외의 용도로 이용하거나 이를 제3자에게 제공하지 아니하면 다른 법률에서 정하는 소관 업무를 수행할 수 없는 경우로서 보호위원회의 심의·의결을 거친 경우

6. 조약, 그 밖의 국제협정의 이행을 위하여 외국 정부 또는 국제기구에 제공하기 위하여 필요한 경우

7. 범죄의 수사와 공소의 제기 및 유지를 위하여 필요한 경우

8. 법원의 재판업무 수행을 위하여 필요한 경우

9. 형(刑) 및 감호, 보호처분의 집행을 위하여 필요한 경우

10. 공중위생 등 공공의 안전과 안녕을 위하여 긴급히 필요한 경우

문제 12

아래 내용은 '개인정보 보호법 표준 해석례'에 제시된 사례이다. CCTV 영상 제공에 관한 내용으로 옳은 것을 모두 고르시오.

(단, 문의 내용은 오른쪽 스크롤을 내려서 확인하시오.)

[문의 내용] – 개인정보 보호법 표준 해석례

민원인이 차량 사고 관련 영상을 확보하기 위하여 공공기관에 범죄예방, 시설 안전 등을 목적으로 설치한 CCTV 영상정보의 제공을 요청하였다. 공공기관은 민원인에게 CCTV 영상을 제공할 수 있는가?

보기 1 | 신청받은 공공기관은 정보공개법에 따라 제공 여부 및 제공 범위를 결정할 수 있다.

보기 2 | 「개인정보 보호법」에 따라 정보 주체가 CCTV 영상을 열람하려면 정보 주체 자신의 영상만을 제공받을 수 있다.

보기 3 | 영상에 제3자의 개인정보가 포함되어 있다면 개인정보처리자는 마스킹 등 비식별조치를 해서 제공해야 한다.

보기 4 | 정보 주체 또는 제3자의 급박한 생명, 신체, 재산의 이익을 위해 필요한 경우 정보 주체로부터 별도의 동의를 받아야 한다.

보기 5 | 공공기관이 보유·관리하고 있는 개인정보의 공개에 관하여는 「개인정보 보호법」이 「정보공개법」보다 우선 적용된다.

해설

▶ 정답: 보기 1, 보기 2, 보기 3

– 올바른 지문: 보기 1, 보기 2, 보기 3

- 보기1: 공공기관의 정보공개에 관한 법률(약칭: 정보공개법) 제11조(정보공개 여부의 결정) 제1항 따라 공공기관은 정보공개법에 따라 제공 여부 및 제공 범위를 결정할 수 있다.
- 보기2: 개인정보 보호법 제35조(개인정보의 열람)와 시행령 제41조(개인정보의 열람절차 등)에 따라 정보 주체 자신의 영상정보만 제공한다.
- 보기3: 개인정보 보호법 제17조(개인정보의 제공) 제4항에 따라 영상에 제3자의 개인정보가 포함되어 있다면 개인정보처리자는 마스킹 등 비식별조치를 해서 제공해야 한다.

– 틀린 지문: 보기 4, 보기 5

- 보기4: 정보 주체 또는 제3자의 급박한 생명, 신체, 재산의 이익을 위해 필요한 경우 정보 주체로부터 별도의 동의를 받지 않아도 된다.
- 보기5: 공공기관이 보유·관리하고 있는 개인정보의 공개에 관하여는 특별법 우선원칙에 따라 일반법인 「개인정보 보호법」보다 특별법인 「정보공개법」을 우선하여 적용한다.

문제 13

다음은 '개인정보 보호법 제25조(고정형 영상정보처리기기의 설치 · 운영 제한)'에 관한 내용이다. 아래의 보기를 참고하여 빈칸(A, B)에 해당하는 용어를 답안란에 입력하시오.

(답안 입력 예: A XXX, B YYY)

개인정보 보호법 제25조

① 누구든지 다음 각호의 경우를 제외하고는 공개된 장소에 고정형 영상정보처리기기를 설치 · 운영하여서는 아니 된다.

   1. 법령에서 구체적으로 허용하고 있는 경우

   2. 범죄의 (A) 및 수사를 위하여 필요한 경우

   3. 시설의 안전 및 관리, 화재 (A)을/를 위하여 정당한 권한을 가진 자가 설치 · 운영하는 경우

   4. 교통단속을 위하여 정당한 권한을 가진 자가 설치 · 운영하는 경우

   5. 교통정보의 수집 · 분석 및 제공을 위하여 정당한 권한을 가진 자가 설치 · 운영하는 경우

   6. 촬영된 영상정보를 저장하지 아니하는 경우로서 대통령령으로 정하는 경우

② 누구든지 불특정 다수가 이용하는 목욕실, 화장실, 발한실(發汗室), 탈의실 등 개인의 사생활을 현저히 침해할 우려가 있는 장소의 내부를 볼 수 있도록 고정형 (B)을/를 설치 · 운영하여서는 아니 된다. 다만, 교도소, 정신보건 시설 등 법령에 근거하여 사람을 구금하거나 보호하는 시설로서 대통령령으로 정하는 시설에 대하여는 그러하지 아니하다.

> 보기: 방지, 감정, 분실, 도난, 유출, 위조, 변조, 예방, 영상정보처리기기, 드론, 블랙박스, PC

해설

▶ 정답: 예방, 영상정보처리기기

제25조(고정형 영상정보처리기기의 설치 · 운영 제한)

① 누구든지 다음 각호의 경우를 제외하고는 공개된 장소에 고정형 영상정보처리기기를 설치 · 운영하여서는 아니 된다.

   1. 법령에서 구체적으로 허용하고 있는 경우

   2. 범죄의 예방 및 수사를 위하여 필요한 경우

   3. 시설의 안전 및 관리, 화재예방을 위하여 정당한 권한을 가진 자가 설치 · 운영하는 경우

   4. 교통단속을 위하여 정당한 권한을 가진 자가 설치 · 운영하는 경우

   5. 교통정보의 수집 · 분석 및 제공을 위하여 정당한 권한을 가진 자가 설치 · 운영하는 경우

   6. 촬영된 영상정보를 저장하지 아니하는 경우로서 대통령령으로 정하는 경우

② 누구든지 불특정 다수가 이용하는 목욕실, 화장실, 발한실(發汗室), 탈의실 등 개인의 사생활을 현저히 침해할 우려가 있는 장소의 내부를 볼 수 있도록 고정형 영상정보처리기기를 설치 · 운영하여서는 아니 된다. 다만, 교도소, 정신보건 시설 등 법령에 근거하여 사람을 구금하거나 보호하는 시설로서 대통령령으로 정하는 시설에 대하여는 그러하지 아니하다.

영상정보 관리일반

01 '개인정보 보호법'상 '개인정보'에 관한 내용으로 옳지 않은 것은?

① 개인정보는 살아 있는 개인에 관한 정보이다.

② 성명, 주민등록번호 및 영상 등을 통해 개인을 알아볼 수 있는 정보는 개인정보에 해당된다.

③ 해당 정보만으로 특정 개인을 알아볼 수 없으며 추가 정보와 결합하여 개인을 유추할 수 있는 정보는 개인정보로 볼 수 없다.

④ 개인정보는 그 정보의 내용 · 형태 등에는 특별한 제한이 없어 개인을 알아볼 수 있는 모든 정보가 개인정보가 될 수 있다.

> **해설**
> 개인정보 보호법 제2조(정의) 1호에 따라 해당 정보만으로는 특정 개인을 알아볼 수 없더라도 다른 정보와 쉽게 결합하여 알아볼 수 있는 정보는 개인정보이다.

02 '표준지침 제2조 제9호'에서 제시된 용어의 정의를 바탕으로 '개인영상정보'에 대한 설명으로 옳지 않은 것은?

① 연속적으로 연결된 영상 형태의 정형 정보

② 주로 기계장치에 의한 정보의 자동 수집 · 처리

③ 사적자치(정보 주체 동의)에 의한 통제 곤란

④ 범죄예방, 수사, 교통단속, 재산보호 등의 목적으로 이용

> **해설**
> 개인영상정보는 비정형 데이터(동영상, 오디오, 사진, 문서, 메일 등)이다. 정형 데이터는 형식과 구조가 정해진 데이터로 텍스트 문자로 구성된 데이터가 이에 해당한다.

03 '개인정보 보호법 제3조(개인정보 보호 원칙)'에 대한 설명으로 옳지 않은 것은?

① 개인정보처리자는 개인정보의 처리 목적을 명확하게 하여야 하고, 그 목적에 필요한 범위에서 최소한의 개인정보만을 적법하고 정당하게 수집하여야 한다.

② 개인정보처리자는 개인정보의 처리 목적에 필요한 범위에서 적합하게 개인정보를 처리하여야 하며, 그 목적 외의 용도로 활용할 수 있도록 하여야 한다.

③ 개인정보처리자는 개인정보를 익명 또는 가명으로 처리하여도 개인정보 수집 목적을 달성할 수 있는 경우 익명 처리가 가능한 경우에는 익명에 의하여, 익명 처리로 목적을 달성할 수 없는 경우에는 가명에 의하여 처리될 수 있도록 하여야 한다.

④ 개인정보처리자는 개인정보의 처리 목적에 필요한 범위에서 개인정보의 정확성, 완전성 및 최신성이 보장되도록 하여야 한다.

> **해설**
> 개인정보 보호법 제18조(개인정보의 목적 외 이용 · 제공 제한)에 따라 개인정보처리자는 개인정보 목적 외 용도로 활용할 수 없는 것이 원칙이다.

정답 1. ③ 2. ① 3. ②

04 철도경찰이 철도 시설 및 열차 안에서 발생하는 '철도안전법'에 규정된 범죄와 역 구내 및 열차 안에서 발생하는 범죄의 수사를 위하여, 지방자치단체로부터 CCTV 영상정보를 '개인정보 보호법 제18조 제2항 제3호' 또는 '제5호' 또는 '제7호'에 따라 제공받을 수 있는지의 여부에 대한 설명으로 옳은 것은?

① CCTV 영상정보를 철도경찰이 범죄 수사를 위하여 제공받는 것은 '목적 외 제공'에 해당하지 않는다.

② 공공기관이 범죄의 수사를 위하여 필요한 경우 영상정보를 목적 외 제공할 수 있다.

③ 지방자치단체 관내에 재난 재해 · 구급상황 및 범죄가 발생한 경우, 개인정보 보호법에 따라 지방자치단체 통합관제센터의 영상정보를 소방서, 경찰서에 제공할 수 없다.

④ 철도경찰이 지방자치단체 CCTV 망을 연계하여 영상정보를 제공받고자 하는 것은 범죄 발생 후 보다 신속하게 수사에 필요한 지역이 촬영된 영상정보를 제공받기보다는 실시간으로 CCTV를 공유하기 위한 것이다.

> **해설**
>
> 개인정보 보호법 제18조 제2항 제7호에 따라 공공기관이 범죄의 수사를 위하여 필요한 경우 영상정보를 목적 외 제공할 수 있다.
>
> ① '범죄수사' 목적의 제공은 목적 외 제공에 해당한다.
> ③ 개인정보 보호법 제18조 제2항 제3호에 따라 제공할 수 있다.
> ④ 개인정보 보호법 제18조 제2항 제7호~제10호에 따른 법률에 근거한 연계로 단순한 실시간 공유목적이라 보기 어렵다.

05 지방자치단체에서 도로에 해수를 방류하는 차량을 단속하기 위한 목적으로 '개인정보 보호법(이하 '보호법') 제25조 제1항 제4호'에 따라 영상정보처리기기를 설치 · 운영이 가능 여부에 관한 설명으로 옳은 것은?

① 해수를 도로에 무단으로 방류하는 행위는 「도로교통법」상의 단속 행위에 해당하므로 지방자치단체에서는 설치 · 운영이 가능하다.

② 모든 차 또는 노면전차의 운전자는 시 · 도 지방자치단체장이 교통안전과 교통질서 유지에 필요하다고 인정하여 지정 · 공고한 사항을 따라야 한다.

③ 해수를 도로에 무단으로 방류하는 행위는 지방자치단체에서는 설치 · 운영 불가능하며, 해수 방류 차량에 대한 단속 권한은 경찰청 소관이다.

④ 「개인정보 보호법」에 따라 교통안전과 질서유지를 위해 모든 차의 운전자는 운행 중 흙, 해수, 오물 등을 버리거나, 흙 또는 오물 등이 차량 바퀴에 묻은 상태로 운행하는 행위를 하여서는 아니 된다고 규정하고 있다.

> **해설**
>
> ①번과 ③번의 도로의 교통단속은 경찰청 소관이다.
> ② 모든 차량에 영상정보처리기기 설치 · 의무는 없다.
> ④ 도로교통법에 근거한 단속행위에 해당한다.

06 '영유아보육법 제15조의5(영상정보의 열람금지 등)'에 관련하여 폐쇄회로 텔레비전을 설치·관리하는 자가 영상정보를 열람할 수 없는 것은?

① 보호자가 자녀 또는 보호아동의 안전을 확인할 목적으로 열람시기·절차 및 방법 등 보건복지부령으로 정하는 바에 따라 영상정보의 원본 또는 사본 등을 요청하는 경우

② '개인정보 보호법 제2조 제6호'가목에 따른 공공기관이 '제42조' 또는 '아동복지법 제66조' 등 법령에서 정하는 영유아의 안전업무 수행을 위하여 요청하는 경우

③ 범죄의 수사와 공소의 제기 및 유지, 법원의 재판업무 수행을 위하여 필요한 경우

④ 보육 관련 안전업무를 수행하는 기관으로서 교사의 아동학대를 사전에 방지하기 위하여 원장이 열람하는 경우

> **해설**
> 영유아보육법 시행규칙 제9조의5에 따라 보육 관련 안전업무를 수행하는 기관은 「아동복지법」 제45조에 따른 아동보호전문기관'과 '법 제31조의2에 따른 어린이집 안전공제회'이다.

07 '이동형 영상정보처리기기'의 운영 제한에 관한 내용으로 옳지 않은 것은?

① 이동형 영상정보처리기기로 사람 또는 그 사람과 관련된 사물의 영상을 촬영하는 경우에는 불빛, 소리, 안내판, 안내서면, 안내방송 또는 그 밖에 이에 준하는 수단이나 방법으로 정보 주체가 촬영 사실을 쉽게 알 수 있도록 표시하고 알려야 한다.

② 드론을 이용한 항공촬영 등 촬영 방법의 특성으로 인해 정보 주체에게 촬영 사실을 알리기 어려운 경우에는 보호위원회가 구축하는 인터넷 사이트에 공지하는 방법으로 알릴 수 있다.

③ 촬영 사실을 명확히 표시하여 정보 주체가 촬영 사실을 알 수 있도록 하였음에도 불구하고 촬영 거부 의사를 밝히지 아니한 경우. 이 경우 정보 주체의 권리를 부당하게 침해할 우려가 없고 합리적인 범위를 초과하지 아니하는 경우로 한정한다.

④ 교도소, 정신병원 포함 누구든지 불특정 다수가 이용하는 목욕실, 화장실, 발한실, 탈의실 등 개인의 사생활을 현저히 침해할 우려가 있는 장소의 내부를 볼 수 있는 곳에서 이동형 영상정보처리기기로 사람 또는 그 사람과 관련된 사물의 영상을 촬영하여서는 아니 된다.

> **해설**
> 개인정보 보호법 제25조(영상정보처리기기의 설치·운영 제한)에 따라 '교도소, 정신보건 시설'은 예외이다.

08 공개장소에서 고정형 영상정보처리기기를 설치·운영하기 위한 목적에 해당하지 않는 것은?

① 촬영된 영상정보를 저장하지 아니하는 경우로서 대통령령으로 정하는 경우

② 범죄의 예방 및 수사를 위하여 필요한 경우

③ 시설안전 및 화재예방을 위하여 정당한 권한을 가진 자가 설치·운영하는 경우

④ 교통정보 수집·분석 목적으로 수집한 개인영상정보를 교통위반 단속 자료로 제공하는 경우

> **해설**
> 개인정보 보호법 제25조(고정형 영상정보처리기기의 설치·운영 제한) 제1항에 따라 제4호 교통단속과 제5호 교통정보의 수집·분석 및 제공 목적은 별개로 목적 외의 사용이다.

09 한국직업사전에 제시된 '카지노감시운영원'의 수행 직무에 대한 설명으로 옳지 않은 것은?

① 게임 테이블, 케이지, 카운터룸 등 카지노 영업장 내에 설치되어 있는 감시카메라로 각 영업장을 녹화한다.

② 감시카메라를 통해 고객을 감시하고 카지노 종사원의 업무 및 회사의 자산을 감시하여 위반사항을 관찰, 기록 및 보고한다.

③ 카메라 렌즈 부착과 화각을 조정하고 모니터를 관찰하여 기능이 정상인지 확인한다.

④ 녹화장비를 점검하고 녹화물을 정리·관리한다.

> **해설**
> 카지노감시운영원이 임의로 화각을 조정하는 것은 금지사항이다.

10 지방자치단체 통합관제센터 영상정보처리기기 모니터링 요원의 직무에 대한 설명으로 옳지 않은 것은?

① 사회안전시스템 관제 및 대응

② 고정형·이동형 영상정보처리기기 현장 점검 및 대응

③ 사건·사고 발생 시 상황 전파 및 대응

④ 안심비상벨 민원 대응

> **해설**
> 영상정보처리기기의 설치나 점검 및 수리 등은 영상정보처리기기 모니터링 요원의 직무가 아니다.

11 '이동형 영상정보처리기기'의 유형에 맞게 장비가 바르게 짝지어진 것이 아닌 것은?

① 착용형 : 스마트 안경, 스마트 워치

② 휴대형 : 스마트폰, 캠코더, 디지털카메라

③ 부착형 : 이동형 주차 단속 카메라, 자율주행 자동차 카메라, 드론

④ 거치형 : 액션 캠, 웨어러블 카메라

> **해설**
> ① 착용형 장치: 안경(스마트 안경), 시계(스마치 워치), 의료용 카메라, 액션 캠, 웨어러블 카메라
> ② 휴대형 장치: 이동통신단말장치, 디지털카메라, 캠코더
> ③,④ 부착·거치형 장치: 차량이나 드론 등 이용 가능한 물체에 부착 및 거치 장치

12 데이터 및 저장 매체, 시설, 설비, 시스템 등 조직의 자산에 대한 물리적인 구성요소의 피해를 최소화하기 위해 수행하는 물리적 보안에 해당하지 않는 것은?

① 물품 반·출입 감시 및 통제

② 도청 방지 및 탐지

③ 인원 및 차량 출입 통제

④ OS 및 DBMS 보안 패치

> **해설**
> OS 및 DBMS 보안 패치는 기술적 보안에 해당한다.

13 CCTV관제센터 내 데이터 및 개인정보영상에 대한 보안사항으로 옳지 않은 것은?

① 개인영상정보 관리대장 및 보호구역 출입자 명부 등을 기록·관리한다.

② 외장하드 및 USB를 이용할 수 있는 PC를 최소화하고 외부인 출입을 최소화할 수 있게 원격작업을 권장한다.

③ 수사기관에 영상 제공 시, 영상 파일을 암호화하여 개인정보 유출을 방지한다.

④ 외부인 출입 시, 카메라 차단 프로그램을 설치하거나 촬영 방지 스티커를 부착하여 영상정보 유출을 차단한다.

> **해설**
> 개인영상정보 보호를 위하여 원격작업은 금지한다. 다만 긴급한 장애 처리 등의 급박한 상황에 대해서만 한시적으로 허용할 수 있다.

14 DBMS 종류가 아닌 것은?

① MySQL   ② WINDOWS

③ MariaDB   ④ Oracle

해설

WINDOWS는 운영체제이다.

15 다음 중 클라우드 서비스 유형별 설명으로 옳지 않은 것은?

① IaaS(Infrastructure as a Service) : 서버, 네트워크 등 인프라 자원을 가상환경으로 만들어 필요에 따라 사용하도록 제공한다.

② SaaS(Software as a Service) : 소프트웨어를 인터넷으로 제공하고, 브라우저 로그인만으로 소프트웨어 이용이 가능하다.

③ PaaS(Platform as a Service) : Severless 컴퓨팅 서비스로 함수 단위로 제공한다.

④ FaaS(Function as a Service) : 서버 관리가 필요 없으며, 실행 횟수만큼 비용 지불로 비용 절감이 가능하다.

해설

PaaS는 애플리케이션을 개발, 실행, 관리할 수 있는 플랫폼을 임대하거나 제공하는 서비스 형태로, 애플리케이션 개발을 위한 플랫폼을 구축할 필요 없이 필요한 개발 요소를 웹에서 쉽게 빌려 쓰는 모델이다.

16 VPN의 주요 기술에 대한 설명으로 옳은 것은?

① TDM 기술, 패킷 스위칭 기술

② 패킷 스위칭 기술, 셀 스위칭 기술

③ 암호화 기술, 라우팅 기술

④ 셀 스위칭 기술, 암호화 기술

해설

VPN(Virtual Private Network)

• 공중 네트워크를 통해 특정 단체 · 기업이 내용을 외부에 드러내지 않고 통신할 목적으로 쓰이는 사설 통신망

• TCP/IP 프로토콜 사용

• SSL VPN은 웹 브라우저를 지원해 구축이 간편하고 투자비가 저렴하다.

• IPSec VPN은 별도의 하드웨어 장비가 필요하고 사용이 조금 불편하지만, 보안성은 좋다.

• 암호화 기술, 라우팅 기술을 제공한다.

17 다음 설명에 해당하는 장치(A)는?

(A)은/는 네트워크를 거치지 않고 컴퓨터에 직접 연결되는 장치를 말하며, 대부분 컴퓨터와 저장장치가 1:1로 연결된다. 예를 들어 우리 주변에서 가장 흔히 볼 수 있는 외장하드 연결 방식도 이에 포함된다.

① DAS   ② NAS

③ SAN   ④ SAS

해설

DAS(Direct Attached Storage)로 개별 호스트가 직접 연결을 통해 스토리지를 소유한다.

18 연속적으로 변화하는 동영상과 오디오를 압축하기 위한 알고리즘으로 멀티미디어 통신을 전제로 만들고 있는 영상 압축 기술, 낮은 전송률로 동영상을 보내고자 개발된 데이터 압축과 복원 기술에 대한 표준이다. 고화질 TV 품질에 해당하는 고선명도의 화질을 얻기 위해 개발한 영상 압축 기술은?

① MPEG   ② H.261

③ ACC   ④ MP3

MPEG(Moving Picture Experts Group)

· ISO 규격에 의해 분류되고, 방송과 멀티미디어의 표준 영상 압축 규격

· 시간에 따라 연속적으로 이동하는 동화상 비디오(video) 데이터 압축 방식

· MPEG 시리즈에는 1, 2, 4, 7, 21 등이 있다.

---

19 다음 중 영상저장 장비가 아닌 것은?

① DVR   ② VCR

③ NVR   ④ VMS

VMS는 영상정보 관제시스템이거나 가상 기억 장치 개념을 이용한 운영 체계이다.

---

20 다음 설명에 해당하는 카메라(A)는?

> (A) 카메라는 총알처럼 생겨서 붙은 이름으로 방수와 열에 강하게 제작되어 주로 건물 입구나 실외 벽면에 설치한다. (A) 카메라는 촬영 범위가 좁지만, 전방 촬영 거리는 더 긴 편이며, 멀리 있는 곳까지 감시히기에 적합하다. 설치 후에는 카메라 촬영 위치를 조정하기가 쉬워서 필요에 따라 촬영 범위를 쉽게 변경할 수 있다.

① 돔 카메라   ② PTZ 카메라

③ 핀홀 카메라   ④ 불렛 카메라

불렛 카메라

· 총알처럼 생겨서 붙은 이름으로 방수와 열에 강하게 제작되어 주로 건물 입구나 실외 벽면에 설치한다.

· 촬영 범위가 좁지만, 전방 촬영 거리는 더 긴 편이며, 멀리 있는 곳까지 감시하기에 적합하다.

· 촬영 위치를 조정하기가 쉬워서 필요에 따라 촬영 범위를 쉽게 변경한다.

---

21 RS-422, RS485를 통해 제어하고 제어신호를 받아 구동 신호로 변환하여 Pan/Tilt 드라이브를 작동하는 데 필요한 장치는?

① 레이드   ② 리피터

③ 리시버   ④ 브릿지

리시버

· 팬틸트(pan tilt) 드라이브를 작동하는 데 필요한 기구이다.

· 수신 기능을 하는 원격 제어 수신기 장치로 RX라고 한다.

· 카메라 CPU와 연결하는 제어신호를 받아 구동 신호를 변환한다.

· 팬, 줌 렌즈, 카메라 밝기, 초점, 전원 등을 제어한다.

· 동기통신 방식으로 전송 중 오동작을 최소화한다.

· RS-422, RS-485로 연결한다.

---

22 영상정보 전송을 위한 통신 방식은 영상 케이블을 이용한 전송과 IP 네트워크를 통한 전송 방식으로 나누어진다. 영상 케이블을 이용한 전송방식에 대한 설명으로 옳지 않은 것은?

① 동축 케이블을 BNC 커넥터로 연결해서 영상 데이터를 전송하는 방식이다.

② 영상 케이블과 전원 케이블이 분리된 형태이다.

③ 영상 전송과 전원 공급을 UTP 케이블을 하나로 공급하는 형태이다.

④ 고화질 직렬 디지털 신호 전송 방식을 의미한다.

PoE(Power over Ethernet) 방식은 이더넷 케이블을 통해 데이터 전송과 전원 공급을 함께하는 방식이다.

· 중앙 집중식 전원 관리가 가능하다.

· 일반적인 PoE는 CAT 5 케이블 이상의 케이블이 필요하다.

· 이더넷 케이블의 8가닥 심선 중에서 일부 심선을 급전용으로 지정하여 사용한다.

· IEEE 802.3af를 PoE 표준으로 확정하였다.

정답: **19.** ④   **20.** ④   **21.** ③   **22.** ③

23 CCTV 영상신호와 관련하여 수 개에서 많게는 수백 개에 이르는 다수의 카메라 영상신호를 감시자가 적절히 감시하기 위해서는 소규모 설비에서는 2, 4, 16 화면 분할 또는 멀티플렉서를 사용한다. 이때 사용하는 장치와 거리가 먼 것은?

① 영상신호용 커넥터 장치
② 영상신호 분배기능 장치
③ 영상신호 개선기능 장치
④ 영상신호 선택기능 장치

24 다음 화면은 '영상 정보 관제시스템'의 사용자별 카메라에 할당하는 화면의 한 예이다. 화면의 내용 중 옳은 것은?

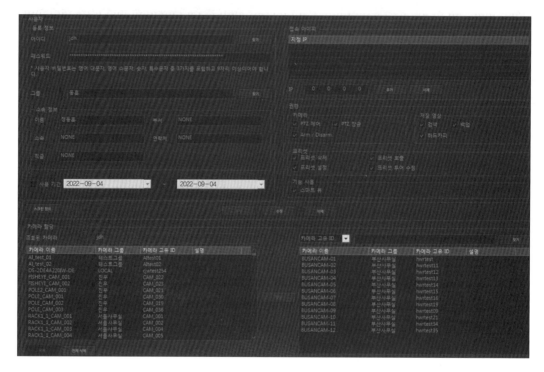

① 해당 사용자는 PTZ 제어를 할 수 없지만, 저장 영상 검색은 가능하다.
② 해당 사용자는 BUSANCAM-01의 카메라를 볼 수 없다.
③ 해당 사용자는 2022-09-04~2022-10-04까지 사용 가능하다.
④ 해당 사용자는 스마트 뷰 기능 사용이 가능하고, 프리셋 설정은 불가능하다.

> **해설**
>
> ① PTZ 제어가 가능하며, 저장 검색도 가능하다.
> ② 지정된 그룹(동훈) 계정으로 BUSANCAM-01 부산사무실 카메라 영상을 볼 수 없다.
> ③ 해당 사용자는 2022-09-04~2022-09-04까지 사용 가능하다.
> ④ 해당 사용자는 스마트 뷰 기능 사용이 가능하고, 프리셋 설정도 가능하다.

정답 23. ③ 24. ②

영상신호 개선기능 장치는 VMS(Video Management System) 기능의 하나이며, 화면 분할이나 멀티플렉서를 사용하는 기능은 아니다.

25 다음 중 영상정보 관제시스템(VMS)에 대한 설명으로 옳지 않은 것은?

① VMS는 디지털 시스템에서 매트릭스 스 위치 같은 역할을 아날로그에서 처리하는 시스템으로서, 영상 저장, 실시간 영상 관 찰, 저장된 카메라 스트림의 재생 기능을 처리한다.

② VMS 시스템에서 하드웨어를 제어하는 것은 시스템 운영체제(윈도, 리눅스)와 VMS 애플리케이션 소프트웨어가 작동되 고 있는 컴퓨터이다.

③ DVR 및 NVR은 독자적으로 기능을 수행 하는 저장장치로서, 윈도나 리눅스에서 작동된다.

④ 동시에 접속되는 다수의 컴퓨터로 구성된 디지털 시스템일 경우 VMS가 작동하는 컴퓨터를 통상 VMS 워크스테이션이라고 한다.

VMS(Video Management System)
- VMS는 디지털 시스템으로, 다양한 기종의 CCTV와 업 무 특징이 다른 CCTV를 하나로 통합하여 관제할 수 있 도록 개발된 통합관제시스템이다.
- 이벤트 감지, 실시간 모니터링, 사용자 신고 대응, 데이터 수집 및 분석, 사용자 설정, 보고 및 분석 등이 있다.
- 매트릭스: 하나의 입력 신호와 여러 출력장치로 분배하 여 동일한 영상 또는 비디오를 여러 장치에서 동시에 시 청하거나 사용할 수 있게 한다.

26 다음은 '영상정보관리 서버 설정' 화면 중 일 부의 예이다. 다음과 같이 설정하였을 경우, 기능과 내용이 올바르게 연결되어 있지 않은 것은?

레코딩 설정
- 저장 공간 (%): 50   저장일 수: 30
- ☑ 레코딩   ☐ 키프레임 만 레코딩   ☐ 오디오 캡쳐
- 프로세스 재시작 카운트: 0   At once
- 재접속 시간 (초): 60   ☐ 접속 해제 시 이벤트 발

데이타베이스 설정
- ☐ 로그 관리 사용: 30 일
- ☑ 로그 사용: 192.168.0.123   CCTV-Data
- 데이터베이스 이름: DB_Main
- 접속 계정: Administrator   PW1234!@

이벤트 서버 설정
- ☑ 이벤트 서버 주소: 192.168.0.124
- ☐ 카메라 연결/연결해제 이벤트 사용

① 녹화 영상은 30일까지 저장한다.

② 데이터베이스 패스워드는 PW1234!@이 다.

③ 이벤트 서버 주소와 데이터베이스 서버 주소는 다르다.

④ 카메라 연결/연결해제 이벤트를 사용하고 있다.

제시된 화면의 맨 아랫부분을 보면 '이벤트 서버 설정'→'카 메라 연결/연결해제 이벤트 사용' 체크박스가 해제되어 있 어 사용할 수 없다. 만약, 체크박스가 이벤트 서버주소처럼 선택되어 있다면 사용할 수 있다.

27 다음은 '영상정보 관제시스템' 서버 세션 등록 화면 중 일부의 예이다. 각 항목의 기능과 내용이 올바르게 연결되어 있지 않은 것은?

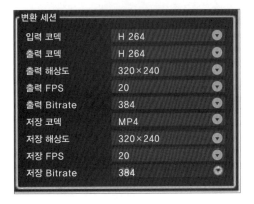

① 입력 코덱 : 입력되는 영상의 코덱 정보

② 출력 FPS : 변환되는 영상의 Full Name 정보

③ Bitrate : 오디오나 비디오 인코딩 형식으로 단위 시간당 출력하는 데이터의 양

④ 저장 해상도 : 미디어 파일 생성 시 사용할 영상의 해상도 정보

> 해설
>
> 출력 FPS(Frames Per Second)는 출력하는 초당 프레임 수를 의미한다.

28 다음은 영상에서 이벤트의 영역을 설정하고 해당 영역 이벤트를 정의하는 화면의 예이다. 이 중 옳은 것은?

① 해당 이벤트 영역 내에서 차량만을 감지한다.

② 해당 범위 내에서 움직임이 확인되는 모든 사물에 대한 이벤트가 발생한다.

③ 해당 이벤트 영역에서 차량 역주행 감지가 설정되어 있다.

④ 해당 이벤트 영역에서 발생한 이벤트는 1초 주기로 보여준다.

> 해설
>
> 그림에서 노란 박스에 감지구역(detect area)이 지정되어 있고, 오른쪽 팝업 창의 Object Type에 Vehicle Only(차량 전용)로 설정되어 있어 교차로에서 주차 또는 정차, 그리고 사고가 발생할 경우 이벤트가 발생하게 된다.

29 네트워크 이중화 구성을 통해 하나의 네트워크 장비에 장애가 발생하였을 때 다른 장비를 활용하여 대비하는 장애 조치 방법은?

① Fail Over
② Network Delay
③ Network Halting
④ Active-Standby

해설

페일 오버 기능은 장애가 발생하면 미리 준비해 둔 여분의 시설(장비)로 대체하는 방법으로, 영상 저장 분배 서버에서 장애가 발생하였을 때, 설정해 놓은 예비 백업 서버로 자동 전환된다.

30 다음은 '관제시스템 DB 백업 및 복구' 화면 중 일부의 예이다. 관제시스템에 필요한 백업 필수 사항에 해당하지 않은 것은?

① 관제시스템 카메라 정보
② 관제시스템 계정 정보
③ 사용자 PC 계정 정보
④ 장애 로그

해설

사용자 PC 계정 정보는 백업 필수 사항이 아니다.

31 가명처리 항목 중 특정 항목의 일부 또는 전부를 공백 또는 문자로 대체하는 기술에 해당하는 것은?

① 라운딩
② 마스킹
③ 표본 추출
④ 토큰화

해설

• 라운딩(rounding): 숫자를 일정한 자릿수에서 반올림, 버림, 올림 등의 방법을 사용하여 간소화하는 과정으로 수학, 통계, 금융 등 다양한 분야에서 자주 사용되는 기법이다.

• 표본 추출(sampling): 전체 집단(모집단)에서 일부를 선택하여 분석하는 과정으로 통계학에서 중요한 과정이며, 데이터 분석, 설문조사, 실험 연구 등 다양한 분야에서 사용된다.

• 토큰화(tokenization): 신용카드 정보를 비롯해 고객 이름, 주소, 비밀번호 등 개인정보를 토큰으로 만들어 사용하는 것으로 식별 위험 요소를 제거해 개인정보를 보호하는 기술이다.

32 다음 이벤트 발생 조건과 같이 CCTV 영상에 관심 영역(가상영역)을 지정하고 특정 객체가 관심 영역 내에 감지되었을 때 적합한 이벤트 서비스 유형은?

> • 아기, 어린이, 10대~70대 이상 남자/여자 객체
> • 관심 영역 내에 설정된 객체가 3초 이상 나타난 경우, 이벤트 발생

① 자전거 보관
② 흡연
③ 무단횡단
④ 무단투기

해설

인공지능(AI) 영상감시시스템의 기능 중 하나이며, "이벤트 발생 조건" 지문을 넣어볼 때 가장 적합한 상황은 도로를 "무단횡단"하는 이벤트이다.

33 다음 그림과 같이 절도 사건으로 의심되는 용의자의 인상착의 '검은색 바지와 빨간색 상의' 정보를 이용하여 해당 지역의 카메라가 키워드로 입력된 정보를 바탕으로 동시에 팝업되어 키워드와 관련된 이벤트 지점의 주변까지 모니터링하는 관제 기법은?

① 선별 관제
② 크로스 관제
③ 투망 감시 관제
④ 선형 관제

해설

- 선별 관제: 범죄자(수배자), 실종자 및 문제 차량 등 특징이 등록된 데이터베이스(DB)를 인공지능 분석을 통해 유사성을 감지해서 관제 화면에 신속하게 표출해 주는 인공지능(AI) 관제 기법이다.
- 순환 관제: 영상정보관리사가 다수의 CCTV 영상을 실시간 영상 모드에서 순차적으로 보기 위한 기능이다
- 투망 감시 관제: 특정 사고 지점을 선택하면 주변 CCTV가 동시에 4개 또는 8개가 팝업되면서 현장의 상황을 여러 측면에서 대처할 수 있다. 또한 특정인과 문제 차량의 이동 경로 추적 및 예측에도 사용된다.

34 다음 그림과 같이 싸움, 배회, 쓰러짐 등 이상 징후가 있는 상황을 신속히 감지하여 범죄 및 사고 예방에 선제적으로 대응이 가능하게 만드는 것을 목적으로 하는 관제 기법은?

① 선별 관제
② 순환 관제
③ 투망감시 관제
④ 선택 관제

정답 33. ③ 34. ①

- 선별 관제: 범죄자(수배자), 실종자 및 문제 차량 등 특징이 등록된 데이터베이스(DB)를 인공지능 분석을 통해 유사성을 감지해서 관제 화면에 신속하게 표출해 주는 인공지능(AI) 관제 기법이다.
- 선택 관제: 순환 관제 기법과 유사하게 생각할 수 있으나 인재 또는 자연재해가 발생했거나 발생징후가 있는 경우 해당 지역의 CCTV를 선택하여 집중 관제하는 것을 말한다.

- 개인정보보호법 제35조에 따라 정보 주체가 CCTV 영상을 열람하려면 정보 주체 자신의 영상만을 제공받을 수 있으며, 만약 제공될 영상에 제3자의 개인정보가 포함되어 있다면 개인정보처리자는 마스킹 등 비식별조치를 해서 이미지를 제공해야 한다.
- 개인의 경우는 정보 주체인 자신의 영상만을 제공받을 수 있는 반면, 경찰·검찰, 법원 등은 사건 해결 및 증거 확보를 위해 개인영상정보의 열람/반출이 가능하다.

35 다음은 설정된 트릭 모드에 부합하지 않는 객체의 움직임에 동작하여 녹화되는 경우 또는 객체의 움직임이 없으나 로그 생성과 영상 녹화되는 상황에 해당하는 이벤트 정상 검출 여부 판단 기준은?

① 이벤트 연동 검출　② 이벤트 오검출
③ 이벤트 확인 검출　④ 이벤트 미검출

- 이벤트 오검출: 객체의 움직임이 없는데도 로그 생성과 영상 녹화가 실행되는 경우
- 이벤트 미검출: 실제로 개체의 움직임이 있었으나, 이벤트 발생 기록과 영상 녹화 기록이 없는 경우

36 다음 중 개인영상정보 반출이 불가능한 경우는?

① A씨가 본인이 나온 영상을 요구하는 경우
② B씨의 차량을 파손하고 도주한 C씨의 신원을 확인하기 위한 영상을 B씨가 요구하는 경우
③ D씨가 운전한 차량의 진출입 여부를 D씨가 요청하는 경우
④ E씨와 F씨의 차량접촉 사고를 조사하는 경찰관 G씨가 요청하는 경우

37 영상정보처리기기 운영자가 개인영상정보를 파기하는 경우 기록하고 관리하여야 하는 항목에 해당하지 않는 것은?

① 개인영상정보 파기 담당자
② 개인영상정보 파기 일시
③ 개인영상정보 파일의 보관 위치
④ 파기하는 개인영상정보 파일의 명칭

개인영상정보 파일의 보관 위치(이동형 메모리, 백업 서버, PC 등)는 파기하기 이전의 절차이며, 파기(폐기) 이후의 절차는 아니다.

38 한국직업사전에 제시된 'CCTV 통합관제요원'은 상황 관제 실시 후 관제 내역을 기록해야 한다. 다음 중 관제 내역에 반드시 포함될 내용이 아닌 것은?

① 일시
② 목적/사유
③ 처리 결과
④ 정보 주체와의 관계

영상정보관리사는 근무 중에 발생했던 상황 등을 관제일지, 업무일지 및 동향보고서 등에 기록으로 남겨야 하며, 모든 기록은 육하원칙에 맞게 작성하여야 한다. 특히 '정보 주체와 관계'와 같은 불필요한 정보는 기록에 남겨서는 아니 된다.

39 다음은 차량 사고가 발생했을 때 도주 차량을 추적하기 위해 GIS의 투망 감시 기능을 활성화한 화면이다. 그림과 같은 GIS에서 표출되는 정보로 알 수 없는 것은?

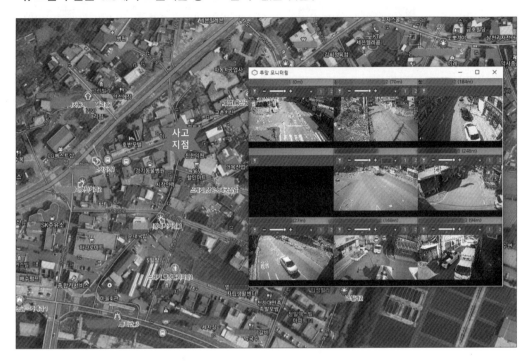

① 사건 발생 지점의 CCTV 위치
② 사건 발생 지점으로부터 도주 차량 평균 속도
③ 사건 발생 지점에서 투망감시 CCTV까지의 거리
④ 사건 발생 지점으로부터 도주 차량 이동 방향

해설

GIS 상에서 투망 감시 이벤트를 활성화 시키면 사건 발생지점, 용의자 도주 방향과 차량 이동 방향, 사고 지점에서 CCTV까지 거리 등 관련 정보 확인이 가능하나, 도주 차량의 평균 속도 확인은 불가능하다.

정답 39. ②

40 아래 그림과 같이 스마트시티 통합플랫폼에서 빅데이터를 활용한 서비스에 해당하는 것은?

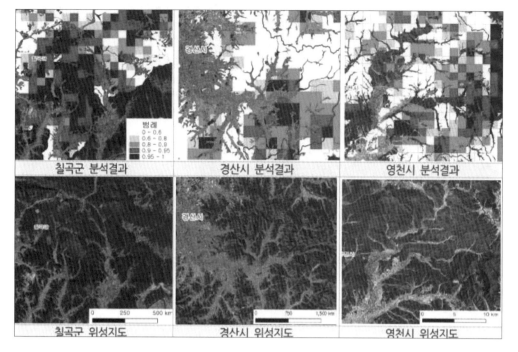

① 범죄 예측 분석 서비스
② 여성아동 안심귀가 서비스
③ 위험 지역 알림 서비스
④ 산불 감시 서비스

해설

- GIS 히트맵(GIS Heatmap)은 특정 지역 내 데이터 밀도를 시각적으로 표현하는 지도 형태의 그래픽이며, 히트맵은 데이터의 분포를 쉽게 파악할 수 있도록 색상 변화를 이용해 밀도가 높은 지역(빨간색)과 낮은 지역(파란색)을 구분한다.
- 관제센터에서는 범죄 발생 분석, 화재발생지수, 다중인파 밀집도 분석, 침수지역 분석 등이 사용되고 있다.

정답 40. ④

영상정보관리사 실기 기출문제

2024년 1회

수검자 유의사항

※ **[문제1~문제13]은 실기 문제이며, 제한 시간은 40분입니다.**

1. 시스템이나 네트워크 오작동 등 장애가 발생할 경우 응시 위치 이동이 허용될 수 있으며, 이때 제한 시간은 연장됩니다.

2. 수검 중 문제에 대한 질문은 일체 받지 않습니다.

3. 작업형 문제는 에뮬레이터 창에서 해결 가능한 방법으로 푸셔야 합니다.

4. 수검 종료 전에 작업 중 열어 놓은 에뮬레이터 창을 닫은 후에 '종료' 버튼을 누르십시오.

5. 문항수 및 유형: 단답/서술/분석/드래그 앤 드롭 형: 7점 * 7문항, 작업형: 8점 * 3문항, 작업(영상)형: 9점 * 3문항

※ 문제 1~3번 화면은 원본 영상 확보의 어려움으로 인해, 문제 유형 이해를 돕고자 자체적으로 만든 영상 화면이기에, 발췌한 영상에서 중요한 장면을 발췌한 화면만으로는 문제를 풀기 어려울 수도 있습니다. 다만, 이미지를 통해 수험자가 문제 풀이를 참고하고 기출문제 상황을 이해할 수 있도록 구성하였습니다.

문제 1	다음 〈제시상황〉에 따라 CCTV 영상을 분석한 후 〈영상정보조사 의뢰 내용〉 중 일치하지 않는 항목을 모두 선택하시오.

※ [문제1]~[문제3] 제한 시간은 15분이며, 제한 시간이 지나면 자동 종료되고, 답안 선택은 불가능합니다.

제시상황	답안작성요령
사건 신고 내역을 바탕으로 관할 경찰서에서 CCTV 관제실에 영상정보 분석을 통한 진위 여부 확인 요청	〈영상정보조사 의뢰 내용〉 중 일치하지 않는 항목을 모두 선택하시오.

⚙ 버튼을 통해 [재생속도], [화질] 수동조정 가능

영상정보조사 의뢰 내용

1. 피해자는 원피스를 입은 상태이며, 긴 머리 스타일인 것을 확인

2. 피해자와 가해자의 관계는 가족관계로 추정되며, 옆에 있는 아이의 성별을 남자로 확인

3. 가해자는 도구를 통해 피해자를 폭행한 것을 확인

4. 가해자는 함께 있던 자녀도 폭행함을 확인

5. 폭행 시점에 행인이 최소 3명 이상이 있었음을 확인

6. 주변에 블랙박스 영상 등의 증거물을 수집할 수 있을 것으로 기대되는 차량이 있음을 확인

7. 주변에 경찰차가 주정차 된 상태임을 확인

[영상출처 : 한국지능정보사회진흥원]

화면

해설   ▶ 정답: 2, 3, 4

– 틀린 항목: 2, 3, 4

• 2: 피해자와 가해자의 관계는 가족관계로 추정되며, 옆에 있는 아이의 성별은 여자임.

• 3: 가해자는 도구를 통해 피해자를 폭행하지 않음.

• 4: 가해자는 함께 있던 자녀도 폭행하지 않음.

<table>
<tr>
<td rowspan="2">문제
2</td>
<td>다음 〈제시상황〉에 따라, CCTV 영상을 분석한 후 〈영상정보의뢰 조사표〉의 빈칸에 알맞은 내용을 〈답안 입력 항목〉 범위 내에서 답안을 입력하시오.</td>
</tr>
<tr>
<td>※ [문제1]~[문제3] 제한 시간은 15분이며, 제한 시간이 지나면 자동 종료되고, 답안 입력은 불가능합니다.</td>
</tr>
</table>

제시상황	답안작성요령
사건 신고 내역을 바탕으로 관할 경찰서에서 CCTV 관제실에 영상정보 조사 의뢰	〈답안 입력 항목〉 A 장소: 공원, 골목, 주차장, 지하철, 공항, 버스정류장, 놀이터, 화장실 B 상황: 절도, 납치, 폭행, 방화, 투기, 실신, 상황 없음 C 사건지점 행인/참고인: 유, 무 D 사건지점 행인/참고인: 유, 무 E 사건지점 인근 차량(주차/주행 등) 존재 여부: 유, 무 F 사건지점 인근 차량(주차/주행 등) 존재 여부: 유, 무 G 흉기(도구) 소지 여부: 유, 무

⚙ 버튼을 통해 [재생속도], [화질] 수종조정 가능

영상정보 의뢰 조사표

시간대	장소	상황	사건지점 행인/참고인	사건지점 인근 차량 (주차/주행 등) 존재 여부	흉기(도구) 소지 여부
20:00:01 – 20:01:00	(A)	상황 없음	유	(E)	(G)
20:01:01 – 20:02:00		(B)	(C)	유	
20:02:01 – 20:03:00			(D)	(F)	

※ 아래 제시된 장소, 상황, 행인/참고인 등 〈답안 작성 항목〉 범위 내에서 답안 입력

〈답안 입력 항목〉
A 장소: 공원, 골목, 주차장, 지하철, 공항, 버스정류장, 놀이터, 화장실
B 상황: 절도, 납치, 폭행, 방화, 투기, 실신, 상황 없음
C 사건지점 행인/참고인: 유, 무
D 사건지점 행인/참고인: 유, 무
E 사건지점 인근 차량(주차/주행 등) 존재 여부: 유, 무
F 사건지점 인근 차량(주차/주행 등) 존재 여부: 유, 무
G 흉기(도구) 소지 여부: 유, 무

[영상출처: 한국지능정보사회진흥원]

화면

해설

▶ 정답: (A) 주차장, (B) 폭행, (C) 유, (D) 유, (E) 유, (F) 유, (G) 무

- 장소: 답안 입력 항목에 제시된 장소 중 사건 발생이 일어난 곳은 '주차장'임.
- 상황: 20:01:01~20:03:00 시간 동안에 사건 발생 상황은 제시된 항목 중 '폭행'이 가장 상황에 부합됨.
- 사건지점 행인/참고인: 20:01:01~20:02:00 시간 동안에 행인/참고인이 지나갔으므로 '유'를 작성함.
- 사건지점 행인/참고인: 20:02:01~20:03:00 시간 동안에 행인/참고인이 지나갔으므로 '유'를 작성함.
- 사건지점 차량(주차/주행 등) 존재 여부: 20:00:01~20:01:00 시간 동안에 주차 차량은 계속 존재하여 '유'를 작성함.
- 사건지점 차량(주차/주행 등) 존재 여부: 20:02:01~20:03:00 시간 동안에 주차 차량은 계속 존재하여 '유'를 작성함.
- 흉기(도구) 소지 여부: 가해자와 피해자는 영상 속에서 흉기(도구)를 소지한 상태가 아니므로 '무'를 작성함.

참고하세요!

"문제 유형 이해를 돕고자 자체적으로 만든 영상에서 중요한 장면을 발췌한 화면이기에, 발췌한 영상 화면만으로는 문제를 풀기 어려울 수도 있습니다. 다만, 이미지를 통해 수험자가 문제 풀이를 참고하고 기출문제 상황을 이해할 수 있도록 구성하였습니다."

<table>
<tr><td>문제
3</td><td>〈제시상황〉과 같이 카메라별(CAM1~4)로 확인된 상황을 〈답안작성요령 – 답안 선택 항목〉에 제시된 상황 범위를 이용하여 답안을 선택하시오.
※ [문제1]~[문제3] 제한 시간은 15분이며, 제한 시간이 지나면 자동 종료되고, 답안 선택은 불가능합니다.</td></tr>
</table>

제시상황	답안작성요령
사건 신고 내역을 바탕으로 관할 경찰서에서 CCTV 관제실에 영상정보 조사 의뢰	**〈답안 선택 항목〉** 상황: 절도, 납치, 싸움, 방화, 투기, 주취행동, 실신, 상황 없음

⚙ 버튼을 통해 [재생속도], [화질] 수종조정 가능

※ 아래 제시된 상황 범위 내에서 카메라별로 답안 선택

  – 상황: 절도, 납치, 싸움, 방화, 투기, 주취행동, 실신, 상황 없음

[영상출처 : 한국지능정보사회진흥원]

화면

참고하세요!

"문제 유형 이해를 돕고자 자체적으로 만든 영상에서 중요한 장면을 발췌한 화면이기에, 발췌한 영상 화면만으로는 문제를 풀기 어려울 수도 있습니다. 다만, 이미지를 통해 수험자가 문제 풀이를 참고하고 기출문제 상황을 이해할 수 있도록 구성하였습니다."

해설 ▶ 정답: CAM1: 주취행동, CAM2: 상황 없음, CAM3 :상황 없음, CAM4: 투기

- CAM1: 술취한 한 남성이 본인 소유의 차량 앞에서 비틀거리며, 차를 타려는 모습이 포착됨. – 주취행동
- CAM2: 영상이 재생되는 동안 이상행위 상황이 발생하지 않음. – 상황 없음.
- CAM3: 영상이 재생되는 동안 이상행위 상황이 발생하지 않음. – 상황 없음.
- CAM4: 한 여성이 담배를 피고, 길거리에 그대로 담배꽁초를 버리는 상황이 포착됨. – 투기

Part 1 · 영상정보 관리일반

Part 2 · 영상정보 관제시스템

Part 3 · 영상정보 관리실무

Part 4 · 기출문제

영상정보 관제실 관리자 Pack씨는 'CCTV 영상' 파일의 확장자를 볼 수 있도록 설정하고자 한다. 아래 〈제시 문제〉와 같이 설정하시오.

제시상황	문제 해결 후 시스템 상태
파일 탐색기 창에 파일 유형 또는 형식을 식별하기 위해 파일 이름 끝에 파일 확장명 표시	• 제시 문제와 같이 정상적으로 설정되어 있다.

풀이 과정 및 답안

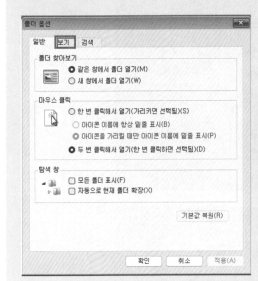

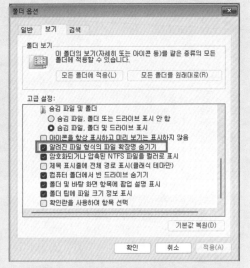

[폴더 옵션] 내 [보기] 탭으로 이동

– [알려진 파일 형식의 파일 확장명 숨기기] 체크박스
  체크
– [확인]을 눌러 적용

문제 5

영상정보관리자 KIM씨는 관제센터의 컴퓨터 및 네트워크 보안을 강화하기 위해 로컬보안정책을 설정하고자 한다. 아래 〈제시 문제〉와 같이 설정하시오.

제시문제	문제 해결 후 시스템 상태
1. 암호의 복잡성 만족 사용 2. 최소 암호 길이 10문자 3. 최소 암호 사용기간 15일 4. 최대 암호 사용기간 30일 5. 최근 암호 기억 3개	• 제시 문제와 같이 정상적으로 설정되어 있다.

풀이 과정 및 답안

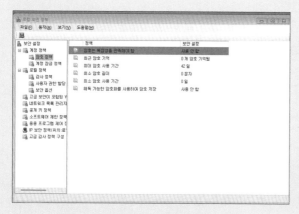

[로컬 보안 정책] 내 [암호 정책]으로 이동

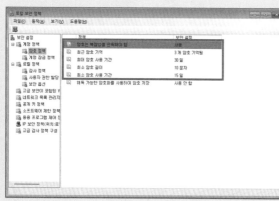

[암호는 복잡성을 만족해야 함] '사용'
으로 변경
[최근 암호 기억] '3개 암호 기억됨'으로
변경
– [최대 암호 사용 기간] '30일'로 변경
– [최소 암호 길이] '10 문자'로 변경
– [최소 암호 사용 기간] '15일'로 변경
– [확인]을 눌러 적용

<table>
<tr><td>문제
6</td><td>영상정보 관제센터 관리자 KIM씨는 최신 Windows 업데이트 진행 시 오류 발생이 보고됨에 따라 선택적 구성 요소의 설치, 수정 및 제거를 사용하지 않는 방향으로 센터 지침을 받았다. 아래 〈제시 문제〉와 같이 설정하시오.</td></tr>
</table>

제시문제	문제 해결 후 시스템 상태
Windows 업데이트와 선택적 구성 요소의 설치, 수정 및 제거를 '사용 안함' 현재 서비스 상태 '중지'로 설정	• 제시 문제와 같이 정상적으로 설정되어 있다.

풀이 과정 및 답안

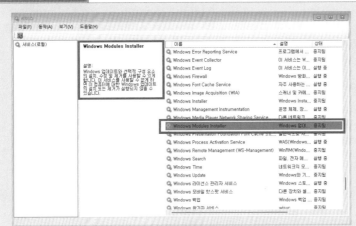

[서비스 관리자]→ [Windows Modules Installer]로 이동

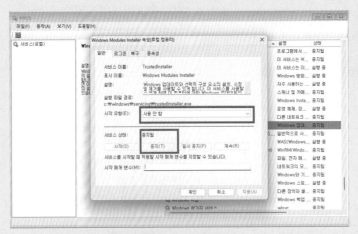

– [시작 유형] '사용 안 함'으로 변경
– [서비스 상태] '중지됨'으로 변경
– [확인]을 눌러 적용

문제 7

다음 〈제시 문제〉의 그림은 녹화된 '영상관제화면'의 한 예이다. 알맞은 기능을 선택하여 해당 번호의 위치로 드래그 앤 드롭하시오. (보기 그림을 더블 클릭하면 확대 가능)

제시문제

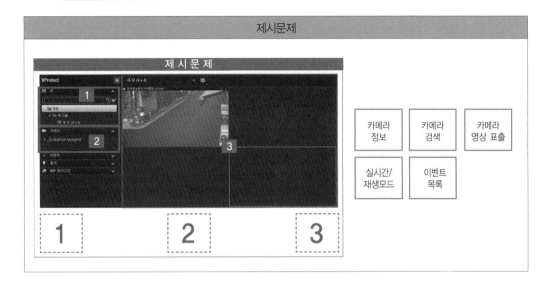

풀이 과정 및 답안

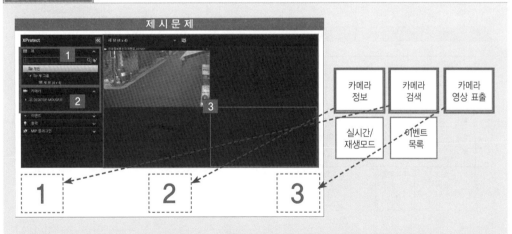

- '영상관제화면' 중 1번은 '카메라 검색'하는 기능이 있는 부분임.
- '영상관제화면' 중 2번은 '카메라 정보'를 확인하는 화면임.
- '영상관제화면' 중 3번은 선택 카메라의 영상이 표출되는 '카메라 영상표출' 부분임.

다음 〈제시 문제〉의 그림은 보건복지부 "영상정보처리기기 설치·운영 가이드라인"에서 제시한 "안내판 제작 및 설치 예시"이다. 각 부분에 알맞은 명칭을 선택하여 해당 번호의 위치로 드래그 앤 드롭하시오. (보기 그림을 더블 클릭하면 확대 가능)

제시문제

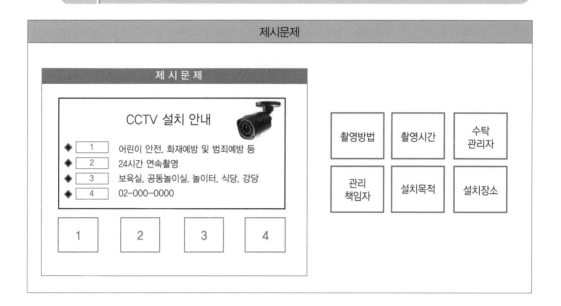

풀이 과정 및 답안

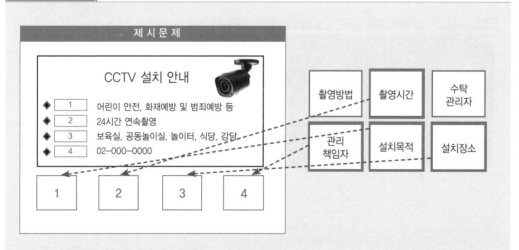

- '안내판 제작 및 설치'의 대표적인 예시이다.
- 1번 어린이 안전, 화재예방 및 범죄예방 등의 기입된 내용을 확인하여 '설치목적'임을 알 수 있음.
- 2번 24시간 연속촬영 내용을 확인 후 '촬영시간'임을 알수 있음.
- 3번 보육실, 공동놀이실, 놀이터, 식당, 강당 내용을 보고 '설치장소'를 확인할 수 있음.
- 4번 과거에는 관리자 이름이 존재하였으나, 최근 개정에 따라 전화번호만 기입함. 전화번호가 제시된 것을 확인 후 '관리책임자'라는 것은 확인할 수 있음.

문제 9

아래 그림을 참고하여 〈제시 문제〉의 내용 중 (A)에 해당하는 용어를 답안란에 입력하시오.

제시문제

(A)은/는 개인정보의 일부를 삭제하거나 일부 또는 전부를 대체하는 등의 방법으로 추가정보(이하 '추가정보'라 함) 없이는 특정 개인을 알아볼 수 없도록 처리하는 것

그림

식별정보 / 식별가능정보

소유자명	연락처	주택구분	시도	시군구	읍면동	지번	전세(천원)	보증금(천원)	월세(천원)	전용면적	공급면적
김철수	090-1234-5678	아파트	서울특별시	동작구	사당동	1388-4	–	25,000	750	104.00	84.00
이영희	090-2468-3579	오피스텔	대전광역시	서구	둔산동	656	81,250	–	–	56.45	24.32
박민호	090-9876-5432	아파트	부산광역시	해운대구	우동	111-13	125,000	–	–	100.00	84.00

(소유자명, 연락처)+Salt값 암호화 / 삭제 / 라운딩

(A)

ID	주택구분	시도	시군구	읍면동	전세(천원)	보증금(천원)	월세(천원)	전용면적	공급면적
wd4e85D2C1qe89rwqe	아파트	서울특별시	동작구	사당동	–	25,000	800	104.00	84.00
r5w1e2SXzi4wd64qwz	오피스텔	대전광역시	서구	둔산동	81,300	–	–	56.45	24.32
ghe6W15Z5ax4Qe24jx	아파트	부산광역시	해운대구	우동	125,000	–	–	100.00	84.00

[자료 출처: 개인정보보호위원회]

해설

▶ 정답: 가명처리

〈개인정보 보호법 제2조(정의)〉

1. "개인정보"란 살아 있는 개인에 관한 정보로서 다음 각 목의 어느 하나에 해당하는 정보를 말한다.

가. 성명, 주민등록번호 및 영상 등을 통하여 개인을 알아볼 수 있는 정보

나. 해당 정보만으로는 특정 개인을 알아볼 수 없더라도 다른 정보와 쉽게 결합하여 알아볼 수 있는 정보. 이 경우 쉽게 결합할 수 있는지 여부는 다른 정보의 입수 가능성 등 개인을 알아보는 데 소요되는 시간, 비용, 기술 등을 합리적으로 고려하여야 한다.

다. 가목 또는 나목을 제1호의2에 따라 가명처리함으로써 원래의 상태로 복원하기 위한 추가 정보의 사용·결합 없이는 특정 개인을 알아볼 수 없는 정보(이하 "가명정보"라 한다)

1의2. "가명처리"란 개인정보의 일부를 삭제하거나 일부 또는 전부를 대체하는 등의 방법으로 추가정보 없이는 특정 개인을 알아볼 수 없도록 처리하는 것을 말한다.

〈가명정보 처리 가이드라인〉

• 가명처리란 개인정보의 일부를 삭제하거나 일부 또는 전부를 대체하는 등의 방법으로 추가정보(이하 '추가정보'라 함)가 없이는 특정 개인을 알아볼 수 없도록 처리하는 것이다.

아래 그림을 참고하여 〈제시 문제〉에서 설명하는 관제 기법을 답안란(A)에 입력하시오.

제시문제

(A) 관제는 지능형(AI) 영상정보처리기기와 더불어 영상정보 관제시스템(VMS)을 이용하는 보편화된 운영 방식으로, 어린이 보호구역, 안심 귀갓길 등 관제요원이 사전에 설정한 특정 지역을 중심으로 주기적으로 관찰하는 관제 기법을 뜻한다.

그림

▶ 정답: 순환 관제

문제에서 설명하는 관제 기법은 지능형(AI) 영상정보처리기기와 영상정보 관제시스템(VMS)을 이용하여 특정 지역을 중심으로 주기적으로 관찰하는 방식이다. 이러한 관제 기법은 어린이 보호구역이나 안심 귀갓길 등과 같은 위험 또는 보호가 필요한 구역에서 주로 활용되며, 관제요원이 사전에 설정한 구역을 순차적으로 모니터링하여 이상 상황을 파악한다. 이를 순환 관제라고 하며, 해당 방식은 지정된 지역을 반복적으로 관찰함으로써 발생할 수 있는 사건이나 사고를 빠르게 발견하고 대응할 수 있도록 돕는 것이 특징이다.

문제
11

다음은 VMS 이벤트 검출 설정 화면 중 일부의 예이다. 이벤트 검출 설정 화면 결과에 대한 내용으로 잘못된 것을 모두 선택하시오. (그림을 더블 클릭하면 확대 가능)

보기 1 | 이벤트가 발생한 카메라는 모두 4대이다.

보기 2 | 현재 이벤트 발생은 움직임 검출에 대한 이벤트이다.

보기 3 | 최초 움직임 검출 이벤트 발생 시간은 11시 50분 26초이다.

보기 4 | 움직임 검출 이벤트 발생 시 팝업 창 적용이 되어 있다.

보기 5 | 지능형 비디오 이벤트 검출 발생 시 팝업 창 적용이 되어 있다.

해설

▶ 정답: 보기 1, 보기 5

– 올바른 지문: 보기 2, 보기 3, 보기 4

- 보기 2: 화면에서 이벤트 종류로 '움직임 검출'이 표시되어 있다. 현재 이벤트 발생이 '움직임 검출'에 해당한다.
- 보기 3: 이벤트 발생 리스트에 있는 시간을 확인한 결과 '2022년 2월 11일 11:50:26'로 최초 이벤트 발생 시간과 일치한다.
- 보기 4: 움직임 검출 이벤트 발생 시 팝업 창이 화면에 나타나도록 체크박스가 체크되어 있는 것을 확인할 수 있다.

– 틀린 지문: 보기 1, 보기 5

- 보기 1: 화면에 표시된 이벤트 발생 카메라는 'CAM_01'만 활성화되어 있다. 따라서, 이벤트가 발생한 카메라는 1대이다.
- 보기 5: '지능형 비디오 이벤트'에 대한 팝업 창 설정이 활성화되지 않은 것을 확인할 수 있다.

〈제시 문제〉에서 설명하는 판례에 대한 내용으로 올바른 것을 모두 선택하시오.

(단, 제시 문제는 오른쪽 스크롤을 내려서 확인하거나 그림을 더블 클릭하여 확인하시오.)

제시문제

입주자 등은 '공동주택관리법'에 따라 동별 대표자를 선출하기 위하여 선거관리위원회를 구성하고 해당 회의의 회의록을 작성하고, 관리규약에서 정한 바에 따라 회의를 녹화할 수 있습니다. 아파트 관리소장인 A씨는 입주민의 민사소송의 대리인(변호사)이 당시 선거관리위원회 회의 장면이 담긴 영상 캡처 사진의 열람 및 복제를 의뢰하자 보관 중인 영상을 열람 후 복제해 주었습니다.

보기 1 | 회의를 촬영한 CCTV 영상은 개인정보파일에 해당한다.

보기 2 | 아파트 관리소장은 회의 영상을 일시적으로 보유하고 있을 뿐이므로 개인정보처리자('개인정보파일'을 '운용'하기 위하여 스스로 또는 다른 사람을 통하여 개인정보를 처리하는 자)가 아니다.

보기 3 | 선거관리위원회 회의록과 녹화물은 기록하고 있는 내용이 동일하므로 서로 대체할 수 없는 별개의 것이라고 볼 수 없다.

보기 4 | 회의 영상을 촬영할 때는 참석자들로부터 사전 동의를 받을 때에 영상 촬영에 대한 동의 외에 영상 출력, 공개에 대한 동의도 각각 구분하여 별도로 받아야 한다.

보기 5 | 입주민의 민사소송 대리인에게 회의록에 관한 열람·복사에 대한 대리권이 있다고 볼 수 있다.

보기 6 | 입주민은 아파트 관리규약에 근거하여 선거관리위원회의 회의록에 대한 열람·복사를 요구할 수 있으나, 그 회의를 촬영한 영상까지 열람·복사의 대상이 되는 것은 아니다.

해설

▶ 정답: 보기 1, 보기 4, 보기 6

– 틀린 지문: 보기 2, 보기 3, 보기 5

• 보기 2: 아파트 관리소장은 개인정보처리자이다.

• 보기 3: 선거관리위원회 회의록과 녹화물은 기록하고 있는 서로 별개의 것이다.

• 보기 5: 입주민의 민사소송 대리인에게 회의록에 관한 열람·복사에 대한 대리권이 있다고 볼 수 없다.

문제 13

개인정보 보호법 제2조 제7호의2에서는 다음과 같이 이동형 영상정보 처리기기를 정의하고 있다. 대통령령에서 정하고 있는 이동형 영상정보 처리기기에 해당하는 장치에 대해 아래의 보기를 참고하여 빈칸(A)에 해당하는 용어를 답안란에 입력하시오.

(답안 입력 예: A XXX)

개인정보 보호법 제2조 제7호의2

개인정보 보호법 제2조

7의2. "이동형 영상정보처리기기"란 사람이 신체에 착용 또는 휴대하거나 이동 가능한 물체에 부착 또는 거치하여 사람 또는 사물의 영상 등을 촬영하거나 이를 유·무선망을 통하여 전송하는 장치로서 대통령령으로 정하는 장치를 말한다.

개인정보 보호법 시행령 제3조(영상정보처리기기의 범위) ② 법 제2조 제7호의2에서 "대통령령으로 정하는 장치"란 다음 각호의 장치를 말한다.

(A)형 장치: 이동통신단말장치 또는 디지털카메라 등 사람이 (A)하면서 영상 등을 촬영하거나 촬영한 영상정보를 수집·저장 또는 전송하는 장치

보기: 부착, 휴대, 착용, 거치, 전송, 저장, 수집, 드론, 폐쇄형, 네트워크, 엣지

해설   ▶ 정답: 휴대

• **개인정보 보호법 제2조(정의)**

〈생략〉

7의2. "이동형 영상정보처리기기"란 사람이 신체에 착용 또는 휴대하거나 이동 가능한 물체에 부착 또는 거치(据置)하여 사람 또는 사물의 영상 등을 촬영하거나 이를 유·무선망을 통하여 전송하는 장치로서 대통령령으로 정하는 장치를 말한다.

〈생략〉

• **개인정보 보호법 시행령 제3조(영상정보처리기기의 범위)**

〈생략〉

2. 휴대형 장치: 이동통신단말장치 또는 디지털카메라 등 사람이 휴대하면서 영상 등을 촬영하거나 촬영한 영상정보를 수집·저장 또는 전송하는 장치

영상정보 관리일반

01 주택 또는 공동주택에 영상정보처리기기를 설치·운영하는 것에 대한 설명 중 옳지 않은 것은?

① 아파트의 경우 동별로 외부인의 입·출입을 제한하는 시스템을 갖춘 공동주택이나 단지 내 입주자만 이용 가능한 시설은 공개된 장소에 해당하지 않는다.

② 공동주택에서 공개된 복도의 경우는 공개된 장소이므로 시설 안전 및 화재예방 등의 목적으로 영상정보처리기기를 설치할 수 있다.

③ 개인이 주택 주변에서 일어나는 범죄예방을 위하여 자신의 주택 출입구에 영상정보처리기기를 설치하는 것은 비록 지나가는 이웃 등이 촬영될 수 있어도 출입구는 개인의 사적인 공간이므로 개인정보 보호법의 적용이 배제된다.

④ 공동주택의 공용 부분인 복도에 영상정보처리기기를 설치하는 것은 개인정보 보호법 외에 공동주택관리법의 적용도 받는다.

해설

원칙적으로 개인이 공개된 장소에는 영상정보처리기기를 설치 운영할 수 없다. 다만, 개인정보 보호법 제25조(고정형 영상정보처리기기의 설치·운영 제한)에 따라 일부 허용된다.

02 다음은 '개인정보 보호법'상 자료 제출 요구에 대한 설명이다. 괄호 안에 들어갈 내용으로 올바른 것은?

개인정보보호위원회는 (   ) 위하여 개인정보처리자에게 고정형 영상정보처리기기 또는 이동형 영상정보처리기기의 설치·운영에 관한 자료의 제출이나 의견의 진술 등을 요구할 수 있다.

① 개인정보 보호 수준을 정확하게 평가하기

② 개인정보 보호 성과를 공정하게 평가하기

③ 개인정보 보호 시행계획을 효과적으로 수립하기

④ 개인정보 보호 기본계획을 효율적으로 수립하기

해설

개인정보 보호법 제11조에 따라 보호위원회가 주체인 경우는 '개인정보 보호 기본계획을 효율적으로 수립하기'이다.

03 '개인정보 보호법' 및 '시행령'에서 제시하는 영상정보처리기기 설치 및 운영에 대한 설명으로 옳지 않은 것은?

① 개인정보처리자는 타인을 수탁자로 정하여 본인의 개인정보 처리 업무를 위탁할 수 있는데, 이 수탁자에게도 개인정보보호법상 영상정보처리기기에 대한 규정은 준용된다.

② 건물 안에 여러 개의 고정형 영상정보처리기기를 설치하는 경우에는 출입구 등 잘 보이는 곳에 해당 건물 전체가 고정형 영상정보처리기기 설치지역임을 표시하는 안내판을 설치할 수 있다.

정답: 1. ③ 2. ④ 3. ③

③ 드론을 이용한 항공촬영 시 이러한 촬영 방법이 특수하여 정보 주체에게 촬영 사실을 알리기 어려운 경우가 발생할 수 있는데, 이때는 이동형 영상정보처리기기 운영자의 인터넷 홈페이지에 알릴 수 있다.

④ 개인정보보호위원회는 개인정보보호법령 외에도 표준 개인정보보호지침을 정하여 고정형·이동형 영상정보처리기기 운영자 모두에게 그 준수를 권장할 수 있다.

이동형 영상정보처리기기의 경우 일반 인터넷 홈페이지가 아닌 개인정보 보호법 제27조의2(이동형 영상정보처리기기 촬영 사실 표시 등) 제1항에 따라 사람 또는 그 사람과 관련된 사물의 영상을 촬영하는 경우에는 불빛, 소리, 안내판, 안내서면, 안내방송 또는 그 밖에 이에 준하는 수단이나 방법으로 정보 주체가 촬영 사실을 쉽게 알 수 있도록 표시하고 알려야 한다. 다만, 드론을 이용한 항공촬영 등 촬영 방법의 특성으로 인해 정보 주체에게 촬영 사실을 알리기 어려운 경우에는 보호위원회가 구축하는 인터넷 사이트에 공지하는 방법으로 알릴 수 있다.

04 '개인정보 보호법'에서 제시하는 개인정보 보호 원칙의 설명으로 옳지 않은 것은?

① 개인정보처리자는 개인정보의 처리 목적에 필요한 범위에서 적합하게 개인정보를 처리하여야 하며, 그 목적 외의 용도로 활용하여서는 아니 된다.

② 개인정보처리자는 개인정보의 처리 목적에 필요한 범위에서 개인정보의 정확성, 완전성 및 최신성이 보장되도록 하여야 한다.

③ 개인정보처리자는 정보 주체의 사생활 침해를 최대화하는 방법으로 개인정보를 처리하여야 한다.

④ 개인정보처리자는 개인정보의 처리 방법 및 종류 등에 따라 정보 주체의 권리가 침해받을 가능성과 그 위험 정도를 고려하여 개인정보를 안전하게 관리하여야 한다.

개인정보처리자는 '사생활 침해'를 최소화하는 방법으로 개인정보를 처리해야 한다.

05 민원인(교통사고 피해자)이 차량사고 관련 영상을 확보하기 위하여 공공기관에 차량사고 가해자의 CCTV 비식별 조치 없이 영상을 요청한 경우, 공공기관이 피해자에게 이를 제공할 수 있는지에 대한 개인정보보호위원회의 해석으로 옳지 않은 것은?

① 공공기관이 보유·관리하고 있는 개인정보의 공개에 관하여는 개인정보 보호법보다 정보공개법이 우선 적용된다.

② 피해 민원인이 영상정보에 대한 정보공개 청구를 한 경우 신청받은 공공기관은 정보공개법에 따라 제공 여부 및 제공 범위를 결정할 수 있다.

③ 개인정보 보호법의 취지를 고려할 필요가 있으므로 제3자의 개인정보가 포함된 영상을 제공받기 위해서는 정보 주체의 동의를 받거나 법률에 특별한 규정이 있는 등 적법한 근거가 있어야 한다.

④ 공공기관의 경우에는 개인정보 보호법의 특별법인 정보공개법이 있으므로 정보 주체는 가해자의 CCTV 영상을 제공받을 수 있다.

정보 주체에 대한 비식별 조치 등 보호조치 없이 영상을 제공할 수 없다.

06 2023년 9월 15일 시행된 '개인정보 보호법'에 따르면 고정형 영상정보처리기 운영자가 안내판을 설치하는 데 구법과 달리 포함시키지 않아도 되는 사항은?

① 설치 목적
② 설치 장소
③ 관리책임자의 성명
④ 촬영 시간

관리책임자를 공개할 의무가 있으나 성명은 의무사항이 아니다. 예를 들어, "관리책임자 : ㈜OOO회사 OOO부서장"이라고 공개할 수 있다.

07 다음 중 스마트시티 구조를 이루는 핵심 요소인 통합플랫폼의 기능이 아닌 것은?

① 인력 통합 　② 제도 분산
③ 조직 통합 　④ 소프트웨어 통합

스마트시트 구조는 지능형 도시를 위해 기존의 분산 기능을 하나로 통합하는 것을 지향한다.

08 다음 중 고정형 영상정보처리기기를 설치·운영할 때 안내판을 설치해야 하는 장소는?

① 정신요양시설 　② 군사시설
③ 국가중요시설 　④ 국가보안시설

원칙적으로 안내판을 설치해야 한다. 다만 「군사기지 및 군사시설 보호법」 제2조 제2호에 따른 군사시설, 「통합방위법」 제2조 제13호에 따른 국가중요시설은 예외이다.

09 CCTV 관제를 통해 얻을 수 있는 효과가 아닌 것은?

① 개인영상정보를 효과적으로 보호할 수 있다.
② 이상 징후를 탐지하여 범죄행위 및 재난 사고를 사전 예방할 수 있다.
③ 범죄 발생 시 경찰, 소방 등과 협조하여 신속히 대응할 수 있다.
④ 카메라의 이상 유무를 파악할 수 있다.

CCTV 관제는 개인정보의 보호 측면이 아닌 활용 측면의 효율성을 지향한다.

10 관제요원의 근무 요건에 해당하지 않은 것은?

① 관제요원은 방범, 교통, 환경, 재난, 재해 등 기능별 영상정보처리기기에 대한 실시간 관제 업무를 수행한다.
② 근무조건 등에 대해서는 영상정보처리기기 설치 운영 가이드라인이 정한 조건을 준수하여야 한다.
③ 관제요원의 근무는 실시간 관제가 가능하도록 배치하고 교대근무를 할 수 있도록 하여야 한다.
④ 영상정보처리기기로 범죄 사고 재난 재해 등을 발견한 경우, 해당 기관 및 업무 부서에 신속히 통보하여 대응할 수 있도록 조치하여야 한다.

관제요원은 가이드라인에 근거한 법률 요건을 준수하는 것이 아닌 'CCTV 모니터링'을 통한 통해 범죄, 사고, 재난, 재해 등에 신속 대응하도록 실시간으로 지원 업무를 수행한다.

11 관제센터에서 데이터 유출을 방지하기 위한 USB 보안 및 사용 방법으로 옳은 것은?

① 일반 USB로는 보안 USB를 만들 수 없다.
② 암호가 여러 번 잘못 입력되면 보안 USB를 자동으로 폐기할 수 있다.
③ 상관의 허락하에 일반 USB를 사용할 수 있다.
④ 보안 USB에는 만료 일자 및 횟수를 설정할 수 없다.

데이터 유출을 방지하기 위하여 비밀번호 인증을 필요로 하는 보안 USB를 사용하고, 비인가자의 불법시도 예방을 위해 보호조치를 강화하여 운영한다.
휴대용 저장매체 관리자는 휴대용 저장매체를 폐기·불용처리하고자 할 경우, 저장자료가 복구 불가하도록 완전 삭제 소프트웨어 등을 이용한 삭제 의무. 다만, 완전 삭제가 불가할 경우 USB 물리적 파쇄 등 안전 조치한다.

정답 7. ② 8. ① 9. ① 10. ② 11. ②

12 출입통제 시스템의 인증 유형 중 방식이 다른 하나는?

① RFID(Radio Frequency IDentification) 시스템

② NFC(Near Field Communication)

③ 지그비(ZigBee)

④ 홍채(Iris) 인식

지그비, NFC, RFID는 무선(WPAN)에서 사용하는 인식 기술이고, 홍채, 지문, 각막 등은 생체인식기술이다.

13 운영체제나 프로그램을 생성할 때 정상적인 인증 과정을 거치지 않고 운영체제나 프로그램 등에 접근할 수 있도록 만든 일종의 통로로 쓰이는 악성코드는?

① 웜

② 랜섬웨어

③ 백도어

④ 스파이웨어

• 웜(worm)은 스스로를 복제하는 악성 소프트웨어이다.

• 랜섬웨어(ransomware)는 데이터를 암호화해 사용할 수 없게 만든 후 금품을 요구하는 데 악용되는 소프트웨어이다.

• 스파이웨어(spyware)는 사용자의 동의 없이 설치되어 컴퓨터의 정보를 수집하고 전송하는 소프트웨어이다.

영상정보 관제시스템

14 현실 세계의 물리적 시스템과 기능 및 동작을 그대로 가상공간에 만들어 컴퓨터상에 디지털 데이터 모델로 표현하여 똑같이 복제하고 실시간으로 서로 반응하도록 구성하는 개념으로 옳은 것은?

① 가상현실

② 증강현실

③ 디지털 트윈

④ 유비쿼터스 컴퓨팅

디지털 트윈

• 실제와 동일한 3차원 모델을 만들고, 현실 세계와 가상의 디지털 세계를 데이터를 기반으로 연결한다.

• 물리적인 사물, 공간, 환경, 사람, 프로세스 등의 자산을 소프트웨어를 사용하여 가상의 모델로 만들어 실세계에서 하는 것과 같이 동작시키거나 동일한 행위를 해볼 수 있게 한다.

• 사용자는 가상의 세계에서 현실 세계 자산의 정보를 확인하거나 모의실험(시뮬레이션)을 통해 자산의 미래 상태를 정확하게 예측할 수 있다.

15 스토리지 종류 중 하나인 NAS(Network Attached Storage)의 설명으로 옳지 않은 것은?

① 네트워크를 통해 데이터를 공유하므로 높은 대역폭의 네트워크를 통한 전송 속도 확보가 가능하다.

② 여러 다른 장치들의 데이터 저장 및 읽기에 용이하다.

③ 단순한 시스템 아키텍처 구조로 유지 관리가 비교적 편하다.

④ 가상화 환경을 구축하기에 좋다.

NAS는 단순한 시스템 아키텍처를 구성하기에 좋으므로 가상화 환경을 구축하기에 좋은 것은 아니다.

16 다음 중 UPS(Uninterruptible Power Supply)의 주요 기능에 해당하는 것은?

① 전력 소비 감소

② 물리적 보호

③ 전력 공급 안정화

④ 데이터 저장

UPS는 전원 전압, 주파수 변동으로 중요한 서버나 시스템 등 서비스가 중단되지 않도록 정전 시에도 일정 시간 전력을 계속 공급하는 장치로써 전력 공급 안전화(정전, 순간 전압 상승 및 강하, 과전압, 전선 노이즈, 주파수 및 스위치 변화) 기능을 한다. 특히 관제센터, 정보통신실, 데이터센터 등에서 핵심 장비 중 하나이다.

17 관제사 Kim 씨는 DATA 파일을 Windows 11에서 읽을 수 있도록 USB 메모리를 포맷하고자 한다. 다음 중 Windows 11에서 읽을 수 없는 포맷 방식은?

① FAT32   ② exFAT
③ NTFS   ④ APFS

18 가늘고 긴 파이프형의 렌즈 형태로 작은 구멍을 이용하여 빛으로 광학상을 얻는 렌즈는?

① 줌 렌즈   ② 핀홀 렌즈
③ 광각 렌즈   ④ 표준 렌즈

19 카메라 하우징이 필요한 곳으로 옳은 곳은?

① 먼지가 적게 발생하는 장소
② 직사광선이나 비, 바람을 직접 맞는 장소
③ 습도가 낮거나 부식성 가스가 있는 장소
④ 사용 주위온도가 0~40℃의 범위를 넘지 않는 경우

20 DVR에 관한 설명으로 옳은 것은?

① 녹화 검색시간이 느리다.
② 영상자료를 HDD에 저장한다.
③ 영상자료의 출력이 불가능하다.
④ 녹화자료를 반영구적으로 사용할 수 없다.

21 다음 중 사용자가 관제시스템에 CCTV 영상을 저장하기 위해 카메라 해상도를 설정하고자 한다. Full HD 카메라를 설정하기 위한 값으로 옳은 것은?

① 1920×1080 ② 720×480
③ 2560×1440 ④ 1280×720

22 다음 중 PTZ 카메라를 설명하는 내용으로 옳은 것은?

① 벽 또는 천장 등에 설치하는 반구형 모양의 감시 카메라로 복도, 매장, 엘리베이터, 은행 등 실내에서 가장 많이 사용되는 카메라이다.
② 각 감시 카메라 또는 박스형 감시 카메라로 불리는데, 사각 외장 케이스 형태로 생겨 설치 장소 및 목적에 따라서 다양하게 활용된다.
③ 실내에서 많이 이용되며 빛을 가리거나 품질 좋은 영상을 촬영하기 위해 후드를 사용하는 카메라이다. 일반적으로 적외선 발광부를 장착하여 0룩스의 암흑 상태에서도 촬영할 수 있는 기능을 갖추고 있다.
④ PAN, TILT, ZOOM 기능을 구비하고 수동 또는 자동 원격 조정 방식의 제어기를 통해서 조작이 가능한 카메라이다. PAN, TILT, ZOOM 기능은 카메라 자체 내에 구비하거나 카메라와 외부 기능의 결합을 통해서 적용할 수 있다.

PTZ(Pan Tilt Zoom) 카메라 제어

- 사용자가 상황에 따라 CCTV를 실시간 조작이 가능한 CCTV를 말한다.
- Pan은 방위각이며, Tilt는 고도각, Zoom은 확대 배율을 의미한다.
- 관제 대상이 많은 교차로나 주택가 골목길에서 고정형 카메라보다 PTZ 카메라의 설치 비중이 높다.

23 다음 중 영상정보처리기기(CCTV) 시스템에서 리시버가 반드시 필요한 경우에 해당하는 것은?

① 공원용 영상정보처리기기(CCTV)에서 비상벨을 설치·운영 시 민원인이 비상벨을 눌렀을 때 관제센터로 신호를 전송할 경우

② 아날로그 카메라가 PAN, TILT 위에 설치되어 감시 방향을 전환하기 위한 전력신호를 전송할 경우

③ 마이크가 내장된 카메라에 큰 소리가 입력되어 알람이 발생되어 관제센터로 전송하는 경우

④ 불법주정차 단속시스템의 계도용 전광판에 단속 중인 차량 번호를 표출하기 위해 정보를 수신하는 경우

리시버가 필요한 경우는 아날로그 카메라가 PAN, TILT 위에 설치되어 감시 방향을 전환하기 위한 전력신호를 전송할 경우처럼 팬틸트 드라이버를 작동하는 경우에 설치한다.

24 영상정보관리자 KIM 씨는 영상정보 관제시스템을 통해 모니터링 화면을 구성하고 있다. 아래 이미지와 화면을 동일하게 구성하기 위한 분할 설정값은?

① 2×2　　　　　② 3×3
③ 4×4　　　　　④ 5×5

그림의 설정값은 4×4이다.

25 영상정보 관제시스템에서 영상저장 서버의 주요 역할을 설명한 것으로 옳은 것은?

① 사용자의 접근 권한에 따라 영상 데이터에 대한 접근을 제어한다.

② 실시간으로 수집된 영상 데이터를 저장 매체에 저장하고 보관한다.

③ 다수의 사용자에게 동시에 영상 데이터를 전송하기 위한 멀티캐스팅을 수행한다.

④ 네트워크의 상태 변화에 따라 영상의 해상도를 자동으로 조절한다.

> **해설**
>
> 영상정보 서버(video storage server) : 특정 사건·사고 등 사회 안전과 질서유지에 필요한 상황에 따라 근거자료 확보 차원에서 현장에 설치된 CCTV의 영상정보는 개인정보보호지침에 의거 30일간 저장했다가 30일이 경과한 해당 영상정보는 선입선출(FIFO) 방식으로 자동 삭제한다.

26 영상정보 관제시스템(VMS) 사용 중 화면 분할 기능을 활용해야 하는 상황에 대한 설명으로 옳은 것은?

① 단일 카메라의 세부 영상을 지속적으로 관찰해야 하는 경우

② 한 명의 사용자가 여러 감시 지역의 영상을 동시에 관찰해야 하는 경우

③ 비디오 스트리밍의 해상도를 높이기 위한 경우

④ 영상정보처리기기의 영상정보를 모니터링 없이 녹화만 진행할 경우

> **해설**
>
> • 화면 분할 기능을 활용해야 하는 상황은 한 명의 사용자가 여러 감시 지역의 영상을 동시에 관찰해야 하는 경우이다.
> • VMS(Video Management System)는 CCTV 영상정보를 체계적이고 효율적으로 관리하기 위한 솔루션으로, 특히 다중 화면 분할 기능을 활용해야 한 명의 사용자가 여러 감시 지역의 영상을 동시에 관찰할 수 있다.

27 영상정보 관제시스템(VMS)에서 어안 렌즈 카메라의 영상을 관제할 때 사용되는 디워핑(dewarping) 기능에 대한 설명으로 옳은 것은?

① 카메라 화질 개선

② 영상 왜곡 보정

③ 영상 시야 확대

④ 네트워크 대역폭 사용량 감소

> **해설**
>
> 디워핑(dewarping)은 왜곡된 영상이나 이미지를 보정하여 원래의 형태에 가깝게 복원하는 기술이다. 주로 어안 렌즈(fisheye lens)와 같은 광각 렌즈로 촬영된 영상에서 발생하는 곡선 형태의 왜곡을 평평하고 자연스럽게 교정하는 데 사용된다.

28 영상정보 관제시스템(VMS)의 영상분배 서버가 수행하는 역할에 해당하지 않는 것은?

① 실시간 영상의 다중 사용자 분배

② 사용자 권한에 따른 접근 제어 설정

③ 영상 촬영 및 카메라 조정

④ 영상 스트림의 해상도 및 비트레이트 조절

> **해설**
>
> VMS 영상분배 서버는 영상 촬영 및 카메라를 조정하는 역할은 없다.

29 다음 설명에 해당하는 관제시스템 장애관리 기능(A)은?

> (A)은/는 영상관제시스템 구성 중 영상저장 분배 서버에 장애가 발생되었을 때, 무중단 운영을 하기 위한 이중화 장애관리 기능이다.

① 오토 플립   ② 페일 오버

③ 파워 업 액션   ④ 이상 징후 탐지

페일 오버 기능은 메인 통신장비와 영상분배 서버 사이에 있는 장치로서 영상분배 서버의 장애가 발생하여 이용할 수 없는 경우 대체 시스템을 가동시키는 것을 말한다.

30 관제요원 A씨는 영상정보처리기기 모니터링 도중 아래와 같은 장애 현상을 확인하였다. 해당 장애 유형은?

① 백화 현상　　② 통신 장애
③ PTZ 장애　　④ 전원 불량

그림의 장애는 이미지가 흰색의 상태로 변하므로 백화 현상이다.

영상정보 관리실무

31 영상정보처리기기(CCTV)에 딥러닝 기반의 지능형 기술을 적용함으로써 사람들의 이동이 많지 않은 야간에 움직임이 있는 영상만을 모니터에 표출하여 효율적으로 관제할 수 있도록 적용할 수 있는 기법은?

① 선택 관제　　② 투망 감시 관제
③ 선별 관제　　④ 순환 관제

• 선택 관제: 순환 관제 기법과 유사하게 생각할 수 있으나 인재 또는 자연재해가 발생했거나 발생징후가 있는 경우 해당 지역의 CCTV를 선택하여 집중 관제하는 것을 말한다.
• 투망 감시 관제: 특정 사고 지점을 선택하면 주변 CCTV가 동시에 4개 또는 8개가 팝업되면서 현장의 상황을 여러 측면에서 대처할 수 있다. 또한 특정인과 문제 차량의 이동 경로 추적 및 예측에도 사용된다.
• 순환 관제: 영상정보관리사가 다수의 CCTV 영상을 실시간 영상 모드에서 순차적으로 보기 위한 기능이다.

32 관제센터에서 모니터링 중 태풍 호우 발생으로 인해 하천변, 저지대 침수 예상 지역을 집중적으로 관찰하기 위해 영상정보처리기기(CCTV) 목록을 미리 등록하여 필요시 해당 위치를 확인하는 기법은?

① 선별 관제　　② 투망 감시 관제
③ 선택 관제　　④ 순환 관제

33 다음 중 지능형 영상정보 관제시스템 이벤트 대시보드에 분석 및 표출되지 않는 항목은?

① 특정 카메라 에러 이벤트

② 특정 기간 움직임 감지 카운트

③ 영상저장장치 에러 이벤트

④ 특정 IP의 서버 접속기록

34 다음 화면은 관제요원 A씨가 관제센터에서 관찰하는 화면 모습이다. 영상정보 관제시스템(VMS)의 기능 중 해당 화면에 적용하기에 적합한 지능형 관제 이벤트 종류는?

① 화재   ② 배회

③ 쓰러짐   ④ 폭력

35 영상정보 관제시스템(VMS)에서 이용하는 빅데이터 분석 기법으로 적절하지 않은 것은?

① 행동 분석   ② 로그 분석

③ 예측 분석   ④ 사건 분석

36 용의자 도주 형태에 따른 모니터링 방법에 대한 설명으로 옳지 않은 것은?

① 도보로 도주하는 용의자 – 도주로 전면 또는 후면에 포커스를 맞추고 따라가듯 모니터링 실시

② 뛰어서 도주하는 용의자 – 화망 구성하듯 도주로 전면 또는 후면에 미리 포커스를 맞추고 기다려 이미지 획득

③ 저속으로 주행하는 차량 – 차량의 색상을 기억하고, 차량을 추적하여 동일한 색상의 차량 이미지 획득

④ 고속으로 주행하는 차량 – 차량의 진행 방향 전면에 미리 포커스를 맞추고 영상 촬영 후 화면을 정지하여 차량 번호 검출

37 다음 중 다양한 소스로부터 대규모의 데이터를 모아 저장하는 빅데이터의 기능에 해당하는 것은?

① 데이터 수집　　② 데이터 가공

③ 데이터 시각화　④ 데이터 분석

해설

- 데이터 가공(전처리, data preprocessing): 분석에 적합하도록 데이터를 정리하는 과정으로 빅데이터는 정형, 반정형, 비정형 데이터가 혼재되어 있어, 이를 바로 분석하기 어려울 수 있기 때문에 전처리 과정이 필수이다.
- 데이터 분석(data analysis): 전처리된 데이터를 바탕으로 패턴을 탐색하고, 도출하는 과정으로 분석 방법에는 통계적 분석부터 머신 러닝 및 인공지능 기반 분석까지 다양한 기법이 사용된다.
- 데이터 시각화(data visualization): 분석된 데이터를 쉽게 이해할 수 있도록 시각적 형태로 표현하는 과정으로 시각화(히트맵, 트리맵, 차트와 그래프 등)를 통해 데이터를 쉽게 전달하고 설득력을 높이는 데 도움이 된다.

38 관제요원 O씨는 관제센터에서 근무 중 뺑소니 사고를 발견하였다. 다음 보고 조치 행동으로 옳은 것은?

① 본인이 현장으로 출동하여 상황 파악 후 보고

② 정확한 보고를 위해 교육을 받고 보고

③ 보고체계에 따라 관리자에게 지체 없이 보고

④ 신속한 보고를 위해 연락체계를 최신화 후 보고

해설

- 영상정보관리사는 관제 중에 상황을 인지했을 경우 보고체계에 따라 경찰관(팀장)과 관리자에게 즉시 보고하여야 한다. 관리자는 긴급상황으로 판단될 경우 신속하게 상황 대응체계에 돌입한다.
- 대응 절차: 인지→보고→파악/유지→전파→기록 유지→상황보고서 작성 및 보고

39 영상정보처리기기를 통해서 수집된 영상정보는 수집 후 최대 30일 이내로 보관하여야 한다. 예외 사유로 옳지 않은 것은?

① 다른 법령에 특별한 규정이 있는 경우

② 영상정보를 수사나 재판 자료로 제공하는 경우

③ 정당한 사유가 있는 경우

④ 제3자가 영상정보 보관을 요청하는 경우

해설

- 개인정보보호법 제35조에 따라 정보 주체가 CCTV 영상을 열람하려면 정보 주체 자신의 영상만을 제공받을 수 있으며, 만약 제공될 영상에 제3자의 개인정보가 포함되어 있다면 개인정보처리자는 마스킹 등 비식별조치를 해서 이미지를 제공해야 한다.
- 영상수집 보관기간 30일이 경과하면 원본영상이 삭제되는데, 검찰 또는 법원에서 사건이 종결되지 않고 진행 중이거나 증거 확보 차원에서 정보 주체인 자신의 영상을 보관기간 연장신청을 할 수 있다. 다만, ④번과 같이 제3자가 영상정보 보관기간 연장신청은 요청할 수 없다.

40 개인영상정보 파기 시 기록할 내용으로 옳지 않은 것은?

① 개인영상정보 파일 명칭

② 개인영상정보 파기 일시

③ 개인영상정보 파기 담당자

④ 개인영상정보 파기 전 저장 위치

해설

개인영상정보 파일의 보관 위치(이동형 메모리, 백업 서버, PC 등)는 파기하기 이전의 절차이며, 파기(폐기) 이후의 절차는 아니다.

정답: **37.** ①　**38.** ③　**39.** ④　**40.** ④

영상정보관리사 실기 기출문제

2024년 2회

수검자 유의사항

※ [문제1~문제13]은 실기 문제이며, 제한 시간은 40분입니다.

1. 시스템이나 네트워크 오작동 등 장애가 발생할 경우 응시 위치 이동이 허용될 수 있으며, 이때 제한 시간은 연장됩니다.

2. 수검 중 문제에 대한 질문은 일체 받지 않습니다.

3. 작업형 문제는 에뮬레이터 창에서 해결 가능한 방법으로 푸셔야 합니다.

4. 수검 종료 전에 작업 중 열어 놓은 에뮬레이터 창을 닫은 후에 '종료' 버튼을 누르십시오.

5. 문항수 및 유형: 단답/서술/분석/드래그 앤 드롭 형: 7점 * 7문항, 작업형: 8점 * 3문항, 작업(영상)형: 9점 * 3문항

※ 문제 1~3번 화면은 원본 영상 확보의 어려움으로 인해, 문제 유형 이해를 돕고자 자체적으로 만든 영상 화면이기에, 발췌한 영상에서 중요한 장면을 발췌한 화면만으로는 문제를 풀기 어려울 수도 있습니다. 다만, 이미지를 통해 수험자가 문제 풀이를 참고하고 기출문제 상황을 이해할 수 있도록 구성하였습니다.

문제 1	다음 〈제시상황〉에 따라 CCTV 영상을 분석한 후 〈영상정보조사 의뢰 내용〉 중 일치하지 않는 항목을 모두 선택하시오.

※ [문제1]~[문제3] 제한 시간은 15분이며, 제한 시간이 지나면 자동 종료되고, 답안 선택은 불가능합니다.

제시상황	답안작성요령
사건 신고 내역을 바탕으로 관할 경찰서에서 CCTV 관제실에 영상정보 분석을 통한 진위 여부 확인 요청	〈영상정보조사 의뢰 내용〉 중 일치하지 않는 항목을 모두 선택하시오.

⚙ 버튼을 통해 [재생속도], [화질] 수동조정 가능

영상정보조사 의뢰 내용

1. 피해자는 중년 이상의 남성이다.

2. 피해자는 반팔 셔츠, 긴바지, 검정 계통의 운동화를 착용하고 있다.

3. 해당 사건의 가해자는 1명이며, 가해자는 사건 발생 전 주변에서 배회하고 있다.

4. 특정 소지품에 약물을 묻혀 피해자를 기절시킨다.

5. 피해자는 가해자의 돌발 행동에 반항하며 주변에 도움을 요청하고 있다.

6. 사건 현장 주변에 증거 영상을 확보할 수 있는 주행 및 정차 차량이 5대 이상이다.

7. 사건 발생 후 가해자는 피해자를 차량 트렁크에 태워 납치하였다.

[영상 출처: 한국지능정보사회진흥원]

화면

해설

▶ 정답: 3, 4, 5, 7

- 틀린 항목: 3, 4, 5, 7

- 3: 해당 사건의 가해자는 2명 이상으로 추정, 가해자는 사건 발생 전 주변에서 배회하고 있음.

- 4: 특정 소지품에 약물을 묻혀서 범행한 것이 아닌 음료수를 마시게 하여 실신하는 장면이 영상을 통해 확인.

- 5: 피해자는 가해자의 돌발 행동에 반항하지 않았으며, 음료를 마신 후 쓰러짐.

- 7: 사건 발생 후 가해자는 피해자를 차량 뒷 좌석에 태워 납치함.

문제 2	다음 〈제시상황〉에 따라 CCTV 영상을 분석한 후 〈영상정보의뢰 조사표〉의 빈칸에 알맞은 내용을 〈답안 입력 항목〉 범위 내에서 답안을 입력하시오.

※ [문제1]~[문제3] 제한 시간은 15분이며, 제한 시간이 지나면 자동 종료되고, 답안 입력은 불가능합니다.

제시상황
사건 신고 내역을 바탕으로 관할 경찰서에서 CCTV 관제실에 영상정보 조사 의뢰

답안작성요령
〈답안 입력 항목〉 A 장소: 공원, 골목, 주차장, 지하철, 공항, 　　　버스정류장, 놀이터, 화장실 B 상황: 절도, 납치, 폭행, 방화, 투기, 손괴, 　　　상황 없음 C 상황: 절도, 납치, 폭행, 방화, 투기, 손괴, 상황 없음 D 사건지점 행인/참고인: 유, 무 E 사건지점 행인/참고인: 유, 무 F 사건지점 인근 차량(주차/주행 등) 존재 여부: 유, 무 G 흉기(도구) 소지 여부: 유, 무

⚙ 버튼을 통해 [재생속도], [화질] 수종조정 가능

영상정보 의뢰 조사표

시간대	장소	상황	사건지점 행인/참고인	사건지점 인근 차량 (주차/주행 등) 존재 여부	흉기(도구) 소지 여부
14:00:01 – 14:01:30	(A)	상황 없음	(D)	유	(G)
14:01:31 – 14:01:50		(B)	유	유	
14:01:51 – 14:03:00		(C)	(E)	(F)	

※ 아래 제시된 장소, 상황, 행인/참고인 등 〈답안 작성 항목〉 범위 내에서 답안 입력

〈답안 입력 항목〉

A 장소: 공원, 골목, 주차장, 지하철, 공항, 버스정류장, 놀이터, 화장실

B 상황: 절도, 납치, 폭행, 방화, 투기, 손괴, 상황 없음

C 상황: 절도, 납치, 폭행, 방화, 투기, 손괴, 상황 없음

D 사건지점 행인/참고인: 유, 무

E 사건지점 행인/참고인: 유, 무

F 사건지점 인근 차량(주차/주행 등) 존재 여부: 유, 무

G 흉기(도구) 소지 여부: 유, 무

[영상출처: 한국지능정보사회진흥원]

화면

해설

▶ 정답: (A) 버스정류장, (B) 상황 없음, (C) 납치, (D) 유, (E) 유, (F) 유, (G) 유

- 장소: 답안 입력 항목에 제시된 장소 중 사건이 일어난 곳은 '버스정류장'임. 버스정류장 표지판을 확인할 수 있음.
- 상황: 14:01:31~14:01:50 시간 동안에 사건 발생 상황은 제시된 항목 중 '상황 없음'이 가장 상황에 부합됨.
- 상황: 14:01:51~14:03:00 시간 동안에 사건 발생 상황은 제시된 항목 중 '납치'가 가장 상황에 부합됨.
- 사건지점 행인/참고인: 14:00:01~14:01:30 시간 동안에 행인/참고인이 지나갔으므로 '유'를 작성함.
- 사건지점 행인/참고인: 14:01:51~14:03:00 시간 동안에 행인/참고인이 지나갔으므로 '유'를 작성함.
- 사건지점 차량(주차/주행 등) 존재 여부: 14:01:51~14:03:00 시간 동안에 주차 및 주행 차량은 계속 존재하여 '유'를 작성함.
- 흉기(도구) 소지 여부: 가해자는 음료에 약물을 섞은 도구를 통해 피해자를 납치하여 '유'가 정답임.

참고하세요!

"문제 유형 이해를 돕고자 자체적으로 만든 영상에서 중요한 장면을 발췌한 화면이기에, 발췌한 영상 화면만으로는 문제를 풀기 어려울 수도 있습니다. 다만, 이미지를 통해 수험자가 문제 풀이를 참고하고 기출문제 상황을 이해할 수 있도록 구성하였습니다."

<table>
<tr><td>문제
3</td><td>〈제시상황〉과 같이 카메라별(CAM1~4)로 확인된 상황을 〈답안작성요령 – 답안 선택 항목〉에 제시된 상황 범위를 이용하여 답안을 선택하시오.
※ [문제1]~[문제3] 제한 시간은 15분이며, 제한 시간이 지나면 자동 종료되고, 답안 선택은 불가능합니다.</td></tr>
</table>

제시상황	답안작성요령
사건 신고 내역을 바탕으로 관할 경찰서에서 CCTV 관제실에 영상정보 조사 의뢰	〈답안 선택 항목〉 상황: 절도, 납치, 싸움, 방화, 투기, 주취행동, 실신, 상황 없음

⚙ 버튼을 통해 [재생속도], [화질] 수종조정 가능

※ 아래 제시된 상황 범위 내에서 카메라별로 답안 선택

– 상황: 절도, 납치, 싸움, 방화, 투기, 기물파손, 실신, 상황 없음

[영상출처 : 한국지능정보사회진흥원]

화면

참고하세요!

"문제 유형 이해를 돕고자 자체적으로 만든 영상에서 중요한 장면을 발췌한 화면이기에, 발췌한 영상 화면만으로는 문제를 풀기 어려울 수도 있습니다. 다만, 이미지를 통해 수험자가 문제 풀이를 참고하고 기출문제 상황을 이해할 수 있도록 구성하였습니다."

해설

▶ 정답: CAM1: 싸움, CAM2: 상황 없음, CAM3: 기물파손, CAM4: 상황 없음

- CAM1: 중년의 부부가 주택가 골목에서 서로 다투며 싸우는 모습이 확인됨. – 싸움
- CAM2: 영상이 재생되는 동안 이상행위 상황이 발생하지 않음. – 상황 없음
- CAM3: 한 남성이 주변을 배회하면서 주변을 살피다가 현수막을 자르는 모습이 확인됨. – 기물파손
- CAM4: 영상이 재생되는 동안 이상행위 상황이 발생하지 않음. – 상황 없음

문제 4

영상정보관리자 KIM씨는 서비스 관리자를 통해 사용 중인 Windows 운영체제를 최적화하고자 한다. 〈제시 문제〉와 같이 해당 서비스를 설정하시오. (단, 서비스 상태가 중지되어 있어야 하며, 시작 유형은 사용 안 함으로 설정하시오.)

제시상황	문제 해결 후 시스템 상태
Microsoft에서 운영체제의 시스템 성능을 지속적으로 유지하고 향상시키기 위해 사용자가 프로그램(앱)을 실행하는 패턴을 기록한 뒤 이후 재실행에 걸리는 시간을 절약하기 위해 미리 메모리에 로드해 놓는 역할을 수행하는 서비스 기능을 설정하시오.	• 제시 문제와 같이 정상적으로 설정되어 있다.

풀이 과정 및 답안

[서비스 관리자] → [Superfetch]로 이동

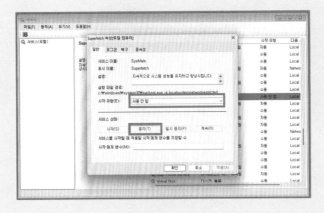

– [시작 유형] '사용 안 함'으로 변경
– [서비스 상태] '중지됨'으로 변경
– [확인]을 눌러 적용

문제 5

영상정보관리자 KIM씨는 관제센터의 컴퓨터 및 네트워크 보안을 강화하기 위해 로컬보안정책을 설정하고자 한다. 아래 〈제시 문제〉와 같이 설정하시오.

제시문제	문제 해결 후 시스템 상태
1. 새 단순볼륨 400GB 추가 2. E 드라이브 문자 할당 3. 볼륨 레이블 ICQA 값 입력	• 제시 문제와 같이 정상적으로 설정되어 있다.

풀이 과정 및 답안

– [할당되지 않음] 클릭 후 우 클릭
– [새 단숨 볼륨] 클릭

– [다음] 클릭

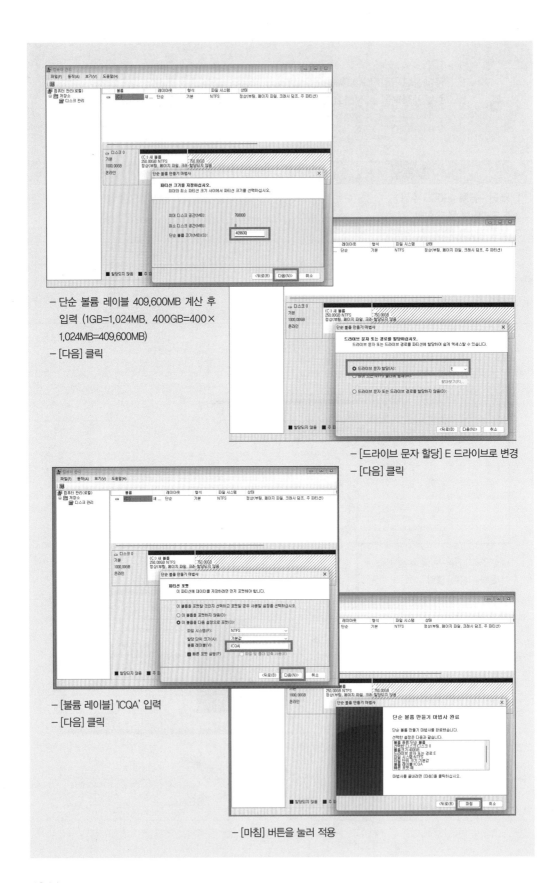

– 단순 볼륨 레이블 409,600MB 계산 후
  입력 (1GB=1,024MB, 400GB=400×
  1,024MB=409,600MB)
– [다음] 클릭

– [드라이브 문자 할당] E 드라이브로 변경
– [다음] 클릭

– [볼륨 레이블] 'ICQA' 입력
– [다음] 클릭

– [마침] 버튼을 눌러 적용

<table>
<tr><td>문제
6</td><td>영상정보 관제실 관리자 KIM씨는 시스템 문제 해결을 위해 숨김 처리된 보호된
운영체제 파일을 볼 수 있도록 설정하고자 한다. 아래 〈제시 문제〉와 같이 설정
하시오.</td></tr>
</table>

제시문제	문제 해결 후 시스템 상태
보호된 운영체제 숨겨진 파일 보이도록 해제	• 제시 문제와 같이 정상적으로 설정되어 있다.

풀이 과정 및 답안

[폴더 옵션] 내 [보기] 탭으로 이동

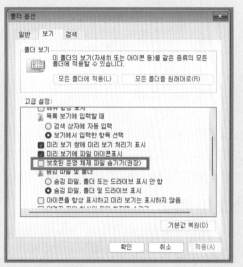

– [보호된 운영 체제 파일 숨기기(권장)] 체크박스 해제
– [확인]을 눌러 적용

Part 1 • 영상정보 관리일반

Part 2 • 영상정보 관리시스템

Part 3 • 영상정보 관리실무

Part 4 • 기출문제

문제 7

다음 〈제시 문제〉의 그림은 'CCTV 검색 결과'의 한 예이다. 각 부분에 알맞은 명칭을 선택하여 해당 번호의 위치로 드래그 앤 드롭하시오.

(보기 그림을 더블 클릭하면 확대 가능)

제시문제

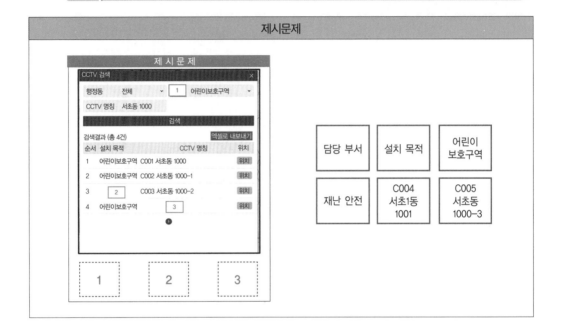

풀이 과정 및 답안

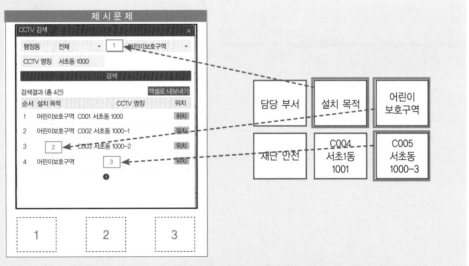

- 1번: 화면의 좌측 상단 부분에서 선택된 항목은 '어린이보호구역'으로, 이는 CCTV 설치 목적을 나타낸다.

- 2번: 검색 결과에 표시된 항목은 '어린이 보호구역'에 해당하는 CCTV 목록이다.

- 3번: 화면에 표시된 CCTV 명칭은 지번과 결합한 정보로써 'C005 서초동 1000-3'으로 순차적으로 정보가 제공되고 있다.

문제 8

다음 〈제시 문제〉의 그림은 PTZ 카메라에서 뜻하는 Pan, Tilt, Zoom의 제어 방향이다. 알맞은 명칭을 선택하여 해당 번호의 위치로 드래그 앤 드롭하시오.
(보기 그림을 더블 클릭하면 확대 가능)

제시문제

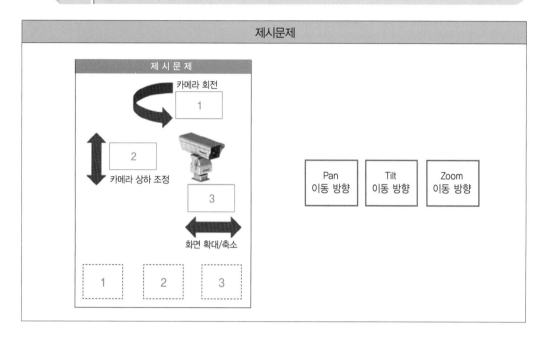

풀이 과정 및 답안

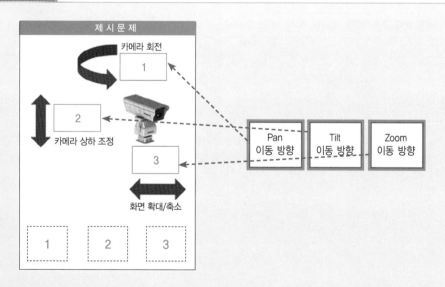

- 1번 (카메라 회전): 이 기능은 CCTV 카메라의 좌우 회전을 제어하는 기능으로, 'Pan 이동 방향'이 해당한다.
- 2번 (카메라 상하 조정): 이 기능은 CCTV 카메라의 상하 움직임을 제어하는 기능으로, 'Tilt 이동 방향'이 해당한다.
- 3번 (화면 확대/축소): 이 기능은 CCTV 카메라의 화면 확대 및 축소를 조정하는 기능으로, 'Zoom 이동 방향'이 해당한다.

문제 9

다음은 특정 종류의 침입감지시스템의 특성에 대한 설명이다.
〈제시 문제〉의 내용 중 (A)에 해당하는 용어를 답안란에 입력하시오.

제시문제

다음은 특정 종류의 침입감지시스템의 특성에 대한 설명이다.

아래의 보기를 참고하여 빈칸(A)에 해당하는 용어를 답안란에 입력하시오.

그림

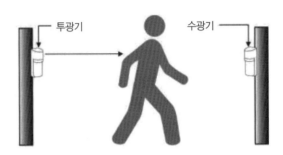

침입감지센서 유형 중 (A) 감지기의 침입 감지에 대한 그림 설명자료이다. 해당 감지기의 특성은 투광기와 수광기로 구성되며, 통상 실외에서 적용되므로 특히 환경적 요인을 고려하여 설치해야 한다.

보기: 유리파손, 열선, 적외선, 자석, 투광, 수광

해설 ▶ 정답: (A) 적외선

적외선 감지기의 특징은 투광기와 수광기로 구성되어 있으며, 이 두 장치가 서로 신호를 주고받아 사람이 지나갈 때 신호가 차단되면 침입을 감지하는 방식이다. 이는 적외선 센서를 사용하여 빛을 감지하고 차단되는 순간을 인식하는 원리로 동작한다. 적외선 감지기는 특히 실외나 특정 환경적 요인에 대한 고려가 필요하며, 적절한 설치 위치가 중요하다.

문제
10

〈제시 문제〉의 내용 중 (A)에 해당하는 용어를 답안란에 입력하시오.

제시문제

(A)은/는 데이터를 안전하게 보호하기 위해 데이터의 내용을 알아볼 수 없도록 변환하는 과정이다. (A)된 데이터는 적절한 암호 해독 키 없이는 원래 내용으로 복원할 수 없다.

이는 데이터의 기밀성을 유지하고, 무단 접근으로부터 데이터를 보호하는 데 중요한 역할을 한다.

그림

식별정보

소유자명	연락처	주택구분	시도	시군구	읍면동
김철수	090-1234-5678	아파트	서울특별시	동작구	사당동
이영희	090-2468-3579	오피스텔	대전광역시	서구	둔산동
박민호	090-9876-5432	아파트	부산광역시	해운대구	우동

식별가능정보

지번	전세(천원)	보증금(천원)	월세(천원)	전용면적	공급면적
1388-4	–	25,000	750	104.00	84.00
656	81,250	–	–	56.45	24.32
111-13	125,000	–	–	100.00	84.00

(소유자명, 연락처)+Salt값
(A)

└ 삭제 ┘└ 라운딩 ┘

(A)

ID	주택구분	시도	시군구	읍면동	전세(천원)	보증금(천원)	월세(천원)	전용면적	공급면적
wd4e85D2C1qe89rwqe	아파트	서울특별시	동작구	사당동	–	25,000	800	104.00	84.00
r5w1e2SXzi4wd64qwz	오피스텔	대전광역시	서구	둔산동	81,300	–	–	56.45	24.32
ghe6W15Z5ax4Qe24jx	아파트	부산광역시	해운대구	우동	125,000	–	–	100.00	84.00

[자료 출처: 가명정보 개념(자료: 개인정보보호위원회 '가명정보 처리 가이드라인')

해설

▶ 정답: 암호화 또는 대칭키 암호화

〈가명정보 처리 가이드라인, 34페이지〉

• 소유자명, 연락처는 솔트(Salt) 값을 추가하여 암호화(대칭키 암호화)이다.

문제 11

〈제시 문제〉에서 설명하는 기준 중 올바르지 않은 것을 모두 선택하시오.

(단, 제시 문제는 오른쪽 스크롤을 내려서 확인하거나 그림을 더블 클릭하여 확인하시오.)

제시문제

2023년 9월 25일부터 시행된 「의료법」은 의료기관의 수술실 내부에 폐쇄회로 텔레비전을 설치하도록 하고 환자 또는 환자의 보호자가 요청하는 경우 수술 장면을 촬영하도록 의무화하고 있습니다. 수술실 내부에 폐쇄회로 텔레비전을 설치할 때는 다음과 같은 기준을 충족하여야 합니다.

(「의료법 시행규칙」 제39조의9, 별표 7의2).

다음 항목들은 의료법 시행규칙에서 정하고 있는 '수술실 내 폐쇄회로 텔레비전의 설치 기준(제39조의9 관련)'입니다

보기 1 | 폐쇄회로 텔레비전은 「개인정보 보호법 시행령」 제3조 제1항 제1호에 따른 장치로서 수술실 내부를 촬영하고 모니터를 통해 그 영상을 구현할 수 있으며, 그 영상정보를 녹화·저장할 수 있는 기능을 갖춰야 한다.

보기 2 | 폐쇄회로 텔레비전은 환자 및 수술에 참여한 의료인 등을 확인할 수 있도록 사각지대를 최소화할 수 있는 곳에 설치해야 한다.

보기 3 | 폐쇄회로 텔레비전은 수술실에 일정한 방향을 지속적으로 촬영할 수 있도록 설치해야 한다.

보기 4 | 폐쇄회로 텔레비전은 고해상도[HD(High Definition)]급 이상의 성능을 보유해야 한다.

보기 5 | 폐쇄회로 텔레비전의 설치와 관련하여 이 규칙에 규정하고 있지 않은 사항은 「개인정보 보호법」 및 「전기공사업법」의 관련 규정을 준용한다.

해설

▶ 정답: 보기 5

– 틀린 지문: 보기 5

• 보기 5: 폐쇄회로 텔레비전의 설치와 관련하여 이 규칙에 규정하고 있지 않은 사항은 「개인정보 보호법」을 준용한다.

※ 특별법 우선의 원칙에 따라 해당 의료법령을 준수하고, 의료법령에서 규정하고 있지 않은 사항은 일반법인 「개인정보 보호법」을 준용한다.

– 올바른 지문: 보기 1, 보기 2, 보기 3, 보기 4.

"수술실 내 폐쇄회로 텔레비전의 설치 기준(시행령 제39조의9))"에 따라 올바른 내용이다.

문제 12

다음은 영상정보 관제시스템에서 이벤트 발생 시 화면의 한 예이다. 다음 화면과 같이 이벤트 발생된 내용으로 옳은 것을 모두 선택하시오.

(그림을 더블 클릭하면 확대 가능)

| 보기 1 | 이벤트가 발생한 카메라는 CCTV-03이다.
| 보기 2 | 이벤트가 발생한 카메라는 CCTV-01과 CCTV-03이다.
| 보기 3 | 현재 검출된 이벤트 종류는 움직임 검출 이벤트이다.
| 보기 4 | 현재 검출된 이벤트 종류는 화재 검출 이벤트이다.
| 보기 5 | 현재 이벤트 발생한 로그를 확인할 수 없다.
| 보기 6 | 현재 이벤트 발생한 로그를 확인할 수 있다.
| 보기 7 | 이벤트가 발생한 시점을 확인할 수 없다.
| 보기 8 | 이벤트가 발생한 시점을 확인할 수 있다.

해설

▶ 정답: 보기 1, 보기 3, 보기 6, 보기 8

— 올바른 지문: 보기 1, 보기 3, 보기 6, 보기 8

- 보기 1: 화면에 표시된 이벤트 발생 카메라는 'CCTV-03'이며, 아래 이벤트 활성화된 카메라명을 보면 알 수 있다.
- 보기 3: 화면에서 이벤트 종류로 '움직임 검출 이벤트'가 검출된 것으로 나타나 있다.
- 보기 6: 이벤트 발생 로그가 화면 하단에 표시되어 있다.
- 보기 8: 이벤트 발생 시점이 화면에 표시되어 있다.

— 틀린 지문: 보기 2, 보기 4, 보기 5, 보기 7

- 보기 2: 화면에 표시된 이벤트 발생 카메라는 'CCTV-03'만 해당한다.
- 보기 4: 이벤트 종류는 '화재 검출 이벤트'가 아닌 '움직임 검출 이벤트'로 표시되어 있다.
- 보기 5: 화면에서는 이벤트 발생에 대한 로그가 화면 하단에 명확히 표시되고 있다.
- 보기 7: 화면에서 이벤트 발생 시점을 확인할 수 있는 정보가 표시되어 있다.

'개인정보 보호법 시행령 제40조'에서는 다음과 같이 개인정보 유출 등의 신고를 정의하고 있다. 아래의 보기를 참고하여 빈칸(A), (B)에 해당하는 용어를 답안란에 입력하시오.

(답안 입력 예: A XXX, B XXX)

개인정보 보호법 시행령 제40조

개인정보처리자는 영상정보처리기기가 해킹 등으로 인하여 유출 사고 발생 시 그 유출된 정보에 개인정보가 포함된 경우에는 개인정보보호위원회 또는 인터넷진흥원에 유출 사실을 신고해야 합니다.

다음은 개인정보 보호법 시행령 제40조에서 정하고 있는 개인정보 유출 신고와 관련된 내용입니다. 개인정보 보호법 시행령 제40조(개인정보 유출 등의 신고) ① 개인정보처리자는 다음 각호의 어느 하나에 해당하는 경우로서 개인정보가 유출 등이 되었음을 알게 되었을 때는 (A) 이내에 법 제34조 제1항 각호의 사항을 서면 등의 방법으로 보호위원회 또는 같은 조 제3항 전단에 따른 전문기관에 신고해야 한다. 다만, 천재지변이나 그 밖에 부득이한 사유로 인하여 (A) 이내에 신고하기 곤란한 경우에는 해당 사유가 해소된 후 지체 없이 신고할 수 있으며, 개인정보 유출 등의 경로가 확인되어 해당 개인정보를 회수 · 삭제하는 등의 조치를 통해 정보 주체의 권익 침해 가능성이 현저히 낮아진 경우에는 신고하지 않을 수 있다.

1. (B) 이상의 정보 주체에 관한 개인정보가 유출 등이 된 경우

2. 민감정보 또는 고유식별정보가 유출 등이 된 경우

3. 개인정보처리시스템 또는 개인정보취급자가 개인정보 처리에 이용하는 정보기기에 대한 외부로부터의 불법적인 접근에 의해 개인정보가 유출 등이 된 경우

> 보기: 24시간, 72시간, 5일, 7일, 1명, 1천명, 1만명, 1백만명

해설

▶ 정답: (A) 72시간, (B) 1천명

개인정보 보호법 제40조(개인정보 유출 등의 신고)

① 개인정보처리자는 다음 각호의 어느 하나에 해당하는 경우로서 개인정보가 유출 등이 되었음을 알게 되었을 때는 72시간 이내에 법 제34조 제1항 각호의 사항을 서면 등의 방법으로 보호위원회 또는 같은 조 제3항 전단에 따른 전문기관에 신고해야 한다. 다만, 천재지변이나 그 밖에 부득이한 사유로 인하여 72시간 이내에 신고하기 곤란한 경우에는 해당 사유가 해소된 후 지체 없이 신고할 수 있으며, 개인정보 유출 등의 경로가 확인되어 해당 개인정보를 회수 · 삭제하는 등의 조치를 통해 정보 주체의 권익 침해 가능성이 현저히 낮아진 경우에는 신고하지 않을 수 있다.

1. 1천명 이상의 정보 주체에 관한 개인정보가 유출 등이 된 경우

2. 민감정보 또는 고유식별정보가 유출 등이 된 경우

3. 개인정보처리시스템 또는 개인정보취급자가 개인정보 처리에 이용하는 정보기기에 대한 외부로부터의 불법적인 접근에 의해 개인정보가 유출 등이 된 경우

〈생략〉

영상정보 관리일반

01 '개인정보 보호법'에서 정의하는 고정형 영상정보처리기기에 대한 설명이다. (A)에 들어갈 단어로 옳은 것은?

> '고정형 영상정보처리기기'란 일정한 공간에 설치되어 지속적 또는 주기적으로 사람 또는 사물의 영상 등을 촬영하거나 이를 유·무선망을 통하여 (A)하는 장치로서 대통령령으로 정하는 장치를 말한다.

① 처리 ② 전송
③ 수집 ④ 가공

해설

개인정보 보호법 제2조(정의)의 내용이다.

02 '고정형 영상정보처리기기 설치·운영 가이드라인'에서 설명하는 CCTV를 설치·운영·관제할 때 취할 수 있는 행동으로 옳은 것은?

① 누구든지 공개된 장소에 영상정보처리기기를 설치·운영할 수 있다.

② 목욕실, 화장실, 발한실, 탈의실 같은 곳은 CCTV를 설치·운영할 수 없다.

③ CCTV 관제 중 정확한 정보수집을 위해 영상정보처리기기의 녹음 기능을 사용하여 현장 상황을 녹음할 수 있다.

④ CCTV 관제 중 설치 목적과 다른 목적으로도 영상정보처리기기를 임의로 조작하거나 다른 곳을 비출 수 있다.

해설

개인정보 보호법 제25조(영상정보처리기기의 설치·운영 제한)에 따라 ①누구든지 공개된 장소에 영상정보처리기기를 설치·운영할 수 없고, ③녹음할 수 없으며, ④임의 조작을 금지한다.

03 '개인정보 보호법' 및 '시행령'에서 정하고 있는 이동형 영상정보처리기기의 운영에 대한 설명 중 옳지 않은 것은?

① 명백히 제3자의 급박한 재산상 이익을 위하여 필요하다고 인정되는 경우에는 업무 목적으로 촬영할 수 있다.

② 불특정 다수가 사용하는 탈의실에서 화재가 발생한 경우에는 인명 구조 목적이라고 해도 촬영할 수 없다.

③ 공중위생 등 공공의 안전과 안녕을 위하여 긴급히 필요한 경우에는 업무 목적으로 촬영할 수 있다.

④ 정보 주체가 촬영 거부 의사를 밝힌 경우에는 업무 목적이라도 촬영할 수 없다.

해설

개인정보 보호법 제25조의2(이동형 영상정보처리기기의 운영 제한) 제2항에 따라 인명 구조 목적으로 영상을 촬영할 수 있다.

정답 1. ② 2. ② 3. ②

04 공동주택 입주민이 관리사무소 직원에게 폭언하는 경우 촬영하는 것이 개인정보 보호법 위반인지 여부에 대한 '개인정보보호위원회'의 해석으로 옳지 않은 것은?

① 개인정보 보호법에 따라 개인정보처리자의 정당한 이익을 달성하기 위하여 필요한 경우로서 명백하게 정보 주체의 권리보다 우선하고, 개인정보처리자의 정당한 이익과 상당한 관련이 있으며, 합리적인 범위를 초과하지 아니하는 경우 정보 주체의 동의를 받지 않고 개인정보를 수집할 수 있다는 규정을 근거로 촬영을 허용할 수 있다.

② 개인정보 유출 시 사업자의 통지 의무는 공개된 장소에 적법하게 설치된 고정형 영상정보처리기기를 통해 처리되는 개인정보가 유출된 경우에는 적용되지 않는다.

③ 개인정보 보호법상 이동형 영상정보처리기기 관련 규정에 따라 정보 주체가 촬영 사실을 명확히 표시하여 정보 주체가 촬영 동의를 구하는 데 대해 거부 의사를 밝히지 않는 경우에는 촬영할 수 있다.

④ 공동주택 내 입주민 및 방문객의 폭언·폭행 등이 발생하는 경우에 먼저 자제 요청을 하였음에도 이에 응하지 않을 경우 미리 안내하고 상황을 촬영할 수는 있으나, 개인정보 보호법에 따라 녹음은 할 수 없다.

> **해설**
> 개인정보 보호법 제25조의2(이동형 영상정보처리기기의 운영 제한) 제1항 2호에 따라 촬영 사실을 명확히 표시하여 정보 주체가 촬영 사실을 알 수 있도록 하였음에도 불구하고 촬영 거부 의사를 밝히지 아니한 경우 녹음할 수 있다.

05 CCTV 영상을 열람하는 경우에 대한 설명 중 옳지 않은 것은?

① 개인정보 주체는 개인정보 보호법상 열람권이 있으므로 영상정보처리기기 운영자에게 본인의 영상에 대해 열람을 요구할 수 있다.

② 촬영된 영상정보에 정보 주체 외에 제3자가 함께 촬영되어 있는 경우에는 제3자를 알아볼 수 없도록 조치한 후 열람을 허용해야 한다.

③ 영상정보처리기기 운영자는 열람 요구를 한 자가 본인이거나 정당한 대리인인지를 주민등록증 등의 신분증명서를 제출받아 확인해야 한다.

④ 경찰을 대동한 경우에는 「경찰관 직무집행법」 제8조 제1항 따른 사실확인을 하기 위해 현장에 입회한 것이므로 정보 주체가 제3자의 영상정보를 열람할 수 있다.

> **해설**
> 개인정보 보호법 제35조(개인정보의 열람)에 따라 경찰의 동행이 없어도 정당한 정보 주체는 자신의 영상정보를 열람 청구할 수 있으나 이때 제3자의 영상정보에 대한 열람 권한은 없다.

06 다음 중 정보 주체가 쉽게 인식할 수 있도록 고정형 영상정보처리기기를 설치·운영하는 자가 설치하는 안내판에 포함되어야 하는 내용이 아닌 것은?

① 설치 목적 및 장소
② 촬영 범위
③ 촬영 시간
④ 관리실무자의 연락처

> **해설**
> 개인정보 보호법 제25조(영상정보처리기기의 설치·운영 제한)에 따라 '관리실무자'가 아닌 '관리책임자 연락처'를 표기해야 한다.

07 CCTV 설치 및 운용에 관한 사항 중 옳지 않은 것은?

① 영상정보처리기기는 당초 설치된 목적 범위 내에서 이용해야 하므로 방향 전환 기능을 통해 설치 목적 범위를 넘어서 다른 곳을 촬영하여서는 아니 된다.

② 범죄예방을 위해 은행에서 CCTV를 설치하는 경우에도 고객의 계좌번호, 비밀번호까지 촬영하도록 하는 것은 설치 목적을 벗어난다.

③ 주차장에 설치된 CCTV로 길거리까지 촬영할 수 있다.

④ 시설 안전을 위해 상가 건물에 CCTV를 설치하고, 비록 그 상가가 비밀번호 등으로 출입하는 경우라도 타인의 사생활을 침해하지 않도록 촬영 각도를 조절하여 운영해야 한다.

[해설]

개인정보 보호법 제25조(영상정보처리기기의 설치 · 운영 제한)에 따라 영상정보처리기기의 설치 목적(주차업무) 외의 범위까지 촬영할 수 없다. (임의 조작 금지)

08 다음은 출입통제 시스템에 대한 설명이다. 다음 중 출입통제 시스템의 주요 기술에 해당하지 않는 것은?

출입통제 시스템은 인원과 차량의 출입 통제, 반 · 출입 물품에 대한 검색 및 통제를 수행하는 것을 의미한다.

① NFC   ② 바이오
③ 비금속 탐지기   ④ RFID

[해설]

출입 통제시스템 인증 유형
• 소지 기반 인증: NFC 통신, RFID 인증, 지그비(ZigBee)
• 생체(바이오) 기반 인증: 홍채인식(iris), 지문인식(fingerprint), 안면인식(face)

09 정보통신시설 보호를 위해 필요한 물리적 보호설비에 해당하지 않는 것은?

① CCTV
② 침입 경보기
③ UPS
④ IDS

[해설]

IDS(Intruction Detection System)는 외부 침입을 탐지하는 시스템으로 알려진 악성코드, 의심스러운 활동과 보안 정책 위반이 있는지 모니터링하는 네트워크 보안 도구로, 기술적 보호 대책이다.

10 통합관제센터 관제요원의 근무 요건에 관한 설명으로 옳지 않은 것은?

① 관제요원은 방범, 교통, 환경, 재난, 재해 등 기능별 영상정보처리기기에 대한 실시간 관제 업무를 수행한다.

② 근무조건 등에 대해서는 영상정보처리기기 설치 · 운영 가이드라인이 정한 조건을 준수하여야 한다.

③ 관제요원의 근무는 실시간 관제가 가능하도록 배치하고 교대근무를 할 수 있도록 하여야 한다.

④ 영상정보처리기기로 범죄, 사고, 재난, 재해 등을 발견한 경우, 해당 기관 및 업무 부서에 신속히 통보하여 대응할 수 있도록 조치하여야 한다.

[해설]

관제요원은 가이드라인에 근거한 법률 요건을 준수하는 것이 아닌 'CCTV 모니터링'을 통해 범죄, 사고, 재난, 재해 등에 신속히 대응할 수 있도록 실시간으로 지원 업무를 수행한다.

11 시스템을 잠그거나 암호화하여 컴퓨터나 파일을 사용할 수 없게 만들고, 이를 해제하는 대가로 금전을 요구하는 악성 프로그램에 해당하는 것은?

① 웜(worm)

② 피싱(phishing)

③ 스미싱(smishing)

④ 랜섬웨어(ransomware)

랜섬웨어(ransomware)

• 파일을 암호화한 다음 이를 해독하는 데 몸값을 요구

• 암호화로 인해 사용자가 파일이나 시스템에 액세스 불가, 복호화를 원한 경우 보낼 수 있는 메일 주소를 포함한 랜섬노트(info.txt)를 남긴다.

12 '국가 정보보안 기본지침'에서 제시한 '휴대용 저장 매체 보안대책'에 대한 설명으로 옳지 않은 것은?

① 관리책임자는 사용자가 USB 메모리를 PC 등에 연결 시 자동실행 되지 않도록 하고 최신 백신으로 악성코드 감염 여부를 자동 검사하도록 보안 설정하여야 한다.

② 관리책임자는 휴대용 저장 매체를 비밀용, 일반용으로 구분하고 주기적으로 수량 및 보관 상태를 점검하며 반출·입을 통제하여야 한다.

③ 관리책임자는 사용자의 휴대용 저장 매체 무단 반출 및 미등록 휴대용 저장 매체 사용 여부 등 보안관리 실태를 주기적으로 점검하여야 한다.

④ 보안담당관은 비밀자료가 저장된 휴대용 저장 매체는 매체별로 비밀등급 및 관리번호를 부여하고 비밀관리기록부에 등재 관리하여야 한다. 이 경우에는 매체 후면에 비밀등급 및 관리번호가 표시되도록 하여야 한다.

보안담당관이 아닌 휴대용 저장매체 관리자의 의무사항이다.

13 통합관제센터 데이터 보안 활동에 해당하지 않는 것은?

① 암호화 키는 보안성이 높은 PKI 기반의 암호화(RSA 등) 기능을 사용한다.

② 서버에 설치된 소프트웨어 현황 목록을 작성하여 버전 및 변경 현황을 관리한다.

③ 접근이 허가된 응용 프로그램을 통해서만 암·복호화할 수 있도록 강제한다.

④ 권한에 따른 DB 접근 통제와 DB 접근 후 수행 명령에 대한 로그를 기록한다.

보기 ②는 시스템 보안 활동이기에 데이터 보안 활동으로 보기 어렵다.

영상정보 관제시스템

14 영상정보를 취급하는 컴퓨터 시스템은 하드웨어와 소프트웨어로 구성된 복합적인 시스템으로, 데이터를 처리하고 정보를 생성하는 기능을 수행한다. 하드웨어의 구성 요소가 아닌 것은?

① 저장 장치(storage devices)

② 중앙 처리 장치(CPU)

③ 운영 체제(operating system)

④ 입출력 장치(I/O devices)

운영체제는 소프트웨어 구성 요소이다.

15 과거의 IP 관리 시스템에서 발전한 솔루션으로, MAC 주소를 기반으로 하여 접근 제어 및 인증을 수행하여 임의의 사용자가 접속할 수 없게 하는 보안 솔루션에 해당하는 것은?

① DRM(Digital Rights Management)
② DLP(Data Loss Prevention)
③ VPN(Virtual Private Network)
④ NAC(Network Access Control)

해설

NAC(Network Access Control)
• IP 관리 시스템과 거의 유사한 개념으로, 사용할 수 있는 IP를 쉽게 확인하고 IP 충돌 문제를 막아준다.
• 주요 기능으로는 접근 제어 및 인증, 네트워크 방비의 통제, 해킹 등의 탐지 및 차단이다.

16 영상정보관리사 Kim 씨는 컴퓨터 저장장치의 용량이 부족하여 이를 해결하고자 업그레이드 및 교체하려고 한다. 현재 사용 중인 컴퓨터 내부를 확인한 결과, Kim 씨의 저장장치는 아래 그림과 같다. Kim 씨 컴퓨터에 장착되어 있는 저장장치 종류는?

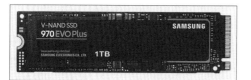

① Serial ATA   ② NVMe M.2
③ SCSI   ④ E-IDE

해설

그림은 NVMe 제품으로 SSD를 위해 설계되었고, SATA와 비교해서 속도가 빠르다.

17 영상정보처리기기 중 DVR에 관한 설명으로 옳은 것은?

① VHS 대비 녹화된 영상자료 검색시간이 느리다.
② 영상자료를 HDD에 저장한다.
③ 영상자료의 백업이 불가능하다.
④ 녹화자료를 반영구적으로 사용할 수 없다.

해설

DVR(Digital Video Recorder)은 CCTV 등의 디지털 비디오 신호를 저장하는 HDD 장치이다.

18 지능형 영상정보처리기기의 시스템 기능 설명으로 옳지 않은 것은?

① 영상 획득은 카메라를 통해서 영상 정보를 획득하는 구간이다.
② 전송은 획득된 영상 정보를 통신선로와 장치를 통해 전송하는 구간이다.
③ 영상 관리는 인식된 객체에서 이미지화시켜 그중 문자를 인식해 중요 문자 정보를 관제에 제공하는 것이다.
④ 관제는 과거 영상 정보를 스마트 검색 및 지능형 영상 정보 처리 시스템을 통해 실시간 감시하는 구간이다.

해설

지능형 영상정보처리기기의 시스템에서 영상 관리는 인식된 객체에서 이미지화시켜 문자와 이미지를 인식해 중요 문자 정보를 관제센터에 제공한다.

19 영상정보처리기기 중 네트워크 카메라의 필수 구성요소가 아닌 것은?

① 촬상소자
② 영상압축장치
③ 네트워크 전송장치
④ 영상 저장장치

정답 **15.** ④ **16.** ② **17.** ② **18.** ③ **19.** ④

네트워크 카메라는 일정한 공간에 설치된 기기를 통하여 지속적 또는 주기적으로 촬영한 영상정보를 그 기기를 설치·관리하는 자가 유무선 인터넷을 통하여 어느 곳에서나 수집·저장 등의 처리를 할 수 있도록 하는 장치로, 네트워크 카메라의 필수 구성요소에 영상 저장장치는 제외된다.

20 CCTV 카메라의 동기화 방법에 대한 설명으로 옳은 것은?

① 외부 동기 방식은 하나의 카메라만 동기화하는 데 사용된다.

② HD-VD 방식은 내부 동기화의 한 예이다.

③ 전원 동기화 방식은 외부 전원 신호를 이용한 동기화 방식이다.

④ 내부 동기 방식은 여러 대의 카메라를 동기화하여 동일한 타이밍으로 신호를 전송하게 한다.

CCTV 카메라의 동기화 방법

• 카메라가 화상을 촬영하고 동화면을 만드는 과정 중에서 1매를 촬상하는 데 사용되는 타이밍을 동기라고 부른다.

• 동기에는 수평 동기와 수직 동기가 있다.

• 카메라 동기가 내부 동기 또는 외부 동기 신호에 동기시키는 형식으로 내부 동기(internal), 외부 동기(external), 전원 동기(line lock), HD/VD 동기 방식이 있다.

• 전원 동기(line lock)는 동기 신호 발생기를 사용하거나 동기용 케이블을 사용하지 않고 전원 주파수에 동기시키는 동기 방식이다.

• 내부 동기(internal)는 내부의 발진기(oscillator)를 통하여 동기화하는 것이다.

• 외부 동기(external)는 동기신호 발생기의 외부에서 공급되는 영상신호와 동기신호에 발생하는 각종 신호의 동기를 일치시키는 것이다.

21 PTZ 카메라의 기능에서 스윙을 설명하는 것으로 옳은 것은?

① 특정 위치에 적용되는 카메라 영상 설정을 지정하는 기능이다.

② 최대 2개의 프리셋 위치를 왕복으로 운전하게 하는 기능이다.

③ 일정 시간 동안 카메라가 수행한 프리셋 운전, 조그 운전 형태를 저장하고, 이를 다시 실행하도록 지원하는 기능이다.

④ 카메라의 스윙과 패턴 그리고 프리셋 기능을 적절히 조합해 유의미한 역할을 하도록 저장하고, 이를 순차적으로 수행하게 지원하는 기능이다.

PTZ 카메라의 스윙 기능은 최대 2개의 프리셋 위치를 왕복으로 운전하게 하는 기능이다.

22 영상정보 관제시스템의 영상저장 서버에서 보안 기능으로 적절한 것은?

① 사용자 인증 및 접근 제어

② 멀티캐스팅 및 스트리밍 최적화

③ 데이터 백업 및 복구 프로세스 관리

④ 영상 데이터의 암호화 및 무결성 검증

• 영상정보 관제시스템의 영상저장 서버에서 보안 기능은 영상 데이터의 암호화 및 무결성 검증 기술이다.

• 영상 저장 서버(video storage server)는 CCTV로부터 전송된 영상 데이터를 저장, 관리, 보호하는 역할을 하는 시스템으로, 데이터 저장, 데이터 압축 및 최적화, 데이터 검색 및 재생, 데이터 백업 및 복원, 보안 및 암호화 등 다양한 기능을 제공하고 있다.

23 영상정보 관제시스템에서 IP-Matrix 기능의 역할에 대한 설명으로 옳은 것은?

① IP-Matrix는 영상을 저장하는 데 사용되는 장치이다.

② IP-Matrix는 모든 CCTV 카메라를 유선 연결로만 제어한다.

③ IP-Matrix를 통해 관제센터는 영상을 실시간으로만 볼 수 있다.

④ IP-Matrix는 네트워크를 통해 영상을 전송하고 관리하는 시스템이다.

> **해설**
>
> 영상정보 관제시스템에서 IP-Matrix 기능
>
> • 가상화 솔루션으로 한 대의 서버에 FHD 500채널의 CCTV를 수용함으로써, 기존에 20대가량만 수용할 수 있었던 기술을 혁신적으로 진화시켜 한층 향상된 효율성을 제공한다. 즉, 높은 가상화 비율을 통해 전력 소모를 감소시키고 서버 설치 공간을 획기적으로 절약할 뿐 아니라, 시스템 구성의 복잡성을 해소한다.
>
> • 가상머신(VM) 관리 툴을 사용해 높은 관리 용이성을 제공한다.
>
> • 가상머신 클러스터링 기능을 활용하여 물리적 하드웨어의 신뢰도를 향상한다.

24 다음 중 사용자가 영상정보 관제시스템에 CCTV 영상을 저장하기 위해 카메라 해상도를 설정하고자 한다. Full HD 카메라를 설정하기 위한 올바른 설정값은?

① 1920×1080

② 720×480

③ 2560×1440

④ 1280×720

> **해설**
>
> SD(720×480), HD(1280×720), FHD(1920×1080), QHD(2560×1440), UHD(3840×2160), 4K(4096×2160)

25 다음은 관제시스템에 등록된 카메라의 이벤트 검출 설정 중 일부의 예이다. 다음 화면과 같이 이벤트를 추가하여 설정하였을 경우 옳지 않은 것은?

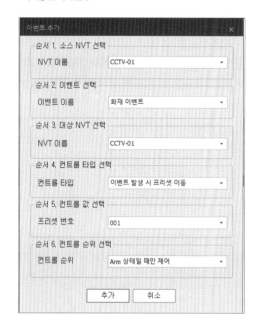

① 이벤트 추가할 대상의 NVT 이름은 'CCTV-01'이다.

② 이벤트 발생 시 화재 이벤트로 검출된다.

③ 이벤트 발생 시 프리셋은 이동되지 않는다.

④ Arm 상태일 때만 이벤트가 발생된다.

> **해설**
>
> 설정 그림에서 프리셋 번호가 001번으로 설정되어 있어 비상벨(001번) 이벤트가 발생하면 비상벨이 설치된 CCTV 폴(지주)이 있는 방향으로 프리셋이 작동하게 된다.

26 영상정보 관제시스템 설정 중 CCTV 영상의 녹화 저장 용량을 정하는 요인에 해당하지 않는 것은?

① 해상도

② FPS

③ GPU

④ 비트레이트

해설

GPU(Graphics Processing Unit)는 그래픽 카드를 구성하는 가장 중요한 핵심 요소이며 컴퓨터 그래픽을 처리하는 장치로, CCTV 영상의 녹화 저장 용량을 정하는 요인에 해당하지 않는다.

27 영상정보 관제시스템에서 사용자가 특정 시점에 발생한 영상을 신속하게 찾아볼 수 있는 검색 방식은?

① 태그/키워드 검색

② 영상 스트리밍 검색

③ 시간 기반 검색

④ 영상 분할 검색

해설

광범위한 영상 데이터에서 사건 발생 시간을 특정하고, 검색 시간대를 좁혀서 신속하게 찾아볼 수 있는 검색 방식은 시간 기반 검색이다.

28 다음은 지능형 영상정보 관제시스템에 연결된 카메라의 영상으로 차량의 번호판이 불분명하게 보이는 상태이다. 차량의 번호판을 잘 인식할 수 있도록 조치해야 할 사항으로 적절한 것은?

① 카메라의 Pan을 제어한다.

② 카메라의 Tilt를 제어한다.

③ 카메라의 White Balance를 조절한다.

④ 카메라의 Focus를 조절한다.

해설

차량의 번호판이 잘 보이게 하려면 카메라의 Focus를 조절하면 된다.

29 다음은 영상정보관리 서버 설정 화면 중 일부의 예이다. 다음 화면과 같이 설정하였을 경우, 기능과 내용에 대한 설명으로 옳지 않은 것은?

① 레코딩이 가능한 저장 공간은 90%이다.

② 레코딩된 영상은 30일 이후 삭제된다.

③ 데이터베이스 주소는 192.168.0.123이다.

④ 카메라 연결/연결해제 이벤트를 사용한다.

해설

제시된 화면의 맨 아랫부분을 보면 '이벤트 서버 설정'→'카메라 연결/연결해제 이벤트 사용' 체크박스가 해제되어 있어 사용할 수가 없다. 만약, 체크박스가 이벤트 서버주소처럼 선택되어 있다면 사용할 수 있다.

30 사용자가 영상정보 관제시스템을 통하여 회전형 카메라를 제어하는 중 CCTV 영상은 정상 표출되지만, 카메라 회전이 안 되는 장애가 발생하였다. 해당 카메라 장애 현상 예측으로 옳은 것은?

① 백화현상　　　② 네트워크 장애

③ Pan 장애　　　④ 전원공급 불량

> **해설**
>
> PTZ의 기능에서 Pan은 회전, Tilt는 기울기 조절, Zoom은 확대를 의미한다. CCTV PAN 기능은 카메라가 좌우로 회전하여 넓은 범위를 촬영할 수 있도록 하는 기능으로 PAN 장애가 발생하면, 카메라가 좌우로 회전하지 않거나, 회전이 부자연스럽게 움직이지 않는 문제가 발생한다.

영상정보 관리실무

31 안전사고 및 범죄예방을 위해 초등학교 '등·하교 시간' 학교 주변의 CCTV 또는 야간 시간대 공원 내 CCTV를 집중 관제할 수 있도록 미리 특정 위치의 CCTV를 목록화하여 관제하는 기법은?

① 목록 관제　　　② 순환 관제

③ 투망감시 관제　④ 선택 관제

> **해설**
>
> • 순환 관제: 영상정보관리사가 다수의 CCTV 영상을 실시간 영상 모드에서 순차적으로 보기 위한 기능이다.
> • 투망 감시 관제: 특정 사고 지점을 선택하면 주변 CCTV가 동시에 4개 또는 8개가 팝업되면서 현장의 상황을 여러 측면에서 대처할 수 있다. 또한 특정인과 문제 차량의 이동경로 추적 및 예측에도 사용된다.
> • 선별 관제: 범죄자(수배자), 실종자 및 문제 차량 등 특징이 등록된 데이터베이스(DB)를 인공지능 분석을 통해 유사성을 감지해서 관제 화면에 신속하게 표출해 주는 인공지능(AI) 관제 기법이다.

32 사건·사고 발생 시 범죄자의 경로 추적과 빠른 상황 파악에 유리한 관제 기법으로 주변 카메라들을 동시에 선택하여 관제하는 기법에 해당하는 것은?

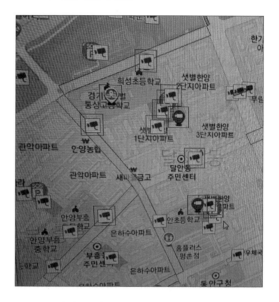

① 선별 관제　　　② 투망 감시 관제

③ 집중 관제　　　④ 순환 관제

> **해설**
>
> 투망 감시 관제: 특정 사고 지점을 선택하면 주변 CCTV가 동시에 4개 또는 8개가 팝업되면서 현장의 상황을 여러 측면에서 대처할 수 있다. 또한 특정인과 문제 차량의 이동경로 추적 및 예측에도 사용된다.

33 다음 중 지능형 영상정보 관제시스템의 이벤트 대시보드에 분석 및 표출되지 않는 항목은?

① 특정 시간대의 사람 수 계산

② 특정 구역의 배회 감지 이벤트

③ 특정 카메라의 해상도 설정 변경 기록

④ 특정 시간대의 차량 출입 기록

> **해설**
>
> 지능형 영상정보 관제시스템은 촬영된 CCTV 영상을 분석해서 이벤트 조건과 일치했을 때 대시보드에 해당 이벤트를 표출해 주는 것으로, ③번의 경우는 해당하지 않는다.

---

34 영상정보 관제 시 영상 이벤트 검출에 대한 대응으로 옳은 것은?

① 이벤트 발생 시점에 영상을 확인하는 것이 중요하므로 재확인은 필요하지 않다.

② 어두운 야간에는 식별할 수 없으므로 주간에 재확인한다.

③ 영상을 신속히 확인하고 상황에 맞게 적절한 조치를 취해야 한다.

④ 내부 보고 후 영상 확인이 원칙이므로 책임자에게 보고를 기다려야 한다.

> **해설**
>
> • 영상정보관리사는 이벤트가 발생하지 않는 시간에도 지속적으로 모니터링을 실시하며, 근무 여건에 따라 순환 관제, 선택 관제 등 지속적으로 모니터링을 실시하여야 한다.
>
> • 영상정보관리사는 관제 중에 상황을 인지했을 경우 보고 체계에 따라 경찰관(팀장)과 관리자에게 즉시 보고하여야 한다. 관리자는 긴급상황으로 판단될 경우 신속하게 상황 대응체계에 돌입한다.
>
> • 대응절차: 인지→보고→파악/유지→전파→기록 유지→상황보고서 작성 및 보고

35 다음 화면은 관제사 A씨가 사용자 동의하에 사무실 내부를 관제센터에서 관찰하는 화면 모습이다. 영상정보 관제시스템(VMS)의 기능 중 해당 화면에 적용하기 적합한 지능형 관제 이벤트 종류는?

① 유기물   ② 배회

③ 화재   ④ 투기

> **해설**
>
> 그림의 박스 위에 이벤트 메시지(Abandoned for 14s)는 "14분 동안 방치된 물건"으로 유기물로 보인다.

36 CCTV 영상 관제 업무 수행 중 옳지 않은 행동은?

① 발생한 이벤트에 대해 영상 관제시스템으로부터 도출한 상황 정보를 관제 담당자가 재확인한 후, 사전에 정의된 위험 지수의 수준에 따른 상황 대응을 수행한다.

② 정상 단계의 경우 지속적으로 모니터링을 수행할 필요는 없으며, 관심 및 주의 단계의 경우 관련자들에게 발생 상황에 대해 알린다.

③ 경계 및 심각 단계의 경우 관련자 및 이해관계자들에게 알려서 상황 수습에 대한 대응을 할 수 있도록 한다.

④ 평소 신속한 상황 전파를 위해 재난 대응 관계 기관의 비상 연락망 등을 최신화한다.

해설

34번 해설 참고

37 '스마트도시 안전망 서비스'에서 설명하는 112센터 긴급영상 지원 서비스 시나리오 내용 중 옳지 않은 것은?

① 관제요원이 사건·사고 신고 접수(사건·사고 위치 정보 생성)

② 관제센터에 사건·사고 현장 인근의 CCTV 영상 요청

③ 관제센터는 신고자 주변의 CCTV 실시간 영상을 제공

④ 112센터 경찰관은 신고자 인근의 순찰차 등에 긴급 출동 지령

해설

국토교통부에서 2015년부터 전국 232개 지방자치단체를 대상으로 스마트시티 통합플랫폼을 구축한 10대 서비스이다. 지방자치단체의 CCTV를 활용해 각종 재난·재해 및 사건·사고 발생 즉시 신속하게 상황을 파악하고 대응을 목적으로 운영되고 있다.

38 개인영상정보를 다루는 공공기관에서 영상정보를 파기하는 절차에 대한 설명으로 옳지 않은 것은?

① 파기하는 개인영상정보 파일의 명칭을 기록

② 존재하는 형태에 따라 복구 또는 재생이 불가능한 방법으로 파기

③ 다른 법령에 따라 파기하지 아니할 시 다른 영상과 분리 보관

④ 파기는 누구나 가능하기에 저장 기간 필요 없이 언제든지 파기

해설

행정안전부 표준 개인정보보호지침 제41조(보관과 파기)에 따라 개인영상정보 파일을 관리하고 있으며, 저장 기간 30일이 경과하면 선입선출(first-in first-out) 방식으로 삭제하고 있다.

• 선입선출(first-in first-out): 저장 공간에 자료를 저장하고 회수(삭제)하는 방법의 일종으로서 먼저 저장된 자료가 먼저 회수(삭제)된다.

• 선입후출(first-in, last-out): 가장 먼저 들어온 항목이 가장 마지막에 처리되는 방식이다.

• 후입선출(last-in, first-out): 가장 나중에 들어온 항목을 가장 먼저 처리하는 방식이다.

• 후입후출(last-in, last-out): 가장 나중에 들어온 항목이 가장 나중에 처리되는 방식이다.

39 법률상 의무적으로 CCTV를 설치해야 하는 장소의 영상정보 저장기간으로 옳은 것은?

① 영유아보육법 제2조 제3호의 어린이집 – 60일

② 초·중등교육법 제2조에 따른 초등학교 – 60일

③ 초·중등교육법 제2조에 따른 특수학교 – 60일

④ 고등교육법 제2조 1호에 따른 대학 – 60일

영유아보육법 제2조 제3호("어린이집"이란 영유아의 보육을 위하여 이 법에 따라 설립·운영되는 기관을 말한다)의 경우 영유아보육법 제15조의4(폐쇄회로 텔레비전의 설치 등) 제2항(③ 어린이집을 설치·운영하는 자는 폐쇄회로 텔레비전에 기록된 영상정보를 60일 이상 보관하여야 한다.)

40 경찰관이 특정 시간과 위치의 CCTV 영상을 요구할 때, 영상 반출 시 기록해야 할 항목 중 옳은 것은?

① 정보 주체의 전과기록
② 청구인의 정보 주체와의 관계
③ 영상 반출 승인자 신분증 사본
④ 정보 주체의 이동 경로

경찰이나 검찰 등 공공기관 담당 공무원이 영상 반출을 요청한 후 해당 영상 자료의 백업을 위해 관제센터를 방문할 때 신분증을 제시해야 하지만, ③번 '영상반출 승인자 신분증 사본'은 해당하지 않는다.

정답 40. ③

- 개인정보 보호법(2024. 3. 14. 법률 제19234호)
- 의료법(2024. 8. 1. 법률 제19818호) 및 시행규칙(2024. 9. 26. 보건복지부령 제1056호)
- 공중위생관리법(2024. 8. 7. 법률 제20210호) 및 시행규칙(2024. 8. 7. 보건복지부령 제1041호)
- 관광진흥법(2024. 8. 28. 법률 제20357호) 및 시행규칙(2024. 8. 28. 문화체육관광부령 제563호)
- 경찰청 영상정보처리기기 운영규칙(경찰청예규, 2021.1.22. 제582호)
- 개인정보보호위원회(2024). 가명정보 처리 가이드라인
- 개인정보보호위원회(2024). 공공기관 고정형 영상정보처리기기 설치·운영 가이드라인
- 과학기술정보통신부·개인정보보호위원회·한국인터넷진흥원(2024). ISMS-P 인증기준 안내서
- 산림청(2016). 밀착형 산불무인감시카메라 설치 및 운영관리지침(2016. 3. 11.)
- 개인정보보호위원회 보안업무시행세칙(2024. 4. 4. 개인정보보호위원회훈령 제114호)
- 국가법령정보센터, https://www.law.or.kr. 법제처
- 국토교통부. 스마트시티 통합플랫폼 기반 구축(2020.5.)
- 인천국제공항(2023). 보호구역 출입증 규정(2023. 3. 10. 규정 제541호)
- 영유아보육법(2024.09.20. 법률 제20380호)
- 한국인터넷진흥원(2020). 해외보안인증제도 연구조사
- 안전행정부(2013). 행정기관 IC카드 표준규격(2013. 6. 28. 고시 제2013-21호)
- 한국산업인력공단. 직업기초능력 가이드북(학습자용) 직업윤리
- 특허청(2023). 보안업무규정 시행세칙
- 개인정보보호위원회(2024). 표준 개인정보 보호지침(2024. 1. 4. 고시 제2024-1호)
- 환경부(2021). 폐기물처리업자 등에 대한 영상정보처리기기의 설치·운영 등에 관한 고시 (2021.7.6. 제2021-137호)
- 개인정보보호위원회·한국인터넷진흥원(2024.10). 개인정보의 안전성 확보조치 기준 안내서
- 개인정보보호위원회·한국인터넷진흥원(2024.10). 이동형 영상정보처리기기를 위한 개인영상정보 보호·활용 안내서